张广智 主编

近代以来中外史学交流史

下

复旦大学出版社

中国史学在域外

下编

第十六章

中国史学之东渐:朝鲜篇*

中国的政治和文化有着悠久的历史和持久广泛的影响力,在长达数千年的古代历史进程中,东亚地区逐渐形成了以中华文明为核心的文化传统。诚如日本学者西嶋定生所指出的,汉字、儒教、佛教和以中国传统律令制度为核心的法律系统,构成了传统东亚世界的四大支柱①。这四大支柱中,除佛教以外,皆兴起于中国,佛教则是中国最早从印度学习过来、然后再从中国传到东亚其他地区的,因而中华文明构成了东亚文明的核心,成为东亚传统文明的"发散源"和发展的原动力,影响深远。

中国史学作为中华文明的重要组成部分,对包括日本、韩国和越南在内的周边国家史学的形成和发展起到非常重要的作用②。因此,研究近代以来中国与包括朝鲜半岛、日本在内的亚洲国家的史学交流历程,首先必须考察古代中国史书在周边地区的传播情况及其影响,以便我们对中国史学之东渐形成一以贯之的认识。

---

* 本章系孙卫国(南开大学历史学院教授)与段晓亮(石家庄铁道大学马克思主义学院副教授)合作完成的。
① [日]西嶋定生:《東アヅア世界と日本史——關連諸学からのアプロ》,载《歴史公論》,东京:雄山阁,1975年1月—1976年11月。
② 朱云影:《中国史学对于日韩越的影响》,载杜维运、黄进兴编:《中国史学史论文选集》(二),台北:华世出版社1976年版,第1043—1044页。

一、中国史书在朝鲜半岛的流传与影响

朝鲜半岛是最早接受中国文化的地区之一,从传说时代的箕子朝鲜开始,朝鲜就开始系统地学习和吸收中国文化,并结合其自身特色,形成了以儒家文化为基本内核的文化传统。对中国传统史学的效仿成为其传统文化中一个重要的部分,中国传统的官方修史制度、丰富多彩的史书体裁、实录求真的史学精神以及经世致用的治史标准等对朝鲜半岛史学均有重要影响。朝鲜半岛历史上极力搜求中国史书,中国重要的史书在朝鲜半岛都流传久远,因而探讨中国史书在朝鲜半岛的流传,可以为我们研究双方史学的关系奠定基础。

(一)中国史书在朝鲜半岛的流布概况

朝鲜半岛何时开始接触中国史学,已无确切记载。传说时代的箕子朝鲜便在朝鲜半岛上实施"八条之教"[①],将中华文化带入朝鲜半岛。尽管现在韩国学者大多否定箕子朝鲜的存在,但在朝鲜半岛上出现的早期史书中,都有或多或少的记载。箕子朝鲜是朝鲜半岛历史上值得关注的一段历史,因为箕子朝鲜奠定了朝鲜半岛上的王朝在中华世界体系中一个特定的位置,也为其以后效仿中国文化提供了一个先例[②]。尽管箕子朝鲜时代没有传去中国史书,但是为以后中国史书的流传奠定了思想与文化基础。西汉时期,汉武帝征服朝鲜卫满政权,并于公元前108年设立真番、乐浪、临屯三郡,次年又置玄菟郡,此后朝鲜半岛进入中原王朝直接管辖时期,一直持续了400多年。这期间,中国史书大量传入朝鲜半岛。长达400余年的直接管辖使中华文化在朝鲜半岛上奠定了根基,中国史书也在朝鲜半岛得以广泛流布。在朝鲜三国时代,中国史书已经为时人所广泛阅读,并在那时将中国典籍由百济传入日本。日本《和汉

---

① 班固:《汉书》卷28下《地理志下》,中华书局1982年版,第1658页。
② 参见孙卫国:《传说、历史与认同:檀君朝鲜与箕子朝鲜历史之塑造与演变》,《复旦学报(社会科学版)》2008年第5期,第19—32页。

三才图会》载:"晋太康五年,应神十五年(284年)秋八月丁卯,百济王遣阿直岐者,贡《易经》《孝经》《论语》《山海经》及良马。"①可见,早在西晋初年百济已经将《易经》《孝经》《论语》《山海经》一类书籍传到日本,可以确定在此之前此类中国典籍便在朝鲜半岛流布。这是最早记载中国书籍传入朝鲜半岛的史料。由此不难推测,中国史书早在此之前已传入朝鲜半岛。《周书》载百济"俗重骑射,兼爱坟史"②,可见,百济人喜欢阅读中国典籍和史书,这是中国史书传到朝鲜半岛的确切记载。《北史·高句丽传》载:"书有五经、三史、《三国志》《晋阳秋》。"③《旧唐书·高丽传》曰:"俗爱书籍,至于衡门厮养之家,各于街衢造大屋,谓之扃堂,子弟未婚之前,昼夜于此读书习射。其书有'五经'及《史记》《汉书》、范晔《后汉书》《三国志》、孙盛《晋春秋》《玉篇》《字统》《字林》,又有《文选》尤重爱之。"④中国史书在唐朝之前便广泛流传于朝鲜半岛。

唐朝与新罗文化交流密切,通过官方使者以及来唐新罗留学生、僧侣之手,不少中国史籍传入朝鲜半岛。贞观二十二年(648年),唐太宗曾应新罗之请,"赐所制《晋书》"⑤。贞元四年(788年,新罗元圣王四年),新罗"始定读书三品以出身。读《春秋左氏传》,若《礼记》,若《文选》,而能通其义,兼明《论语》《孝经》者为上……若博通五经、三史、诸子百家书者,超擢用之"⑥。当时熟读《左传》《史记》《汉书》《后汉书》等史书已成为新罗科举取士的重要标准,五经、三史等史籍已大量流入新罗。

---

① 《和汉三才图会》,又名《倭汉三才图会》,是由寺岛良安编纂的日本首部百科辞典。全书105卷,涵盖天文、地理、人物、动植物等多方面内容,1713年首度出版。
② [唐]令狐德棻:《周书》卷49《百济传》,中华书局1971年版,第887页。
③ [唐]李延寿:《北史》卷94《高句丽》,中华书局1974年版,第3115—3116页。
④ [五代]刘昫:《旧唐书》卷199上《东夷·高丽传》,中华书局1975年版,第5320页。
⑤ 引自[朝]李能和:《朝鲜佛教通史》(下),京城:新文馆1918年版,第171页。
⑥ [高丽王朝]金富轼:《三国史记》卷9《新罗本纪第十》,元圣王四年条,台北:东方文化书局1971年版,第112页。

北宋熙宁七年（1074年），宋神宗诏令国子监，允许卖九经、子、史诸书与高丽使者，由此大批史书流入高丽。

值得一提的是，北宋元祐六年（1091年，高丽宣宗八年），宋哲宗通过高丽使节向高丽访求大量图书，总计128种、5101卷，刘兆祐将此128种书与《宋史·艺文志》相对勘，发现其中90种书未见载，其中史书最多，包括很多中国残缺不全或失传已久的史书，比如谢承《后汉书》、鱼豢《魏略》、孙盛《魏氏春秋》、干宝《晋纪》等①。虽然对于此次求书，高丽是否如数进奉所求典籍，因缺乏史料记载，不得而知，但这些史书很有可能在很早以前便已大量流入朝鲜半岛。

元至正二十四年（1364年，高丽恭愍王十三年），明州方国珍派人赴高丽，"献沉香、弓矢及《玉海》、《通志》等书"②。这是元朝时中国史书传到朝鲜半岛的记载。

明清时期，朝鲜是受中国文化影响最深的藩国。特别是在明代，朝鲜对明朝奉行"事大主义"，对中国文化制度倾慕有加，因此中国史书在朝鲜半岛流布更加广泛。早在明朝初年即高丽王朝末期，朱元璋便通过官方颁赐史籍的方式加强与朝鲜半岛的联系。洪武三年（1370年，高丽恭愍王十九年），明太祖"赐（高丽）王冠服、乐器、陪臣冠服及洪武三年《大统历》"，"又赐王《六经》《四书》《通鉴》《汉书》"③。朝鲜王朝建立后，与明朝建立了密切的宗藩关系，双方文化往来更加频繁，很多史料记载了明朝皇帝赐史书给朝鲜国王的事迹。永乐元年（1403年，朝鲜王朝太宗三年），明成祖赐"《元史》一部、《十八史略》《山堂考索》《诸臣奏

---

① 刘兆祐：《宋代向高丽访求佚书书目的分析讨论》，载《第三届中国域外汉学国际学术会议论文集》，联经出版事业公司1990年版，第271—288页。

② ［朝鲜王朝］郑麟趾：《高丽史》卷40，恭愍王十三年六月乙卯条，韩国延世大学东方学研究所1955年版。

③ ［朝鲜王朝］郑麟趾：《高丽史》卷42，恭愍王十九年五月甲寅条。

议《大学衍义》《春秋会通》《真西山读书记》《朱子全书》各一部"①。永乐四年(1406年,朝鲜王朝太宗六年),明成祖复遣使赴李朝"赐王……《通鉴纲目》《汉准》《四书衍义》《大学衍义》各一部"②。宣德十年(1435年,朝鲜王朝世宗十七年),朝鲜王朝国王遣使赴明京师贺圣节,"奏请胡三省《音注资治通鉴》、赵完璧《源委》及金履祥《通鉴前编》、陈桱《历代笔记》、丞相脱脱撰进《宋史》等书"③,求得"音注《资治通鉴》一部。其余书版损缺,待刊补完备颁赐"④。明景泰五年(1454年,朝鲜王朝端宗二年),明代宗赐朝鲜王朝《宋史》,在屡次请求颁赐无果后,朝鲜王朝终于如愿以偿,求得《宋史》。明成化十一年(1475年,朝鲜王朝成宗六年)朝鲜使者韩明浍等自明回国,向国王"进《新增纲目通鉴》《名臣言行录》《新增本草》《辽史》《金史》……各一帙"⑤。明弘治八年(1497年,朝鲜王朝燕山君三年),朝鲜王朝国王燕山君命"弘文馆遗失书册《吴越春秋》《南北史》《三国志》,令千秋使贸来"⑥。明正德十三年(1518年,朝鲜王朝中宗十三年),朝鲜"正朝使(自明)新贸来《大明会典》"⑦,明万历十七年(1589年,朝鲜王朝宣祖二十二年),朝鲜圣节使尹根寿自明返国"赍《大明会典》全书及皇敕以来"⑧。有关明朝赐书和朝鲜使者从明朝采购史书的记载不绝如缕。

清朝时期,也有不少皇帝颁赐中国史书给朝鲜或者朝鲜燕行使者采

---

① 《朝鲜太宗实录》卷6,太宗三年十月辛未条,[韩]韩国国史编纂委员会编刊:《朝鲜王朝实录》第1册,韩国国史编纂委员会1953—1961年版,第281页。
② 《朝鲜太宗实录》卷12,太宗六年十二月丁未条,《朝鲜王朝实录》第1册,第381页。
③ 《朝鲜世宗实录》卷69,世宗十七年八月癸亥条,《朝鲜王朝实录》第3册,第649页。
④ 《朝鲜世宗实录》卷70,世宗十七年十二月戊午条,《朝鲜王朝实录》第3册,第662页。
⑤ 《朝鲜成宗实录》卷56,成宗六年六月壬午条,《朝鲜王朝实录》第9册,第232页。
⑥ 《朝鲜燕山君日记》卷25,燕山君三年七月丙午条,《朝鲜王朝实录》第13册,第248页。
⑦ 《朝鲜中宗实录》卷32,中宗十三年四月甲午条,《朝鲜王朝实录》第15册,第425页。
⑧ 《朝鲜宣祖实录》卷23,宣祖二十二年十一月丙寅条,《朝鲜王朝实录》第21册,第466页。

购中国图书的记载。

在传入朝鲜半岛的诸种史书中,值得一提的是朱熹的《资治通鉴纲目》。此书于高丽末年传入朝鲜半岛,并随着活字印刷术的进步,被大量刊刻。因为朝鲜王朝以程朱理学为治国策略,所以《资治通鉴纲目》作为朱熹史学思想的重要著作备受重视,并受到高度评价。朝鲜世宗国王命史臣据《资治通鉴纲目》撰《纲目通鉴训义》并大量印行,进一步促进了《资治通鉴纲目》的传播。正祖国王更是以"万机之暇,览朱子《资治通鉴纲目》,采其书法、论断、事实、名物之有疑者,著为问目,凡六百九十五则,分授馆学生,人各一则,使之条对。复命抄启文臣沈晋贤等删节对语,附之条问之下,裒集成帙,名之曰《纲目讲义》"①。《资治通鉴纲目》不仅是国王经筵进讲的必备之书,而且还成为人臣必读之书,甚至学堂讲读和科举考试对这部书也非常重视,曾把这部书列入科举考试书目。《资治通鉴纲目》在朝鲜半岛自上而下的传播,对半岛朱子学的流布具有重要意义。与之相辅相成,朱子学的盛行也大大提高了《资治通鉴纲目》的地位,出现了历史著作方面独尊《资治通鉴纲目》的现象,"纲目体"成为朝鲜王朝大部分史书遵循的体例。独尊朱子学以及"纲目体"的盛行在一定程度上促进了朝鲜半岛民族史学的产生和发展②。

总之,自箕子朝鲜以来,朝鲜半岛历代王朝都将搜求中国典籍作为使行的一个重要任务,朝鲜使行人员抵达中国后,总是想方设法搜求中国典籍,将大批中国史籍传入朝鲜半岛。同时,朝鲜历代王朝总想方设法希图中国王朝官方赐书,这样经过朝廷赐书与使行购书两条途径,中国许多典籍都传入了朝鲜半岛,成为他们学习中国文化的重要途径。在2 000多年的历史长河中,朝鲜半岛一直以汉字作为官方使用的文字,其

---

① 《朝鲜正祖实录》卷32,正祖十五年五月丁丑条,《朝鲜王朝实录》第46册,第219页。
② 参见杨雨蕾:《〈资治通鉴纲目〉在朝鲜半岛的传播》,《世界历史》2002年第3期,第113—115页。

科举考试也仿效中国，以儒家经典为主要的考试范围，因而促进了朝鲜士人阅读中国典籍，也进而推动了中国典籍在朝鲜的传播与影响。就史书而言，最为典型的例子莫过于《史记》在朝鲜半岛的传播；就时代而言，又以明清时期最为频繁，传播的书籍也最多。因而下文就选取这两个问题，做进一步的探讨。

（二）《史记》对朝鲜半岛史学的影响

《史记》是中国第一部纪传体通史，在中国史学史上地位非常重要，自问世以来，相继传入朝鲜半岛和日本列岛，在韩国和日本历史上也产生了巨大影响。在朝鲜半岛，无论是在古代文学还是史学上，《史记》都有着极其重要的地位。现在虽无法弄清此书何时传入朝鲜半岛，但韩国现存最早的史书《三国史记》就是依照《史记》编成的官修正史，不仅体例仿照《史记》，书中还有两处直接征引《史记》的文字。

《史记》何时传入朝鲜半岛，现已无从考察。可以肯定地说，在汉四郡时期，《史记》已经传入朝鲜。三国时期，《史记》与诸儒家经典成为君臣阅读的重要史籍。《北史·高句丽传》载："书有五经、三史，《三国志》、《晋阳秋》。"①而《史记》就是"三史"之一。《旧唐书·高丽传》曰："俗爱书籍，至于衡门厮养之家，各于街衢造大屋，谓之扃堂，子弟未婚之前，昼夜于此读书习射。其书有'五经'及《史记》、《汉书》、范晔《后汉书》、《三国志》、孙盛《晋春秋》、《玉篇》、《字统》、《字林》，又有《文选》尤重爱之。"②可见，《史记》在当时已经成为高丽学人习读的重要史书。

因为史料缺乏，朝鲜王朝以前的情况已难以详知，在朝鲜王朝时期，《史记》既是朝鲜士人的必读经典、应试的必要科目，又是朝鲜国王经筵中的重要内容。在朝鲜王朝，乡塾作为士人初次入学之处，非常重要，其所讲授之书就有《史记》的篇章。可以说自入学起，朝鲜士子便接触《史

---

① ［唐］李延寿：《北史》卷94《高句丽》，中华书局1974年版，第3115—3116页。
② ［五代］刘昫：《旧唐书》卷199上《东夷·高丽传》，中华书局1975年版，第5320页。

记》,以后甚至会伴随其一生。"所讲书,必先小学,次四书,次六经,间以先贤性理文字及《史记》,年三十以下背讲。"①可见,《史记》是朝鲜王朝时期乡塾所讲授的书目之一,故而一般士人对《史记》非常熟悉与喜爱,如"(南鹏路)公幼而聪秀嗜书,犹喜《史记》、《汉书》,至忘寝食,不问家生业"②。甚至有人对《史记》达到痴迷的程度,有史料说:"孙仲子年十五,喜闻司马氏风。手书若干篇,以侈于儿。口倦事目,目倦则肘股交相舞,如是期年。百骸动静,亡不与司马氏上下者……读《范蔡传》,即欲驾长辩;读《荆卿传》,即欲提匕首悲歌;读《项羽纪》,即欲喑呜叱咤;读《李广传》,即欲弯弓射单于。此又谁之使耶?"③在朝鲜士人开列的必读书目中,必定有《史记》④,熟读《史记》是当时朝鲜士人的一种基本的功夫。

《史记》既是朝鲜士人学习中国历史的重要典籍,也是他们应付科举考试的重要入门书籍。有人为准备科举考试竟然立志要熟读《史记》千遍,而后才去赴试。朝鲜光海君时期的文学家柳梦寅讲了一个故事:"某白尹生足下,曾见足下与豚儿书,知足下读马史以千遍期,始则壮之,中则忧之,终乃欲为书已之而旋止也。及今因湖儒应举来者,闻足下决意牢计,不满读《史记》千遍,誓不赴举也,足下之志则壮矣。"尽管赞同其志向,但对于此人这种做法,柳梦寅则表示了不同意见,认为"今者月汀尹府院君根寿喜读此书,颇著一生之力。彼特少年登科,其文早就,而及其晚年而始攻之。然其所专力,皆就中朝近世之文,学《史记》枝叶,如空同、弇州等若干文而止耳。其他治《史记》者,李潭阳安讷读其选千遍云。

---

① [朝鲜王朝]李缚:《陶庵集》卷25《龙仁乡塾节目》,韩国民族文化推进会编:《影印标点韩国文集丛刊》第194册,韩国民族文化推进会1997年版,第540页。

② [朝鲜王朝]洪良浩:《耳溪集》卷31《处士南公墓碣铭·并序》,《影印标点韩国文集丛刊》第241册,1999年版,第579页。

③ [朝鲜王朝]申维翰:《青泉集》卷6《书孙仲深史记抄》,《影印标点韩国文集丛刊》第200册,1997年版,第351页。

④ [朝鲜王朝]赵翼:《蒲渚先生集》卷20《致知》,《影印标点韩国文集丛刊》第85册,1997年版,第354页。

然其致功者在诗,至于文,吾未之闻也"①。其信中所列尹根寿、李安讷皆当时著名学者,都很重视精读《史记》,但他们是功成名就之后才开始致力于此的,并非为了应付科举考试,因此认为尹生非读《史记》千遍不去应试的做法是不可取的。而朝廷科举求士,亦有专讲《史记》的要求。朝鲜世祖时期重要政治家、学者梁诚之曾上书要求改革政事,在《便宜二十四事》的奏疏中,特别论及科考之法,其言:

> 盖今文科初场讲经之时,四书五经外,如韩文、柳文等书,任意试讲,实无定规。中场则并试古赋,本非急务。又进士以此取之,终场则诸史时务,虽参酌出题,至论历代之事权辞以对,曰汉唐之治,何足论于今日。取之者亦以为意……且武科试,并讲四书五经,亦为未便。乞武经七书外,只讲《将鉴》、《兵鉴》、《兵要》、《陈(阵)说》。文科则四书五经外,只讲《左传》、《史记》、《通鉴》、《宋元节要》、《三国史记》、《高丽史》。中场,试表笺,以习臣子事上之文;试诏教,以习君上令下之文。终场,历代、时务,选出为题。如今年试历代,明年试时务,以此定制,以新科举之法。②

朝鲜的科举考试专门有讲经和讲史一场,梁诚之指出,文科科考之士,除四书五经之外,还须讲包括《史记》在内的六七种史书。他所提议的科举考试之改革,影响深远。在《朝鲜世祖实录》中,亦有梁诚之论及成均馆日讲之事,其曰:

> 今成均生,则学官日讲,礼曹月讲,春秋都会,三年大比,若师儒得人,则固可以作成人材矣。但须精择艺文兼官二十人,因其所长,分为理学、史学二业。定置治……《胡传春秋》《左传春秋》《史记》

---

① [朝鲜王朝]柳梦寅:《於于集》卷5《与尹进士书》,《影印标点韩国文集丛刊》第63册,1997年版,第414—415页。
② [朝鲜王朝]梁诚之:《讷斋集》卷2《奏议·便宜二十四事》,《影印标点韩国文集丛刊》第9册,1990年版,第302页。

《前汉书》者五人……五人之中,三品得一人,五品二人,参外二人,皆兼治四书、《诗》、《书》、《礼记》。①

他强调加强成均馆中经史的讲授,《史记》也是必讲内容,意在培养经史人才,完善科举考试。

此外,《史记》是朝鲜世子培养中的必读史书,也是国王经筵日讲的重要内容。朝鲜对世子的培养非常重视,其中一个重要的方面就是习读经史。如何习读经史、孰先孰后都很关键。朝鲜世子教育中,《史记》是必读书籍,当时有大臣指出"先读《史记》,次读经书,则文理易达"②。如同中国朝廷的经筵制度一样,朝鲜王廷的经筵制度乃是大臣定期向国王讲授儒家经典与重要史籍的制度。朝鲜国王要求大臣不仅要精通儒家经典,也要精通中国史书,以备顾问。熟读史书,以备经筵,而经筵正是顾问的重要方式,《史记》是历朝国王经筵中必讲的内容。大臣往往借讲史之际,联系现实政治,提出参考建议,以便国王更好地治理王朝。燕山君时期,领事鱼世谦明确对国王说:"进讲《史记》,欲观古人已行之事,法其善、戒其恶也。"③明宗时期,有大臣上疏曰:"自上圣学高明,《四书》毕讲之后,当以《史记》进讲。治乱兴亡,人物邪正之易知者,莫如《史记》。"④可见,治国之事总是被与讲《史记》联系起来,这样可使经筵日讲有经世致用之功效。

司马迁的《史记》在朝鲜史学史上有着非常重要的地位,这是因为朝鲜史学作为其文化的一个重要部分,乃是中国传统史学的一个重要分支,其史书体裁、史学思想都是效仿中国史学的。作为中国纪传体史书开创者的《史记》,长期以来受到朝鲜学人的高度肯定和评价。朝鲜古代

---

① 《朝鲜世祖实录》卷33,世祖十六年六月辛亥条,《朝鲜王朝实录》第7册,第633页。
② 《朝鲜中宗实录》卷55,中宗二十年八月乙未条,《朝鲜王朝实录》第16册,第442页。
③ 《朝鲜燕山君日记》卷25,燕山君三年七月戊午条,《朝鲜王朝实录》第13册,第258页。
④ 《朝鲜明宗实录》卷7,明宗三年四月己巳条,《朝鲜王朝实录》第19册,第589页。

史书体裁完全效法中国史书。曾历事三朝、累官领议政的李宜显论史书的三种体裁时称："史书,其类有三:一曰编年……二曰纪传:司马迁《史记》、班固《汉书》、范晔《后汉书》、陈寿《三国志》……三曰纪事:纪事者,纪一事之本末也。"①《史记》自然是纪传体史书之首。这里所讨论的都是中国史书,也就是说史书体裁应该以中国的为准,朝鲜古代史书体裁完全是模仿中国史书的,而朝鲜所编的纪传体史书莫不是模仿司马迁《史记》的。朝鲜王朝后期重要史学家、文学家南公辙博览群书,精通唐宋八大家之文,其论史书体裁曰:"史有二道,编年与纪传也。编年祖于《春秋》而纪传则始自迁创之。将正其一统,分代以纪年,因年以系日月,制度沿革、忠贤刑赏之是非,错出而互见,则编年为谨于法。代各有纪,人各有传,以专其行治得失之故,叙次该洽,则纪传为详于事。二者皆不可废也。"②可见,朝鲜古代史书体裁与中国一样,最为重要的也就是编年与纪传二体。

在讨论纪传体时,首先要肯定司马迁《史记》的开创之功,而后世的纪传体史书都遵循司马迁所创设的规制。"后世作者,一遵史迁规制。"③这成为朝鲜史家作纪传体史书的基本理念。朝鲜实学派大师李圭景论曰:

> 史之兴,自汉代始。先秦之书,如《左氏传》《国语》《世本》《战国策》,皆掇拾记录,无完书。司马迁大集群书为《史记》,上下数千载,亦云备矣。然而议论或驳而不纯,取其纯而舍其驳可也。而后世史记,皆宗迁法,大同而少异。其创法立制,纂承《六经》,取三代之余

---

① [朝鲜王朝]李宜显:《陶谷集》卷28《陶峡丛说》,《影印标点韩国文集丛刊》第181册,1996年版,第445页。

② [朝鲜王朝]南公辙:《金陵集》卷11《史圈序》,《影印标点韩国文集丛刊》第272册,2000年版,第215页。

③ [朝鲜王朝]安鼎福:《顺庵先生文集》卷12《橡轩随笔上·历代诸史》,《影印标点韩国文集丛刊》第230册,2000年版,第32页。

烬,为百代之准绳。若迁者,可为史氏之良者也。班固《前汉史》,与迁不相上下。其大原则出于迁,而书少加密矣。《东汉史》成于范晔,其人诡异好奇,故其书似之。然论赞情状有律,亚于迁、固,自谓赞是吾文之奇作,诸序论往往不减《过秦》,则比拟一代英伟之士,遂为寿所诬。后世果有作者必当改作。①

从这段论断中,我们可以得到以下几点认识:第一,肯定《史记》的创制立法之功,这种创制乃是"大集群书"而成。包括《左传》《国语》《世本》《战国策》等书,所谓"大集群书"既是史料上的一种集合,又是体裁上的一种综合。正是有了这种基础,才使得司马迁有可能创立为天下后世遵行不悖的一种体裁。需要指出的是,上述这段史料没有提及《春秋》,因为《春秋》乃是五经之一,其地位比《史记》更崇高。不过,另有人从体裁上来看《春秋》与《史记》的关系,朝鲜成宗时期名臣、著名史家徐居正曰:"吾夫子因唐虞三代旧史,删定为书,又因鲁史作《春秋》,此史家编年之权舆也。司马迁始变古作《史记》,立纪、传、表、志,《春秋》之法始坏。"②在徐居正看来,《春秋》是编年体,《史记》是变编年体而来。

第二,《史记》所创之"制",是"百代之准绳",后世继承者之作尽管有些变化,但原则上没有根本改变,只是做一些技术上的改进,不能进行实质上的变动。即便是与司马迁不相上下的班固,也是"其大原则出于迁,而书少加密矣",也就不用说其他后世著作了。朝鲜史家大多有这样的认识,儒学家俞汉隽有更为明确的论断:

  独汉太史令司马迁,创立纪、传、志、表之目,法与编年不同。而

---

① [朝鲜王朝]李圭景:《史籍总说·古史、通史、通鉴纲目、诸家史类、史论、中原记东事、东国诸家史类辨证说·史论》,载《五洲衍文长笺散稿》上册,汉城:东国文化社1959年版,第594页。
② [朝鲜王朝]徐居正:《四佳文集》卷4《三国史节要序》,《影印标点韩国文集丛刊》第11册,1988年版,第241页。

刘向称迁史不虚美、不隐恶,又其文辞凌驾横越,驰骋恣睢,以颠倒后世。故天下文章之士,苟志于史传,自古及今,未有舍太史公者。于是周以下二十一代,代各有史,叙三千年治乱兴亡之迹详矣,君子得以考信焉。①

俞汉隽高度评价司马迁创立纪传体之功。司马迁所创立之制不仅是中国史家遵循的准绳,更是朝鲜史家因袭的标的。

第三,因为《史记》的成就,司马迁乃是"史氏之良者",朝鲜王朝士人大都认为司马迁是"良史"。朝鲜太宗、世宗时期的文章大家尹淮称赞司马迁曰:"昔太史公足迹遍天下,绌石室金匮之书,作《史记》百三十篇。雄深雅健,疏荡奇伟,后之秉笔者,莫能出其范围之外,信乎良史之才矣!"②成宗时的俞泓称颂道:"司马迁,古之良史也。"③儒士朴承任也说:"司马迁、斑(班)氏之所撰修《史记》与《汉书》云者,其学识宏深,辞气雄浑,称其有良史之才,固当也。"④朝鲜人所说的"良史"是一种极高的评价,在朝鲜诸多评论中,很少见到称其他史家为"良史"的,只有司马迁被反复冠以"良史"的称号,可见,在朝鲜士人心目中,司马迁有着至高无上的地位。

对于《史记》在中国史学史上的地位,朝鲜士人亦了如指掌。朝鲜儒士文集中经常有讨论"三史""四史""十七史""二十三史"等问题的文章,尽管这些问题都是因循中国人的说法,但莫不是将《史记》推为首位。朝

---

① [朝鲜王朝]俞汉隽:《东传标目序》"癸未",《自著准备[一]·序》,《影印标点韩国文集丛刊》第249册,1988年版,第511页。

② [朝鲜王朝]尹淮:《东文选》卷93《送忠州曝晒别监吴奉教先敬诗序》,汉城:庆熙出版社1967年版,第60页。

③ [朝鲜王朝]南孝温:《秋江先生文集·旧跋》,《影印标点韩国文集丛刊》第16册,1992年版,第160页。

④ [朝鲜王朝]朴承任:《啸皋先生文集》卷4续集《策·史记》,《影印标点韩国文集丛刊》第36册,1993年版,第368—369页。

鲜正祖、纯祖时期的实学家成海应在《研经斋全集》中特作《二十三史约例》,首篇评价《史记》曰:

> 汉太史令司马迁续其父谈书,创为义例,起黄帝迄汉武帝获麟之岁,凡三千余岁,为五十二万六千五百言。迁以诽谤下狱死,迁外孙杨恽祖述其书,遂宣布焉……裴骃解迁书云:班固常讥迁,论大道则先黄老而后六经,序游侠则退处士而进奸雄,述货殖则崇势利而羞贫贱。后世爱迁者多以此论为不然,谓迁特感当世之所失,愤其身所遇,寓之于书,有所激而为此言云。①

可见,作者并不认可班固的评价。成海应对于诸史之文也有评价,认为:"文之佳者,司马迁、班固、欧阳修为之首,其次范晔、陈寿、李延寿,其余则粹驳互见。"②成氏不仅肯定司马迁在史书上的创见,还肯定他在文学上的成就。黄俊良、徐居正对司马迁《史记》也有高度的评价。与此同时,《史记》记事的真实性也受到肯定。太宗时期文学家卞季良掌文衡20余年,他认为《史记》中的"惠、文、景本纪"拥有与后世实录同等的地位,而且将其看成后代历朝实录的开创者,可见其评价之高。③ 对于司马迁安排《史记》之篇章的方法及其相关问题,朝鲜英祖、正祖时期的实学派大师安鼎福进行了比较深入的研究。安鼎福精通经史,学问广博,著述甚丰,史学方面成《东史纲目》。他说:"马迁以己之直道,不容于世类,伯夷故传之首。次传管晏者,感管鲍之交及救越石之事,而己则无许死急困之友故也。否则管晏事可纪者多,而只录辞数条乎?因文寻义,

---

① [朝鲜王朝]成海应:《研经斋全集·外集》卷24《二十三史约例·史记》,《影印标点韩国文集丛刊》第276册,2000年版,第262页。
② [朝鲜王朝]成海应:《研经斋全集》续集第12册《读书式》,《影印标点韩国文集丛刊》第279册,2000年版,第269页。
③ [朝鲜王朝]卞季良:《春亭先生续集》卷2《年谱》,《影印标点韩国文集丛刊》第8册,1990年版,第178页;《朝鲜世宗实录》卷22,世宗五年十二月辛未条,《朝鲜王朝实录》第2册,第569页。

情状可怜。"①安氏从《史记》的相关篇章之安排和内容选择上联想到司马迁的个人遭遇，从而解释背后的原因，很有见地。由此可见朝鲜学人对《史记》有精深的研究和透彻的了解。

高丽王朝金富轼主修的《三国史记》和朝鲜王朝郑麟趾主修的《高丽史》是朝鲜半岛历史上的"两大官修正史"。而这两大正史莫不效法司马迁的《史记》。有关这两大正史与《史记》的关系，朝鲜学人称："本史则有高丽金氏富轼《三国史记》、本朝郑氏麟趾《高丽史》。通编则有本朝诸臣纂修《东国通鉴》。其举要之书则有《东国史略》《三国史节要》《东史纂要》。其立纲之书则近世有市南俞氏棨《丽史提纲》……本史，迁、固之遗，故俱收并蓄。"②这里将朝鲜史书分成几类：本史、通编、举要之书和立纲之书。其中"本史"即纪传体史书，明确指出其乃"迁、固之遗"，完全是效法司马迁和班固的史书。这两部史书都是由王室主导、大臣监修的纪传体官修史书，因而无不是以《史记》作为模仿对象。

从编纂意图上看，朝鲜历史上的两大正史与唐宋以后中国历代正史的编纂有点类似。中国历朝自班固以后，皆效法司马迁《史记》编成纪传体王朝史，唐宋以后，这种前朝纪传体史书的编修成为王朝官方的重要任务，乃与政治上树立新兴王朝的正统性密切相关，作为中国官修正史，政治上的诉求非常重要。朝鲜半岛的王朝更迭没有中国频繁，事实上，公元8世纪的新罗才是朝鲜半岛上首个统一王朝，当高丽王朝取而代之以后，这种前朝修史活动才有可能发生。1145年（高丽仁宗二十三年），金富轼受命撰写新罗、高句丽、百济三国之正史，这是韩国现存最早的官修纪传体史书，全书50卷。金富轼在《进三国史记表》中已经较为清楚

---

① ［朝鲜王朝］安鼎福：《顺庵先生文集》卷12《橡轩随笔上·历代诸史》，《影印标点韩国文集丛刊》第230册，2000年版，第27页。

② ［朝鲜王朝］林象德：《老村集》卷3《东史会纲序·辛卯》，《影印标点韩国文集丛刊》第206册，2000年版，第61页。

地表明其编纂《三国史记》的缘由,其曰:

> 古之列国亦各置史官以记事……惟此海东三国历年长久,宜其史事,著在方策。乃命老臣俾之编集(自顾缺尔,不知所为,中谢)。伏惟(圣上陛下)性唐尧之文思,体夏禹之勤俭,宵旰余闲,博览前古,以谓今之学士大夫,其于五经、诸子之书,秦汉历代之史,或有淹通而详说之者。至于吾邦之事,却茫然不知其始末,甚可叹也。况惟新罗氏、高句丽氏、百济氏,开基鼎峙,能以礼通于中国,故范晔《汉书》、宋祁《唐书》,皆有列传,而详内略外,不以具载。又其古记文字芜拙,事迹阙亡,是以君后之善恶、臣子之忠邪、邦业之安危、人民之理乱,皆不得发露,以垂劝诫。宜得三长之才,克成一家之史,贻之万世,炳若日星。①

这里已明确表示出续旧史、继前统的思想。1392年李成桂取代高丽王朝,立国三个月以后,就颁布教令,要编纂纪传体《高丽史》,后来经太宗、世宗,一直到文宗元年(1451年),才最终编成,这是一次重要的编史活动,且持续时间之长,在朝鲜历史上也少有。在这种编纂过程中,其修正史、继前统的思想就更为清楚。其间经过了几个阶段:第一阶段从1392年(太祖元年)到1395年(太祖四年),由郑道传与郑总主编,成《高丽国史》。第二阶段乃是第一次改修,由河伦、卞季良从1414年(太宗十四年)开始,到1421年(世宗三年)完成。第三阶段由柳观和尹淮主持,从1423年(世宗五年)开始到第二年六月结束,成《雠校高丽史》。第四阶段从1438年(世宗二十年)开始,到1451年(文宗元年)八月完成,由金宗瑞、郑麟趾主持,最后在1454年(端宗二年)十月,具名郑麟趾主编,得以颁行印刷。之所以这么反复,乃与朝中政治斗争密切相关。最初,太

---

① [高丽王朝]金富轼:《进三国史记表》,《三国史记》,吉林文史出版社2003年版,第1—2页。引文中加括号的文字见于《东文选》,但为明治本所删。

祖朝之编纂,起因于"伪朝以后之事颇多失真",且"纪太祖之事,颇有不实"①,故而开馆修史。实际上与中国王朝更迭以后,新朝修史以树正统几乎相同,乃是想通过修史来加强新王朝的正统性,以便更好地维护自己的统治地位。后来由于朝中政治斗争,郑道传被杀,由他主编的史书自然要重新审定和修改。《世宗实录》曰:"《高丽史》恭愍王以下,郑道传以所闻笔削,与史臣本草不同处甚多,何以传信于后世? 不如无也。"②世宗对于《高丽史》的编纂非常关心,梁诚之曾上疏谈到:"世宗闻修史不公,命停颁赐,秉笔史臣以此得罪。"③所以在世宗年间,《高丽史》又经数次修改,才最后成篇,是朝鲜王朝历史上的一件大事。《高丽史》全书加上目录共139卷,编纂历时近60年。可见,在朝鲜半岛史学史上,出现这两大正史乃是模仿中国王朝修正史,以为新朝树立正统。

朝鲜半岛两大官修纪传体正史《三国史记》和《高丽史》,在编纂形式上也多效法以《史记》为代表的中国史书,编年体史书和纲目体史书的体裁体例也多受到《史记》等中国史书的影响,这一点在下节将有论述。洪汝河的《东国通鉴提纲》,在其凡例中就点明效法《史记》之处:"一、旧史皆起自檀君,今断自箕子以下,依迁史断自黄帝以下例。一、殷太师箕子《洪范》,附载微子世家,今作殷太师纪,则《洪范》不容不载,而剟取书传,似涉僭猥,故取迁史所录而书之,其文少有异同云。"④这里明确说明断限效法《史记》,而有关史书内容也兼采《史记》的说法。其正文第一篇即《殷太师纪》,其中有商榷司马迁《史记》之文。所谓《殷太师纪》实际上就是《箕子纪》,乃是对《史记》所论箕子不详、不为箕子立世家而提出批评,并对《史记》中所载箕子事提出质疑,认为箕子未必朝见了武王。文章最

---

① 《朝鲜太宗实录》卷27,太宗十四年五月壬辛条,《朝鲜王朝实录》第2册,第16页。
② 《朝鲜世宗实录》卷2,世宗即位年十二月庚子条,《朝鲜王朝实录》第2册,第294页。
③ 《朝鲜成宗实录》卷138,成宗十三年二月壬子条,《朝鲜王朝实录》第10册,第298页。
④ [朝鲜王朝]洪汝河:《木斋家塾东国通鉴提纲凡例》,《东国通鉴提纲》,骊江出版社1986年版,第529页。

后指出司马迁之所以没有给箕子立世家,"盖不知太师传祚千岁,当汉时而未绝也",因之,此书首篇即立《殷太师纪》,"亦以补迁史之阙焉尔"①。可见,作者对《史记》不为箕子立世家非常不满,也侧面反映了他实际上是非常看重《史记》的。正因为《史记》有所欠缺,故而首篇即立,以补其阙。随后此书又多处提及司马迁《史记》,或作依据,或论难之。可见,《史记》既是他效仿的史书,又是他论难的对象,补《史记》之阙甚至是他撰著此书的目的之一。

正因为朝鲜儒士非常看重《史记》,对于《史记》十分熟悉,所以对《史记》也多有批评。安鼎福即曰:

> 太史公书,虽云一代之实录,而多疏漏处。朱子尝引苏辙《古史》论云:浅陋而不学,疏略而轻信,正中迁失,今考之信然。又有后人所增入及未及修正者,先儒已疑其为未成之书也。如《高帝纪·太史公论》末却云'十月,黄屋左纛,出葬长陵'之类是也,岂非语势之失次乎!若《龟策传》类文字,肤浅支离,似非马迁笔法,必是褚孝(少)孙所补也。且或多有马迁死后事,可疑也已。②

可见,朝鲜士人虽然学习《史记》的体例,习读其篇章,但并非完全照搬,对其问题也是毫不留情地予以批评。安鼎福的这段批评就十分合理。在朝鲜实学大师李晬光的百科全书类著作《芝峰类说》中,对于《史记》的辩难达三四十条之多,逐一论辩,辩驳其不实,探究其原因③。对于《史记》所言之事、前后矛盾之处予以批评,这样的例子很多,另一方面也说明作者对《史记》烂熟于胸、了如指掌。综上所述,《史记》对朝鲜半

---

① [朝鲜王朝]洪汝河:《朝鲜纪上·殷太师》,《东国通鉴提纲》,第533页。
② [朝鲜王朝]安鼎福:《顺庵先生文集》卷12《橡轩随笔上·历代诸史》,《影印标点韩国文集丛刊》第230册,2000年版,第38页。
③ [朝鲜王朝]李晬光:《芝峰类说》上册卷6《经书部二·诸史》,汉城:朝鲜古书刊行会1915年版,第180—181页。

岛古代史学的影响是全方位的①。

（三）明清史籍在朝鲜半岛的流传与影响

李氏朝鲜王朝以程朱理学立国，对儒家文化倾慕有加，不仅视中国历代经典史学著作为瑰宝，对于在中国有影响力的明清当代史学著作更是刻意搜求，不遗余力。有史料表明，朝鲜王朝太宗时期，李氏朝鲜对明朝《永乐大典》的编排刻印情况极为关注，对《大明会典》不惜重金，多方求购。明朝廷也多次给朝鲜赐书，包括《资治通鉴》《资治通鉴纲目》等不少史书②。明亡清兴，朝鲜王朝虽然表面上由明朝藩国变为清朝的藩国，但仍长期暗中使用明朝的年号，编修明史书籍，以表达其尊周思明的情感。1830年，朝鲜燕行使购得全本《明实录》，携归朝鲜，朝鲜王朝举国欢腾，甚至把《明实录》比作春秋时期鲁国所得之《周礼》，珍藏于大报坛之敬奉阁，以表达对明朝的思念和感恩之情。1898年，大韩帝国光武帝下令对《明实录》重新装订、整理，以示重视③。此外，还有不少明清史家的著作流传到朝鲜半岛，影响深远。

明代陈建《皇明通纪》是明朝私修的第一部编年体当朝国史，因其简洁明快、可读性强，刊行之后受到普遍欢迎，后来有多人补订、续修、续订，在明清两朝产生了深远影响。嘉靖三十四年（1555年），陈建《皇明通纪》刊刻，不久就传入了朝鲜，很快受到朝鲜士人的欢迎，随后在他们的著作中屡屡提到此书，他们讨论相关史实时，往往征引《皇明通纪》。关于这部书是何时传入朝鲜的，现在并无确切史料说明其具体时间，不过，在李滉的书中就已经有所提及。李滉，字退溪，是朝鲜王朝最为重要的性理学家，卒于1570年，也就是说《皇明通纪》最晚在此前已经传入朝

---

① 参见孙卫国：《〈史记〉对朝鲜半岛史学的影响》，《社会科学辑刊》2010年第6期，第157—164页。

② 参见张升：《明代朝鲜的求书》，《文献》1996年第4期，第140—151页。

③ 参见孙卫国：《〈明实录〉之东传朝鲜及其影响》，《文献》2002年第1期，第237—247页。

鲜。在《退溪先生文集》中,提到过陈建及其《皇明通纪》与《学蔀通辨》二书,其言:

> 顷者,横城赵士敬因读《皇明通纪》,录示其中篁墩公事实数三条,然后略知篁墩之为人与为学乃如此……其三则陈建论公《道一编》说也。其说云:篁墩欲弥缝陆学,乃取朱、陆二家言语,早晚一切颠倒变乱之。矫诬朱子,以为早年误疑象山,晚年始悔悟,而与象山合,其误后学甚矣。因为之著《学蔀通辨》,编年考订,以究极同异是非之归云。噫,信斯言也! 篁墩其果误矣,其为学果有可疑者矣。①

朱陆之异同是明朝儒林讨论非常热烈的问题。篁墩即明人程敏政之号,他曾作《道一编》六卷,"篁墩之意则盖谓朱陆之道,始二而终一也"②。后来王阳明(1472—1528年)又刊刻《朱子晚年定论》一书,认为尽管朱熹早年不认同陆象山之心学主张,晚年则有所悔悟,反而认同陆学思想,此说遂为王学之徒大肆宣扬。陈建反对此说,嘉靖二十七年(1548年)特著《学蔀通辨》,驳斥这种说法。朝鲜儒林极为推崇朱子学说,反对陆王心学,尽管李滉没有读到《皇明通纪》,但是朝鲜人赵士敬却读了此书,并且将程敏政的事迹辑出,以解李滉之疑。此文作于"皇明嘉靖四十五年岁丙寅孟秋日",也就是1566年,乃是《皇明通纪》刊刻11年后,也就是说此前此书就已经传入朝鲜了。朝鲜朝天使到了北京,总是想方设法购买明朝刊刻的书籍,或可推测,《皇明通纪》刊刻不久,就被朝天使买到,并带回朝鲜了。

《皇明通纪》入朝鲜后,朝鲜士人非常重视此书,在讨论相关史实时,

---

① [朝鲜王朝]李滉:《退溪先生文集》卷41《心经后论》,《影印标点韩国文集丛刊》第30册,1992年版,第410—411页。
② [朝鲜王朝]李光靖:《小山先生文集》卷7《杂著·札记》,《影印标点韩国文集丛刊》第232册,1999年版,第152页。

往往征引《皇明通纪》。在讨论经、史、子、集四部书籍的时候，朝鲜士人往往把《皇明通纪》看成必读的史部书籍，与司马迁的《史记》、司马光的《资治通鉴》视作同等重要的史书。不仅如此，国王经筵日讲之时，《皇明通纪》一度竟然也是他们必讲之书。可见朝鲜王朝对此书的重视。朝鲜实学派的重要代表李晬光在其《芝峰类说》中数处征引《皇明通纪》。朝鲜名儒成浑、朴世采、赵翼、李宜显等论及所读书目时都曾提到《皇明通纪》为必读之书。不仅朝鲜儒林很重视《皇明通纪》，而且此书还传入朝鲜宫廷之中，成为朝鲜国王经筵日讲的史书之一。

朝鲜宣祖国王是读过《皇明通纪》的。宣祖国王继位不久，一日经筵日讲刚刚结束，宣祖突然对诸臣说："《皇明通纪》甚是好书。"①侍讲白应时当即表示不妥，因此书末极论嘉靖初年追崇兴献王之事，为其不喜②，但宣祖似乎并未接受这种意见。1569年（宣祖二年），朝鲜翻印《皇明通纪》③，宣祖国王要颁赐给诸大臣，遭到经筵讲官尹根寿、奇大升的反对。尹根寿说："近来印出者，又有《皇明通纪》。凡作史者，必见一国终始而成之，乃为正史。而此则因一时闻见而为之，取舍议论，乌得正乎？见其议论，亦多不正之处，我国至诚事大，视如一家，若在家僭见则可也。当代史记，至于颁布百官，极为未安。"④奇大升说："《皇明通纪》多有好语，一代之事，人无不知，至于印颁，则似乎未安。而以史见之，取舍在我，则亦非大害也。然其是非去就之间，或多谬误之处。陈建之为人，不可知也。而大概成败利钝，皆归之天，而礼乐刑政，无所用其道，至以太宗之

---

① 《朝鲜宣祖改修实录》卷1，宣祖即位年十月丙戌条，《朝鲜王朝实录》第25册，第406页。
② [朝鲜王朝]宋时烈：《宋子大全》卷206《白麓辛公行状》，《影印标点韩国文集丛刊》第115册，1997年版，第10页。
③ 据王重民：《中国善本书提要》，上海古籍出版社1983年版。该书载北京大学图书馆藏《皇明历朝资治通纪》前编八卷、后编三十四卷，十七册，系高丽活字本。笔者疑此书即出自翻印的版本。
④ 《朝鲜宣祖实录》卷3，宣祖二年六月壬辰条，《朝鲜王朝实录》第21册，第213页。

革除,与凡胜败之迹,并归之天。此亦不正也。"①尽管他们反对将此书翻印赐给大臣,主要是对于书中将成败利钝之事皆归于天命不予认同,但是上述三位大臣对于《皇明通纪》的内容都了如指掌,可见他们都早已读过。最终宣祖可能接受了他们的建议,未行颁赐之事。

朝鲜肃宗(1674—1720年)与英祖(1724—1776年)在位时,经筵日讲中就专门有《皇明通纪》一书。肃宗国王从康熙三十八年(1699年)开始讲《皇明通纪》。《朝鲜肃宗实录》载:"乙酉,召对玉堂官,始讲《皇明通纪》。"②有证据显示,此前高丽已有活字印刷本,谢国桢《增订晚明史籍考》载,朝鲜《皇明通纪辑要》二十四卷,高丽活字本,明东莞陈建辑著,舜水孙矿原订,舜水马晋允增订。王国维《传书楼藏书志》云:"按东莞之书,迄于正德,嘉隆至天启,则马氏因诸家之书,正以实录,以续陈书,具见凡例。此乃高丽活字本,前有手纪云:'康熙三十八年闰七月初九日,内赐承政院假注书尹志和《皇明通纪》一件,命除谢恩行都,承旨臣宋押',又有'宣赐之记'方印。"③康熙三十八年即肃宗二十五年,而正是从这年开始,肃宗经筵日讲中开始讲《皇明通纪》,这与肃宗国王赐书完全吻合。英祖国王登基不久,即开始讲此书,以后一直坚持下去。在朝鲜王朝后期的国王中,肃宗与英祖对明朝有着极度的怀念、感恩之情。在明朝灭亡后60年的肃宗三十年(1704年),由于是甲申年,肃宗极力说服群臣,在昌德宫后苑建造了崇祀明神宗的大报坛,英祖则将大报坛崇祀的对象扩展到明太祖、明崇祯与明神宗三帝,每年农历三月二十九日,崇祯殉国之日,朝鲜一定会在大报坛行祭祀之举,一直坚持到朝鲜王朝末年④。

---

① 《朝鲜宣祖实录》卷3,宣祖二年六月壬辰条,《朝鲜王朝实录》第21册,第213页。
② 《朝鲜肃宗实录》卷33,肃宗二十五年十二月乙酉条,《朝鲜王朝实录》第39册,第547页。
③ 谢国桢:《增订晚明史籍考》,上海古籍出版社1981年版,第39页。
④ 具体情况参见孙卫国:《朝鲜大报坛创设之本末及其象征意义》,《中国文化研究所学报》2002年新第11期,第247—272页。孙卫国:《大明旗号与小中华意识:朝鲜王朝尊周思明问题研究(1637—1800)》,商务印书馆2007年版,第99—146页。

他们经筵日讲《皇明通纪》，既从中学习明朝历史，追念明朝的恩德，更重要的是从中学习治国之策，因而他们日讲的内容重点是从《皇明通纪》中摘取一些治国史实加以讨论。

　　肃宗的经筵日讲官宋征殷把每天所讲内容都写下来，编成《经筵讲义》，收入其文集中。例如1700年（肃宗二十六年）正月十九日，肃宗召对《皇明通纪》，讨论第三卷的内容，内有太祖朱元璋的话"海内悉归版图，固可喜亦可惧云云"，讲官借机发挥曰："夫富有天下，贵为天子，则时君世主易生骄溢之心。而太祖反以为惧，此大禹不自满暇之心也。其享国长久，垂裕后昆者，岂非以此欤！"肃宗也深表赞同。又有讨论君主纳言之事："逆己之言，必求其善；顺己之言，必审其非。"①此乃讨论为君之道。还有借讲明永乐帝一日三朝，接见大臣，处理政事，进而批评朝鲜国王之疏，其曰："皇明旧制有早午晚三朝，引接臣僚，商确政务。其勤于为治，概可见矣。我朝宾厅大臣以下，一月之内，三次晋接，比诸明朝古事，实为稀阔。而多因有故，亦不得每每为之矣。"②这些都是得自《皇明通纪》的日讲内容。英祖国王经筵日讲《皇明通纪》，也基本上是关注这样的内容。例如1727年（英祖三年）正月一日，检讨官徐宗伋曰："高皇帝每以节用、爱人、使民以时等语，为治国之良规。此三事，人君之所当留意也。"英祖答曰："高皇帝以康茂才为营田使，使修筑堤防。干戈抢攘之际，其轸念农事如此，况升平之时乎？堤堰灌溉，在于道臣别谕中。而为令者，不为着念，亦归文具，予实慨然。更为申敕也。"③既对明太祖朱元璋使民以时，关心百姓疾苦表示感慨，又对下面官僚不执行太祖命令表示不满，由此看到自己国家的政事，政令不行，要求严加督促。又如

---

① ［朝鲜王朝］宋征殷：《约轩集》卷6《经筵讲义·庚辰》，《影印标点韩国文集丛刊》第163册，1995年版，第529—530页。
② ［朝鲜王朝］宋征殷：《约轩集》卷6《经筵讲义·庚辰》，《影印标点韩国文集丛刊》第163册，第533页。
③ 《朝鲜英祖实录》卷11，英祖三年正月癸卯条，《朝鲜王朝实录》第41册，第616页。

1728 年（英祖四年）日讲《皇明通纪》，涉及明神宗年间之事，英祖国王说："神宗末年百僚旷阙，光宗初年，起废用人，各寺盈坐，岂非美事？昨日儒臣所达，惟才是用云者，诚是矣。"①肃宗与英祖年间日讲之《皇明通纪》，其内容涉及万历年间史实，因而一定是续编本，从后面的考证看，基本上可以肯定是孙矿原订、马晋允增订的《皇明通纪辑要》本。但因为此书误载李成桂世系及其续补诸书误载仁祖反正之事，1771 年（英祖四十七年），因为朱璘《明纪辑略》事件的牵连，《皇明通纪》一度也被朝鲜禁毁，但朝鲜无法消除此书的影响，随后英祖国王命大臣删节此书，刊刻了一部 24 卷本的《皇明通纪辑要》，成为中朝文化交流史上一桩值得关注的事件。透过《皇明通纪》与续补诸书东传朝鲜及其影响之研究，我们不仅可以了解中朝文化交流之密切，而且也探寻了中国史学史上的一个值得大力关注的领域，这就是中国史学对于周边国家的影响与贡献②。

  王世贞的史学著作传到朝鲜半岛，也产生了很大的影响。王世贞在明代文史学界有着举足轻重的地位，在文学上独主文坛 20 余年，在史学上亦是研究明朝当代史最著名的史家之一，有极高的威望。王世贞的史学著作甚多，最重要的明史著作则是晚年编订的《弇山堂别集》《嘉靖以来内阁首辅传》和董复表编选的《弇州史料》等。万历以后的明史专家，如沈德符、焦竑、张萱、朱国桢、谈迁、钱谦益、潘柽章、傅维鳞等人，皆或多或少受到王世贞的影响。王世贞在明清时期周边国家尤其是在朝鲜影响很大。朝鲜使臣每次出访北京都要刻意搜集王世贞的著作，甚至朝鲜国王光海君都注意到了王世贞的文集，而且有意"刊改"之。至今，韩国许多图书馆还有很多明清时期刊刻的王世贞的著作，而且还有朝鲜王朝刊改的王世贞文集。朝鲜儒林上下对王世贞的著作也十分熟悉，谈及

---

① 《朝鲜英祖实录》卷 15，英祖四年二月庚子条，《朝鲜王朝实录》第 42 册，第 11 页。
② 参见孙卫国：《〈皇明通纪〉及其续补诸书对朝鲜之影响》，《中国史研究》2009 年第 2 期，第 157—176 页。

明代掌故多引王世贞文集的记载为例,甚至在大臣上报国王的文书中也引王世贞文集的记载为佐证。除此之外,各种野史记载的王世贞的传说在朝鲜王朝也广为流传。有一则史料竟如此演绎王世贞的生活:

> 王世贞一生攻文章,居家有五室。妻居中堂,四屋各置一妾。其一室置儒家文籍,有儒客至,见于其室,讨论儒书,其室之妾备礼食待其客。其一室置仙家书籍,有道客至,见于其室,讨论道书,其室之妾备道家之食待其客。其一室置佛家书籍,有释客至,见于其室,讨论佛书,其室之妾备释家之食待其客。其一室置诗家文籍,有诗家至,见于其室,讨论诗家,其室之妾备诗人之食待其客。各于宾主所置纸笔砚,常以书辞往复,未尝言语相接,客去遂编而成书。一日有少时友至,犹尚寒士也。俄而总兵官为亲求碑铭,以千里马三匹、文锦四千匹、白金四千两为润笔之资。世贞为其使者展纸而挥之,以答之书,尽举润笔之资与寒士,不自取一物,其直可数万金。翰林学士朱之蕃,其弟子也,常在世贞客席,有人为其亲索碑文,其行状成一大册,几至万言,世贞一读,掩其卷,命书字的秉笔而呼之,未尝再阅其卷。既卒业,使之蕃读之,参诸行状,其人一生履历年月官爵,无一时或差,其聪明强记如此,非独其文章横绝万古也。①

在朝鲜人所作的明史著作中,王世贞的著作是必备的参考书籍,比如李玄锡《明史纲目》便直接征引了王世贞的史书。王世贞的治史风格、史学论断皆对朝鲜的明史纂修以及朝鲜王朝的史学产生了深远的影响②。

清代朱璘的《明纪辑略》经朝鲜使臣购入后,在朝鲜朝野上下引起轩

---

① [韩]郑明基编:《於于野谈》卷1,《韩国野谈资料集成》第13册,汉城:启明文化社1992年影印版,第254页。

② 参见孙卫国:《王世贞及其著作对朝鲜的影响》,《文史知识》2006年第1期,第94—100页。

然大波,演变成一桩值得注意的事件。《明纪辑略》在传入朝鲜初期并未受到很多关注,后来朝鲜英祖国王发现此书误记朝鲜太祖世系以及朝鲜世祖的事迹,"拍案大惊",下令在国内焚毁《明纪辑略》,并严惩有关人员,同时派出使臣与清朝交涉。《明纪辑略》在朝鲜被焚毁,如同清朝的文字狱,朝鲜很多人因此书而被下狱,甚至被处以极刑。《朝鲜实录》也称朱璘为"凶人",朝鲜有人名"璘",因耻于与朱璘同名而改名。朝鲜在清查《明纪辑略》时,发现明朝陈建的《皇明通纪》也误载其宗系,便在国内大加查处,并派使臣与清朝交涉,希图清朝禁毁此二书。清朝礼部以不冷不热的态度答复说朱璘的书已经禁毁,陈建的书也无处售卖。朝鲜英祖国王表示满意,此次交涉才算终结。事实上,对于朝鲜提出的交涉,清朝并未做任何实质性的事情,并且在四年之后,乾隆皇帝竟然亲自为《明纪辑略》解禁。乾隆皇帝此举实际上是表明对朝鲜不诚心事清、一味思明的不满①。

总之,在与中国的长期交往中,朝鲜半岛之思想文化、政治制度都深受中国的影响,形成了以慕华思想为主要特色的小中华思想。历史上朝鲜自认是中国文化的分支,这是其传统文化的一大特色②。因而,不断输入中国史籍,在此基础上吸收消化,形成了朝鲜半岛的古代史学。

二、古代朝鲜史学对中国史学的借鉴和吸收

(一)朝鲜古代史书对中国史料的采择和吸收

中华文明历史悠久,典籍浩繁,大量中国史书的传入,深刻地影响了朝鲜古代史学的建立和发展。由于古代朝鲜历史记载非常零散,因此在编纂史书时,便不得不依托中国史书的相关记载。我们仔细研究便会发

---

① 参见孙卫国:《〈明纪辑略〉之东传及其引发之事件——中韩书籍交流史研究之一例》,《书目季刊》1997年第1期,第60—65页。
② 朱云影:《中国文化对于日韩越的影响》,台北:黎明文化事业公司1981年版,第264页。

现,在朝鲜半岛流传下来的历史著述中,很多史料都源于中国史书。

1. 对箕子朝鲜史料的采择

尽管当今韩国学术界大多否认箕子朝鲜,但在近代以前,朝鲜半岛上的王朝基本认同箕子朝鲜的存在,李成桂所建立的李氏朝鲜王朝将这种认同推向高峰。他认为,正是箕子朝鲜将朝鲜半岛带入中华文明的世界中,也正因为有箕子朝鲜,朝鲜半岛才在大中华世界体系之下建立了以自己为中心的小中华世界①。箕子东入朝鲜的故事最早见于中国史书,后世朝鲜史家就在此基础上加以演绎和发挥。

箕子是中国历史上实实在在的人物,因而他个人的基本事迹相当清楚。孔子称殷末有"三仁",而箕子是"三仁"之一,乃殷纣王之叔父。纣王无道,其叔父比干因谏而被杀,微子去之,箕子只好佯狂为奴并遭囚禁。周武王灭商后,把箕子从狱中释放出来,箕子不忍,遂东走朝鲜,建立箕子朝鲜。箕子在朝鲜立国13年之后,回来朝见周武王,与武王论及治国之道,是为《洪范》。这是历史上箕子的基本事迹,散见于《尚书大传》《周易》《逸周书》《竹书纪年》《论语》《史记》《汉书》等书,具体细节上各有参差。

对于箕子东去朝鲜,《史记·宋微子世家》《汉书·地理志》等皆有记载。后者的记载更为详细,其曰:

> 殷道衰,箕子去之朝鲜,教其民以礼义、田蚕、织作。乐浪朝鲜民犯禁八条:相杀,以当时偿杀;相伤,以谷偿;相盗者,男没入为其家奴,女子为婢,欲自赎者,人五十万。虽免为民,俗犹羞之,嫁取(娶)无所雠,是以其民终不相盗,无门户之闭,妇人贞信不淫辟……可贵哉,仁贤之化也!②

---

① 参见[日]河内良弘:《明代女真史の研究》,东京:同朋舍1992年版。
② [汉]班固:《汉书》卷28下《地理志》,中华书局1982年版,第1658页。

中国史书记载了箕子其人及其对于朝鲜的教化之功,而以后朝鲜半岛的历代王朝对此也津津乐道。在朝鲜半岛上出现的早期史书中,对于箕子朝鲜的历史都有或多或少的记载。金富轼的《三国史记》提及"箕子受封于周室"①,僧一然的《三国遗事》也提及"周虎王即位己卯,封箕子于朝鲜"②。可见,从现存最早的史书看,古代朝鲜是普遍认同中国史书中关于箕子朝鲜的历史的。

作为中原王朝的藩国,朝鲜半岛上的王朝从统一新罗以来,逐步将箕子朝鲜融入朝鲜的历史建构中去。三国时期箕子崇拜就已开始,高句丽时期则把箕子当作神崇拜。高丽时期,箕子被看成历史人物,而且箕子崇拜在政治上亦有相当重要的象征意义。1102年(高丽肃宗七年)高丽肃宗有感于"我国教化礼义,自箕子始而不载祀典,乞求其坟茔,立祠以祭"③。"令平壤府求封箕子坟茔,立祠以祭(此祠即丁字阁),又建箕子祠于平壤(此祠即箕子殿)。忠肃王七年戊寅(1338年),以箕子礼乐教化自平壤而行,令平壤府修祠致祭。"④可见,高丽年间箕子就逐渐被确立为朝鲜半岛文化的象征、文明的始祖。1392年(朝鲜太祖元年),礼曹判书赵璞上书称:"朝鲜檀君,东方始受命之主;箕子,始兴教化之君。"⑤请求朝鲜王室令平壤府依时致祭。在《朝鲜世宗实录·地理志》中这样陈述三个古朝鲜:"唐尧戊辰岁,神人降于檀木之下,国人立为君,都平壤,号檀君,是为前朝鲜。周武王克商,封箕子于此地,是为后朝鲜。逮四十一代孙准,时有燕人卫满亡命,聚党千人,来夺准地,都于王险城

---

① [高丽王朝]金富轼:《三国史记》卷29《年表上》,汉城:宝景文化社1981年版,第281页。
② [高丽王朝]僧一然:《三国遗事》卷1《纪异》,汉城:瑞文文化社1996年版,第34页。
③ [朝鲜王朝]郑麟趾:《高丽史》卷62《礼制》,《四库全书存目丛刊》第580册,庄严文化事业出版有限公司1996年版,第556页。
④ 《箕子志》卷3《祀典》,第2a页。韩永愚认为高丽肃宗年间推崇箕子,与高丽的北方领土扩张有关,增强平壤的地位,有利于高丽向北方扩张。
⑤ 《朝鲜太祖实录》卷1,太祖元年八月庚申条,《朝鲜王朝实录》第1册,第26页。

(即平壤府),是为卫满朝鲜。"①《东国舆地胜览》也沿袭了这样的叙述。檀君朝鲜为前朝鲜,前朝鲜的历史一直处于模糊状态,箕子朝鲜被称为"后朝鲜",而对"后朝鲜"的历史则有相当详细的记载。

朝鲜王朝出现过多种关于箕子朝鲜历史的著作,有尹斗寿编《箕子志》、李珥撰《箕子实纪》、韩百谦撰《箕田考》,英祖还指令徐命膺整理了《箕子外纪》,分别对箕子立国始末、世系、年表、政制、田制详加考订。尹斗寿《箕子志》,全书九卷,具体如下:卷首包括箕子真像、箕子手笔、事迹图、祠墓图、谱系图、世系、序;卷1《洪范》;卷2传、录;卷3祀典、致祭文、御制文;卷4赋、诗;卷5辞、操、歌、赞;卷6论;卷7说、语、辨;卷8序、记、跋;卷9碑文。该书将中朝有关箕子的材料全部汇编成册,并有箕子朝鲜十分详尽的世系表。在《箕子朝鲜王位讳号世系》中,称箕子为"太祖文圣大王",对于箕子的事迹叙述如下:

> 箕子姓子氏,讳须臾,又讳胥余……丙戌五十四祀,周武王己卯,痛深革殷志坚周仆,遂东出朝鲜,都平壤,国号后朝鲜。教民八条,变夷为夏。周成王戊午薨,在位四十祀,寿九十三。墓平壤城北王荇山负子原,俗称兔山。三十六世嘉德王追尊为王。②

据载箕子在位40年,卒年93岁。而他传位41世,末代为哀王,"讳准。《舆地胜览》云:武康王,始皇二十七年辛巳立,汉惠帝元年丁未燕人卫满来侵,率左右宫人浮海南出,立国金马郡今谷山,改国号马韩。在平壤为王二十七年。自箕圣东渡,己卯后凡四十一世,历年为九百二十九年"③。而马韩又九世,"自康王戊申,为一百七十七年"④。公元9年(新

---

① 《朝鲜世宗实录》卷154《地理志·平安道·平壤府》,《朝鲜王朝实录》第5册,第682页。
② [朝鲜王朝]尹斗寿:《箕子志·箕子朝鲜王位讳号世系》,转引自沈伯纲编:《箕子古记录选编》,《民族文化研究院学术丛书》第6辑,汉城:民族文化研究院编刊2002年版,第27a页。
③ [朝鲜王朝]尹斗寿:《箕子志·箕子朝鲜王位讳号世系》,第29a—b页。
④ 同上书,第30a页。

莽元年)为百济所并。这样箕子朝鲜的世系便被清晰地勾勒出来,这是朝鲜王朝以中国史书中的箕子形象为基础构建出来的。

徐居正在《三国史节要序》中称:"吾东方檀君立国,鸿荒莫追;箕子受周封,八条之教,有存神之妙。当时必有掌故之官,记动记言矣,而今无所存,良可叹已。"①在他看来,檀君之事已是"鸿荒莫追",无从查考了,而箕子既有八条之教,则得"存神之妙",明显认同箕子朝鲜的说法。可见,朝鲜半岛的箕子崇拜历史悠久,各种史籍对箕子作为教化之君自中国来朝鲜的事迹普遍予以认同,甚至还清晰地建构出箕子朝鲜的世系,这些记载最初乃是以中国史书为依据,由以后朝鲜半岛上的史家不断演绎和发挥出来的。

2.《三国史记》对中国史籍的仿效

金富轼主编的《三国史记》是朝鲜半岛流传至今的第一部纪传体史书,地位相当重要。1145年(高丽仁宗二十三年),金富轼奉高丽仁宗之命撰修此书。金富轼出身于书香门第,曾三次出使北宋,博通经史,儒学功底深厚,《三国史记》中很多史料或者直接抄录中国史书的记载,或者以中国史书记载为基础稍加改动。据韩国学者考证,《三国史记》征引的中国典籍包括《易经》《诗经》《尚书》《周礼》《礼记》《孟子》《左传》《史记》《汉书》《后汉书》《三国志》《晋书》《南齐书》《北齐书》《梁书》《魏书》《南史》《北史》《隋书》《旧唐书》《新唐书》《通典》《册府元龟》《资治通鉴》《古今郡国志》《括地志》以及大量诗文等②。中国学者李大龙指出,《三国史记·高句丽本纪》有一半多篇幅记载的内容是高句丽与中原王朝的关系以及边疆割据少数民族政权之间的关系,绝大多数都是抄自中国史书,或者全盘

---

① [朝鲜王朝]徐居正:《四佳文集》卷4《三国史节要序》,《影印标点韩国文集丛刊》第11册,1990年版,第241—242页。
② [韩]郑求福:《三国史记解题》,载《三国史记·校勘 原文篇》,韩国精神文化研究院1996年版,第482页。

抄录,或者节略抄录,或者分别抄录,然后进行个别语句的改变①。如《高句丽本纪》琉璃王三十一年下云:

> 汉王莽发我兵伐胡,吾人不欲行,强迫遣之,皆亡出塞。因犯法为寇,辽西大尹田谭追击之,为所杀,州郡归咎于我。严尤奏言:"貊人犯法,宜令州郡且慰安之,今猥被以大罪,恐其遂叛。扶余之属,必有和者。匈奴未克,扶余、秽貊复起,此大忧也。"王莽不听,诏尤击之。尤诱我将延丕,斩之,传首京师(两汉书及南北史皆云诱句丽侯驺斩之),莽悦之,更名吾王为下句丽侯,布告天下,令咸知焉,于是寇汉边地愈甚。②

上述内容就是直接抄自《汉书·王莽传》,《汉书·王莽传》原文如下:

> 先是,莽发高句骊兵,当伐胡,不欲行,郡强迫之,皆亡出塞,因犯法为寇。辽西大尹田谭追击之,为所杀。州郡归咎于高句骊侯驺。严尤奏言:"貉人犯法,不从驺起,正有它心,宜令州郡且尉安之。今猥被以大罪,恐其遂畔,夫余之属必有和者。匈奴未克,夫余、秽貉复起,此大忧也。"莽不尉安,秽貉遂反。诏尤击之。尤诱高句骊侯驺至而斩焉,传首长安。莽大说,下书曰:"……今年刑在东方,诛貉之部先纵焉。扑斩虏骏,平定东域……其更名高句骊为下句骊,布告天下,令咸知焉。"于是貉人愈犯边,东北与西南夷皆乱云。③

很明显,《三国史记》中关于高句丽这段史事的记载乃因袭《汉书·王莽传》这段史料而来,只有个别词句做了一些改动,类似情况并不鲜

---

① 参见李大龙:《〈三国史记·高句丽本纪〉史料价值辨析——以高句丽和中原王朝关系的记载为中心》,《东北史地》2008年第2期,第11—20页。
② [高丽王朝]金富轼:《高句丽本纪第一·琉璃》,《三国史记》卷13,台北:东方文化书局1971年版,第151—152页。
③ [汉]班固:《汉书》卷99《王莽传》,始建国四年条,中华书局1962年版,第4066页。

见。《高句丽本纪》从第六部分开始,亦有相当部分直接抄录自中国史书,比如《资治通鉴》。《三国史记·高句丽本纪》"故国原王十二年十月"条记事,与《资治通鉴》卷97《晋纪》咸康八年十月的记载基本一致;《三国史记·高句丽本纪》在"婴阳王十八年"条下载有高句丽遣使突厥一事,与《资治通鉴》卷181《隋纪》大业三年十二月条几乎完全一致,类似之处还有很多①。《三国史记》的"杂志"中亦有不少抄自中国史书的史料,比如《三国史记·杂志第一》"祭祀,四大道祭"条中金富轼明确表示:

> 高句丽、百济,祀礼不明,但考古记及中国史书中所载者,以记云尔。《后汉书》云:"高句丽好祠鬼神、社稷、零星,以十月祭天,大会名曰东盟。其国东有大穴,号襚神,亦以十月迎而祭之。"《北史》云:"高句丽常以十月祭天,多淫祠,有神庙二所,一曰夫余神,刻木作妇人像,二曰高登神,云是始祖夫余神之子,并置官司,遣人守护,盖河伯女朱蒙云。"《梁书》云:"高句丽于所居之左,立大屋祭鬼神。冬,祠零星、社稷。"《唐书》云:"高句丽俗多淫祠,祀灵星及日、箕子、可汗等神。国左有大穴,曰神隧,每十月王皆自祭。"……《册府元龟》云:"百济每以四仲之月,王祭天及五帝之神,立其始祖仇台庙于国城,岁四祠之。"②

上述内容很明显直接引述了《后汉书》《北史》《梁书》《唐书》《册府元龟》等中国史书的史料。在"杂志"中的"色服"条下,金富轼记曰:"高句丽、百济衣服之制,不可得而考,今但记见于中国历代史书者。"③随后引用《北史》《新唐书》《册府元龟》《隋书》以及《通典》等史料。《三国史记·

---

① 参见李大龙:《〈三国史记·高句丽本纪〉史料价值辨析——以高句丽和中原王朝关系的记载为中心》,《东北史地》2008年第2期,第11—20页。
② [高丽王朝]金富轼:《三国史记》卷32《杂志第一·祭祀》,第337页。
③ [高丽王朝]金富轼:《三国史记》卷33《杂志第二·色服》,第346页。

乐》中大部分文字记录的都是"新罗"条,而于"高丽乐""百济乐"条则记载非常简略,所有文字都由《通典》《册府元龟》《北史》等相关史料得来①。

3. 朝鲜王朝史家对明清史籍的采择与仿效

朝鲜王朝是明朝最为典型的藩国,双方建立了一种友好而密切的宗藩关系。明朝灭亡后,朝鲜王朝被迫成为清朝的藩国,尽管在政治与外交上,朝鲜王朝对清朝履行藩国义务,但在文化心态上,始终有一种尊明反清的心态,于是编修中国史书,特别是宋、明史书成为一种重要的表现方式。在朝鲜所编的明朝史书中,直接征引中国史书史料的现象极为普遍。下面即选取李玄锡的《明史纲目》、成海应的《皇明遗民传》和吴庆元的《小华外史》略加说明。

李玄锡《明史纲目》是朝鲜王朝所编明史著作中最为重要的一部。李玄锡(1647—1703年),字夏瑞,号游斋,原籍全州。李玄锡是朝鲜太宗李芳远之后,朝鲜实学派先驱李晬光的曾孙,经科举考试踏入仕途,最初任职于史馆,担任正九品的检阅。朝鲜王朝史官职位虽低,但地位十分重要,"日侍(国王)左右,记言动,录时政"②,为清望之职。李玄锡出生时,明亡不过三年,所处的时代正是朝鲜王朝倡导尊周思明、缅怀明朝的情绪极其高涨的时代。他有感于这个时代,发奋著史,其纂修《明史纲目》有三个直接动机:其一,"伤皇朝遗泽之既泯,痛今日大义之莫伸"③,遂有志于著史;其二,他对很多明清时期的史书不满意,认为体例不合于纲目体,内容上也不足以宣扬明朝恩德;其三,明亡后,在朝鲜人看来,清朝为胡人,非中华族类,其一向以"小中华"自居,虽臣服于清朝,但长期

---

① [高丽王朝]金富轼:《三国史记》卷33《杂志第二·乐》,第341—342页。
② 《朝鲜定宗实录》卷1,定宗元年正月甲戌条,《朝鲜王朝实录》第1册,第143页。
③ [朝鲜王朝]李玄锡:《游斋集》卷13《乞屏退卒撰明史疏》,《影印标点韩国文集丛刊》第156册,1995年版,第458页。

851

奉明正朔。李玄锡觉得有义务修一部明史,于是费数十年之心力,著成《明史纲目》一书。

在史料方面,由于李玄锡根本看不到《朝鲜王朝实录》,也不大容易获得朝鲜私家史料,故而《明史纲目》中的主要史料皆出自明清人所撰的史书,而直接征引的史料又多以评论语为主。李玄锡直接征引的史料有八九十条之多,且有多处注明"某某某曰"。其中"谷应泰曰"有36条,占全书直接征引内容的40%,其次为"涂氏曰",有11条。涂氏即《明政统宗》的作者涂山。其他被征引的作者还有黄光升、朱鹭、郑晓、李贤、岳正、汤斌、高岱、王鏊、凌瀚、雷礼、支大纶、吴瑞登、王世贞、汪道昆、朱国桢、马晋允、夏允彝、陈氏、许氏和史氏。初稿时还有朱璘名,后被删去。因此一共出现了23位作者,其中"史氏曰"是作者本人的议论,被征引的作者应该是22位。在史著中直接征引诸家评论,再附上自己的评论,在明清人的论著中颇为常见,李玄锡的这种征引方式是受到了明清人的影响。但是《明史纲目》在征引时并没有照抄原文,而是进行了大量的加工整理。以"谷应泰曰"为例,对照《明史纪事本末》原文,我们就可以更为明确地了解。关于"建文逊国"一节,谷应泰在《明史纪事本末》中的原文不加标点一共是754个字,采取夹叙夹议的方式,在叙述建文削发为僧和流亡过程时进行议论,因而显得冗长。而在《明史纲目》中,不加标点只有258个字,将叙述性文字全部删去,只留下议论性强的文字①。

成海应(1760—1839年)是朝鲜英祖、正祖时期的著名学者,他基于尊周思明情节编写了一部《皇明遗民传》,是所有明遗民录中搜集遗民传数量最多的著作。成海应编辑此书时广征博引,从其在《皇明遗民传》的正文前列出的征引书目来看,所用史料以清代文集为主,并涵盖清修方

---

① 参见孙卫国:《试论朝鲜李玄锡〈明史纲目〉之编撰、史源、刊行与评价》,《清华学报》1997年第3期,第313—345页。

志等中国史书,包括:钱谦益《有学集》《列朝诗集》,施闰章《愚山集》,朱彝尊《明诗综》《静志居诗话》《曝书亭集》,黄宗羲《明儒学案》《黎洲集》,钮琇《觚剩》,贾润《明儒学案总评》,姚佺《诗源》,邹漪《启祯野乘》,朱昆田《笛渔小稿》,陈鼎《留溪外传》,王晫《文苑异称》《今世说》,谭古璁《肃松录》,尤侗《西堂集》,邵长衡《青门集》,卓尔堪《遗民诗》,方中履《汗青阁集》《古今释疑》,毛先舒《语小》,方中德《遂上居集》,徐执《本事诗小序》,李世熊《寒支集》,钱肃润《十峰草堂集》,杭世骏《榕城诗话》,王崇简《青箱堂集》,汤斌《潜庵遗书》,叶燮《己畦集》,李光地《榕村集》,沈季友《檇李诗系》,汪琬《尧峰集》,卢见曾《感旧集补传》,邱维屏《魏征君杂录》,张廷玉等《明史》,杨文彩《魏征君传》,清乾隆诸臣《清一统志》《四库全书总目》,陆圻《冥报录》,周亮工《因树屋书影》《藏弆集》,徐枋《居易堂集》,李椭《芥轩诗集》,侯方域《壮悔堂集》,陈枚《留青新集》,王士禛《香祖笔记》《感旧集》《池北偶谈》《江南通志》《盛京通志》《渔洋诗话》《古欢录》《皇华纪闻》《扬州通志》《嘉兴府志》《居易录》《带经堂集》《畿辅通志》,陈维崧《箧衍集》《陈检讨集》,毛奇龄《西河集》,沈德潜《明诗别裁》《清诗别裁集》《归愚集》,吴伟业《梅村集》,张庚《国朝画征录》,徐岳《见闻录》,魏祥《魏伯子集》,魏禧《魏叔子集》,魏礼《魏季子集》《宁都先贤传》,魏世杰《梓室稿》,魏世效《魏昭士集》,魏世俨《魏敬士集》,彭士望《耻躬堂集》,顾炎武《金石文字记》等①。

《小华外史》是19世纪朝鲜吴庆元父子历时将近半个世纪编辑而成的一部史书,全面记载了朝鲜与明朝的关系。全书征引史料十分丰富,参考了明、清、朝鲜以及日本多达180余种史料,几乎每条史料皆标明出处,史学方法扎实严谨,学术视野广博。此书征引的中国方面的史书和文集有《明实录》《武备志》《皇明通纪》《明史》《明史纪事本末》《南疆逸

---

① 参见孙卫国:《朝鲜〈皇明遗民传〉的作者及其成书》,《汉学研究》2002年第1期,第163—188页。

史》《圣安本纪》《烈皇小识》《行在阳秋》《幸存录》等,在所有被征引的各类史书中,对《明实录》的征引次数最多,达307次,对《明史》的征引也多达102次①。

朝鲜官私史学著作征引、采择中国史料的现象非常普遍,而且朝鲜王朝官方对于中国史籍中所记载的朝鲜史事也极为关注。比如清朝修《明史》历经康、雍、乾三朝长达近百年时间,在整个过程中,李氏朝鲜王朝密切关注,时常派使臣就相关史实前往北京辩诬。朝鲜主要关注三大问题:国朝宗系事、太祖得国事、仁祖登极事。国朝宗系事,指的是明朝初年朱元璋《皇明祖训》以及《明会典》,均误将太祖李成桂说成高丽末年权臣李仁任的儿子,经朝鲜屡次辩诬,终于在万历十五年得以在《大明会典》中修正,对于清修《明史》将如何记载此事,朝鲜极为敏感。关于太祖得国一事,朱元璋曾对李成桂废高丽幼主并自立为王很不满意,有不少史书记载李成桂政权是"篡夺"来的,对此朝鲜君臣极为不满。仁祖登极,指的是天启三年朝鲜发生宫廷政变,违反事大原则的光海君李珲被赶下王位,其侄李倧继立,是为"仁祖反正"。明末史书记载此事多有错误,引起朝鲜的不满,故而屡次辩诬。清修《明史》传入朝鲜后颇受朝鲜学人关注,朝鲜君臣对李朝初年史实错误、南明正统问题以及历法问题等多有批评,但也据《明史》纠正了《朝鲜实录》中不少错谬之处,对于明代历史有了全面的掌握,甚至促进了朝鲜的尊周思明活动的开展。事实上,在朝鲜得到《明史·朝鲜传》后,有关史实辩诬的活动仍没有终止,朝鲜依然关注相关史书的记载,后来围绕上述三大问题又有两次较大规模的辩诬活动②。

总之,古代朝鲜和中国政治、经济和文化关系密切,史籍交流频繁,

---

① 参见乔治忠、孙卫国:《朝鲜吴庆元〈小华外史〉考论》,《史学史研究》2005年第2期,第63—70页。
② 参见孙卫国:《清修〈明史〉与朝鲜之反应》,《学术月刊》2008年第4期,第124—133页。

朝鲜史书大量采择和吸收中国史书中的史料体现了传统中国史学在朝鲜半岛有很强的影响力。

（二）朝鲜古代史书对中国古代修史体裁的借鉴

纪传体、编年体、纲目体以及纪事本末体是中国古代史书编纂的基本体裁，尤其是纪传体和编年体更是最具中国特色的史书体裁。司马迁《史记》首次采用纪传体，对中国史学发展影响深远，成为以后历代官修正史的典范，后世历朝正史尽管在某些传、志的设置和安排上各有特色，但总体来说无不采取纪传体的修史体裁。朝鲜半岛自古以来受中国文化影响巨大，朝鲜古代史学编修在体裁、体例上也深受中国治史方法和特点的影响。作为朝鲜半岛最具影响力的两大官修纪传体正史的《三国史记》与《高丽史》，无不以《史记》等中国纪传体史书作为效仿的对象。

金富轼《三国史记》共50卷，采用纪传体，是朝鲜历史上所编的第一部官修纪传体断代史书。书中有本纪、年表、志、列传四种体裁。从这四种体裁的排列顺序上看，先是本纪28卷，次年表3卷，再次志9卷，最后是列传10卷，与《史记》的排列基本相同。其中本纪28卷分别是《新罗本纪》12卷、《高句丽本纪》10卷、《百济本纪》6卷，乃是以王朝为基本单位，按照时间先后，为每个王朝的国王立纪，实际上是王朝编年史，记事内容简略，体现了"纪以包举大端"的特点。《史记》中有《夏本纪》《殷本纪》《周本纪》《秦本纪》等以王朝为基准的本纪，可见《三国史记》的本纪效法《史记》之《夏本纪》等做法，三国各自为统，各具正统性。接着是年表，分上、中、下三卷。《三国史记》只有年表，《史记》则除年表外，还有世表、月表。《三国史记》在学习中有所改变，而此书的年表也显示出不一样的特征，三卷年表，皆是先将中国的年表列出，然后依次列出新罗、高句丽、百济的年表。其始于公元前57年（西汉孝宣帝十七年，龙凤五年），即新罗始祖朴赫居世居西干即位年，终于新罗末王敬顺王九年（935年）。高句丽于公元前37年立国，百济于公元前18年立国，年表内容非常简单，多只注出国王在位年代，并无其他内容。志，又称"杂志"，分祭祀、乐志第一;色服、车骑、器用、屋舍第二;地理志则有4卷,其中新罗地理志3卷,高句丽与百济地理志1卷;职官志分上、中、下各3卷,一共9卷;无食货、刑法、艺文、五行等志。从名称上看,更多的是效法《汉书》等志。此外,《三国史记》在体例上与中国史书的另一相似之处是附有"史论",以阐明作者态度。《三国史记》共有"史论"31篇,褒贬议论之处较多,体现了以传统儒家思想为标准的评判尺度。总而言之,可以说《三国史记》是完全效法以《史记》为代表的中国正史而成书的。

郑麟趾主编的《高丽史》历经60余年才编成,最后成世家46卷、志39卷、表2卷、传50卷、目录2卷、通记139卷。郑麟趾是世宗时期的大学者,累官至右议政、领议政,在朝鲜王朝政治史和文化史上都有相当重要的地位。在《进高丽史笺》中,郑麟趾明确表示"法于迁史"。其曰:

> 世宗庄献大王,遹追先猷,载宣文化。谓修史要须该备,复开局再命编摩,尚纪载之非精,且脱漏者亦多夥。况编年有异于纪、传、表、志,而叙事未悉其本末始终。更命庸愚,俾任纂述。凡例皆法于迁史,大义悉禀于圣裁。避本纪为世家,所以示名分之重;降伪辛于列传,所以严僭窃之诛;忠佞邪正之汇分,制度文为之类聚,统纪不紊,年代可稽。事迹务尽其详明,阙谬期就于补正。①

由此可知,郑麟趾主编的《高丽史》是以《史记》为蓝本,并参稽随后的《汉书》《后汉书》《元史》的体例编纂而成的,《高丽史》只是改本纪为世家。《纂修高丽史凡例》称:"按《史记》天子曰纪,诸侯曰世家……以正名分。其书法准《两汉书》及《元史》,事实与言辞皆书之。凡称宗、称陛下、太后、太子节日制诏之类,虽涉僭逾,今从当时所称书之,以存其实。"②高丽系中原王朝的藩国,只有世家才符合高丽的名分。而后各部分的设立,所遵循的对象基本上均是中国的纪传体史书,多是效法作为

---

① [朝鲜王朝]郑麟趾:《进高丽史笺》,《高丽史》,汉城:景仁文化社1972年版,第3—4页。
② [朝鲜王朝]郑麟趾:《纂修高丽史凡例》,《高丽史》,第1页。

纪传体史书的开创者《史记》而来的,因而郑麟趾在进书表中称"皆法于迁史",此说法名副其实,并无不妥。在编纂意图、史书体例方面,朝鲜半岛上的两大正史中都能见到以《史记》为代表的中国正史的影响,这两大正史正是效法中国传统正史的体裁编纂而成的。

朝鲜半岛上编年体和纲目体史书也比较发达,如《东国通鉴》《东史纲目》等都是较为重要的编年体和纲目体史书。这些史书中也能见到中国传统史书的影响。成宗时期的名臣徐居正是朝鲜王朝重要的政治家、史学家和文学家,他主编了朝鲜第一部地理志《东国舆地胜览》,并主编了重要的编年体史书《东国通鉴》,肯定纪传体史书"小大损,本末该备,诚史家之要领"①。他曾编写《历代年表》,"乃用六十甲子,逐年记事……于是分中国、东国为上下……凡三千八百几十年间有关治体者,撮其大要,书于六甲之下,厘为五卷,名曰《历代年表》"。当时这部年表相当重要,有人问编者徐居正效法的对象,他明白地表示,乃是"祖司马迁年表也"②。除《历代年表》外,徐居正还编过《工曹郎厅题名记》,也是效仿中国正史《史记》的作品③。

朝鲜所编的有关纲目体史书也深受中国史书的影响。纲目体创始于南宋朱熹的《资治通鉴纲目》。在13世纪末至14世纪前半期的高丽王朝末期,《资治通鉴纲目》传入朝鲜半岛。在朝鲜王朝时期,朝天使和燕行使从中国大量搜集、采购以《资治通鉴纲目》为代表的纲目体史书。随着活字印刷术的出现,《资治通鉴纲目》在朝鲜王朝大量刊印。据1421年(世宗三年)三月《世宗实录》的记载:

---

① [朝鲜王朝]徐居正:《四佳文集》卷4《三国史节要序》,《影印标点韩国文集丛刊》第11册,1988年版,第241页。
② [朝鲜王朝]徐居正:《四佳文集》卷5《历代年表序》,《影印标点韩国文集丛刊》第11册,第268页。
③ [朝鲜王朝]徐居正:《四佳文集》卷2《工曹郎厅题名记》,《影印标点韩国文集丛刊》第11册,第208页。

(世宗)赐铸字所酒百二十瓶。前此印册,列字于铜板,溶固黄腊坚凝,然后印之,故费腊甚多,而一日所印,不过数纸。至是,上亲自指画,命工曹参判李蕆、前小(少)尹南汲改铸铜板,与字样相准,不暇溶腊,而字不移,却甚楷正,一日可印数十百纸。上念其功役之劳,屡赐酒肉。命印《资治通鉴纲目》,令集贤殿正其谬误,自庚子冬至壬寅冬乃讫。①

此为《资治通鉴纲目》庚子字本,以后不断刊印,又有甲寅字本、癸丑字本、癸酉字本等,可见该书在朝鲜受欢迎的程度。随着《资治通鉴纲目》的传入,很多史家也开始效仿纲目体来撰写史书,忠烈王朝的闵渍就以之为参考编撰了《编年纲目》一书,"上起国祖文德大王,下迄高宗,书凡四十二卷"②。郑梦周曾上书高丽王说:"近代史皆未修,先代实录亦不详悉,请置编修官仿《通鉴纲目》修撰,以备省览。"③郑梦周的建议终被采纳,高丽王下令以纲目体编修实录。到朝鲜王朝时,效仿《资治通鉴纲目》的史书大量出现,金宇颙《续资治通鉴纲目》、俞棨《丽史提纲》、洪汝河《东国通鉴提纲》、林象德《东史会纲》以及安鼎福《东史纲目》都是采用纲目体的史书。需要特别指出的是,洪汝河的《东国通鉴提纲》不仅效法中国的纲目体史书,而且在断限和内容等方面还汲取了《史记》的成果。该书凡例中就点明效法《史记》之处:"一、旧史皆起自檀君,今断自箕子以下,依迁史断自黄帝以下例。一、殷太师箕子《洪范》,附载微子世家,今作殷太师纪,则《洪范》不容不载,而剟取书传,似涉僭猥,故取迁史所录而书之,其文少有异同云。"④这里明确说明其断限效法《史记》。

---

① 《朝鲜世宗实录》卷11,世宗三年辛丑三月丙戌条,《朝鲜王朝实录》第2册,第427页。
② [朝鲜王朝]郑麟趾:《高丽史》卷107《闵渍传》。
③ [朝鲜王朝]郑麟趾:《高丽史》卷117《郑梦周传》。
④ [朝鲜王朝]洪汝河:《木斋家塾东国通鉴提纲凡例》,《东国通鉴提纲》,汉城:丽江出版社1986年版,第529页。

金大问是统一新罗时期很有名的史学家,他是新罗贵族子弟,曾任汉山州都督,有《高僧传》《花郎世记》《汉山记》以及《鸡林杂传》等史学著作传世。《高僧传》是专门记载高僧的人物传记。《花郎世记》是记载新罗早期"花郎"事迹的专史,当时集儒、佛、道三教为一体"花郎道",作为一种社会思潮,盛行一时。"花郎"指的是德才兼备的爱国之士,也是国家官员的重要选拔对象。《汉山记》是记载汉山州山脉、河流、地理以及风土人情的地方史。《鸡林杂记》则记载新罗杂史。《三国史记》和《三国遗事》都曾引用过金大问的著作。金大问传人记事的专史著作形式明显受到中国史学的影响。新罗时期著名僧人慧超曾从中国泛海至印度,后来取道陆路经西域返回中国,有《往五天竺国传》传世,是记载其游历五天竺国经历的游记。慧超之行历经十余年,行程数万里,该书记载了西南亚和中亚国家的政治、经济、文化和生活习俗等事,从体裁到写作内容都在很大程度上效仿了中国玄奘的《大唐西域记》。崔致远是新罗末期的著名学者,有"东国儒宗"之称。他12岁到唐朝留学,18岁中进士及第。他对中国历史十分熟悉,归国后曾经仿照中国史书的体例和编纂方法撰写《帝王年代历》。此书虽然亡佚,但从书名来看应当是记载新罗历代国王事迹的编年体史书。由上述可见中国传统修史体裁对朝鲜半岛影响之大。

(三)朝鲜官修史书对中国官修制度的效仿

中国是世界上最早设立史官来记录史事的国家。最迟到西周时期,修撰编年体国史已成为官方政治活动的重要组成部分。春秋时期,官方记史制度得以迅速发展,周王室与各诸侯国均设有专门的官吏记录国家大事。中国先秦时期的史官名目繁多,有太史、小史、内史、外史等,各司其职,各记其事,已经有了初步的职责分工。汉代以后,各朝代都有设立史官编纂本朝历史的传统。到了唐代,由朝廷设立史馆,选任史官修撰国史成为定制。每当改朝换代之际,新王朝通常以为胜朝修史的方式来宣示现政权的合法性。这种由朝廷主导、官方色彩浓厚的修史制度,对周边国家也产生了深远的影响。

在古代朝鲜,大量中国史书的流布刺激了各政权修史制度的创立。《三国史记》载:"(真兴王)六年(545年)秋七月,伊飡异斯夫奏曰:'国史者,记君臣之善恶,示褒贬于万代,不有修撰,后代何观?'王深然之,命大阿飡居柒夫等,广集文士,俾之修撰。"①同书《高句丽本纪》载:"(婴阳王)十一年(600年)春正月……诏太学博士李文真,约古史,为新集五卷。国初始用文字时,有人记事一百卷,名曰《留记》,至是删修。"②可见,至迟在三国时代,新罗和高句丽便已模仿中国的修史制度开始记录王朝大事,及时记录君臣大事以供后世借鉴的修史观念已经形成。

关于百济何时开始修史,据《三国史记》之《百济本纪》载,近肖古王三十年(375年),"《古记》云:'百济开国以来,未有以文字记事',至是得博士高兴,始有书记"③。"古记"是金富轼对所引朝鲜半岛早期史书的一种通称,有学者认为这种有意识地规范称谓的做法,来自对中国正史编纂体例的模仿和参照④。所以一般学者认为,百济自近肖古王时期开始正式编史记事⑤。我们依此可以推断,百济开始记录史事的时间要远早于新罗和高句丽。由于史料缺乏,我们对统一新罗时期朝鲜半岛的修史机构情况了解不多,然而由于新罗与唐朝经济文化交流十分密切,其修史活动受唐朝的影响应当比较大。据《三国史记》载,元圣王四年(778年),新罗制订了读书三品出身法,规定:"读《左氏春秋传》,若《礼记》,若《文选》,而能通其义,兼明《论语》、《孝经》者为上;读《曲礼》(《仪礼》)、《论语》、《孝经》者为中;读《曲礼》、《孝经》者为下。若博通五经三史、诸

---

① [高丽王朝]金富轼:《三国史记》卷4《新罗本纪第四》。
② [高丽王朝]金富轼:《三国史记》卷20《高句丽本纪第八》。
③ [高丽王朝]金富轼:《三国史记》卷24《百济本纪第二》。
④ 参见徐健顺:《朝鲜早期史书辨析》,《东疆学刊》2006年第2期,第45—63页。
⑤ 据日本学者今西龙研究,百济自近肖古王时期便开始记录史事,《百济本纪》成于公元620年(推古二十八年)。参见[日]今西龙:《百济史研究》,京城府:近泽书店1934年版,第80页。

子百家书者,超擢用之。"①将《左氏春秋》以及五经三史纳入科举考试必读书目,由此可见新罗官方对中国史学相当重视,无疑会大大推动中国史书的普及和影响,新罗史学之进步亦可想而知。崔致远、金大问以及僧人慧超均有比较重要的史著传世,即是很好的例证。

高丽王朝立国伊始,便模仿唐、宋规模,建立起比较完善的史馆制度,设立了春秋馆。史载:"春秋馆掌记时政,国初称史馆。监修国史,侍中兼之;修国史、同修国史,二品以上兼之;修撰官,翰林院三品以下兼之;直史馆四人,其二权务,后陞直馆,为八品,高宗复以直馆为权务官。"②常设史馆为修史工作正常进行提供了制度保障。与史馆建制相对应的是史官设置,据《高丽史·百官志》记载:"春秋馆置修撰、注薄各一人,检阅二人,后改供奉,正七品,修撰正八品,检阅正九品。又有领馆事、监馆事,首相为之,知馆事、同知馆事,二品以上为之。充修撰官、充编修官、兼编修官,三品以下为之。"③可见,由首相监修领馆事、监馆事的制度与唐宋史馆建制非常类似。史官虽名目繁多,但各负其责,分工协作,能有效地保障修史活动顺利展开。在高丽王朝时期,史官品位不高,但职责重大,君主言行、百官政绩乃至国家时政大事都需要及时记载。

高丽王朝亦模仿宋朝建立了起居注制度和为前代君主撰写实录的制度。据《东国通鉴》记载:"(睿宗十七年九月)命修《睿宗实录》。先是平章事韩安仁奏:'睿宗在位十七年,事业宜载史册,贻厥后世,请依宋朝故事,置实录编修官。'制以宝文阁学士朴升中、翰林学士郑克永、宝文阁侍制金富轼,充编修官。"④1314年(忠肃王元年)正月,命政丞闵渍、赞成事权溥"略撰太祖以来实录"⑤,可见此时各代国王都有比较系统的实录

---

① [高丽王朝]金富轼:《三国史记》卷10《元圣王本纪》。
② [朝鲜王朝]郑麟趾:《高丽史》卷76《百官志一》。
③ 同上。
④ [朝鲜王朝]徐居正:《东国通鉴》卷20,朝鲜古书刊行会1912年版,中册,第60页。
⑤ [朝鲜王朝]郑麟趾:《高丽史》卷34《忠肃王世家》。

记载。1331 年(忠惠王元年)九月,"命修忠敬王实录"。公元 1346 年(忠穆王二年)十月,又命府院君李齐贤等人"修忠烈、忠宣、忠肃三王实录"①。

朝鲜王朝以程朱理学立国,注重文治,史馆建制在延续了高丽时期规模的基础上更加完备。公元 1392 年(太祖元年)七月,太祖李成桂置艺文春秋馆,设史官记录国史。朝鲜王朝史官地位较高,据《太祖实录》记载,李成桂多次索阅史稿均被史官拒绝,成宗时更下令特许史官于朝堂坐着记事。中国古代从唐朝开始,便由朝廷主持修纂皇帝实录,遂为定制。不过,完整流传至今的只有明、清实录。皇帝不观实录是中国很早就有的制度安排,朝鲜王朝从治国理念到史馆建制细节在很大程度上都受到中国影响。现在保存下来的朝鲜王朝实录记载非常完备,记录了自太祖到哲宗长达 470 年的事迹,共计 1 708 卷,4 840 余万字。《明实录》和《朝鲜王朝实录》分别是中国和朝鲜半岛在大体相同历史时期的官方历史记录,比较研究它们的异同有助于更清晰地认识中国古代史学对古代朝鲜的影响。

无论是明朝还是朝鲜王朝,实录纂修都是朝廷的大事,需要安排一定的组织程序,但两朝在纂修实录的组织与步骤上大不相同。明朝史官的职掌不明,机构也是临时性的,而朝鲜制度比较严密,修史程序上也相当严格。具体可以从下面几点加以比较。

第一,两朝皆设馆修实录,只是明朝是临时性的,而朝鲜是永久性的。两国都有相应的史官,但明朝的史官职掌不甚分明,这也与纂修实录机构的临时性有关。朝鲜有专职史官,也有常设史馆,还有专门纂修实录的实录厅、日记厅,也配备兼职的史官。明朝翰林院的修撰、编修、检讨皆为史官,但是因为职责不专,修史责任不明。唐、宋史馆与翰林院原本是分途而立的,元朝才将两者合在一起,明朝则完全融合为一,史官

---

① [朝鲜王朝]郑麟趾:《高丽史》卷 37《忠穆王世家》。

的职责就变得模糊不清。因为没有起居注,对于皇帝及宫中的史实难以获取,所以朝中的奏牍及档案资料就成为最重要的资料来源。

朝鲜春秋馆是记录时政与撰修国史的专门官厅,艺文馆中正七品的奉教、正八品的待教和正九品的检阅与春秋馆的记注官、记事官,虽然职位非常低,但是随侍国王左右,记录国王与宫中的事情,实系朝中清望之职,选任非常慎重。朝鲜在史馆中设立了编修实录的专门机构,由领议政(领春秋馆事,正一品)或左右议政(监春秋馆事)中的一人担任总裁官。1469年(睿宗元年)编修《世祖实录》时,开始在春秋馆下设置实录厅、日记厅等,实录厅下再分房,具体编撰事务由各房分担。编撰官有实录厅总裁官一人、都厅堂上六人、阁房堂上六人、都厅郎厅四人、各房郎厅十二人,各房定期完成史草。如可分为一房、二房、三房、四房等,则按照年限分别负责编修。如编修《太祖实录》与《太宗实录》时,乃分三房,分别负责编修不同年份的史事。《世宗实录》以后,则分为六房,各房按年份分别编修。分工合作,做到责任明确,任务清楚,有利于对实录编修进行严格管理。这样,朝鲜就从制度上为实录的编修给予了保证。

第二,对于编修实录材料的收集,两国除了朝廷内的材料外,地方上的材料也要尽可能地收集。朝鲜因为有更为严密的制度保证,收集资料就更为全面,而且前期准备比较充分,时间上也给予严格的限定。相比之下,明朝就要逊色不少。中国古代实录经过唐代的发展,到宋朝形成比较完备的制度。宋朝的史料来源基本上有四类:时政记、起居注、日历、臣僚墓碑行状。明朝则完全不同,因为缺乏起居注,明初一度编纂过《日历》和《钦录簿》,后来也没有坚持下去,所以编修实录之际,朝中的资料就以"诸司前后奏牍"为主,也就主要是朝中的档案资料。由于资料以诸司奏牍为主,几乎不做任何前期史料的编排整理的《明实录》,在纂修之际就显得仓促得多。

明朝也曾重视地方上的资料,例如修《仁宗实录》时"行在礼部以纂修《仁宗昭皇帝实录》,移文南、北二京衙门,及遣进士陆俨等分往各布政司暨郡县采求史迹,类编文册,悉送史馆以凭登载"①。但因为制度上的缺陷,终于无济于事,以至于受到当时史家与学者的批评。

相比之下,朝鲜对于史料的收集与实录编修的前期资料准备工作要细致得多。朝鲜纂修实录重要的资料有:春秋馆时政官的史草、《承政院日记》及其他各司誊录、朝报及个人日记、疏草、随笔(野史)、文集,以及后来的《备边司誊录》《日省录》等皆是重要的史料来源。朝鲜王朝各部门形成了很好的编修档案资料的制度,《承政院日记》《备边司誊录》及其他各司誊录等都是此类资料。《日省录》则是朝鲜正祖时期才开始编修的,乃按日记录国王的言行举动。这些都构成了朝鲜实录的重要资料来源。

史草主要是奉教、待教、检阅等史官所记的资料,他们随侍国王左右,记录宫中和朝中的所见所闻。地方上也有类似的记载,也算作地方上的史草。一旦决定编修实录,就要在规定的时间内将史草上交实录厅,以 1409 年(太宗九年)八月编修的《太祖实录》为例,京城内必须在当年十月十五日前上交史草,地方上的史草则要在十一月一日前上交,因故过期者,可以延到次年二月末,若再迟误,将可能处以子孙禁锢、永远不得为官的处罚,并处罚银 20 两。各房将所上交的史料按照年月日编成编年体史书,然后由各房堂上官与郎厅官编成实录的初草,初草编完,各房的任务就算完成。各郎厅再对初草进行校阅,追加遗漏的材料,将多余的进行删削,形成中草。总裁官与都厅的郎上官再对中草进行校阅,就史书的体裁做必要的调整,对文字做必要的删改,形成正草。实录编修经过初草、中草、正草三个阶段后,才算修成。史草以外,《时政记》也是非常重要的资料。太祖建国后,规定京外各官厅记录其行事,送给春秋馆保存,由奉教、待教、检阅等史官收集保管,以备后世龟鉴,由此形成制度。这并不是朝鲜王朝的创举,高丽王朝时期就曾颁布过相关的法

---

① 《明宣宗实录》卷 5,洪熙元年闰七月壬子条,"中研院"历史语言研究所校印本。

律。最初的三部实录《太祖实录》《定宗实录》《太宗实录》即是主要依靠这些资料编出来的。《时政记》一般为一个月一册,若事情较多,也可以是两册以上。在《世宗实录》编纂之时,《时政记》是最重要的史料。此后编纂实录时,先从《时政记》中抄出最重要的史料,然后再追加其他资料,一并补充,而修成实录。在资料的收集上,朝鲜有更为严密的制度保证,准备相当充分,较之明朝要全面而有序得多。而且在编纂过程上,朝鲜实录也更为严格些。

第三,实录纂修都受到朝中政治斗争的影响,成为党派政治斗争的又一个场所。明与朝鲜王朝都有因政变而被推翻之君主,围绕如何处理其统治期间的史实,两国的做法竟然有惊人的相似之处。明燕王朱棣以"靖难之役"推翻建文帝,自立为帝。为了弥缝其"靖难"之不正当性,史官在实录的纂修上大做文章。《明太祖实录》在建文元年(1399年)就由董伦等主修,"靖难"之后,明成祖(即朱棣)马上指令解缙重修。改修完毕,成祖并不满意,1411年(永乐九年)又令胡广复修,直到1418年(永乐十六年)才最后完成。在《永乐实录》中,卷一到卷九题为《靖难事迹》,隐没建文年号,只书元年、二年、三年、四年,建文朝的史实就这样被阉割,到万历以后才将建文朝四年的事迹附录于《太祖实录》之后。而与之相类似的还有景泰帝的实录,景泰帝因"土木之变"英宗被俘而登大宝,又因"夺门之变"而失帝位,英宗不修《景泰实录》,而其子宪宗修《英宗实录》时,只将景泰朝史实附入《英宗实录》中。总裁大臣借修实录之机党同伐异,更屡见不鲜。总裁以恩怨作为评判诸臣的标准,借修史而打击报复,实录纂修成了朝中党争的又一场所。

朝鲜初期的历史与明初有些相似,有1398年(太祖七年)郑道传之乱与1400年(定宗二年)李芳干的叛乱,朝鲜国王太宗与明成祖一样,也是通过起兵夺权而登上王位,而表面采取"禅让"形式:开国君主、太祖李成桂先将王位传给世子,是为定宗;定宗在位两年,被迫传位给太宗(李芳远)。李成桂一直到1408年(太宗八年)五月才去世,朝鲜王朝初期国王都是"禅让"王位,这是十分奇特的现象,开国国王有着十余年的太上王的经历,十分罕见。开国初期的这段历史一直是朝鲜国王的心病,所以朝鲜前三朝的太祖、定宗、太宗实录,与《明太祖实录》一样,都经过了多次改修,为了抹杀一些忌讳的史实,朝鲜的君臣费尽了心思。朝鲜王朝党争尤甚,在实录编修过程中,党同伐异、颠倒是非的事情常有发生,所以一旦政权发生变化,对实录不满而改修之事屡见不鲜。肃宗朝(1675—1720年)老论与少论的党派斗争十分激烈,持续达20余年之久,朝政腐败。肃宗晚年、景宗初年老论派当政,由老论首领李光佐掌控,首次编修《肃宗实录》时,政事全凭老论标准评断。后来少论派反戈,由少论首领宋寅明主持改修,坚持少论派立场,但因部头太大,全部改修已不可能,只得在每卷末加上"补阙正误"的史料条文。景宗朝(1721—1724年)政治是肃宗朝的延续,当时老论与少论争斗也很激烈,而实录编修时,正值少论派当政,老论派受到打击。所以《景宗实录》中对老论极力贬斥,待后来老论派当政,对于由少论派编修的《景宗实录》大为不满,于是又有修正之举,编出了《景宗改修实录》,导致景宗一朝竟然有两部实录行世。可见,无论是明朝还是朝鲜,实录的纂修与朝廷内得势君主、大臣及其集团的政治利益密切关联,史学本身具有的政治机制在激烈的政治斗争中受到严重的扭曲,这是古代中国、朝鲜等东方史学的共同特点,《明实录》与《朝鲜王朝实录》的上述状况是最为典型的表现。

  实录编成后,无论是明朝,还是朝鲜,对于草稿都采取严格的销毁措施,以确保实录的保密性。而对于定稿的实录都抄录或印刷数份,贮藏于史馆、深宫或全国各地史库。《明实录》纂修完工后,底稿则于进呈前,由史官会同司礼监于太液池旁椒园焚毁。《朝鲜王朝实录》修成以后,对于史草也是坚决销毁。朝鲜王朝前期几部实录乃抄录四份,后来则印刷五份,完工以后,就将诸史草全都"洗草",严禁外传,一旦发现违背者,严惩不怠。而当时洗草的地方就是汉城庄义门外遮日崖处。经过洗草,字迹被冲刷去掉,纸张则重新打成纸浆,作为造纸的原料。这种做法与《明实录》草稿的焚毁可谓异曲同工。朝鲜王朝前期太祖、定宗、太宗三朝实录都经过了数次纂修。一直到1442年(世宗二十四年)九月,当时监春秋馆事的申概等上疏,指出太祖、定宗、太宗三朝实录缺漏甚多,要求重修、重补,最终于1445年(世宗二十七年)十一月方将三部实录定稿,并各分写四部,分别藏于春秋馆之实录阁以及忠州、全州、星州几处史库。开始时实录只有写本,1466年(世祖十二年)十一月由大司宪梁诚之提议,将太祖、定宗、太宗三朝实录用新铸活字各印刷一部。当时国王接受了这个建议,但并非印刷前三朝实录,而是印刷了ㄣ宗、文宗、世祖、睿宗四朝实录,各印四部,分藏于四个史库。但藏于史库的实录,包括国王在内的任何人都不能阅看,因此在朝鲜当时的学界,几乎无人知悉《朝鲜王朝实录》的真实情况。这说明朝鲜朝廷编纂实录,其宗旨是作为一种秘密文献,主要是用于保存。另外值得一提的是,明朝每修一部实录,必同时修此皇帝的《宝训》,《皇明宝训》专记明代历朝皇帝有关政治教化的言论。而朝鲜则纂修性质相同的《宝鉴》。《宝鉴》的修法乃是实录修完,从实录中辑出国王有关治国政令之言论。可见明朝皇帝的《宝训》与朝鲜王朝的《宝鉴》不过是名称略有不同而已。

  朝鲜王朝之编修实录,得自中国唐宋以来官方史学活动的影响与启发,但可以肯定地说,朝鲜王朝史官最初并无可能看到《明实录》①。不过,《朝鲜王朝实录》与《明实录》在体例上有相似之处,亦有不同之点,且都是研究当朝历史最为重要的史料,其价值都十分巨大。

  首先,两者都是编年体史书,有相似的纪年方式,即大体上都以日系月、以月系时、以时系年,时间顺序分明。《明实录》与《朝鲜王朝实录》都是以月份为单位分卷的。《明实录》大多是一月一卷,个别情况下因史事较少,则两月或数月一卷。《朝鲜王朝实录》基本相同,而多有数月一卷,

---

① 参阅孙卫国:《〈明实录〉之东传朝鲜及其影响》,《文献》2002年第1期,第237—247页。

甚至半年一卷的情况,因为朝鲜毕竟国小事少。《明实录》在每卷开头写明皇帝的年号、月份及朔日的干支,例如"洪武元年二月壬寅朔""宣德元年春正月丙申朔",后面则只以干支记日。朝鲜是明朝属国,所以在实录的纪年上,必须用明朝年号,明朝灭亡之前朝鲜所修的实录大体如此,且大都遵循固定格式,即"干支+朝鲜国王在位年+明朝年号",如"丁丑,(太祖)六年(明洪武三十年)"。书写格式乃先写出干支纪年,放入框外(天格之上),小字平行,接着为朝鲜国王在位年,最后小字双行注明明朝年号。明清更替之际,《朝鲜王朝实录》对年号的使用颇有变化,明亡后第一年乙酉年,只列干支及朝鲜国王在位年,却不用清朝纪年,开启了明亡后《朝鲜王朝实录》处理纪年之先例。从《景宗实录》开始著录清朝年号,格式为:"上之元年(康熙六十年—小字双行)辛丑春正月"。可见,随着朝鲜王朝与清朝关系的日益融洽,反清情绪缓解,故对清朝年号不似以往那样排斥。朝鲜王朝在实录的体例上,表现出有相当独立地位的藩属国特色。

其次,两者在内容和体例上又有不同之处,虽然两种实录都是复杂的编年体史书,但《朝鲜王朝实录》有更多的变化,包含了许多《明实录》所没有的内容。《明实录》遵循编年体史书的规范,将明代一朝的内容凡政治、经济、社会、文化等各个方面全都包罗无遗,极其广泛。例如有典制的内容、有人物传记的内容等。较之《明实录》,《朝鲜王朝实录》对于编年体体裁的突破更大,甚至出现了纪传体的"志""表"的内容,这是《明实录》所不具备的。朝鲜实录一般采用编年纪事体的体裁,前三朝实录曾多次改修,最后一次是1442年(世宗二十四年)统一改修,三部实录在体裁上进一步趋向统一,都是类似于通鉴的体裁。《世宗实录》共163卷,则是编年体与纪传体的结合。卷1到卷127为编年体的部分,卷128到卷163为纪传体的书志类部分,其中《五礼》8卷、《乐谱》12卷、《地理志》8卷、《七政》8卷,这在实录中是十分罕见的。世宗一朝(1418—1450年)是朝鲜王朝非常重要的时期,不仅在国力上十分强盛,开辟了北方四镇,而且组织编修了许多史书,纪传体的《高丽史》和编年体的《高丽史节要》皆得以刊行。世宗还组织大臣创制朝鲜文字,颁布《训民正音》,从此朝鲜有了自己的文字。在这种背景下,实录的编修也有了一些特别之处。《世宗实录》的编写开始于1453年(端宗元年),成书历时两年有余,由郑麟趾总裁。随后的《世祖实录》末亦附乐谱,乃1463年(世祖九年)十月由申叔舟、梁诚之等编成,以补充《世宗实录》中乐谱的不足。从朝鲜第九代国王的《成宗实录》开始,实录中出现许多"史臣曰"一类评论性的语言,这是以前实录所不具备的,对以后实录的文体有很大的影响。《明宗实录》亦是如此,通篇都有"史臣曰"一类评论语,事无大小,皆可评议。这种"史臣曰"的议论,多含有党同伐异的思想,是攻击政敌的一种方式。《明实录》自然也有褒贬意向,但只是寓于字里行间。议论不用标明"史臣曰"之类字样,这是两国实录的重大区别。

朝鲜实录一般皆附上国王的神道碑文或行状。《太宗实录》末尾附上艺文馆大提学卞季良所写的神道碑文,《成宗实录》亦附上了《成宗行状》,《孝宗实录》开创了新的形式,附录上孝宗的行状、哀册文、谥册文、崇陵志,这成为以后实录的惯例。《显宗实录》与《显宗改修实录》《英祖实录》后亦附有志文、哀册文、谥册文、行状,但形式上并没有作为附录,而是录入最后一卷,组成最后一卷的一个部分,这是不同点。《正祖实录》《纯祖实录》《哲宗实录》都附录有国王的行状、哀册文、谥册文、崇陵志、碑文,酷似家谱的内容和资料。《明实录》中虽有对大行皇帝的评论,但绝无行状一类的内容,可见虽然同为实录,体例上还是有很大的不同。

最后,从史料价值上看,两种实录都有很高的价值。《明实录》是现存最主要的关于明朝的原始资料,明中后期虽还有些邸报、档案文书留存,但全面反映明朝历史的史料,还是以《明实录》最为重要,尽管它存在官修史共同的失实及隐讳的问题。其他诸多明代史书多以实录为资料来源,王世贞写《史乘考误》、谈迁编《国榷》、清官修《明史》,一直到现在我们的明史研究,都离不开《明实录》。《朝鲜王朝实录》固然也相当重要,但是从史料价值上看,它不如朝鲜《承政院日记》《备边司誊录》《日省录》以及各司誊录,而这些史料现在都还得以妥善保存,相对而言,《朝鲜王朝实录》倒是第二手资料了。现在学术界对于《朝鲜王朝实录》以外的资料利用得还不充分,因为那些资料大多是写本,利用不太方便,若有可能将《朝鲜王朝实录》与其他相关资料进行比较研究,就能更深入地研究朝鲜王朝的历史。

综上所述,《明实录》与《朝鲜王朝实录》在编修原则、保管收藏、体例题材、史料价值等方面既有相似之处,亦存在不同点①。

三、中国近代史学对朝鲜半岛的影响

19世纪以来,随着西方势力在全球扩张,东亚秩序面临着日趋严峻的新挑战。中国传统史学的经世致用观念在新的社会危机下被重新激活,并与西方学术理念相结合,呈现出一种新的面貌。朝鲜半岛史学也渐渐脱离单方面接受中国史学的轨道,越来越多地受到西方史学观念的影响。即便如此,朝鲜半岛史学的近代化历程和对西方史学的吸收依然主要是以中国为媒介的。中国近代史学在历史观、著述内容、修史体例和运行机制等方面发生的深刻变化对朝鲜半岛史学也产生了很大影响。本节试以经世致用和进化史观为例,来说明这种影响。

(一)中国近代经世史著对朝鲜半岛的影响

经世致用一直是中国传统史学的重要特点,明亡清兴,以史经世的研究倾向受到越来越多的束缚和控制。到乾嘉时期,尽管官修史书卷帙浩繁,但训诂考证仍然代表着这一时期史学研究的最高成就。自18世纪以来,清朝统治的危机也日益彰显,土地兼并、吏治腐败、军备废弛和财政衰竭愈加严重。道光、咸丰年间,西方殖民势力借坚船利炮打开中

---

① 参见孙卫国:《〈明实录〉与〈李朝实录〉之比较研究》,《求是学刊》2005年第2期,第117—122页。

国的大门,内忧外患叠加,使社会危机更加深化。

社会危机的加剧也推动着学风转向,方东树、唐鉴等一批学者开始对埋首于寻章摘句、文字训诂的繁琐考证提出批评。以"通于天道人事,志于经世匡时"为宗旨的今文经学也日渐兴起。龚自珍和魏源是这一时期提倡经世改革的代表人物。龚自珍认为:"自古及今,无法不改,势无不积,事例无不变迁,风气无不转移。"①他激烈批评当时繁琐考据的学风,呼吁恢复经世致用的传统。龚自珍认为研究历史是掌握经世济国之道的必然途径,把史学上升到国家存亡的高度,他还提出:"灭人之国,必先去其史;隳人之枋,败人之纲纪,必先去其史;绝人之材,湮塞之教,必先去其史;夷人之祖宗,必先去其史。"②魏源目睹鸦片战争对古老中国社会的强烈冲击,愤慨于各级官僚沉迷于私利和腐败,亦大力倡言社会改革。他通过修史来阐明自己的改革主张,《圣武记》是其当代史名著,在书中他大力宣扬清朝初年的武功,严厉批判投降卖国的行径,歌颂林则徐等抵抗派的抗英斗争,表现出炽热的爱国情怀。他以林则徐《四洲志》为基础,编纂成《海国图志》,该书是近代中国人自己编纂的第一部世界历史地理著作,此书详细介绍世界各国的地理位置、疆域大小、物产风俗、历史沿革、军事科技以及宗教风俗习惯等,总结了鸦片战争的经验教训,探索了强国御侮之道,提出"师夷长技以制夷"的主张,有较高学术价值。更为难得的是,魏源在《海国图志》中不仅详细地介绍了西方各国悠久的历史和高度发达的文明,而且还对其先进的资本主义制度,特别是代议制民主政治予以清醒的认识和衷心的赞美。如《海国图志》对古代雅典梭伦改革有较高评价,其曰:

> 有梭伦者,当周灵王年间,修改律例,归于平允。遂按一国资财之多寡,分尊卑贵贱四等。其四等至贫贱之人虽不得居官,至有通

---

① [清]龚自珍:《龚定庵全集类编》卷7,台北:世界书局1973年版,第19页。
② [清]龚自珍:《龚定庵全集类编》卷5,第101页。

国会议公务,亦可参预。又恐人多语杂,因建议事厅、大理寺二署。其议事厅定额四百人,为庶民会议之所,其大理寺乃官府会议之所。其官必名望才德,由众推举。此梭伦所定政治章程,各国多效之者。①

魏源对美国的总统民主选举制亦表示高度认可,体现了他开阔的视野和先进的思想。《海国图志》影响深远,对国人起到开阔眼界、启迪思维的重要作用。类似著作还有梁廷枏《夷氛闻记》、夏燮《中西纪事》、姚莹《康輶纪行》、徐继畬《瀛寰志略》等。其中《海国图志》和《瀛寰志略》传入朝鲜半岛之后,在开明学者中间也产生了很大影响。

19世纪四五十年代,朝鲜王朝政治腐败、民生凋敝、危机四伏,几乎面临着和清朝同样的问题。中英鸦片战争的消息传到朝鲜后,昏庸的统治者惊慌失措,试图采取进一步的闭关政策来延续自己的统治。随着内忧外患的急剧加深,一些有识之士也开始慢慢觉悟,寻求自强御侮之路。1845年3月,朝鲜派往中国的燕行使节权大肯首次将《海国图志》带回朝鲜。据许传《性斋先生文集》记载:

> 《海国志》五十篇,清内阁中书魏源所辑也。咸丰中,洋夷为患于中国,连年不解,源作计入洋中诸国,采其地方大小、山川险夷,道路远近,风教善恶,器械精粗,甚悉且详,乃归而为此书,可谓为天下万事长远虑也。非豪杰之士,能之乎?史野权尚书(大肯)以使事至燕京得此书而还……②

朝鲜王朝后期实学派代表人物李圭景也曾详细介绍《海国图志》从中国传入的情况,认为中国"出奇书甚多,而来于我东者亦夥,如《海国图

---

① [清]魏源:《魏源全集》第6册《海国图志》卷36至卷61,岳麓书社2004年版,第1093页。
② [朝鲜王朝]许传:《性斋先生文集》卷16《海国图志跋》,《影印标点韩国文集丛刊》第308册,2003年版,第337页。

志》数十册,《阮氏全书》一百册,《瀛寰志略》十余册……此皆海内奇书也"①。著名学者金正喜也多次强调《海国图志》是朝鲜士人必读之书②。另外,朝鲜开化思想的先驱吴庆锡、朴珪寿作为燕行使节也多次访问中国,将《海国图志》《瀛寰志略》等多种图书带回朝鲜。魏源的《圣武记》传入朝鲜半岛后,也备受朝鲜学者瞩目,《龙湖闲录》第5册中有相当多的内容抄自魏源《圣武记》之《国朝征服朝鲜记》,并附言:

> 《圣武记》者,并言清国用兵始末,自其开国至于道光时凡十六卷也,道光二十二年壬寅,内阁中书舍人邵阳魏源所撰。曾于三四十年前,我使行主燕一知旧能文章者随往,与魏源论文归言,其渊博足为燕之巨擘,固已心识之。近见北来《经世文编》,源之文亦在其中,今观此记,北至于俄罗斯,西至于三藏印度,南至于缅甸台湾,其山川淫俗,纤悉记载,灿若指掌……③

中国近代经世史学著作传入朝鲜半岛后,在知识分子和开明官吏中间产生了相当大的影响,使他们眼界大开,了解到西方各国政治、地理、经济、文化以及风土人情的具体情况,认识到国内政治制度的落后和文化观念的闭塞,从而掀起了一股改革落后制度、提倡经世致用的潮流。吴庆锡和刘鸿基作为开化思想的先驱,都曾深受《海国图志》等中国近代经世史籍的影响,他们大声疾呼改革腐败的政治,学习西方先进文明,寻求强国御侮的道路。受他们的影响,尹宗仪根据《海国图志》中魏源的海防理论,编纂《辟卫新编》以探索朝鲜的海防策略。该书很多部分,如炮

---

① [朝鲜王朝]李圭景:《五洲衍文长笺散稿》卷19《中原新出奇书辩证说》,东国文化社影印本1959年版。
② [朝鲜王朝]金正喜:《阮堂先生文集》卷3《书牍》,《韩国历代文集丛书》第283册,1993年版,第32页。
③ 《龙湖闲录》第5册,转引自朴文一、金龟春主编:《中国古代文化对朝鲜和日本的影响》,黑龙江朝鲜民族出版社1999年版,第353页。

击、测量等内容都直接摘自《海国图志》。朝鲜开化思想的代表人物金允植则参照《海国图志》里有关大炮、战舰的解说和图纸,提出了自己关于朝鲜海防政策的建议,认为:

> 今宜广求良工及有巧思之人,制造大炮、滑车、绞架及扛铳、抬炮、水雷车等之类,按图仿造,无不成之理,但选京营兵,分置沿海要塞……皆筑炮台起沙城,以地平勾股之法精审炮路,严其守备,若无其事以待之其外,乡募一切罢遣,庶可为省费息扰之一端欤。①

金允植根据魏源《海国图志》提出"按图仿造"西式大炮,并"选京营兵,分置沿海要塞"以"严其守备"的建议。在中国近代"开眼看世界"思想的影响下,朝鲜兴起的爱国图新思潮为开化思想的形成奠定了基础,是开化思想的重要组成部分②。

(二)近代进化史观对朝鲜半岛的影响

进化论思想的提出和普及对近代中国史学影响巨大。在西学的传播过程中,严复是较早将西方政治和学术思想系统地译介到国内的。严复早年留学英国,广泛接触西方自然和社会学科学说,甲午战争的失败对他影响很大,认为只有学习西方先进的政治制度,才能从所面临的危机中拯救中国。他发表《论世变之亟》《原强》以及《救亡决定论》等重要文章,极大地推动了维新变法的发展。1898年严复翻译出版赫胥黎的《天演论》,在学术思想界引起广泛轰动。通过《天演论》,严复将进化论和进化史观传入中国。在内忧外患频繁、局势极为动荡的年代,民族危机极为严重,救亡图存成为时人共同的呼声。严复利用进化论对传统历

---

① [朝鲜王朝]金允植:《云养集》卷11《洋扰时答某人书》,《影印标点韩国文集丛刊》第328册,2004年版,第431页。
② 参见姜秀玉:《鸦片战争对朝鲜的影响——兼论〈海国图志〉对朝鲜社会的影响》,《延边大学学报(社会科学版)》2009年第6期,第92—96页。

史循环论进行严肃地批评,他认为宇宙间万事万物包括人类社会在内,都处在不断变化之中,宋明理学所谓"天不变,道亦不变"的说法是荒唐不堪的,人类社会亦是自古及今进化而来。人类对社会进化并不是无能为力,而是可以有所作为的。严复将中国传统的循环观和变易观在新的历史条件下予以重新审视,肯定了人类历史进步的观念。同时期康有为认为人类社会的进步过程是"由独人而渐立酋长,由酋长而渐正君臣,由君主而渐至立宪,由立宪而渐至共和"①,并且将其划分为三个阶段:据乱世、升平世、太平世。

梁启超在1896年撰写《变法通议》时就已经接受了进化论思想。戊戌政变后流亡日本的梁启超接触到大量日文译本的西方书籍,眼界大开。1902年他发表《论学术之势力左右世界》《天演学初祖达尔文之学说及其略传》以及《进化论革命者颉德之学说》,对达尔文生平及其进化论学说进行了介绍。他认为进化论不仅打破了唯心主义循环史观,而且有助于人们树立历史进步的观念、培养竞争意识。梁启超对人类社会的进化过程也有自己的看法,他借鉴了西方考古学成果,以生产工具的发展将其区分为石器、铜器和铁器三个阶段,并采用西方学者的上世、中世和近世三个时代的划分方法,尽管并不完全科学,但是已经突破了康有为公羊三世历史观的限制,体现了开阔的学术视野。基于这种认识,梁启超认为历史学的根本任务是研究人类社会的进化及其"公理公例"。谭嗣同等其他维新学者亦接受了人类历史进化的观点。虽然具体观点不甚一致,但是这些看法的共同之处是否定了千百年来流行的历史循环论,承认进化是人类社会进步的普遍规律。这种进化史观不仅可以用来普及维新变法的政治改革思想,也大大加深了国人的危机意识,推动了史学观念的更新和新的历史著述的出现。

中国学者关于进化论的观点不仅在国内影响深远,而且还促进了朝

---

① [清]康有为:《论语注·卷之二》,中华书局1984年版,第16—17页。

鲜半岛历史观念的变革。在朝鲜半岛,包括进化史观在内的很多西方近代史学观念在相当程度上都是间接得自中国学者的。具体而言,与严复的著作在中国的巨大影响力不同,朝鲜学者更倾向于阅读梁启超的文章。梁启超流亡日本时,通过《清议报》和《新民丛报》发表了一系列文章,阐述他的进化史观。这些文章在朝鲜引起巨大轰动,其《戊戌政变记》《越南亡国史》等著作一经翻译便广为传播。19世纪末20世纪初,在日趋严重的民族危机下,中国国内的亡国史编译活动十分繁盛,朝鲜亡国史的编译更是备受注目。从1904年的《朝鲜亡国史略》到1911年的《朝鲜对于我国关系之变迁》,梁启超发表了一系列有关朝鲜亡国历史的著述,不仅客观地描述了朝鲜亡国这段历史,而且还将朝鲜亡国史分成四个时期,构成了一个朝鲜亡国史研究的体系。梁启超特别注重探讨朝鲜被灭亡的内部原因和日本如何亡人之国的外部因素,其亡国史著作不仅在中国影响深远,而且还被韩国学者广泛注意。梁启超的著作在朝鲜半岛的广为流传,促进了朝鲜社会进化论的普及和民族独立思想的觉醒,成为唤醒朝鲜民众抗击日本侵略者、争取民族独立的强大理论武器①。梁启超的《饮冰室文集》早在1907年以前就流入汉城,其中很多文章也被反复转载,甚至被用作汉文教科书②。他有关进化论的观点加深了朝鲜人的危机意识。朝鲜很多民族史学家都受到梁启超新史学相关论述的影响,在日益严峻的民族危机面前,他们将研究重点放在本民族独立和竞争发展上。朴殷植是韩国独立运动卓越的领导人,也是重要的历史学家和思想家,著有《安义士重根传》《韩国痛史》《韩国独立运动之血史》等重要史学著作,他在著作中痛斥日本人的侵略行径,歌颂民族历史和文化精神,表达驱逐侵略者的必胜信念。在谈到编纂《韩国痛史》的

---

① 参见邹振环:《清末亡国史"编译热"与梁启超的朝鲜亡国史研究》,《韩国研究论丛》1996年第2辑,第325—355页。
② [韩]李光麟:《韩国开化思想研究》,汉城:一潮阁1979年版,第262页。

缘由时,朴殷植表示:

> 岁月如流水般而使我无法再拖延,我若放弃此职务,这不就像四千年文明旧国因渤海亡而历史亦亡乎?即使世人会责我这无资格的人著书,然而我怎能辞让而放弃乎?但四千年的全部历史并不是我这固陋又衰颓的人能胜任的,也不是短时日可完成的,这些都只能期待靠别人完成。因此我能作的就是自我出生后目睹的最近的历史。将甲子年(1864年)至辛亥年(1911年)编成三编一百十四章的痛史,但不敢以正史自处,只希望我同胞们认定其含有国魂而不丢弃。①

由此可知,其编纂《韩国痛史》并非出于学术兴趣,而是基于国家民族遭受侵略的一腔怨愤,希望能以此激发韩国民众的民族意识,激励他们为国家和民族的独立而斗争。受历史进化论影响,朴殷植将历史划分为上古、中古和现今三个时代,认为人类历史是不断走向进步的过程,这种进步是渐进的,也是充满斗争和曲折的,尽管他不否定英雄在历史发展中的主导性作用,却仍然很重视国民群体的力量。基于文化进步可导致优胜劣汰和适者生存的认识,朴殷植宣扬其民族文化史观,将朝鲜历史看作民族文化的进步史,大力揭示和鼓吹本民族的优秀文化传统,呼唤"国魂"和"国魄"回归。朴殷植的民族进化史观弥漫着强烈的民族主义色彩。

朝鲜近代著名学者申采浩不但接受了进化论,而且也将进化论与民族史观紧密地结合起来。他早年便接受西方近代自主的观念,希望借助民族英雄的力量来实现富国强兵,建立近代独立自主的民族国家。1905年申采浩担任《皇城新闻》社记者,又自1906年任《大韩每日新报》主编,

---

① [韩]朴殷植:《韩国痛史》,载《朴殷植全书》上,汉城:檀国大附设东洋学研究所1975年版,第377页。

开始编辑生涯。1905年到1910年间韩国沦为日本殖民地,申采浩开始极力寻求民族自尊自立的道路。1907年申采浩翻译了梁启超的《伊太利建国三杰传》,1910年又发表了《二十世纪新国民》,在这部著作中他系统阐述了他的新国民思想,而其新国民的思想正是来源于梁启超的"新民说"。在此之前,申采浩已经阅读过经由仁川港传入韩国的梁启超的《新民说》,甚至还于1907年加入了"新民会"。梁启超新民说的初衷是通过"新民"来改造国民性,培养民族共同体的团结精神以塑造民族国家,摆脱帝国主义的侵略,因此他高度评价了历史上曾经击败匈奴、开拓西域的张骞和班超,表达了他希望中国融入世界民族竞争的大潮、实现强国梦想的观点。受梁启超影响,申采浩也寄望于通过重新解读历史,宣扬历史上民族英雄的丰功伟绩以唤醒民族主义,因此他先后发表了《圣雄李舜臣实记》《乙支文德》《东国巨杰崔都统传》等民族伟人的传记。此类历史传记中便蕴含了其"新国民"的思想,而通过历史传记的形式,可以很好地对普通民众起到宣传和启蒙的作用。

申采浩说:"历史为何物?将人类社会的我与非我的斗争,自时间开始发展,自空间开始扩大之心的活动状态的记录。"[1]他以社会进化论的观点为基础,将历史视为"我"与"非我"的斗争过程,体现了其试图摆脱传统的对中国"事大"主义的原则,重新塑造"我"自存自立精神的趋向。与朴殷植一样,申采浩也非常重视本民族精神和文化独立自存的价值,并试图从古代历史中重新寻找这种文化精神。他按照社会进化论将人类历史划分为五个阶段:第一阶段是在动物群中人类形成的阶段;第二阶段是与禽兽竞争而取得胜利的阶段;第三阶段是过社会生活的阶段;第四阶段是享有国家生活的阶段;第五阶段是世界共同时代[2]。第四阶

---

[1] [韩]申采浩:《朝鲜上古史总论》,载《改订版丹斋申采浩全集》上,汉城:申采浩先生纪念事业会1982年改定3版,第31页。

[2] [韩]申采浩:《进化与退化》,载《改订版丹斋申采浩全集》别集,第208页。

段享有国家生活的阶段又可以分为酋长时代、贵族时代、专制时代和立宪民主时代。具体到朝鲜民族历史,申采浩认为檀君时代为酋长时代,箕子夫余时代为贵族时代,三国时代是由贵族到专制时代的过渡时代,高丽时期为专制时代,朝鲜王朝时期由专制时代复归贵族时代,20世纪则进入立宪时代。在他看来,檀君时代和箕子夫余时代是文明的萌芽期;三国时代是文明的成长期;高丽和朝鲜王朝时代由于尊奉对华事大原则而被视为民族魂削弱的时期,因此被其视作文明的退化期;20世纪则是新文明的萌芽期。

综上所述,中国与朝鲜半岛的文化交流源远流长,中国史籍很早就流传到朝鲜半岛。朝鲜半岛史学在史料采择、史书体例和官修史书制度等很多方面都受到中国传统史学的影响。19世纪以来,西方近代史学理念对朝鲜半岛史学的影响多是以中国史学为媒介的。总之,中国史学对朝鲜半岛的影响深远,值得更为细致深入的探讨。

第十七章

中国史学之东渐：日本篇*

中日两国一衣带水，有着上千年的交往历史。汉代以来，日本遣使来朝的记载不绝于书。隋唐时期，中国在政治、经济、军事、文化等方面对日本有着绝对优势，当时日本积极向中国学习。史学作为中国文化的重要组成部分，自然也受到日本的关注，成为他们努力学习的对象。中国史书纷纷传入日本，成为日本习读和仿效的对象。

同朝鲜半岛一样，日本古代的史学著作，无论在史书体裁还是史学思想等方面，都深受中国史学的影响。而近代以来，面对西方列强的入侵，通过"明治维新"走上了富国强兵道路的日本，则反过来引起了中国有识之士的注意。甲午战争之后，学习日本的风潮随即在中国兴起。当时日本的史学在吸收西方史学理论与观念和近代学科化等方面走在前列，许多日本史学著作与理论观念也传入了中国，对中国近代史学的发展产生了重大影响。同上一章一样，本章也将首先阐述古代中国史学对日本的影响，然后论述近代以来中日史学的相互交流与影响。

一、中国史学对日本的影响

无论在古代还是近现代，中日之间的学术文化交流都非常密切，其间既有书籍的往来，也有人员的交流。而史学交流正是其中非常重要的

---

* 本章系孙卫国（南开大学历史学院教授）与张磊（天津理工大学马克思主义学院讲师）合作完成。

部分。本节试选取几个典型事例,对此问题略加梳理。

（一）中国古代史书在日本的流传及其影响

中国史学对日本的影响,首先表现在古代日本对中国典籍的重视方面。在相当长的时期内,中日之间的海上航路可以被称为"书籍之路"①,经、史、子、集四部书籍纷纷传入日本,对日本文化产生了深远影响。几乎每一部比较重要的中国史书都传到了日本,对日本都有着程度不同的影响。下面试选取《史记》《资治通鉴》《通典》等几部中国史书以及中国地方志作为例子,对此问题略做说明。

1.《史记》东传日本及其影响

司马迁的《史记》是我国第一部纪传体通史,也是一部伟大的传记文学巨著,对中国后世的史学和文学影响深远。同时,它对东亚的朝鲜半岛与日本列岛也产生了深远影响,成为他们学习中国历史最重要的史籍,以及他们编写史书仿效的对象。古代日本学习中国的主要形式之一,就是从中国输入大量的书籍。日本的遣隋使、遣唐使们来到中国之后,除了进行政治外交活动之外,还有一项重要的活动就是收集图书,《旧唐书·日本传》中曾对他们的购书情况有如下记载：

> 开元初,又遣使来朝,因请儒士授经。诏四门助教赵玄默就鸿胪寺教之。乃遗玄默阔幅布,以为束修之礼。题云"白龟元年调布",人亦疑其伪。所得锡赉,尽市文籍,泛海而还。②

从上述史料中不难看出,日本遣唐使酷爱在中国收集书籍,甚至将中国政府所赐财物"尽市文籍"。司马迁《史记》正是在这种情形下传入日本的。关于《史记》传入日本的时间,中日两国学者都曾经做过探讨。根据

---

① 参见王勇等：《中日"书籍之路"研究》,北京图书馆出版社 2003 年版；陈坚、王勇主编：《中国典籍在日本的流传与影响》,杭州大学出版社 1990 年版；[日]大庭修：《江户时代中国典籍流播日本之研究》,戚印平等译,杭州大学出版社 1999 年版。
② [后晋]刘昫：《旧唐书》卷 199《日本传》,中华书局 1975 年版,第 5341 页。

圣德太子编修的《天皇记》《国记》等日本"国史"的体例类似《史记》的情况，近代日本学者森克己指出："对于圣德太子编著国史时参考了中国史书的说法，我是赞同的。也就是说，在当时(指圣德太子主持编修'国史'的时候)，可以肯定《史记》《汉书》等史书已经从隋朝传入了日本。"①当代中国学者覃启勋进一步论证，提出《史记》东传日本的时间为公元600年至604年，他指出："公元600年圣德太子派出了第一批遣隋使，《史记》始传日本的使命正是由这批使者完成的"，并认为"《史记》始传日本乃是中国史学始传日本的重要标志。"②可见，《史记》在隋朝传入日本，已是学界公论。

《史记》传入日本后颇受重视并得到了广泛传播。推古天皇时期，圣德太子根据《史记·秦始皇本纪》将"天皇"一词移植出来，不再使用"大王"，此后"天皇"成为日本民族的象征。604年，圣德太子将《史记》的大一统思想引进《宪法十七条》，为大化改新奠定了基础。据《正斋书籍考》《三代实录》《日本纪略》等日本史书记载，推古以降，历代天皇都有阅读《史记》的风气。为培养了解中国的人才，日本朝廷组织专人学习《史记》等史书。覃启勋指出，日本皇室经常将《史记》作为礼品赐给府库，以供政府文武官员学习研究，以辅助朝廷治理国家。

此外，《史记》也是日本宫廷的教科书，官员熟悉《史记》的内容，并经常以其为题材吟诗作赋，在中世武家教育和藩校教育中也发挥了重要作用③。在日本古代的历史教育中，《史记》是重要的教科书。日本古代设有专门讲习学问的"大学寮"，其中设有专门讲学历史的"纪传道"④，修

---

① ［日］森克己：《日唐·日宋交通に於ける史書の輸入》，载《本邦史学史論叢》，东京：富山房1939年版，第423页。
② 覃启勋：《〈史记〉与日本文化》，武汉大学出版社1989年版，第40页。
③ 同上。
④ 日本神龟五年(728年)，从大学寮中专讲儒家经典的"明经博士"中分出一名令官，主讲文学，被称为"文章博士"。大同三年(808年)，又从"明经博士"中分出一名令官，主讲中国史学，称之为"纪传博士"，这种专门讲解历史的学科就被称为"纪传道"。

习"纪传道"的学生被称为"纪传生",《史记》是这些"纪传生"的必读之书。"纪传生"在学成之后,往往要担任大学头、侍读、式部大辅等要职;也有部分学生成为公卿,直接参与政治活动;亦有部分学生被选派到"撰国史所",直接参与日本官方的修史活动。到室町时代,幕府设立足利学校,足利学校中规定"学校不得讲解除《三注》《四书》《六经》《列子》《庄子》《老子》《史记》《文选》之外的其他内容"[①],可见古代日本学校对《史记》的重视。

《史记》在日本的流通形式主要有两种,除了全本《史记》之外,为了更好地阅读某些部分,常常以"史记摘抄"的形式传播。根据《足利学校贵重书目录》的记载,此校中所藏《史记》除明版全本《史记》外,还有诸如以《史记抄》《史记列传》为名称的多种史记抄本[②]。为了习读《史记》、准确地把握其意义与读音,古代日本学者对《史记》进行了深入系统的研究,对于字义与字音皆进行了系统的标注。流传至今的最早的"训点本"是大江家国的《史记延久点》。大江家国,生卒年不详,出身于书香门第,他祖上有担任过东宫学士的"纪传道"文章生大江音人,而高祖为大江朝纲,曾参加过《新国史》编撰。他本人乃平安中期公卿。也许受家学的影响,与其先人一样,大江家国对历史有浓厚的兴趣,尽管他的生平事迹平淡无奇,但因《史记延久点》而得以留名于世。

大江家国长于书法,从延久五年(1073 年)开始,他以中国刘宋裴骃《史记集解》为蓝本,抄写"训点本"《史记》。裴骃《史记集解》乃《史记》三家注之一,有着重要的学术影响。所谓"训点",也称为"返点",就是在汉文中加入一些特殊符号,使日本人能够根据这些符号,较为准确地阅读中国史籍。这种在汉籍中加入"训点"的做法,在古代日本经常出现,并

---

① [日]川瀬一馬:《足利学校の研究》,东京:讲谈社 1974 年版,第 32 页。
② 参见[日]足利学校遗迹图书馆:《足利学校貴重書目録》,东京:足利学校遗迹图书馆 1927 年版,第 29—34 页。

无稀奇之处,但是,《史记延久点》是日本现存最早的"训点本"汉文史籍,同时也是日本现存最早版本的《史记》,因而有着重要的学术地位。正因为《史记》在日本史学史上的特殊地位,才使得这部《史记延久点》显得格外重要。此书虽现只残存三卷,但有着十分特殊的意义,也无怪乎日本学者们称赞仅存的三卷"无一例外,全是国宝"①。

近代以来,日本学者对《史记》的研究热情不减,出版了一系列著作,提出了许多新见。如梁田忠山的《史记新讲》、村上作夫的《史记十二传批评》等。另外,还有一部分学者为《史记》中的汉字加入日语读音,并做出解释,如堤大介的《史记启辨》。这种为《史记》标注日语读音的方法,比起古代的"训点本"《史记》,更加符合日语的特点,也更有助于《史记》的传播。随着近代《史记》的进一步传播,许多普通日本民众也非常关注《史记》。为了适应这种情况,有关《史记》的各种通俗性"讲义"应时而生,山本宪著《史记抄传讲义》,桂湖村、松平康国等所著《史记国字解》等即具代表性。其中《史记国字解》较有特点,全书内容主要分为"史记解题"和"史记正文(包括注释和讲解)"两大部分,"史记解题"主要介绍了《史记》的名义、作者、体裁、史学上的价值、文学上的价值、在日本的传播以及参考书目,相当于对《史记》的导读②。在"史记正文"这一部分,作者往往在标题后加入一段注释。如在《史记·三皇本纪》的标题后,作者注释道:

> 此本纪在记述上古蛮荒时代之事时,往往充满了神话性质的记述。这些是无法用常识加以判断的。现在只据此本纪的字面上的记述对这一段内容进行讲解,不敢采用其他牵强之说。③

从这段文字不难看出,作者加此注的目的主要是起导读的作用。此

---

① [日]加藤友康、由井正臣:《日本史文献解题辞典》,东京:吉川弘文馆 2000 年版,第 450 页。
② 参见[日]桂湖村等:《史记国字解》,东京:早稻田大学出版部 1920 年版,第 1—14 页。
③ 同上书,第 15 页。

外,在正篇中,作者往往还会标上假名,以方便阅读,在正文结束后,也会再加上一段"讲义",即用"国字(即日语)"讲解正文的意思。类似于《史记国字解》这样的解读《史记》的著作,在整个日本近代不断出现。而日本研究《史记》著作中的集大成者,则非泷川资言的《史记会注考证》莫属。

泷川资言(1865—1946年),号君山,通称龟太郎,日本近代著名的汉学家,生于出云国岛根县一个士族家庭,其祖上为战国时期著名武将泷川一益之兄——泷川范胜。泷川资言早年在东京帝国大学古典讲习科求学,打下了坚实的汉学基础,后来又先后担任日本第二高等学校和大东文化学院教授。在求学与教课期间,他继续钻研汉学,博览群书,1931年获得东北帝国大学文学博士学位。《史记会注考证》是泷川最为重要的一部史学研究著作,也是迄今为止研究《史记》最为重要的一部集大成的著作。

从《史记会注考证》的书名不难看出,此书包括"会注"和"考证"两大部分,乃是继中国《史记》三家注之后,对《史记》研究成果的第二次最重要的大总结、大梳理,在《史记》版本校勘、探究《史记》的史源、《史记》三家注的订补、历代注释集成等方面皆有重要成就。"会注",顾名思义,就是将以往对《史记》的注释加以汇总编排,集《史记》问世以来,2 000年来注家、学者对其研究之大成。在考证方面,泷川参考了清代学者崔述的《考信录》以及日本江户时代的考证学者中井履轩等人的著作,搜罗中日120余种典籍,将历代注释整理后加上自身的研究成果,以"考证"的形式与经订补后的三家注合刻于《史记》正文之下,因而具有极高的学术价值,乃是《史记》研究史上一座迄今为止尚无人能超越的高峰。该书在编写上也有一些特点。以《史记会注考证·项羽本纪第七》中的一段为例:

(项羽)乃进兵击秦嘉。秦喜军败走,追之至胡陵。集解:邓展曰：今胡陵属山阳,汉章帝改曰胡陵。考证：胡陵,今山东济宁州鱼台县东南。①

可见,《史记会注考证》往往在正文中插入注释,并标明出处,同时,在注释后面加入作者的考证。这样不但能够使读者一目了然,也由于著者严谨的态度,使其成为一部"信史"。此书自1934年刊行以来,好评如潮,至今无人能出其右。

可见,司马迁《史记》自隋朝传入日本以后,1 000多年来,日本学术界对其始终予以极大的关注,出版了数以千计的研究著作。它不仅是日本古代学习历史的重要著作,也是日本古代史书效仿的蓝本,早已融入了日本社会,成为日本史学文化中的重要组成部分。

2.《资治通鉴》东传日本及其影响

《资治通鉴》乃北宋司马光耗时19年主编而成的一部编年体通史,共294卷。始自周威烈王二十三年(前403年),终于五代后周世宗显德六年(959年),这部共1 363年的长篇编年体史书,在中国史学史上有着极其重要的地位,传入朝鲜半岛和日本列岛后,也产生了深远的影响。北宋与辽的关系微妙,宋朝由于担心书籍传入辽,使其窥探宋朝军情,不利于宋朝边疆的稳定。因而,宋廷曾下令不许图书流传海外。尽管如此,中日之间的书籍交流仍未断绝,当时甚至有像《太平御览》这样的大部头著作流入日本,日本学者曾这样推论:"如果像《太平御览》这样宋朝最值得夸耀的著作,在如此严密的防范下,依然能陆续流传至海外的话,不难想象,那些卷数比《太平御览》少很多的史书则会更多地流出境外。"②可见,书籍外流的禁令只是流于形式。《资治通鉴》刊行后不久便传入日本,也是意料之中的了。

---

① [日]泷川资言:《史记会注考证:项羽本纪·留侯世家·伯夷列传·魏公子列传·淮阴侯列传》,东京文化学院1939年版,第9页。

② [日]森克己:《日唐·日宋交通に於ける史書の輸入》,载《本邦史学史論叢》,第448页。

关于《资治通鉴》传入日本的具体时间，目前还无法得出确切的结论。中国学者李春光根据日本《四镜》成书于《资治通鉴》之后的情况，推断"《资治通鉴》传入日本的时间，应该是在12世纪中叶"①。《资治通鉴》在日本的传播形式大体上和《史记》相同，也分为"全本"和"抄本"两种。这种"全本"和"抄本"并行的情况一直持续到日本"明治维新"之后。如日本近代学者宫本正贯作过一本《资治通鉴钞》，选取了《资治通鉴》中的部分材料，按时间顺序编成19个历史故事。其中7个乃三国历史故事，占全书三分之一的篇幅，这7个历史故事中，与诸葛亮相关的又占了3个②。其余入选的故事也是中国历史上事关治乱兴衰的大事，比如"霍光废立""淝水之战"等，作者的意图乃突出表现一个"鉴"字，也就是强调历史的借鉴作用，试图发挥原著"有鉴于往事，以资于治道"的本意。全本《资治通鉴》的版本亦有很多，充分显示他们对此书的重视。《资治通鉴》传入日本，进一步刺激了日本修史的热情，此后日本出现了不少模仿《资治通鉴》的史书，这一部分内容待下文再论及，在此暂不赘述。这里，想就日本学者对《资治通鉴》的评价问题加以简单介绍。

《资治通鉴》传入日本后，得到广泛传播，广受注意，许多日本学者读到此书后，纷纷发表评论。日本江户时代末期的著名儒学家春日潜庵论《资治通鉴》："治乱兴亡之理尽载于此书。"③一些日本学术团体和政府部门对《资治通鉴》也同样褒奖有加，比如日本津市（今属于日本三重县）教育会肯定此书"叙事详细精确，未有夸张之语。其编写时，丝毫不夹带私意之处，广为学者赞誉"④。对于作者司马光，其评价也相当高。日本近代学者荻麟野史把司马光和日本江户时代后期德川幕府的老中松平

---

① 李春光:《〈资治通鉴〉传入日本及其时间》，《社会科学研究》1988年第3期，第107页。
② 参见[日]宫本正贯:《资治通鉴钞》，东京：文学社1912年版，第48—51页。
③ [日]春日精之助:《春日潜庵传》，日本国立国会图书馆藏书，1906年版，第21页。
④ [日]津市教育会:《津市文教史要》，日本三重县津市教育会1938年版，第202页。

乐翁、美国独立运动的元勋之一富兰克林并列,称他们三个人为"世界三大名士",并在书中对司马光著《资治通鉴》一事多加称颂①。另一学者北畠竹之助对于司马光也毫不吝惜赞美的辞藻,虽然他认为司马光"非忠臣、良臣也"②,但对司马光编写《资治通鉴》一事,却多褒扬之词③。可见,《资治通鉴》在日本极受重视,我们从中也能感知它对日本深远的影响。

3.《通典》在日本的传播与影响

杜佑《通典》是中国历史上第一部体例完备的典制体史书,记述了唐天宝以前历代政治、经济、礼法、兵刑等典章制度及地理志等内容,共200卷,分九门,在中国史学史上有着重要地位。随后典制体史书在中国发展起来,宋代郑樵《通志》、元代马端临《文献通考》与《通典》合称为"三通"。《通典》传入日本后,产生了较大影响。

《通典》初次传入日本的时间现已无法考证。据近代日本学者岛田翰的《古文旧书考》所载,日本现藏有一套"高丽覆宋本"《通典》,200卷,书中有宋徽宗年号"建中靖国元年(即公元1101年)的图章和秘阁图书之章印"④。据此可以推断,此书大约在1101年之后传入日本,但是尚无法断定此"高丽覆宋本"是否为《通典》最早传入日本的版本。另日本尚藏有几套明版《通典》,也值得重视。

在日本学者看来,由于日本的许多典章制度来自中国,即所谓"我邦之制度典章,率多取之彼土"⑤,而杜佑《通典》具有"考因革之是非"⑥的

---

① 参见[日]荻麟野史:《世界三大名士》,东京:金樱堂1902年版,第62—65页。
② [日]北畠竹之助:《司马温公言行录》,东京:内外出版协会1908年版,第113页。
③ 参见[日]北畠竹之助:《司马温公言行录》,第94—102页。
④ [日]岛田翰:《古文旧书考》第四卷,东京:民友社1905年版,第9页。今日本宫内厅书陵部藏一部北宋本《通典》,未知岛田氏所论是否此本,待考。
⑤ [日]岛田篁村:《篁村遗稿》,东京:岛田均一1918年版,第24页。
⑥ 同上书,第25页。

作用。因此,日本学者高度重视《通典》,一方面想弄清楚中国政治制度的特点;另一方面,也想考察日本政治制度中哪些方面来自中国,哪些方面是日本本土特有的。无论古代还是近代,许多日本学者都试图寻找"善本"《通典》。近代日本学者岛田篁村在得到一部"善本"《通典》时感慨道:"李本(《通典》在日本流通的版本之一)且不可辄得,而况旧刻乎?顷者,书肆有售善本者,乃与倾财购之。于是平昼之所梦寐者,一旦得之,余喜可知也。"①与此同时,许多日本学者仿效《通典》体例,撰写类似的史书,江户时代伊藤东涯所撰《制度通》就是代表之作。

伊藤东涯(1670—1736年),日本江户时代中期著名儒学家、汉学家,其父伊藤仁斋乃江户时代大儒,一生排斥朱子学的经典,主张恢复儒家"古义",著有《论语古义》《孟子古义》等提倡古义学的著作。伊藤东涯与其父追求"儒家古义"的学风不同,他不仅对儒学有较深的兴趣,而且对汉语言、中国制度史等都有深入研究。伊藤东涯与当时的大历史学家新井白石交往甚密,他们一起切磋学问,友谊深厚,被传为佳话。伊藤东涯著述甚丰,涉及汉语、儒学等诸多领域,《制度通》则是他唯一的史学著作。

《制度通》成书于享保九年(1724年),其子伊藤善韶对全书做了系统的校订,并于宽政九年(1797年)付梓。全书共有13卷,与杜佑的《通典》一样,也主要记述了先秦至唐代中国典章制度的发展与沿革,以及日本在律令制国家时代对这些制度的模仿情况。对于中国唐至明典章制度的变迁,书中也有涉及。该书在体例上对《通典》多有借鉴。《通典》在介绍中国先秦至唐典章制度沿革时,详于唐制,《制度通》亦如此。杜佑的《通典》中介绍中国田制、赋税的《食货志》部分占了相当大比例,伊藤东涯也在《制度通》中以三卷的篇幅介绍《财政·经济》等。《制度通》在体例上的突破也是比较大的,比如,《通典》重点介绍了"礼"的部分,《制

---

① [日]岛田篁村:《篁村遗稿》,第25页。

度通》没有单独为"礼"设卷,而是把有关"礼"的部分并入了"文教"卷中。再比如,《制度通》中有专门介绍天文历法的一卷,《通典》里则没有等。另外,《制度通》还十分重视中国的典章制度对日本的影响,比如《制度通》卷十二《律令·兵制》中分别介绍了日本仿效唐制、建立律令制国家的过程,以及日本兵制的一些情况。这些都是《制度通》在体例上比较有特点的地方。

近代以来,日本史学家效仿《通典》的热情不减。但是,应该指出的是,由于伊藤东涯的《制度通》影响较大,这一时期的同类史书也大多以"某某制度通"为书名,若追根溯源,这些史书模仿的还是杜佑的《通典》。代表性著作主要有荻野由之等编著的《日本制度通》、上山满之进的《地方制度通》等。这些史书比起伊藤东涯的《制度通》来,在体例等方面都有突破。以《日本制度通》为例,该书只有三卷,第一卷专载日本的历法、皇室的典范等;第二卷专载日本的官制、兵制和学校制度;第三卷则专载日本的租税、田制等,有点类似于杜佑《通典》中的《食货志》。此书与《制度通》相对,其优点主要体现在体例上,此书以三卷较短的篇幅,基本上将日本典章制度的沿革情况描述清楚。但是,此书也存在一些分类不明的情况,比如:在该书第三卷,按作者的编排意图,应该是专门介绍日本的租税、田制等有关日本经济的内容的,却把第一篇的题目定为《考绩任叙之事》,专门记述日本古代的官员录用及考核情况[①]。原因可能是考虑到第三卷篇幅过少,将本应放入第二卷的内容下移到第三卷。

总之,无论是伊藤东涯的《制度通》还是近代成书的《日本制度通》,对杜佑的《通典》一书均多有模仿。当然,为了适应日本国的特点,在体例的运用、记叙内容的选择等方面,它们都做了一些调整,形成了日本独有的一些特点。

---

① 参见[日]荻野由之、小中村义象:《日本制度通》第三卷,东京:吉川弘文馆1890年版,第1—9页。

（二）中国地方志在日本的传播及影响

1. 中国地方志的东传

中国地方志的编纂历史悠久，数量众多。关于中国何时开始地方志的编纂，学术界尚无定论，但至少也有上千年的历史。自宋、元开始，地方志的编纂体例逐渐完备，明代更趋兴盛，清朝时期达到了高峰，据不完全统计，仅清朝修纂的地方志就达到6 000多种。民国直至中华人民共和国成立后，持续纂修方志，未曾间断，故而中国方志种类丰富、数量庞大，是中国史学的重要组成部分。无论古代还是近代，均有许多中国方志传入日本，对日本产生了很大影响。巴兆祥认为，"目前日本53家国家机构与文库所藏方志4 025种"[①]。虽然日本的方志撰述渐近于专史，但两国于地方史志的学术沟通，其历程也清晰可见[②]。因为古代日本人有慕华心态，仰慕中华文化，积极向中国学习，故喜欢搜集各种中国典籍，当然就包括中国地方志。同时，因为日本土地贫瘠，物产不丰，也须了解中国的产物，以便进行商业往来，达到互通有无的目的。这样，大批中国方志就传到了日本，日本也形成了编修方志的传统，多方面受到中国方志的影响。具体表现在以下几个方面：

（1）编撰方志以保存史料。地方志的编纂首先要收集资料。修志首先要网罗天下志书作为参考，并且要求修志者实地考察，这些都要求有史料的支撑。中国地方志的编纂要收集的资料很多，既有文献资料，也有风俗与实物资料，范围很广。日本学者金井把地方志资料收集的范围大致分成三大类：第一类，无形的史料，即从本地先辈处听到的口头传承、记忆；第二类，有形的史料，如美术品、房屋、农具、耕地、山林、寺社、墓地、植木、用水、井户、浴池、祭祀、年中行事等遗物，以及方言、地名等；

---

① 巴兆祥：《中国地方志流播日本研究》，上海人民出版社2008年版，第286页。
② 来新夏：《中日地方志比较研究》，南开大学出版社1996年版，序言。

第三类,文献①。从上面的分类可以看出,这和中国方志史料的分类有惊人的相似之处。在全面收集资料的基础上,修志者方可编辑方志。所以编修方志的一个基本的目的就是保存地方史料。

(2) 修方志以经世致用。在中国古代,修史书以经世致用的思想相当强烈,春秋时期的"殷鉴"思想,即是为后人提供借鉴,可见这种思想影响深远。中国地方志的纂修也主要是为当地发展提供借鉴和服务。吴宗慈特别强调方志书的实用价值,认为"若今日则方志所重在实学,乃为一切民族社会经济与科学问题"②。日本编纂地方史志的目的也与经世致用的思想相关。他们也希望通过总结过去,认识现状,引导人们正确地开创美好的未来。

(3) 修方志以增强人们爱国和爱家的思想。方志,顾名思义就是记载一个地方的各种情况,深层次地发掘地方的特色,以增强人们对地方的了解,同时也记载大量的风俗民情,进而增强人们热爱家乡之心。在日本,这样的情结也一样深厚。

(4) 日本方志体例亦受中国方志的影响。中国很重视地方志的编纂,其体例也日趋完善。中央政府有时虽然无法直接控制地方志的编纂,但在体例等方面还是有所要求的。清朝就曾对地方志体例有明确规定,康熙时期,曾将贾汉复主修的《河南通志》作为范本。到了康熙二十九年(1690年),河南巡抚曾通令所属府、州、县编修志书,提出编纂地方志的凡例23条,详细规定了时间断限、材料取舍、文字详略、史实考订、叙事先后以及地图绘制等内容③。雍正时期,针对各省志书采录人物事迹一事,官方指出:"志书与史传相表里,其登载一代名宦人物,较之山川风土尤为紧要,必详细调查,慎重采录,至公至当……今若以一年为期,

---

① 参见王卫平:《日本地方史志编纂的几个问题》,《中国地方志》2010年第4期,第47—52页。
② 吴宗慈:《修志丛论》,江西省文献委员会铅印本,1947年版,第2页。
③ 赵庚奇编:《修志文献选辑》,北京燕山出版社1990年版,第9—10页。

恐时日太促,或不免草率从事。"要求"各省督抚,将本省通志,重加修葺,务期考据详明,采摭精当,既无阙略,亦无冒滥,以成完善之书"①。日本地方史志从其出现起,即受中国地方志的影响。在中国的影响下,日本也很重视地方志纂修的体例。如明治八年颁布的《皇国地志编辑例则及着手方法》,明显受到《纂修书书凡例》及《大明一统志》的影响。因此,明治以前的地方史志大都以志为名,划分门类,采用记述体的方式②。后来,虽然日本地方志很多以志为名,改志为史,但仍受到中国地方志的影响也是明显的事实。

2. 从《风土记》到《大日本地志大系》

中国地方志有相当一部分是被日本政府购买的。例如日本江户时代,中国地方志东传日本之后,"江户幕府是唐船持渡方志的主要买主,在长崎的书物奉行、书物改役、书物目利等都负有为幕府选书、购书义务。凡属幕府订购的或幕府感兴趣的直接送往江户御文库"③。这些地方志在传到日本之后,日本学者模仿中国地方志的编纂体例,编写本国的地方志,丰富了日本古代史学的内容。故而中国方志对日本的影响,很大程度上体现在日本所编修的方志类史书上。日本很早就诞生了类似于中国地方志的史书。日本"六国史"之一《续日本纪》曾有过如下的记载:

(和铜六年)(713年)五月甲子。畿内七道诸国郡、乡名,著好字,其郡内所生银铜、彩色草木、禽兽鱼虫等物,具录色目。及土地沃瘠,山川原野,名号所由,又古老相传,旧闻异事,载于史籍言上。④

从《续日本纪》的这则记载中可知,早在奈良时代,日本就已经出现

---

① 赵庚奇编:《修志文献选辑》,第11页。
② 王卫平:《日本地方史志编纂的几个问题》,《中国地方志》2010年第4期,第47—52页。
③ 巴兆祥:《中国地方志流播日本研究》,第24页。
④ [日]国史大系编修会:《国史大系·続日本紀》,吉川弘文馆1988年版,第52页。

了记载地方郡名、物产及旧闻异事的地方史志了[①]。这一时期,在日本各地出现了名为"风土记"的地方史志。中国古代也有名为"风土记"的书籍,如卢植的《冀州风土记》、沈莹的《临海风土记》等,从书名上不难判断,这些"风土记"也是记载地方事物的书籍。但是,由于这些早期中国的"风土记"已失传,其与日本同名史书关系如何难以判断。而日本的"风土记"乃专门记载地方物产、风土人情和历史沿革的史志,以《出云国风土记》(或名《出云风土记》)为例,从该书的体例来看,在开头设有"总记",介绍出云国[②]的总体情况,随后,又按照出云国下属郡的数量分为九个条目,每个条目下按照各郡的不同情况,下设乡里、神社、地名、通道等不同的子目,以介绍各地区的不同情况。这种先设"总记","总记"后再设条目,条目下面再设子目的体例,颇有些类似于中国唐代编修的《括地志》[③]。《出云国风土记》在日本史学史上占有重要的地位,近代曾经有日本史学家称赞此书是日本的"历史和地理的宝典"[④]。

与《出云国风土记》同一时代,日本还出现过许多以"风土记"为名的地方史志,如《播磨国风土记》《肥前国风土记》《常陆国风土记》《丰后国风土记》等,这些"风土记"的出现,表明日本在地方史志的编写方面从起步走向成熟。到江户时代,日本地方史志的编写已经相当普遍,以"风土记"为名的地方史志大量出现,比如宽文六年(1666年)奉当时会津藩藩主保科正之的命令编写的《会津风土记》,以及由萨摩藩编写的,介绍萨摩国[⑤]、

---

① 也有日本学者认为,这些地方史志就是《风土记》,《出云风土记》也是由于这一次下令才开始编纂的。参见[日]岛根县皇典讲究分所编:《出雲国風土記(註解)》,松阳新报社1911年版,第2—3页。
② 今日本岛根县的东部。
③ 目前尚无证据表明两书之间存在着某种联系,这里只是说在体例上两者有相似之处。
④ [日]岛根县皇典讲究分所编:《出雲国風土記(註解)》,第1页。
⑤ 今日本鹿儿岛县西部。

大隅国①和日向国②三国地方历史沿革及出产的史书《三国名胜图》,即是其中的代表作。另外值得一提的是,在日本江户时代,还出现了一些私人编撰的地方史志,例如由平野庸修编写的《播磨鉴》,成书于宝历十二年(1762 年),是一部介绍日本播磨国③情况的地方史志,此书因记载了素有"剑圣"之称的宫本武藏的事迹而广为人知。这一时期由官方主导的日本地方志编写的重要著作是《大日本地志大系》,此书由江户幕府主持编修,乃将当时《御府内备考》《新编武藏国风土记稿》等 15 部地志集成一部大书。内容上并无新意,但由于其收录的地方史志较多,因而是日本地方史志集大成的著作。

为何江户时代的日本地方志编修会如此发达呢?这当然与大量输入中国地方史志有一定的关系。巴兆祥指出,江户时代,"中日经济、文化交流有了较大的发展,方志流传日本的方式也发生了很大的变化,主要通过唐船,由唐商贩运日本。地方志作为中日间贸易的重要货物,其输入日本的发展轨迹,与当时的货物贸易,特别是其中的书籍贸易相适应,并在书籍贸易中占有重要地位"④。上文已经提到,日本输入中国方志的重要目的之一,就是要参考中国地方志的编修方法,进而更好地编纂自己国家的方志。因而,这一时期日本地方志的编修出现了一个高潮期,可以说,这种高潮期的出现与中国地方志的大量流入日本不无关系。

(三)中国近代史书在日本的流传与影响

1. 甲午战争前中国史书在日本的传播及影响

1840 年鸦片战争中,政治腐朽、军事落后的清政府被英国击败,巨额的战争赔款和苛刻的不平等条约加剧了中国社会内部的矛盾。1851

---

① 今日本鹿儿岛县东南部及奄美群岛一带。
② 今日本宫崎县。
③ 今日本本州岛兵库县南部。
④ 巴兆祥:《中国地方志流播日本研究》,第 2 页。

年,太平天国运动爆发,清朝政府陷入了内忧外患的两重压力之中。在这种形势之下,以林则徐、魏源为代表的有识之士"开眼看世界",一大批介绍外国历史、政治情况的书籍被编写出来,如林则徐以英国慕瑞的《世界地理大全》为蓝本主持编译的《四洲志》、梁廷枏的《海国四说》、魏源的《海国图志》等,皆是影响深远的著作。

1853年美国海军将领佩里以炮舰打开日本国门后,日本产生了深重的危机感。为了避免重蹈中国覆辙,针对如何应对西方的冲击,许多日本志士提出了见解,有的主张"尊王攘夷",将在日本的外国人统统赶走,重新回到锁国时代;有的主张"开国",与外国人平等交流,以实现富国强兵的梦想。但是,不论是主张"攘夷",还是主张"开国",都需要了解外国的历史和现状。中国在鸦片战争中的失败,深深刺激了日本社会各个阶层,与当时中国的知识分子一样,许多日本学者也相当关注西洋各国的历史和现状,编了不少史书。同时,他们多方介绍中国学者所编译的外国史地书籍。"《南京条约》签订的消息使幕府、武士、知识阶层大为惊愕,此事带给那些有着传统'华夷观念'的儒士们的直接影响,是特别地激起了他们的强烈愤怒、恐惧、深深的忧虑以及对西洋的警戒意识,同时还出现了由这些儒士们所编写的、有关鸦片战争的记事,以及受这些记事出现的推动,而不断诞生的防海策和国防论书。"①中国所编的介绍外国史地的图书纷纷传入日本。在这些书籍当中,对日本影响较大的,当推魏源的《海国图志》。

魏源(1794—1857年),名远达,字默深,号良图。早年任高邮知州,与主持禁烟抗英的林则徐交往颇多。鸦片战争失败之后,魏源十分悲愤,而当时中国对打败自己的英国竟然知之甚少,魏源深深感到了解西洋诸国情况的必要性。林则徐在1839年6月的奏折中,指责清朝官员

---

① [日]小泽荣一:《近代日本史学史の研究・幕末編》,东京:吉川弘文馆1966年版,第421页。

"不谙夷情,震于英吉利之名,实不知其来历"①。为了能掌握夷情,林则徐收集了大量介绍西方地理的资料,主持编译成了《四洲志》。1841年8月,魏源受林则徐嘱托,立志编写一部激励世人、反对外来侵略的著作,遂以林则徐主持编译的《四洲志》为基础,广泛搜集资料,1843年编成《海国图志》50卷。此后一再增补,十年后,达100卷。这是一部划时代的著作,书中提出"师夷长技以制夷",摒弃了传统中国以天朝为中心的史地观念,树立了五大洲、四大洋的新世界史地知识,传播了近代自然科学知识以及各国的文化风格、社会制度、风土人情,拓宽了国人的视野,开辟了近代中国向西方学习的时代新风气。此书中不但有"筹海篇",论述了建立海防的一些策略,还介绍了西洋各国和中国的邻国缅甸、印度等国的情况,另外,关于阿拉伯诸国以及伊斯兰教的情况,此书中也有所涉及。魏源在书中还专门为记叙"西洋器艺"撰写了一个新的篇章。《海国图志》一书"参考和征引的文献资料数量颇多,范围也很广,涉及近人和中外古今各类著作"②。《海国图志》一书丰富的内容引起了当时渴望了解西洋诸国情况的日本学者们的注意。

1851年,《海国图志》传入日本③,引起轰动。张晓刚、国宇认为:"《海国图志》传入日本后,相较于中国产生了更加巨大的影响。"④在1854年至1856年的三年内,日本出版的关于《海国图志》的选本就有21种之多⑤,这是其他书籍无法比拟的。王晓秋也指出:"仅仅数年之间,

---

① 《筹办夷务始末》(道光朝)卷七,中华书局1964年版,第188页。
② 吴泽:《中国近代史学史》(修订本),上海人民出版社2010年版,第96页。
③ 参见王晓秋:《〈海国图志〉在日本的传播和影响》,载陆坚、王勇主编:《中国典籍在日本的流传与影响》,杭州大学出版社1990年版。
④ 张晓刚、国宇:《〈海国图志〉与日本世界观念的重构》,《北华大学学报(社会科学版)》2010年第5期,第63页。
⑤ 娄晓欢、张英魁:《〈海国图志〉对日本近代启蒙思想的影响》,《文教资料》2008年第6期,第81—82页。

《海国图志》在日本竟出版了20余种翻印或翻译的选本,其速度之快,版本之多,在中外文化交流史以至世界出版史上恐怕都是罕见的。"[1]那些渴望读到此书的日本维新志士,很快就通过此书了解了他们迫切想要知道的外国情况。1854年,德川幕府签订了《日美亲善条约》,宣告日本闭关锁国政策的失败,在此情形下被迫开国,从此西方列强也蜂拥而至,日本同一系列国家签订了丧权辱国的条约,一步步向半殖民地国家滑去。《海国图志》能令刚刚开国的日本及时了解国际形势,掌握世界各国的情况,同时也改变了日本人的传统观念。大槻桢在1854年译刊的《海国图志·夷情备采》中认为,"其叙海外各国之夷情,未有如此书之详悉者也。因译以刊行,任边疆之责者,熟读之得精,则战以挫其锐,款以制其命"。这是他们学习和了解海外情形的途径之一。日本幕末的许多维新志士,如佐久间象山、吉田松荫等人都曾经受到过《海国图志》一书的影响[2]。佐久间象山在读到魏源"师夷长技以制夷"的论点后,拍案叫绝,感叹:"我和魏源真可谓海外同志矣!"在其著作《省諐录》中,他表示在读到《海国图志》后,就有了很深的感想,在此情况下,便向幕府"上书陈策"(即《海防八策》)。还有一个重要人物,即当时的维新志士横井小楠,也在受到《海国图志》的启发后,主张日本开国,提出了"开国论"思想。他们认为,要想日本走向富强之路,必须走"东洋道德和西洋技术相结合"的道路。《海国图志》在一定程度上确实对日本的明治维新起到了启蒙的作用,日本学者大谷敏夫认为,在幕府的末期《海国图志》起了决定日本前进道路的指南针作用"[3]。在面临民族危机的情况下,日本学者也通过了解世界来救亡图存,据日本学者统计,明治维新的代表人物

---

[1] 王晓秋:《〈海国图志〉在日本的传播和影响》,载陆坚、王勇主编:《中国典籍在日本的流传与影响》,第283页。
[2] 同上书,第293—296页。
[3] [日]大谷敏夫、胡修之:《〈海国图志〉对"幕末"日本的影响》,《福建论坛(文史哲版)》1985年第6期,第55页。

无一没有读过《海国图志》,他们希望以中国的鸦片战争为鉴戒,通过革新本国的内政,从而达到实现富强的目的。从《海国图志》一书在日本的传播及反响,可以窥见中国近代史书在日本的传播及影响之一斑。

2. 辛亥革命后中国史书在日本的传播及影响

孙中山领导的辛亥革命,推翻了清朝帝制,建立了中华民国。中国史学也迎来了新的发展机遇,以梁启超、王国维、章太炎等为代表的中国史学家,撰写了许多颇有影响力的史学著作。日本学者纷纷将相关史学著作引入日本,进而推动了中日近代史学的交流。

在当时众多中国史学家中,梁启超(1873—1929年)是个代表人物。梁启超是中国近代史上的风云人物,其与康有为、谭嗣同一起领导戊戌变法,在变法失败、流亡东瀛期间,依旧一方面关注国内动态,一方面认真研究学术。中华民国成立后,他又积极投身于政坛,在维护共和政体、反对袁世凯称帝等方面发挥过自己的作用。由于其在近代中国政坛和学术界上举足轻重的地位,其学术成果广为日本学者所关注。

"百日维新"失败之后,梁启超逃往日本,在此后相当长的一段时间内,梁启超在日本生活和工作。到日本不久,梁启超就比较系统地学习了近代日本的史学观念和史学理论,在其著作中也多次征引日本学者的著述。1901年至1902年,参照日本史家浮田和民的《史学通论》等著作,梁启超先后撰写了《中国史叙论》和《新史学》,批判封建史学,发动"史学革命"①。在梁启超所提倡的"新史学"主张中,有不少受到日本史家的影响,他的思想中有着浓厚的日本因素,因而可以说日本近代史学在某种程度上刺激了梁启超提出"新史学"的观念。

另一方面,梁启超的著作也广为日本学者所了解。日本近代史学家曾对梁启超做过这样的评价:"梁启超无论是作为政治家还是作为学者,

---

① 参见尚小明:《论浮田和民〈史学通论〉与梁启超新史学思想的关系》,《史学月刊》2003年第5期,第5—12页。

其名望均为我国人(指日本人)所知,其学问之所长在于史学,除《中国历史研究法》之外,亦有《清代学术概论》《中国近三百年学术史》等著作,可谓最近中国之第一流的人物了。"①从这段评价当中,我们不难看出梁启超的众多史学著作已广为日本学者所知。其中《清代学术概论》一书于大正十一年(1922年)被渡边秀方译成日文,在日文版译序中,渡边秀方称赞此书:"能将清朝的学术,在涉及如此广的范围内进行概述和论证的著作,不要说是在日本,即使是在中国也未尝出现过。可以说,即使作为专门学者,将此书通读一遍,也会大有收获。我相信,若使此书为人所广泛阅读的话,无论是对中国人的看法,还是对中国学的见解,都会为之一变。"②对此书评价相当之高。

梁启超是中国近代在政、学两界皆非常重要的人物,曾在日本生活多年,其受到日本关注自是情理之中的。亦有一些中国史学家只是在学术上耕耘,也受到日本的关注,陈垣就是一个典型代表。

陈垣(1880—1971年)是著名的元史学家、宗教史学家,著作等身,主要著述有《元西域人华化考》《元也里可温考》《史讳举例》《明季滇黔佛教考》《南宋初河北新道教考》《中国佛教史籍概论》《通鉴胡注表微》等,在中国宗教史、元史等领域贡献颇多。早在1936年,日本近代史学家爱宕松男就对陈垣的著作有所关注,他把陈垣的著作分成单行本、论文和编纂物三大类,皆列入其编写的《现代中国名家著作目录》当中,其中《元也里可温考》被排在了单行本和论文类的第一位,足见编者对此书的重视③。第二次世界大战之后,爱宕松男对陈垣著作的兴趣依旧不减,还曾发表过文章,介绍了陈垣在抗日战争期间所写的另一部重要史著《通鉴胡注表微》,

---

① [日]铃木俊:《我が東洋史学の支那に輿へし影響について》,载《本邦史学史論叢》,第1421页。
② 梁启超:《清代学术概论》,渡边秀方日译,东京:读画书院1922年版,第5页。
③ 参见[日]爱宕松男:《现代中国名家著作目录》,《东洋史研究》1936年第2卷第1号,第90—91页。

在中日史学交往史上留下了一段佳话。陈垣有关宗教史研究的著作在民国时期也有不少传入了日本,比如其所作《南宋初河北新道教考》一书,是研究南宋初年中国北方道教的重要史学著作。此书早在太平洋战争爆发之前,就已经在日本有所传播,日本近代史学家野上俊静曾为此书撰写书评,指出:"此书中,不仅采用道教一方的相关资料,还广泛涉猎文集,特别是在此类研究中,作为重要资料的金石文献,在本书中也被广泛地使用着。对于读者来说,他们看过此书之后,最先感叹的,就是著者那能够达到旁征博引程度的丰富学识。"①这样的评价,对于一个史学家来讲已经是相当高的了。通过这段评价也不难看出,野上俊静对于陈垣学识的钦佩。梁启超和陈垣的史学著作在日本传播的情况,是辛亥革命后中国史学流传于日本,并对日本史学产生影响情况的一个缩影。

二、日本古代史书对中国史书体裁的借鉴

日本最早的史学著述大约出现在 6 世纪前半期的继体天皇(507—531 年)、钦明天皇(540—571 年)时期。当时汉字传入日本已有一段时期,日本人掌握了使用汉字的音读、训读以表达日本语的方法。当时日本处于内忧外患的境地:皇室相煎、豪族争斗、任那日本府灭亡等问题相继发生。这些问题接踵而至,促使当政者对历史做出反省,产生了留教训于后世以作鉴戒的思想,于是出现了日本最早的历史书籍《帝纪》与《旧辞》。《帝纪》扼要地记载了天皇谱系,涉及历代天皇的名字、父母、子女、后妃、在位年数、宫城以及山陵所在地等。《旧辞》则是各种各样的故事和传说,如众神神话以及天皇和英雄事迹、地名起源、歌谣由来等②。两书

---

① [日]野上俊静:《陈垣撰〈南宋初河北新道教考〉》,《東洋史研究》1942 年第 7 卷第 6 号,第 42 页。

② 参见[日]坂本太郎:《日本的修史与史学》,沈仁安、林铁森译,北京大学出版社 1991 年版。

俱已佚失,内容只能根据现存的《古事记》《日本书纪》推测,可略知两书内容掺杂了大氏族的传说,使天皇事迹真伪难辨。后来天武天皇(672—686年)努力纠正,以恢复其本来面目,由此便诞生了《古事记》和《日本书纪》两部史书。日本最早的史书,无论是从史料上还是体裁上,都可窥见中国史书的影响。《古事记》和《日本书纪》是日本现存最早的两部史书,两书深受中国传统史学的影响。《古事记》是日本古代官撰历史,由太古传说说起,写到推古天皇的事迹(628年)为止,完成于712年,全书共三卷,是根据以天皇家族为中心的国家统一思想而写成的。"今天,从严格的学术立场来规定古事记的性质,则称之为民族叙事诗更为合适。它不是历史,而是文学。"[①]《古事记》一书编纂的目的在于构建从神代到推古天皇的皇位继承体系,将天皇直接描述为神的后裔,所以该书通篇是以天皇为中心的。但是作为历史书,它并不够成熟,缺乏表现时间的观念,而且其所记载的事情也并未完全反映了真实的历史。不可否认的是,"《古事记》结合日本国情,为天皇建立起神的血统体系,其目的不在于记述历史事迹,而是一部自觉体现正统论中血统观念的史书"[②],它明显受到了中国史学上的正统论观念的影响。学界也有人怀疑此书后来被修补改动,更有甚者认为《古事记》根本就是伪书。不过,后来出现的"六国史"等的确是模仿中国史书而编成的。

(一)"六国史"对中国编年体的模仿与改造

"六国史"乃是日本奈良、平安时期官方编撰的六部国史书,即《日本书纪》《续日本纪》《日本后纪》《续日本后纪》《日本文德天皇实录》《日本三代实录》的总称。"六国史"乃是仿效中国史书编成的,可见,日本最早的史书皆是对中国史书模仿的结果。

[①] 参见[日]坂本太郎:《日本的修史与史学》,第9—10页。

[②] 乔治忠:《论中日两国传统史学之"正统论"观念的异同》,《求是学刊》2005年第2期,第112页。

1. 《日本书纪》对中国正史的模仿

《日本书纪》是日本古代官修史书,由太古传说起,写到持统天皇十一年(696年)的历史,完成于720年,共30卷,另附《帝王系图》一卷(已佚失),是用汉文写的编年体史书。一般认为此书序文和上表文已佚失。由于《日本书纪》缺少了类似《古事记》序文那样的上表文,所以不能从编撰者的叙述中看出编撰本书的目的及其采择史料的标准。相对于《古事记》,《日本书纪》是更为规范的史书,在日本史学史上影响深远。

《日本书纪》成书于8世纪,基本是模仿我国正史编纂而成的。黑板胜美曾指出,《日本书纪》的体例源于中国史书,此书原名本为《日本纪》,盖仿效《后汉纪》之体式编纂而成①。坂本太郎也指出:"《日本书纪》在史书的直接利用方面,是以《汉书》《后汉书》《三国志》(《蜀志》除外)为中心的。《梁书》《隋书》利用了一部分(《史记》是否被直接利用,尚是问题)。"②覃启勋认为"《日本书纪》的作者在撰述过程中,直接利用过《史记》",理由有二:第一,《日本书纪》在编撰过程中直接借鉴了《史记》的体例;第二,《日本书纪》在编撰程序上直接参考了《史记》③。通观全书,我们可以看到《日本书纪》的体例参照了我国正史的本纪,是按天皇立卷、编年记事的。全书用汉字撰写,其内容文句用汉文成语修饰,直接或间接取自中国史书、典籍的屡见不鲜,更有甚者,它直接收录了我国《魏志》中有关中日两国交通的记载,如"神功皇后纪"三十九年、四十年、四十三年、六十六年各条。

在体例与史料上,《日本书纪》参照中国正史,吸收了正统论的思想。

---

① [日]黑板胜美:《更定国史の研究》(总说卷),东京:岩波书店1931年版,第162页。
② 参见日本古典文学大系《日本書紀》上《解説》。
③ 覃启勋:《论〈史记〉东渐扶桑的史学影响》,《湖北社会科学》1988年第11期,第62—63页。

正统论思想是中国古代思想文化体系中与政治密切相关、独具特色的思想之一,历史是论证政权正统性的重要介质,所以正统论思想便不可避免地融入我国传统史学之中。中国传统文化,特别是史学东传日本,正统论思想随之进入日本,并对日本的政治与史学产生了深刻的影响。《日本书纪》一书便深刻地体现了这种影响。"《日本书纪》的修成与流布,标志经过改造的正统论观念已在日本史学中立足。"[1]《日本书纪》中记述的虽然是神话传说,但其内容却是在正统论的大一统观念影响下选择,由当时的官方按照大一统的理念构建而成的。该书借鉴中国正统思想以说明天皇继承中的正统问题,和《古事记》一样,都把天皇描述为天照大神的后代,有别于其他血统。很明显,该书编纂者在撰写过程中对皇位正统问题予以了充分考虑。这种观念"没有中国文化的影响,在当时是不可能形成的"[2]。

　　《日本书纪》在吸收中国传统史学的基础上写成,奠定了日本古代史学的基本框架。此后180年间,日本朝廷陆续纂修了《续日本纪》《日本后纪》《续日本后纪》《日本文德天皇实录》《日本三代实录》等五部史书,与《日本书纪》合称"六国史"。"六国史"的体例大体一致,都是每代天皇各分一卷的编年史。自《续日本纪》之后,日本开始有意识地仿效唐代实录,为逝世的贵族、高官撰写个人传记。诚如沈仁安所言:"自《日本书纪》开始,学习中国的正史,以之为范本,成为日本古代史学的传统。日本古代史学从修史宗旨到史观、史体、史笔,皆不出中国的史学传统……可见我国史学对日本古代史学影响之深刻。"[3]

---

[1] 乔治忠:《论中日两国传统史学之"正统论"观念的异同》,《求是学刊》2005年第2期,第113页。
[2] 同上。
[3] [日]坂本太郎:《日本的修史与史学》,沈仁安译序第2页。

2.《续日本纪》与"国史体"

以《续日本纪》为肇始,随后出现的《日本后纪》《续日本后纪》《日本文德天皇实录》《日本三代实录》这五部史书,在体例上与《日本书纪》相比发生了一些变化。其中主要的变化就是吸收了中国纪传体史书的某些特点,例如,在有关人物亡故的纪事后面,再附上一则有关该人物的传记,这篇传记一般被称作"薨传"。如下例:

> 廿一日乙亥,无品基贞亲王薨。帝不视事三日,不任缘葬诸司,以固辞也。
>
> 亲王者,淳和太上天皇之第四子也。母嵯峨太上天皇皇女,讳正子,淳和天皇纳之,生三皇子,立为皇后。亲王神姿清秀,诚孝恳至。承和十一年授三口,寻拜上总太守。后病危笃,上表请入道。许之。因而剃头,受大乘戒,发病而薨。①

上面这段记载当中,从"亲王者"这三个字开始,就是这个人物的小传。这种在编年体史书中插入简短人物传记的做法,有效地吸收了纪传体的优点。而这种做法,在"六国史"中除《日本书纪》外,被广泛地采用。对于立传原则,日本近代学者曾经做过这样的考证:"等到编撰《日本后纪》的时候,似乎已经确立了为官级在四位以上的官员立传的原则。《续日本后纪》也基本上采取了与《日本后纪》一样的原则,而自《文德天皇实录》之后,似乎对于官级在五位以上的官员,也给予立传。"②而这种在编年纪事中插入人物传记的体例,被日本学者称为"国史体"。

然而,这里有一点需要特别指出,这种在编年体史书中插入人物传记的编撰方式,并非日本所独创。比如,中国现存的《唐顺宗实录》中就穿插有诸如《张荐传》《张万福传》《阳城传》等传记,唐代皇帝的实录是一

---

① [日]国史大系编修会:《国史大系·日本三代实录 前篇》,东京:吉川弘文馆1988年版,第251页。

② [日]坂本太郎:《六国史について》,载《本邦史学史論叢》,第130页。

种编年体史书,据当代中国学者的相关研究,这种在实录中插入的人物传记有如下三个特点:"其一,在叙至某大臣卒后,即插入其人传记。其二,人物传记事不记言。其三,人物传规模完具,首尾齐备。"①

从上述三个特点来看,日本的这种"国史体"与唐代皇帝的实录倒是颇有些相似。当然,在当时,唐代实录外传至日本的可能性几乎为零,因此,这些"国史体"史书的编修者们不可能看到唐朝的实录,并对其进行模仿。这也许仅仅是历史的一种巧合。

到公元10世纪的时候,日本的天皇势力开始衰微,但是,仍有部分公卿打算由官方主持修史,继"六国史"中的《日本三代实录》之后,继续编写"国史"。他们曾计划仿效"六国史"的体例再编写一部《本朝世纪》和一部《新国史》(也称《续三代实录》),但是日本"律令制"国家衰退的趋势已经不可避免,当时日本国力已大不如前,修史热情也慢慢减退,最终这两部书都只留下了草稿,而没有完成。但是,"六国史"对编年体体例的继承和创新对后世的日本史学活动产生了不小的影响。比如,受"六国史"中被广泛使用的"国史体"的影响,奈良时代产生了一种名为"汉文传"的史书,如都良香("六国史"之一《日本文德天皇实录》的作者)所著《道场法师传》、三善清行所著《藤原保则传》《圆珍和尚传》等都属于"汉文传",这些"汉文传"明显受到了"国史体"史书和中国《史记》中为人物立传,品评人物功过的风气的影响。但是,这些"汉文传"有些太过于注重个人创作,而忽视基本史实,因此,在其内容中往往有许多杜撰的成分,不过,它对后世的"军记物语"等产生了一定的影响。

(二)《类聚国史》对中国类书体例的模仿

1. 中国古代类书对日本的影响

中国古代类书,大体上可分为两大类,即摘录汇编各种文献典籍资料的一般综合性类书和只辑某类内容的专业性类书。中国古代类书十分丰

---

① 谢保成:《隋唐五代史学》,厦门大学出版社1995年版,第105页。

富,早在三国时代的魏文帝时期,就编纂过名为《皇览》的类书,可视为中国类书之祖。目前现存最早的类书为唐代的《北堂书钞》《艺文类聚》《初学记》《白氏六帖》四部。此外,诸如宋代编修的《太平御览》《册府元龟》,明代的《永乐大典》《三才图会》,清代的《古今图书集成》等也都属于类书。

中国的类书在唐代时传入日本的有很多种,据日本宽平年间(889—897年)著成的《日本国见在书目录》一书的记载,当时传入日本的类书已有多种,主要有《华林遍略》620卷、《修文御殿览》360卷、《类苑》120卷以及《艺文类聚》100卷等①。由于类书这种体裁具有可以"省去涉猎多部书籍的辛劳"②的优点,因此受到了日本学者的广泛重视。平安时代,这种体裁被广泛模仿,日本也编写了各种类书。天长八年(831年),日本就编成了一本名为《秘府略》的类书,是由与嵯峨天皇交往密切的学问家、和歌歌人滋野贞主编的,从现存的两卷来分析,此书"与中国的类书没有不同之处"③。此后,还出现过名为《曹官事类》《外官事类》等的"类书"。可见,当时日本学者热衷编辑日本的类书。平安时代,影响最大的类书则是由菅原道真编写的《类聚国史》。

2. 菅原道真与《类聚国史》

菅原道真(845—903年)日本平安中期的公卿、学问家、汉诗人。他幼年时即表现出非凡的才能,18岁时成为文章生,后得到宇多天皇赏识,被委以重任,官至从二位右大臣。菅原道真才能出众,对汉诗、和歌、史学等几乎样样涉猎。但是,他的政治生涯却并不如意,晚年受左大臣藤原时平的诋毁,被贬于边僻之所,最终客死异乡。死后被追赠正一位太政大臣,被誉为日本"学问之神"。

关于菅原道真的史学活动,由于史料缺乏,现在只能略知一二。《大

---

① 参见[清]黎庶昌:《日本国见在书目录》,日本东京使署刻,1884年。
② [日]喜田新六:《類聚国史について》,载《本邦史学史論叢》,第140页。
③ 同上。

日本史·菅原道真传》中载:"(菅原道真)尝奉诏与诸儒修《三代实录》五十卷。又奉诏分类旧史,又名《类聚国史》,凡二百卷。"①这段简短的史料却透露出了三个重要的信息:

其一,菅原道真曾是《日本三代实录》的编写者之一,《三代实录》乃"六国史"之一。

其二,菅原道真的《类聚国史》是"奉诏"编写的,也就是说,其编写有官方因素。

其三,《类聚国史》的编撰意图乃"分类旧史",就是要把按编年体编写的"六国史"按内容分类,再重新汇聚。可见,《类聚国史》在内容上并不比"六国史"更丰富,只是一部汇编之作。

从这段史料可以看出,此书共 200 卷。如果包括目录、系图等,则共 205 卷。但是,在室町时代的"应仁之乱"②当中,此书大部分毁于战火,现仅剩 62 卷。其类别划分为神祇、帝王、后宫、人、岁时、音乐、赏宴、奉献、政理、刑法、职官、文、田地、祥瑞、灾异、佛道、风俗、殊俗等 18 大类,每类的标题被称为"部名"。而《类聚国史》散佚部分,据日本学者推断,应该包括"赛部、即位部、郡司部、帝王部、禅位部、佛法部等"③,可谓分类细致,编写目的明确。为了保证所引资料的准确性,此书在编写条目时几乎原封不动地保留了"六国史"中的相关记载,体现了编撰者的严谨学风。

《类聚国史》与唐代类书的关系,日本史学家也早已经得出了结论:"在《类聚国史》的分类部名的编成法及其部名的选定上,采用了唐朝的

---

① [日]德川光国:《大日本史》第 16 册,东京:吉川弘文馆 1911 年版,第 505 页。
② 应仁之乱(1467—1477 年),即日本室町幕府时代末期,守护大名之间围绕室町幕府将军继承人问题而爆发的一场战争。当时日本主要的守护大名基本上都参加了这场战争,给日本带来了巨大影响,繁华的京都化作了灰烬,幕府将军的权威一落千丈。应仁之乱标志着日本战国时代的开始。
③ 参见[日]喜田新六:《類聚国史について》,载《本邦史学史論叢》,第 170 页。

类书的形式,从外在形式而言,与唐朝的类书极为的相似。"①《类聚国史》通过细致的分类,加上编修者严谨的学风,成为日本史学史上一部极为优秀的史作,并对日本后世史学的发展产生了较为深远的影响。

(三)日本佛教史籍对中国佛教史籍的模仿

1. 中国古代佛教史学著作的主要体例

"佛教史学"的范围分为狭义和广义两种,狭义的佛教史学是指中国古代佛教史上经常出现的"僧传""往生传""灯录"之类的史书。而广义的佛教史学,则应该包括由官方主持编修的"正史"当中的《释老传》等,以及对佛教史进行研究的历史。本节中佛教史学乃限定在狭义层面。

佛教自东汉年间传入中国以来,经历魏晋南北朝时期与中国儒家文化的冲突、融合,渐渐成为中国文化的一部分。在此过程中,中国佛教史学也逐步发展起来。自晋代肇始以来,经过千余年的发展,中国的佛教史学留下了体裁丰富、种类繁多的著作,成为中国史学的重要组成部分。中国古代佛教史籍体裁主要有11种,分别是:传记体、纪传体、编年体、志乘体、经传体、灯录体、类书体、纲目体、纂集体、目录体以及杂史笔记②。另据陈垣《中国佛教史籍概论》,11种体裁编写的佛教史籍中,影响较大、流传较广的著作有34部,其余诸如唐代《冥报记》、明代《见闻录》等载有佛教史实的笔记,数量则更多。中国古代的佛教史学著作当中,具有很高史学价值的优秀之作不在少数,如南朝梁代僧人慧皎的《高僧传》,史料翔实,体例得当,是研究中国佛教早期历史最重要的史料之一。有日本学者认为"中国佛教史中最难研究的地方是佛教初传时期的情况",慧皎所撰的《高僧传》则是"研究中国佛教初传时期历史的最权威著作"③。

---

① [日]喜田新六:《類聚国史について》,载《本邦史学史論叢》,第148页。
② 参见魏承思:《中国佛教史学述论》,《佛教文化》1989年第10期,第41—46页。
③ [日]山内晋卿:《高僧伝の研究》,载《支那仏教史之研究》,京都:佛教大学出版社1921年版,第1页。

当然,由于佛教史籍的作者多是僧人,史学功底并不深厚,故所著之书中也多存在问题,这些问题是中国佛教史学发展过程中所不可避免的。伴随着佛教在日本的传播,中国古代的佛教史籍也日益为日本学者所重视,并最终推动了日本佛教史学的发展。

2. 日本古代的"僧传"及其体例

在中国古代的众多佛教史学典籍当中,对日本佛教史学影响最大的是"传记体"史籍,其表现形式自然是"僧传"。中国古代僧传分为两类:一种是介绍某僧人(或佛教居士)行状的"别传",如隋代成书的《天台智者大师别传》、唐代成书的《唐护法沙门法琳别传》等;另一种是将单一僧人传记合成一部大书,即"总传",影响较大的乃是上文提到的梁代僧人慧皎的《高僧传》,及后来模仿该书的作品,如《续高僧传》《宋高僧传》等。近代,在西方史学思想的不断冲击下,中国的"僧传"依旧没有消失,出现了如喻谦的《新续高僧传》这样的僧传。因此,"僧传"这种体裁对后世有着极大的影响。中国古代诞生的这些"僧传",随着中日佛教文化交流的日益频繁,也大多在日本有所传播,并对日本本土"僧传"的产生、发展有巨大影响。

在中日之间往来的人员中,僧侣是日本来华的重要成员。他们专研佛经,学习佛法,回国时带回的物品以书籍、经卷、佛像、佛经之类为主,它们多数是经过精心挑选的典籍,这些典籍对传播中国文化起了重要作用。日本五山时代,中日佛学交流相当密切。1211年,俊芿从中国归国,带回佛典1 200余卷,外典汉籍719卷,包括朱熹《四书集注》的初刊本。"有佛教僧侣自觉地从中国独自载回卷帙如此浩繁的外典中国文献,这是日本文化史上的新现象。"[①]1241年,僧人圆尔辨圆回国时带回中国经籍数千卷。明朝时访华的日本僧侣可事先拟好书单,由中国政府

---

① 严绍璗:《中国古代文献典籍东传日本的轨迹——中国文化的世界历史性意义的研讨》,载王勇、陆坚主编:《中国典籍在日本的流传与影响》,第21页。

照单赠书,这是中国典籍东传日本的主要渠道,而僧侣成为两国之间的桥梁。遣明使僧策彦周良嘉靖年间来华期间,通过购买和友人馈赠获得的书籍,包括《汉隽》《听雨纪谈》《医林集》《续杜愚得》《鹤林玉露》《白沙先生诗教》《詹仲和遗墨》《李白集》《文锦》《古文大全》《九华山志》《三场文海》《皇朝类苑》《东坡志林》《升庵诗稿》《三场文选》《山谷刀笔》《文章规范》《新历》《张文潜集》《注道德经》《文献通考》《东坡古迹并诗与书》《剪灯新余话》《大明历书》《本草》《奇效良方》等①。

随着中国佛教书籍传入日本,日本也仿效这些书籍陆续编成了相关的著作。日本最早的僧人"总传"为延历七年(788年)成书的《延历僧录》,此书大部分已散佚②。其后的僧传则有小野仲廉的《日本国名僧传》及编者不明的《入唐五家传》等③。这些书大多亦已失传。日本建长年间(1249—1256年)编纂的《日本高僧传要文抄》,在日本史学史上也有相当重要的地位,作者是东大寺僧人宗性上人。他将以往日本流传的诸如《延历僧录》等"僧传"的内容摘抄出来,加以整理,编成此书。不知何种原因,此书编成后一直不被人知,直到近代,才在东大寺图书馆中被找到,并被编入了《国史大系》,由于此书保存了包括《延历僧录》在内的许多佛教史籍的内容,所以从史料角度来讲,此书有重要价值。江户幕府建立以后,为了阻止天主教在日本的传播,德川幕府重视通过佛教控制人民,因此给佛教寺院和僧侣们以种种特权。在这种背景下,日本佛教史学发展到了一个新高度,标志就是师蛮的《本朝高僧传》的问世,日

---

① 参见陈小法:《入明僧策彦周良与中日"书籍之路"》,载王勇等:《中日"书籍之路"研究》,北京图书馆出版社2003年版,第47页。

② 近些年,经过中日两国学者的共同努力,《延历僧录》中的部分篇章已被重新发现并被校读出版。参见王勇、[日]半田晴久:《唐代中日交流的新史料——〈延历僧录〉〈淡海居士传〉校读记》,《河南师范大学学报(哲学社会科学版)》2004年第2期,第91—94页。

③ 参见[日]藤木了泰:《僧伝の编纂と其型态》,载《本邦史学史論叢》,第617—618页。

本史学家评价此书使得日本"僧传"的编写"也算是达到了完美的境界"①。此外,细川道契编写的《续日本高僧传》乃是对《本朝高僧传》的补充,在日本史学史上也有重要地位。

日本古代僧传数量很多,其与中国古代僧传关系如何呢? 日本近代史学家藤木了泰指出,"中国的僧传可以称作是日本僧传的源流"②。既然如此,那么日本"僧传"在体例上与中国同类书籍有密切关系。如慧皎的《高僧传》与《本朝高僧传》两者比较,《高僧传》共 13 卷,分成译经、义解、神异、习禅、明律、忘身、诵经、兴福、经师、唱导等十大类,共收入 200 多名僧人的传记,传末附上论赞。《本朝高僧传》共 75 卷,分成法本、净慧、净禅、感进、净律、檀兴、净忍、远游、读诵、愿杂等十大类,收录 1 662 名僧人传,也多附论赞。这种编写形式基本上是模仿慧皎《高僧传》的。值得注意的是,两书在分类方法上不同,《高僧传》一书中有译经、义解两类,这反映了佛教初传中国时,佛经翻译和解释非常兴盛的一种情况。而《本朝高僧传》中没有这两类,却有"远游"一项,反映了古代日本僧人云游海外的情况。

3. 虎关师炼与《元亨释书》

在日本众多的佛教史籍中,虎关师炼的《元亨释书》在日本史学史上有着深远的影响。当代日本史家在编写史学史著作时,都会论及此书。坂本太郎指出,此书"以中国僧传的体裁为根据,参酌一般正史的体裁,再加上自己的认识,开创了一种新的史体"③。由于此书的特殊性,故做重点介绍。

虎关师炼(1278—1346 年),日本南北朝时期临济宗僧人、"五山文学"的代表人物之一。"虎关"本是他的字,"师炼"则是他的名。他父亲

---

① [日]藤木了泰:《僧伝の編纂と其型態》,载《本邦史学史論叢》,第 619 页。
② 同上书,第 628 页。
③ [日]坂本太郎:《日本的修史与史学》,第 100 页。

藤原左金吾校尉在朝廷做官,母亲也出身高贵,其父母"俱有贤行,事佛甚谨"①。大概由于家庭的影响,虎关师炼八岁出家,后辗转日本各寺院学习佛学、汉学、易学等,并熟读《昭明文选》,为以后治学打下了坚实的基础。德治三年(1307年),他前往镰仓的建长寺,拜访当时作为元朝使节而访问日本的僧人一山一宁,并师从他学习佛法,长达十数年。

虎关师炼编撰此书的原因,据说是一山一宁询问他有关日本高僧的事迹,虎关师炼未能答出,他甚感惭愧,因而发愤,最终写成一部有关日本佛教僧人事迹的史书。成书之后,虎关师炼上书天皇,希望他的著作"若有可采,入大藏行天下"②。天皇批准了他的请求,满足了他的愿望。

体例上,《元亨释书》模仿了中国的"僧传",将僧人分成传智、慧解、净禅、感进、忍行、明戒、檀兴等几大类,分别编写传记,有的僧传后也附上论赞,这显然是模仿中国"僧传"的模式。此书体例上亦有不同,在传后加上"志"和"表",这在僧传中很少见。虎关师炼自称:"古传无表、志,今立之,得备史法,我为古传之偏者,是也矣。"《元亨释书》中的"表"名为"资治表",乃是用编年体所编的佛教史,"志"的分类则较为复杂,主要有"学修志""度受志"等。但是这种在"僧传"中增添"志"和"表"的做法,实际上也并非其独创。《元亨释书》的编写方法,"是仿照南宁末年志磐所著《佛祖统纪》而编写的纪传体佛教史书。《佛祖统纪》以天台宗的相关史实为主,效仿正史,由本纪、世家、列传、表、志组成。其中在志的部分,有用编年体编成的佛教史《法运通塞志》。如同其《自序》当中所说的那样,《佛祖统纪》用了《史记》和《通鉴》两种编写方法。相比较而言,《元亨释书》省略了本纪和世家,只由传、表、志构成。特别是其表被题名为'资治表',是记载了大量史实的日本佛教史年表,相当于《佛祖统纪》中的

---

① [日]织田得能:《和汉高僧传》第3册,东京:光融馆1895年版,第18页。
② [日]国史大系编修会:《元亨释書》,东京:吉川弘文馆1988年版,第24页。

'法运通塞志'"①。从这段叙述来看,《元亨释书》中运用"志"和"表"也是模仿了中国同类史书的体例。

《元亨释书》对日本史学史影响很大,前文提及的《本朝高僧传》在体例上就受到过其影响,后世对此书的评价也相当高,甚至认为"此《元亨释书》在我国(日本)史学史上,于开拓政治史、战争史以外的研究领域方面,是应该大书特书一笔的"②。

(四)《大日本史》对中国纪传体的借鉴

1. 纪传体史书对日本古代史学的影响

《史记》开创了中国纪传体史书的先河,有学者甚至认为《史记》一书的出现,标志着中国古代"新史学"的诞生③。纪传体不同于以年代先后为次序的编年体,或以地域为限的国别体,而是以人物传记为中心,来反映历史内容,在体例上乃是影响极为深远的创举。对于《史记》所开创的纪传体对后世的影响,王鸣盛(1722—1797年)在《十七史商榷》中这样论述:

> 司马迁创立本纪、表、书、世家、列传体例,后之作史者递相祖述,莫能出其范围。即班、范称"书",陈寿称"志",李延寿南北朝称"史",欧阳子五代称"史记",小异其目。"书"之名,各史皆改称"志",五代又改称"考"。"世家"之名,《晋书》改称"载记",要皆不过小小立异,大指总在司马氏牢笼中。司马取法《尚书》及《春秋》内外传,自言述而非作,其实以述兼作者。④

可见,从班固的《汉书》到赵尔巽的《清史稿》,中国历代所修正史,尽管有些微调整和变化,但大体上皆沿袭《史记》体例,纪传体成为传统中

---

① 蔡毅:《日本における中国伝統文化》,东京:勉诚出版 2002 年版,第 16 页。
② [日]清原贞雄:《增订日本史学史》,京都:中文馆书店 1944 年版,第 67 页。
③ 参见雷家骥:《中古史学观念史》,台北:台湾学生书局 1990 年版,第 19—42 页。
④ [清]王鸣盛:《十七史商榷》,黄曙辉点校,上海书店出版社 2005 年版,第 4 页。

国史学史上影响最深远的一种体例。而深受中国史学影响的日本古代史学著作,自然也就无法完全摆脱"司马氏牢笼"。在"六国史"诞生之前,日本古代就出现过"纪传体"的史书,除上文提及的《帝纪》和《旧辞》以外,《日本书纪》中亦提及过日本古代纪传体史书的情况:"是岁(指推古天皇二十八年,620年),皇太子、嶋大臣共议之,录《天皇记》及《国记》及《臣连伴造国造百八十部并公民等本纪》。"①这三部史书的体例和《史记》到底有什么关系呢?有日本学者认为"(这三部史书)的编修方法,与中国《史记》以后正史所采用的本纪、列传的编修方法是一样的"②。不过,这三部史书和《帝纪》与《旧辞》一样,最终也遭到焚毁,史载:"己酉(皇极天皇四年,644年),苏我臣虾夷等临诛,悉烧《天皇记》、《国记》、珍宝。船史惠尺即疾取所烧《国记》,而奉献中大兄。"③可见,早在"六国史"之前,日本已经仿效《史记》编撰过纪传体史书。

随着日本古代"律令制"国家逐渐衰微,武家势力抬头,修史机构由公家转入武家,但由于编修"纪传体"史书需要搜集大量资料,还要有一流史家,这就需要政府对修史工作进行财力和人力上的支持。但是,日本在进入中世之后,掌权的武家大多出身武士阶层,对以往"公家"进行的修史活动并不热心,加上为了争夺政权而不断相互斗争,更是无暇顾及"纪传体"史书的编写,使得在整个日本中世,私人撰写的"编年体"史书成了主流,而"纪传体"史书则少之又少。这种局面一直持续到德川幕府时期。由于德川幕府乃是在削平"群雄"的基础上建立起来的,因此在其成立之初,即重视运用各种手段宣扬自身政权的合法性,同时采用各种方法加强对臣下和诸藩的控制。而编修史书,特别是编修能够品评人

---

① [日]国史大系编修会:《日本書紀》下,东京:吉川弘文馆1988年版,第159页。
② [日]森克己:《日唐・日宋交通に於ける史書の輸入》,载《本邦史学史論叢》,第425页。
③ [日]国史大系编修会:《日本書紀》下,第210页。

物的"纪传体"史书,往往能够达到幕府统治者的目的,因此,德川幕府历任将军都对编修纪传体史书表现出了与以往其他武家政权不一样的热情,《大日本史》正是在这种背景下诞生的。

2. 《大日本史》对中国纪传体史书的模仿

《大日本史》乃是江户时代水户藩编纂的汉文纪传体日本史。明历三年(1657年)德川光国在江户水户藩邸设立史局,开始组织编写,到明治三十年(1897年)基本完成,明治三十九年(1906年)最终出版,前后历时250年。这一长时段的编纂过程,对日本江户时代的历史学、19世纪出现的水户学以及日本的思想界与政治界都产生了很大的影响。此书记载了神武天皇即位至南北朝终结的日本历史,其中本纪73卷、列传170卷、志126卷、表28卷,共计397卷(另有目录5卷)。

德川光国(1628—1701年),字子龙,号梅里,江户时代水户藩的第二代藩主,德川幕府创始人德川家康的孙子。他一生推崇程朱理学,与流亡日本的明代学者朱舜水等人交往甚密。他的一生正好处于德川幕府经济繁荣、政治稳定的时期,德川幕府的统治者在这一时期也积极支持修史活动,这些都为他组织编修《大日本史》一书提供了相当好的条件。德川光国主持编写《大日本史》据说也是由于受到了《史记》中有关伯夷、叔齐事迹记载的影响,而此书有一别名《本朝史记》,似乎暗示了此书与司马迁《史记》之间的联系。《大日本史》在许多方面模仿中国纪传体史书,具体表现如下:

第一,《大日本史》模仿了中国纪传体正史,为天皇立本纪。如前所述,《大日本史》分本纪、列传、志、表四部分。在本纪方面,中国历代正史都毫无例外地为皇帝立本纪,皇后很少立本纪,一般入列传。正史中为皇后立本纪的有:《史记》立《吕后本纪》,《汉书》仿《史记》立《吕后纪》,《后汉书》为各皇后均立本纪,《新唐书》有《武后纪》。《大日本史》最初立有皇后纪,后来改为皇后传。最初为皇后立纪,可以说是仿效了《后汉书》;后来只为天皇立本纪,将皇后纪改为传,则很明显是借鉴了中国正史的体例。另外，日本历史上的皇极天皇是日本第三十五代和第三十七代天皇，曾为舒明天皇皇后，舒明天皇过世后，于642年即位。645年葛城皇子等发动宫廷政变后，让位于孝德天皇。孝德天皇死后，于655年重新即位，称齐明天皇。孝谦天皇也于749年、764年两次登上皇位。《大日本史》为皇极天皇、孝谦天皇各自按两代立本纪，可能是仿效了《明史》为英宗立前后纪的体例。

第二，在列传方面，《大日本史》对中国正史有模仿，亦有创新。如模仿中国正史中的《儒从列传》(《儒林传》)(《史记》《汉书》等)、《文学传论》(《南齐书》及隋唐后史书)等立《文学传》；仿《孝友传》(《晋书》)、《孝义传》(《宋书》)、《孝行传》(《梁书》)等立《孝子传》；仿《忠义传》(《晋书》《新唐书》等)立《义烈传》等。此外，《大日本史》还参照《新唐书》立《皇子传》《皇女传》等。在人物的安排上，《史记》《汉书》有汇集事迹相关人物于一卷或数卷的特点，《大日本史》也有类似情况。而在"传"的编排上，《大日本史》则有一些独到的特点，由于自镰仓时代起，以天皇为核心的"公家"大权旁落，"武家"控制着日本政权。因此，在编排《大日本史》的"传"的部分时，作者就根据日本历史和现状，分别为"公家"和"武家"设立了《诸臣传》和《将军传》，在《将军传》后面又加入了《将军家族传》，之后还有《将军家臣传》，这样就巧妙地在《大日本史》中为"公家"和"武家"的相关历史人物安排了位置。

第三，在"志"和"表"的撰写上，《大日本史》中"志"名目的确定也多仿效中国正史，但其在取材上却不仅是一味地简单模仿，而是针对日本的国情有所创新。《大日本史》中有十志，包括神祇、氏族、职官、国郡、食货、礼乐、兵、刑法、阴阳、佛事十类。其中神祇和佛事两项，乃是根据日本古代神道教和佛教相对兴盛的情况而编写的，《阴阳志》则记载了日本历史上的灾异和历法，类似于中国正史中的《五行志》和《律历志》的合编，至于食货、礼乐、兵、刑法等几项，是中国纪传体史书中常有的，被《大日本史》直接利用。《大日本史》的"志"直到"明治维新"之后才在新政府的支持下于1895年编成,足见编写的难度。其能够根据本国的特点,对中国纪传体史书中的"志"的体例进行改进和吸收,编成体例完备、具有鲜明特点的"志",的确是该书的优点之一,也难怪近代有日本学者曾颇为自负地评价说:"像《大日本史》的志这样,能建立整然的体系,对国家的运营、历史的进展加以说明的史书,在中国的正史里可以说是不存在的。"①在具体撰述过程中,《大日本史》模仿了中国正史在各"志"前撰"小序"的写法。但同时还撰有起提纲挈领的作用的志的总序,这是《大日本史》所独有的。

"表"的特征亦类似。其中《臣连二造表》《公卿表》《国郡司表》《藏人检非违使表》《将军僚属表》这五表明显是按照日本历史特点而列的。另外,《大日本史》的论赞对中国的正史也有一定的吸收借鉴。

第四,在义例与正统问题方面,《大日本史》既有模仿中国史的内容,也有自身的特征。日本对正统问题的重视无疑受到了中国程朱理学及日本南北朝时期的客观历史事实的刺激。朱子学说在传入日本后影响日益扩大,"它统贯于江户时代整个儒学之中,实力最为强盛"②,毫无疑问会令日本史家重视皇权的正统性问题。《大日本史》有"三大特笔":一是将原被奉为天皇的神功皇后归入《后妃传》;二是为被其叔父大海人(天武天皇)举兵叛乱所推翻的"天皇大友"立本纪;三是在南北朝问题上裁定南朝为正统。在关于皇位的重大问题上,《大日本史》对神功皇后及大友天皇的裁量,有理由被看作师法于中国传统史学中据实直书的优良传统,也涉及了中国古代的正统论问题。对于日本南北朝问题,《大日本史》以后醍醐天皇为正统,其"天皇在隐岐"的说法明显地仿效了《春秋》及《资治通鉴纲目》中有关正统问题的相关内容。但是需要注意的是,日本在对待本国南北朝问题上表现出的正统意识是有别于我国的正统论

---

① [日]加藤繁:《〈大日本史〉と支那史学》,载《本邦史学史論叢》,第879页。
② 严绍璗:《日本中国学史稿》,学苑出版社2009年版,第62页。

的。我国古代的正统论是应王朝更替而产生的,这与皇统万世一系的日本有着根本的差异,可以说日本不存在产生中国式正统论的政治土壤。即使在日本存在政权分裂的南北朝时期,有讨论正统问题的必要,但其确定政权正统的标准也是有异于中国的——它以神器和大义名分为标准。所以,"《大日本史》虽借用中国正统正闰之成语,而所谓正统意义、正统标准,则为日本之特殊思想"①。从某种程度上可以说,中国正统论思想传到日本后,在其特殊的政治环境中发生了变异。

最后,值得一提的是,《大日本史》里有一些编者加的注释,这种做法被日本史学家称为"自注"②。这在中国纪传体史书中很罕见,为中国正史如《史记》《三国志》等加注的后世学者不少,但是编者自己加注的却鲜见。《大日本史》打破了这一旧例,多有自注,如下例:

> 源义经,小字牛若,左马头义朝第九子也。(《尊卑分脉》、《东鉴》为第六子,误。按本书,义朝生九男,其八男往往出诸实录,独四男义门无所见,盖以早世无事迹也。或曰,义经实第八子,宜称八郎,而称九郎者,避叔父为朝之称也。然是野史所传,不足信,姑附于此)为人躯干短小,白皙反齿,神彩秀发,矫捷轶人。(《源平盛衰记》《平家物语》)③

这是《大日本史·源义经传》中的第一段,我们从中可以看出《大日本史》"自注"的两个特点:其一,标明材料来源,如上文中标注的《尊卑分脉》④《源平盛衰记》等都是为了说明前面一段文字的出处。其二,标明异说,并加以考证。在这段史料中,对于源义经的出身,援引了多种不同

---

① 梁容若:《中国文化东渐研究》,中华文化出版事业委员会1956年版,第233页。
② [日]加藤繁:《〈大日本史〉と支那史学》,载《本邦史学史论丛》,第884页。
③ [日]德川光国:《大日本史》第16册,第535页。
④ 《尊卑分脉》,全称《新编纂图本朝尊卑分脉系谱杂类要集》,于日本南北朝时期编写,为记载日本姓氏情况的图书,现流传版本较多。《大日本史》在作"自注"时,多引用此书。

说法,并说明了不采用其他说法的原因。当然,在《大日本史》当中,也的确有只标明不同的说法,但是却不进行考证的情况。这种"自注"方法是其独创。

总之,《大日本史》在体例上对中国纪传体史书有诸多模仿之处,亦有不少依据日本的历史和现状加以改造之处,对日本后世的史学产生了深远影响。

(五)《国史纪事本末》对中国纪事本末体史书体例的借鉴

1. 中国古代的纪事本末体史书

中国古代有一种以历史事件为单位进行编写的史书体裁,即纪事本末体。《四库全书总目》中对纪事本末体做了这样的介绍:

> 古之史策,编年而已,周以前无异轨也。司马迁作《史记》,遂有纪传一体,唐以前亦无异轨也。至宋袁枢,以《通鉴》旧文,每事为篇,各排比其次第,而详叙其始终,命曰"纪事本末",史遂又有此一体。夫事例相循,其后谓之因,其初皆起于创。其初有所创,其后即不能不因。故未有是体以前,微独纪事本末创,即纪传亦创,编年亦创。既有是体以后,微独编年相因,纪传相因,即纪事本末亦相因。因者既众,遂于二体之外,别立一家。①

可见,自南宋袁枢《通鉴纪事本末》以来,历代均有此类史书,如宋代杨仲良所编《皇宋通鉴长编纪事本末》、明人陈邦瞻《宋史纪事本末》等。"纪事本末体"突破了纪传体以人物为中心的编写方针,改为以历史事件为中心。而叙述某单一历史事件时,又用编年方式,这样就可以有效地吸收纪传、编年两种体裁的优点。但是,此种体例的缺点也很明显:既难以像编年体史书那样厘清各个历史事件之间的因果联系,又无法像纪传

---

① [清]永瑢、纪昀主编:《纪事本末类》,《四库全书总目》卷49,中华书局1965年版,第437页。

体史书那样,体现历史人物在历史发展中的作用,当然,同样无法在这些史书中对历史人物进行较为公正的评价。

中国历史上众多的纪事本末体史书,大体上都是按照时间发展的先后顺序,以历史事件为中心进行编写的。但是,这其中也有例外,那就是由清代著名学者高士奇(1645—1740年)所编的《左传纪事本末》。此书共53卷,是以十三经之一的《左传》为基础进行编撰的,由于《左传》中记载的历史时期正好是中国历史上群雄并起、列国争霸的"春秋时期",因此,《左传纪事本末》在体例安排上也体现了这个时期的特点。高士奇先按照国别分成周、鲁、齐、晋、宋、卫、郑、楚、吴、秦、列国这几大条目,然后,再在每个国家的条目下面,按照时间顺序记载各国的若干历史事件。这种方式可以说是高士奇的独创。

"纪事本末体"这种新颖的体裁,由于具有编年体和纪传体两种体裁的优点,传入日本后,很快引起了日本学者的注意,并出现了不少模仿这一体例的日本史书。《国史纪事本末》便是一部典型之作。

2.《国史纪事本末》及其体例

《国史纪事本末》的作者为江户末期的青山佩弦,据《国史纪事本末·解题》介绍,此人生平事迹如下:

> 青山佩弦,讳延光,字伯卿,称景太郎,号佩弦斋又晚翠。为青山云龙长子。文政七年(1824年),入彰考馆。天保元年(1830年),晋升为总裁代理。十一年(1840年),升为弘道馆教授总长。后引退回家,自号"春梦"。明治二年(1869年),再度出仕,为新政府服务。明治四年(1871年)去世。享年六十四岁。[①]

可见,青山佩弦生活在江户末期和明治初期,曾在当年编修《大日本史》的彰考馆为官,因此与史学结下了不解之缘,想来为其编写《国史纪

---

① [日]神道大系编纂会:《国史纪事本末》,东京:精兴社1997年版,第8页。

事本末》打下了基础。

《国史纪事本末》共40卷,1861年编成,但直到1876年才正式付梓。此书体例上"仿宋代袁枢所著《通鉴纪事本末》和明代陈邦瞻所著《宋史纪事本末》二书"①,以《大日本史》的内容为蓝本加以编撰,载录了从神武天皇东征神话开始,到室町时代的日本历史。从内容上来看,收录的大多是对日本历史有重大影响的史实,如"壬申之变""药子之变"等,中间也穿插介绍了日本社会、政治、外交的一些情况,如"历朝崇文""西蕃朝贡"等。而在叙述具体事件时,该书采用编年方式,这与中国同类史书相同。

虽然《国史纪事本末》在体例上没有太大的突破,其对日本后世史学的影响却不小。其后,宫田仲透的《水藩烈士纪事本末》等同类史书相继问世,该书虽然也是以历史事件为中心的,但从书名也不难看出,其编写时所注意的不仅仅是一个国家或一个朝代的历史,而是以某一个历史事件为对象,用"纪事本末体"这种体例来加以铺陈。每则纪事后都有简短的论赞,乃是明显模仿中国史书的做法。

总之,随着中国史书的传入,日本在中国史学的影响下,学习和模仿中国史书,逐渐产生和发展了具有日本特点的史学。从古代至近代,无论是史书体裁、体例,还是史书的材料等,都能看到中国史学深远的影响。但是这种影响并非单向的,在中国史学深深地影响日本的同时,日本史学也渐渐开始反向传入中国,尤其近代以来,日本史学对中国也产生了深远的影响。

三、日本史学对中国的影响

(一) 古代中国对日本史学的关注

在古代中日史学的交流史上,以中国的史书流入日本居多,但并不

---

① [日]神道大系编纂会:《国史纪事本末》,第8页。

是没有日本的史书传入中国的事例。早在隋唐时期，就有许多日本的佛教著作流入中国，不过史书很少①。这种局面到宋代有所改变，《宋史·日本传》载："雍熙元年，日本国僧奝然与其徒五六人浮海而至，献铜器十余事，并本国《职员令》、《王年代纪》各一卷。"②从《宋史》的记载来看，这名日本僧人所带来的《年代记》(《王年代纪》)应该是史书无疑。更为重要的是其较为详细地记载了日本天皇世系传承，曰：

  其《年代纪》所记云：初主号天御中主，次曰天村云尊，其后皆以"尊"为号。次天八重云尊，次天弥闻尊，次天忍胜尊，次瞻波尊，次万魂尊，次利利魂尊，次国狭槌尊，次角龚魂尊，次汲津丹尊，次面垂见尊，次国常立尊，次天鉴尊，次天万尊，次沫名杵尊，次伊奘诺尊，次素戋乌尊，次天照大神尊，次正哉吾胜速日天押穗耳尊，次天彦尊，次炎尊，次彦瀲尊，凡二十三世，并都于筑紫日向宫。③

而《新唐书·日本传》中也有类似记载，其曰：

  其王姓阿每氏，自言初主号天御中主，至彦瀲，凡二十三世，皆以"尊"为号，居筑紫城。彦瀲子神武立，更以"天皇"为号，徙治大和州。④

《年代记》是宋太宗时期传入中原的。《新唐书》为宋祁、欧阳修等撰，全书于宋仁宗嘉祐五年(1060年)完成，由曾公亮进呈。《新唐书·日本传》中的记载与《年代记》如此相似，或许是因为前者在编写《日本传》时，参考了《年代记》。

  应该指出的是，由日本使节向中国进贡史书的情况，古代相当罕见。

---

① 参见王勇、[日]大庭修主编：《中日文化交流史大系·典籍卷》，浙江人民出版社1996年版，第176—208页。
② [元]脱脱等：《宋史》卷491《日本传》，中华书局1977年版，第14131页。
③ 同上。
④ [宋]欧阳修等：《新唐书》卷202《东夷传·日本》，中华书局1975年版，第6207页。

古代中国对日本的兴趣远不如日本对中国的兴趣强烈,这种情形到明代"南倭北虏"问题出现之后,才开始有所改变。元末明初以来,倭寇不断侵扰中国和朝鲜两国,明中叶以后,尤其是在嘉靖年间,这一问题更加严重。当时出现了一批关于日本的史籍,如《日本考略》《日本一鉴》等,用于防倭、备倭。到了清代,一些中国文人开始主动到日本搜集资料图籍,使部分日本史著作,如《日本书纪》《吾妻镜》《神皇正统记》等逐渐为中国史学家所知。如《吾妻镜》一书,便颇受中国学者们重视。

《吾妻镜》最初乃日本的武家记录,是日本镰仓时代编撰的编年体史书。此书又名《东鉴》,共52卷,作者不详,是研究镰仓时代的基本史料。其站在幕府的立场上,以镰仓幕府将军为主要记载的对象,记述从治承四年(1180年)源赖政举兵到文永三年(1266年)宗尊亲王回京这段历史,较为详细地记载了整个镰仓时代日本社会的情况。

此书传入中国的具体时间难以考证,但是,其在清代初年已经为中国学者所知,明末清初的著名词人朱彝尊(1629—1709年)就曾读过《吾妻镜》,还为此书题过跋,他的好友蔡澄也读过此书和《日本书纪》①。在清代文人当中,对《吾妻镜》有较为深入研究的是翁广平,他不仅研究此书,还以此书为基础,编写了新的史学著作。

翁广平(1760—1842年),字海琛,号莺脰渔翁,清嘉庆、道光年间学者、画家、藏书家。翁广平最早"在武林振绮堂汪氏处看到《吾妻镜》抄本。是书计有24册,每册30余页,页14行,行16字"。他本打算抄录此书,却遭到了拒绝,于是"此后便一直留意寻访,后果然从同乡潘稼堂太史之子处访得另一抄本"②。翁广平为搜寻此书费尽了周折,嘉庆十九年(1814年)终于得此"海外奇书"。但他对此书并不满意,直言:"然所记改元甚疏略,记事仅八十七年而已。八十七年中,某年、月、日之阴

---

① 参见[日]藤塚邻:《日鲜清の文化交流》,东京:中文馆书店1948年版,第115—116页。
② 王勇、[日]大庭修主编:《中日文化交流史大系·典籍卷》,第278页。

晴灾异,纤悉必书,余则书将军之执权及射会、狩猎等事而已。余向欲仿史家编年之例,为日本作'通鉴'。"①于是他广泛搜集史料,参考数十种日本国史,耗时七年,终于在道光元年(1821年)补成《吾妻镜补》30卷。"凡七阅岁,五易稿而成《吾妻镜补》",可见其为编此书备尝艰辛。

《吾妻镜》主要记载日本镰仓时代的历史,而《吾妻镜补》的编写初衷乃是要补充镰仓时代以外的日本历史。从《吾妻镜补》的序文来看,编者是想编写一部编年体的史书,然而此书却兼有编年和纪传两种体例的特点。此书前十卷是介绍日本天皇传承的"世系表",按编年体的形式写成,除了"神代"没有明确记载的神话人物之外,从神武天皇开始,翁广平都标明他们在位的年数、同时代中国的纪年等,对不同说法详加考证。此外尚有《地里(理)志》《风土志》《食货志》等,这些皆采用纪传体的体例。如《地里志》中有如下记载:

> 长崎地属肥卅,大百余里,西南面海,通海之港,四至东岐而为七。前代志日本地理者,未一及焉。今为中外商贾辐辏之所,故日本人绘之为图。其山水町,田庙社屋铺及泊舟之处,殊为详备。②

这种方式与纪传体史书中"志"的撰写方式是一样的,说明《吾妻镜补》一书具备编年体和纪传体两种体裁的优点。另外,值得一提的是,《吾妻镜补》在目录前编了"引用书目",从此书目中我们可看出,作者不但引用了《宋史》《元史》等中国史书,还引用了《日本后纪》《三代实录》《类聚国史》《神皇正统记》等日本史书③。这也从一个侧面反映了当时日本史书传入以及中国学者对其进行研究的情况。此外,《吾妻镜补》最后还特意编了一卷《国语解》,以解释书中出现的一些日语词汇,与元代编撰的《金史》《辽史》中的《国语解》有异曲同工之妙。

---

① [清]翁广平:《吾妻镜补》,美国哈佛大学馆藏书,未刊行,序第1页。
② [清]翁广平:《吾妻镜补·地里志》补卷12,第1页。
③ 同上。

《吾妻镜补》一书结构完整、行文流畅,在体例上也能吸收百家之长。作者在当时清朝锁国的情况下,仍然对邻国之史表现出了关注,并有著作问世,难能可贵。此书的出现标志着中国的日本史研究达到了一个新的高度。

(二)近代日本史学对中国的影响

"明治维新"时期,日本开始打开国门,积极吸收外国的先进文化,西方的史学理念也因之传入。一方面,西方各种史学流派纷纷传入日本,对日本传统的史学理念和修史方法造成了巨大冲击;另一方面,为了尽快消除德川幕府统治的影响,安抚归顺的前朝旧臣,新成立的明治政府急于夺回被幕府长期控制的"修史权",以扩大舆论宣传阵地。在这种情况下,由政府组织的修史局很快建立起来,官方史学开始抬头,并对日本近代史学的发展产生了重大影响。日本的史学活动空前活跃起来,日本史学家们的研究视野也进一步扩大,在明治维新之前几乎不存在的世界史和专门史的研究体系逐渐建立并完善起来,而在其他史学领域,如东洋史、日本史领域等也出现了大量优秀的史学成果。当时中国外有列强入侵,内有日益激化的阶级矛盾,国力衰败,加之在史学研究方法和理念上的墨守成规,中国近代史学逐渐落后于日本。甲午战争之后,中国掀起了研究日本的高潮,日本的史学也被介绍到了中国,并对中国近代史学的发展产生了很大的影响。关于日本近代史学对中国的影响情况,可以从以下三个方面进行考察。

中日甲午战争之前,无论在日本人还是中国人的眼中,中国不仅在文化和学术上,而且在军事和科技方面,都或多或少优于日本。甲午战争中清朝的大败,不仅改变了东亚地区政治力量的对比,也使得中国人,特别是中国学者开始真正主动地去了解日本。"就中国人对日本的认识而言,甲午战争可说是一种突变——由于日本战败清朝,使得中国人痛定思痛,几乎在一夜之间突然意识到日本的强大。但就日本对中国的看法而言,则有一个逐渐转变的过程。虽然甲午战争的胜利,也使得日本人猛然意识到自己已成为东亚的强国,甚至将取中国而代之成为东亚的领袖,但在这以前,他们已经渐渐通过与中国的接触,其心情和态度有了转变,从以前的崇敬、崇信中走了出来,渐渐看到中国的缺点和弱点。"①可见,甲午战争中清政府的战败,使人们开始重新审视日本。其结果之一便是形成了一个由官方主导、民间参与的学习日本的高潮,"构成了一幅世界留学史上罕见的盛极一时的'留日热'奇观"②。随着留学日本热潮的出现,日本史学也就传入了中国,并对中国史学产生了较大的影响。

1. 近代日本史学家的在华活动及其影响

鸦片战争之后,中国国门洞开,由于许多不平等条约中规定外国人可以在华自由游历,一批批外国商人、学者、传教士纷纷来华活动,其中也有不少日本人,包括不少日本史学家。一般来说,日本史学家来华的目的有两个:

第一,来华搜罗图书资料,满足其藏书和学术研究的要求。日本古代有许多史学家尽管并不能到中国来,但都热衷于搜集中国图书,如德川幕府时期的儒学大师林罗山(1583—1657年),就十分喜爱中国史书。他先后做过德川家康、德川秀忠、德川家光、德川家纲四代将军幕僚,是江户时代初期著名的儒学家。他的藏书也十分丰富,据说有一书库之多,但是后来除了一本他未读完的《晋书》之外全部毁于一场大火,林罗山也因受到此事的刺激,尚未等到由其主编的《本朝通鉴》最后完成,就郁郁而终。近代以后,来华十分方便,许多日本学者便来中国搜罗图书。比如,日本近代古文献学专家田中庆太郎于清朝末年亲赴北京,一方面向相关学者请教有关图书版本的问题,一方面搜集书籍运回国内,为日本学者研究中国史提供了大量的资料。另一学者内藤湖南(1866—1934

---

① 王晴佳:《中国近代"新史学"的日本背景——清末的"史界革命"和日本的"文明史学"》,《台大历史学报》第32期,2003年12月,第191—236页。
② 王晓秋:《近代中日文化交流史》,中华书局2000年版,第347页。

年),作为日本"京都学派"的创始人之一,曾多次来华搜集图书资料,1902年和1905年他两次到访中国东北,搜集满文和蒙古文的档案资料。1906年他再次来到中国,"再次访黄寺,入崇谟阁、文溯阁,抄录并拍摄了《满文蒙古源流》《西域同文志》《旧清语》《满文长白山图》《盛京全图》等"①。1912年,内藤湖南在沈阳故宫翻拍了一部分《满文老档》,并带回日本。内藤一生中曾九次来到中国,先后与中国学者罗振玉、王国维、严复、郑孝胥、张元济等人有过交流。他们切磋学术,唱酬诗文,结下了终生的真挚情谊,促进了中日学术的交流与发展。内藤湖南死后,他所搜集的图书都被捐赠给关西大学,后人编辑了《关西大学所藏内藤文库汉籍古刊古钞目录》一书②,使我们能略窥其概貌。

近代日本学者来华,除了与中国学者交流学术、购买图书之外,也或多或少地有搜集中国情报的目的。不过,日本近代史学家们来中国搜集图书,对促进中日两国史学家的学术交流不无裨益。他们将大量中国的史书带到日本去,使日本学者能够及时掌握第一手的学术资料,对于推动日本国内的东洋史研究有相当大的帮助。但是,我们也应该看到,近代中国积贫积弱,加上对古籍善本的保护意识不强,致使大量古典图书流落日本。比如,田中庆太郎就曾经在中国购得宋版《史记集解》残本58卷,并将其带回日本国内,并最终将其卖给了内藤湖南,现在此书竟成了日本的法定"国宝"③。这种例子在近代还有很多,的确值得深思。

第二,另有一部分日本学者受当时中国政府的聘请来华出任教员。义和团运动失败之后,中国面临的民族危机十分严重,内忧外患之下,慈禧太后等人不得不为了缓和国内矛盾进行改革,推行"新政"。其中一项

---

① 钱婉约:《从汉学到中国学》,中华书局2007年版,第111页。
② 《关西大学所藏内藤文库汉籍古刊古钞目录》一书不仅记载了内藤湖南一生中搜集的图书和资料,还包括一些石刻拓本等。参见[日]砺波护、藤井让治:《京大東洋学の百年・内藤湖南》,京都大学学术出版会2002年版,第97—98页。
③ 参见钱婉约:《从汉学到中国学》,第115页。

重要改革就是废除科举，兴办新式教育，以培养人才。由于中国传统的私塾以教授"四书五经"为主，缺乏现代意义上的历史教科书，也没有现代的教育方法，于是便多方引进外国学者编写的中国史和西洋史教科书，并对这些教科书进行翻译或编译。但是，由于"汉译和编译历史课本多数取自日本，而且西洋史、万国史教科书数量远远多于支那史、东洋史"，因此不得不聘请一部分日本学者来华讲授这些历史教科书，其中就有日本史家藤田丰八、服部宇之吉等人。

藤田丰八（1869—1929年），号剑峰，日本德岛县美马市人，日本近代著名的东洋史学家、中国文学研究家。他早年在早稻田大学和东洋大学内任教，后被中国政府聘用，来华讲学，从清末至民国在中国工作长达17年。他在中国教授课程、编辑杂志、翻译书籍，并参与教育改革，对推动中国教育近代化和农业近代化发挥了一定的作用。他是晚清时期清朝聘请的日本历史教师中比较活跃的一个，早在1905年的时候，他就在苏州帮助设立了一所师范学堂，1908年被聘为京师大学堂（即后来的北京大学）教师。第二年，藤田赴广州筹办教育事业，在中国早期历史教育中有一定地位。他的《中等教育东洋史》在中国和日本均有一定影响，对中国近代史学的学科化与专业化的奠定有一定贡献。

服部宇之吉（1867—1939年），日本近代东洋史学家、中国哲学研究专家。服部早年从政，并兼任东京高等师范学院教授，后离开政坛，专心学术。他曾赴中国和德国留学，1902年被聘为京师大学堂师范馆（即后来的北京师范大学）总教习，在中国待了近七年。

虽然有像藤田丰八这样优秀的日本史学家来华，但是"清末学校的历史教育体制很不健全，尤其对史学专业化具有重要意义的大学历史专业的设置还没有真正出现，日本教员在史学近代化的过程中没有发挥什么作用"①。尽管如此，藤田丰八等日本史学家在华的活动，还是向中国

---

① 李孝迁：《西方史学在中国的传播》，华东师范大学出版社2007年版，第7页。

学生们传授了一些先进理念,促进了中国近代史学的发展。

2. 日本史书对黄遵宪《日本国志》的影响

甲午战争中清朝的失败,也引起了许多清朝史学家对日本的关注,出现了一系列有关日本的著作,如黄遵宪《日本国志》、王韬《扶桑游记》及王先谦《日本源流考》等,都是这一时期研究日本史的优秀之作,其中被晚清外交家薛福成誉为"数百年来鲜有为之者"①的《日本国志》对后世的影响最大。在史料上,这些著作多是借鉴日本史书的。

黄遵宪(1848—1905年),字公度,别号人境庐主人,广东梅州人,晚清外交家、史学家。他幼年时饱读诗书,研习经史,打下了良好的治学基础。1877年,黄遵宪随时任驻日公使的何汝璋出使日本,在日期间,他考察明治维新后的日本社会,并与同在日本的王韬切磋学术。1882年离开日本之后,他又赴美国旧金山任总领事,在任职期间积极为改善在美劳工的待遇而奔走。1885年卸任之后,他先后在清廷驻英、法等国的使馆内任职。多年的外交生活使黄遵宪深深地体会到了中国与外国之间的差距,也看到因国家落后,而使广大华人、华侨在外饱受歧视的残酷现实。这一切都使黄遵宪的思想发生了剧烈变化。当康有为、梁启超等人提倡变法维新的时候,他积极参与,希望通过一场资产阶级性质的改革,使中国像日本一样走上"富国强兵"的道路。但是,变法最终失败,黄遵宪也被革职。1905年,黄遵宪怀着忧国忧民的悲愤心情走完了人生的道路。

黄遵宪一生著作等身,《日本杂事诗》《日本国志》《人境庐诗草》等均是名作,《日本国志》是其唯一的史著。1879年在日期间,黄遵宪开始起草该书,1887年编撰完成,随后经过几次修改,于1895年出版。黄遵宪为何要著此书?我们从此书的《叙》中可以看出些眉目来,其曰:

---

① [清]薛福成:《日本国志序》,载黄遵宪:《日本国志》,浙江书局1898年重刊本,第2页。

> 昔契丹主有言:"我于宋国之事纤悉皆知,而宋人视我国事如隔十重云雾。"以余观日本士夫,类能读中国之书,考中国之事。而中国士夫好谈古义,足己自封,于外事不屑措意,无论泰西,即日本与我仅隔一衣带水,击柝相闻,朝发可以夕至,亦视之若海外三神山,可望而不可即。若邹衍之谈九州,一似六合之外,荒诞不足论议也者,可不谓狭隘欤!虽然,士大夫足迹不至其地,历世纪载又不详其事,安所凭藉以为考证之资,其狭隘也亦无足怪也。①

过去中国学者"于外事不屑措意"的态度,加之黄遵宪在日期间"对日本学习西方以后带来的深刻变化进行了深入的研究,想从日本的明治维新找到学习西方的途径"②,使他感到写一部有关日本史的著作至关重要。

《日本国志》一书共40卷,从体例上讲,黄遵宪编撰此书时"采取并改造中国传统的典志体裁,使之适应新内容的需要"③。所谓"典志体",就是将涉及典章制度的内容分门别类进行叙述的一种体例,上文提及的杜佑的《通典》、伊藤东涯的《制度通》等就是"典志体"的史书。黄遵宪采用这种体例编撰《日本国志》,其目的不是编修一部日本通史,而是编写一部类似《通典》的、以介绍日本各种典章制度沿革为主的史书。例如,书中设有《学术志》《职官志》《国统志》等,能使中国学者较为全面地了解日本的历史及现状。事实上,早在《日本国志》之前,郑观应所著《西学》、佚名所著《东游纪盛》等书就对日本的情况做了一些介绍,但是,无论在内容的翔实程度上,还是在体例的完备程度上,都不及《日本国志》。因此,《日本国志》在当时一经出版,就受到欢迎,以至于竟出现了"洛阳纸贵"的情形。

---

① [清]黄遵宪:《日本国志叙》,第4页。
② 陈宗海:《黄遵宪的〈日本国志〉》,《史学史研究》1983年第3期,第24页。
③ 吴泽主编:《中国近代史学史(下)》,人民出版社2010年版,第337页。

中国古代史学家郑樵在其《通志》中曾引用南朝学者江淹的话说："修史之难,无出于志。"①"志"的编写不但要求编撰者熟知历朝典章制度,还要求史家占有大量的史料,这对于私人著史活动而言是十分困难的。日本古代缺少"典志体"的史书也是出于这一原因。对于黄遵宪而言,他想编写一部较为全面的"典志体"日本史著作,但却面临着困境,"日本古无志书,近世源光国作《大日本史》,仅成《兵》、《刑》二志,蒲生秀实欲作《氏族》、《食货》诸志,有志而未就。仅有《职官》一志已刊行。新井君美集中有田制、货币考诸叙,亦有目而无书。此皆汉文之史而残阙不完,则考古难"②。这就要求他更广泛地搜集日本的相关史书,以充实自己的著作。据为《日本国志》作《序》的近代外交家薛福成记载,黄遵宪为编写《日本国志》一书,"采书至二百余种,费日力至八九年,为类十二,为卷四十,都五十余万言"③。据王宝平考证,"黄遵宪的《日本国志》在地理志、物产志、学术志、礼俗志和工艺志中大量征引了《日本地志提要》《艺苑日涉》和《国史纪事本末》三书,证明了这部分内容并非完全是作者的原创"④。其中《国史纪事本末》一书前文已有所涉及,在此不再赘述,这里对《日本地志提要》和《艺苑日涉》两书进行一下简要的介绍。

《日本地志提要》是一部概括介绍日本各地情况的地理志。明治政府为该书投入了大量的人力和物力,日本地理学家河田羆、塚本明毅等人参与编撰。与日本古代的《风土记》不同,其在编撰上力求全面、简洁地介绍日本的全貌。王宝平指出:"黄遵宪在《日本国志》卷一○地理一(总国、畿内、东海道、东山道)、卷一一地理二(北陆道、山阴道、山阳道、

---

① [宋]郑樵:《通志》,中华书局1987年版,序第2页。
② [清]黄遵宪:《日本国志》,凡例第3页。
③ 同上。
④ 王宝平:《黄遵宪〈日本国志〉征引书目考释》,《浙江大学学报(人文社会科学版)》2003年第5期,第13页。

南海道、西海道、北海道），以及卷三九物产志二（全国各地物产）中大量引用了《提要》的疆域、形势、沿革、郡数、田圃、山岳、河渠和物产部分。"①黄遵宪在书中大量引用此书，有效地克服了史料短缺而造成的困难，保证了《日本国志》中相关记载的准确性。

《艺苑日涉》是成书于日本江户时代的一部名著，其内容主要是介绍并考证日本的文字、饮食、风俗等，由当时的汉学家村濑之熙（1746—1818年）编成。与黄遵宪同时代的学者傅云龙（1840—1901年）在其《游历日本图经》中也多次引用过此书。《日本国志》与此书关系更为密切，"除八志（国统志、邻交志、天文志、地理志、职官志、食货志、兵志、刑法志）外，其余四志（学术志、礼俗志、物产志、工艺志）的编撰与《艺苑》密不可分。"②中国古代史书中大多不会介绍日本的学术、特产等内容，翁广平编撰的《吾妻镜补》中，凡涉及这部分内容的也大多参考日本的史书，《艺苑日涉》中的记载正好为黄遵宪提供了必要的材料。

《日本国志》一书的问世，为当时的国人打开了一扇全面了解日本的窗口，书中对日本邻交、学术等内容的介绍为以前的相关史书所罕有。黄遵宪对日本明治维新成功原因的思考、对日本社会未来走向的预测等，在当时都是颇有创见性的。他不但是中国近代知名的外交家、史学家，同时还是一名关心中国命运的改革家。《日本国志》的编成亦是近代中日史学交流的一个例证。

3. 近代日本史学观念对中国的影响

明治维新以来，西方的自然科学、思想文化等纷纷涌入日本。各种西方史学理念也在日本广泛传播，促使近代日本史学界各种流派并起。其中有以"兰克史学"为基础，强调以史料为依据的"学院派"史学；有主

---

① 王宝平：《黄遵宪〈日本国志〉征引书目考释》，《浙江大学学报（人文社会科学版）》2003年第5期，第14页。

② 同上，第15页。

张研究社会的起源与发展变化规律的"文明史学";用经济学理论来指导历史研究的"社会经济学派";以及主张把自然科学的某些研究方法引入历史研究的"实证主义史学"等。日本这些学派都是师法西方史学流派而形成的,只是这些流派大都根据日本的情况进行了一定的改造,如"学院派"史学家们在"兰克史学"的思想基础上引入一些"考据学"的理念。这些流派也先后传入中国,其中对中国影响最大的还是"文明史学"。

"文明史学"的起源要追溯到法国启蒙主义盛行的时期,创始人为法国大思想家伏尔泰,其所作《论风尚》一书,一般被认为是第一部文明史著作。后来欧洲出现了许多文明史一类的著作,如英国巴尔克的《英国文明史》、法国基佐的《欧洲文明史》等先后问世,在欧洲产生了一定影响。明治维新以后,日本开始大批翻译这类文明史著作,把西方文明社会史翻译到日本,以开启民智,创造文明社会。在传到日本之后,日本学者对"文明史学"进行了新的阐释。"文明史学"一般被认为是用来研究单个社会的起源及其发展变化的史学,但在日本学者那里,一些"专门史"的研究领域,如"宗教史""教育史"等,都被看作"文明史学",这实际上是已日本化了的"文明史学"理念①。在翻译西方文明史的同时,日本也出现了自撰的文明史著作,其代表人物及著作有福泽谕吉(1835—1901年)的《文明论之概略》(1875年)和田口卯吉(1855—1905年)的《日本开化小史》(1877—1882年)。日本文明史学的基本思想是批判封建主义,主张开发民智,鼓吹物质文明,力图探索历史发展的规律。

福泽谕吉作为日本"文明史学"的代表人物之一,既有传统汉学的基础,又受过"兰学"的训练,通晓英语和荷兰语,是明治时期著名的思想家。他的基本思想——通过开启"民智",以实现社会的进步——集中体现在1875年出版的《文明论之概略》一书中。"他以基佐和巴尔克的文明史、斯宾塞的社会理论等知识为基础,抨击旧史学的缺陷,提倡新史学

---

① 参见李孝迁:《西方史学在中国的传播》,第42—43页。

应从世界史的角度叙述国家文明发达的状况,但其立论的基础即对事实的认识还不免有粗糙的地方。"①该书的内容如何暂且不论,重要的是它的出现给了日本史学一个新的研究动向,即将以孔德和斯宾塞的社会进化理论为代表的社会学的理论和方法引入历史研究当中,试图揭示历史发展变化的原因和规律。此后,出现了大量仿效《文明论之概略》的著作。这样,原来主要起褒贬人物、道德训诫作用的记录史学,便转变为现在大家较为熟悉的以研究历史变化规律、提出历史解释为主的分析史学。

田口卯吉的《日本开化小史》作为"文明史学"的代表性著作,较之《文明论之概略》更具有代表性。此书采用"章节体"的形式,在福泽谕吉的文明史观的指导下写就。在书中,他反对过去原封不动地简单记载历史事实的做法,强调对事实背后的历史规律的重视,认为历史的进化是财富的积累和人心的变化互动的结果。"对社会进化规律的认识和社会物质基础的重视,是贯穿《日本开化小史》的新史观,具有开拓过去的历史学完全不可企及的新境界的意义。这是与企图打破封建陋习、在国内发扬文明开化新风的启蒙思想家紧密结合的历史观,令人感到虽然粗略,然而把握住了历史大局的新鲜思想的气息。"②

1875年,福泽谕吉的《文明论之概略》出版,这部书深受欧洲文明史学的影响,书中多次引用基佐和巴尔克的著作,主张世界历史的演化,以各地文化走向文明为主要趋势,西方各国已经领先,东方国家应迎头赶上。这种"文明史学"对于扩展历史学的研究领域,探寻历史发展的规律方面,确实能起很大作用。但这种"文明史学"并非毫无缺陷,近代日本史学家大久保利谦做了如下阐述:

(文明史学)从文明这种新的价值观出发,来评价日本历史,特

---

① [日]坂本太郎:《日本的修史与史学》,第182页。
② 同上。

别是对于封建文化的批判,进而为日本文明的发展附上新的价值,是"文明史学"的主要目的。"文明史观"在日本历史上创立了一种新的价值观,作为文化运动,其在历史上留下了巨大的足迹。但是,作为史学,其研究学问的方法还不成熟。在把历史作为"法则学"①来进行把握这一点上,"文明史学"的确赋予了历史学以一定的科学性。但若要谈到应该作为历史学基础的、有关"史料学"的相关内容时,"文明史学"却没有涉及,这也是"文明史学"的一大缺陷。②

虽然这种"文明史学"存在着一定的缺陷,但是由于这种新的史学理念主张突破传统的以政治史、帝王将相活动为主要研究对象的旧史学的束缚,多关注一些以往不被人重视的史学研究领域,因此对日本传统的史学理念的冲击相当巨大。

1902年梁启超在《新民丛报》上连载《新史学》,开启了"史界革命"的先声,对中国史学近代化影响深远,而《新史学》的内容就深受日本史学的影响。戊戌变法失败后,梁启超流亡日本,主编《清议报》,创办《新民丛报》,在此期间,他转译、编译了大量的日本著作并予以发表。梁启超在这一过程中发表的《新史学》与福泽谕吉的《文明论之概略》、浮田和民的《史学原论》关系甚为密切。响应梁启超"史界革命"号召的学者有章太炎、夏曾佑、刘师培、邓实、陈黻宸、戈鲲化等。而"这一场所谓'求新'的史学热潮,就是主要通过介绍并运用近代日本史学的理论和方法,以批判和改造封建旧史,重新认识和编写历史的"③。由福泽谕吉、田口

---

① 所谓"法则学"(Gesetzwissenschaft)本是德国哲学中的一个名词,意思是探寻事物发展规律的科学,以自然科学为代表,是与传统历史学那种以单纯记录事情发展经过的学科相对而言的。
② [日]大久保利谦:《日本近代史学の成立》,东京:吉川弘文馆1989年版,第65页。
③ 杨鹏:《中国近代三大史学主潮中的日本影响因素分析》,《日本研究》2010年第3期,第74页。

卯吉等人所倡导的文明史学,反对过去原封不动地简单记载历史事实的做法,抨击旧史学的缺陷。他们采用"章节体"的体例,探究事物之间的因果关系,揭示历史事实背后的规律,提倡从世界史的角度叙述国家文明发达的状况,讲求文明进化。这正符合了当时我国国内社会反对封建专制、建设现代文明国家的思潮,因而受到了国内学者的欢迎。这些史学观念通过梁启超等人传入中国,并得到国内学人的响应而形成"新史学"潮流。当然,"新史学"思想的来源不仅限于上述两人的思想。所谓"史界革命"所要革的是旧史学或传统史学的命,因为它们已经不再符合"新史学"的标准。而真正能够算得上史学的应该是那些能够解释历史事件之间的因果关系,揭示历史发展规律,展现社会进步的学问。这些思想中的大部分是可以在近代西方找到源头的,但对于当时的中国而言,则是通过日本获取这些近代史学思想的。由此可见,中国史学在近代化过程中受到日本影响的程度以及两者之间的关系。"文明史学"是日本史学近代化过程中的史学流派之一,而受其影响在中国出现的"史界革命",则是中国史学走向近代过程中的重大事件,中国史学史就此转入一个新的历史阶段。

甲午战争以后,中国学习日本的高潮到来,这种"文明史学"的理念很快也被介绍到中国来,许多由日本史学家编著的"文明史学"著作,如上文提及的田口卯吉的《日本开化小史》等,都被译成中文,在中国推介。"日本的文明史作品译介到中国的意义基本是正面的。"[①]这种"文明史学"在中国的传播,对中国近代史学的发展产生了较大的影响。如中国近代史学家梁启超所著《新史学》一文,极大地冲击了中国传统的史学理念,此作的诞生可以说开创了中国史学发展的新阶段。在《新史学》一文中,梁启超公开宣称:"历史者,叙述进化之现象也。"[②]对于历史学的研

---

① 李孝迁:《西方史学在中国的传播》,第78页。
② 梁启超:《中国历史研究法》,第182页。

究范围,梁启超也给出了自己的见解,即"凡政治学、群学、平准学、宗教学等,皆近历史界之范围"①,这些理念与日本学者们阐释的"文明史学"理念何其相似。王晴佳指出:"百日维新失败后也流亡到日本的梁启超,为福泽谕吉和田口卯吉所提倡的'文明史学'所吸引。虽然很多人认为梁启超在1902年发表的《新史学》,借鉴了浮田和民的《史学通论》,但其实两书有很大的区别。梁启超的《新史学》,还是受福泽谕吉《文明论之概略》的影响为多。"②因此,通过梁启超《新史学》的例子,我们不难看出近代日本的史学理念对近代中国史学的影响。

(三) 近代中日学人的交往与史学交流

19世纪末20世纪初,中日史家之间进入一个大交往的时代,彼此之间不仅加强了人员的往来,而且围绕一些学术问题也彼此互相影响,如中日之间的"古史辨"问题、章学诚与崔述学术的发现问题,甚至马克思主义的传播问题,都是这种交往的结果。

在20世纪前30年中,中日学者之间的交流相对而言比较频繁,在学术交流过程中对彼此产生影响非常正常。对近代中国学术而言,影响最明显的一个实例便是章学诚和崔述学术成就的发现,其中涉及胡适、内藤湖南、那珂通世等中日学者之间的交往活动③。

1. 中日学术界对章学诚与崔述学术的发现与交流

中国近代学术史上,对章学诚的发现要从内藤湖南的《章实斋先生年谱》说起。内藤湖南在1920年11月和12月将此文刊于《支那学》第1卷第3号(1920年11月)和第1卷第4号(1920年12月)上。此文指出,《文史通义》在对经、史、子、集四部综括批判的基础上建立起了一种新史

---

① 梁启超:《中国历史研究法》,第183页。
② 王晴佳:《中国近代"新史学"的日本背景——清末的"史界革命"和日本的"文明史学"》,《台大历史学报》第32期,2003年12月,第191页。
③ 下文内容参考徐雁平:《近代中日学术交流考论——以胡适与青木正儿为中心》,《汉学研究》2002年第20卷第2期,第81—107页。

论,从刘向、刘歆父子以来,经刘勰《文心雕龙》、刘知幾《史通》和郑樵《通志》,可见其学术源流,但自创体系却是从章学诚开始的。青木正儿将此文送给胡适,并告知内藤湖南有抄本《章氏遗书》18 册。胡适当时已开始搜集章氏遗文,便托青木正儿誊抄《章氏遗书》目录,并希望内藤湖南刊出遗书。同时,胡适将《中国学报》上所刊出的新材料《史籍考目》与《史籍考序列》,以及《章实斋先生年谱》中的几处疏误也托青木正儿转告内藤,内藤很快给予回应。

1922 年,由胡适撰成的《章实斋先生年谱》由商务印书馆出版,后由姚名达增补,1931 年再版。再版内容已远超内藤湖南的文章,因为他将自己对章学诚的看法、反映章学诚思想变迁的著作等编入了年谱之中。周一良认为,"胡适、姚名达两氏之从事于斯皆为(内藤)先生所兴起"①。胡适对此也予以承认,可参见其年谱撰述的自叙。内藤湖南读到胡适的作品之后,写了一篇题为《读胡适之君新著〈章实斋年谱〉》的文章,指出其中的可疑之处,与胡适进行交流。在这一过程中,从资料的搜集而言,内藤湖南给予了胡适一定的帮助;在年谱的撰写补订方面,两人都能采取平和的心态接受彼此的批评。显而易见,以两人为主体的交流是有益于两国学术进步的。

中国学者对崔述学术的重视,是在那珂通世(1851—1908 年)和胡适的交流背景下逐渐展开的。崔述基本是和章学诚同时进入近代中日学者的视野的,也是由日本学者先发现并进行研究的。发现崔述的学者在日本学界应为那珂通世,在中国则主要是胡适与顾颉刚。

崔述(1740—1816 年),号东壁,其学说在 19 世纪已引起了日本学者的注意,如江户时代考证学家北慎言在 1845 年出版的《梅园日记》中,就撰有《读〈东壁遗书·商考信录〉》。20 世纪日本学者对崔东壁的关注应

---

① 周一良:《日本内藤湖南先生在中国史学上之贡献》,《史学年报》第 2 卷第 1 期,1934 年 9 月,第 166 页。

当始于那珂通世,他在 1902 年发表在《史学杂志》上的《考信录解题》一文,引起了日本学者对于崔述的注意。关于日本学者对崔述的关注与认识,胡适在 1922 年 8 月 26 日的日记中有所提及:

> 日本学者今关寿麿来谈。他送我一部自作的《宋元明清儒学年表》。我们谈甚久。他说,二十年前,日本人受崔述的影响最大;近十年来,受汪中的影响最大:崔述的影响是以经治史,汪中的影响是以史治经。其实日本人史学上的大进步大部分都是西洋学术的影响,他未免过推汪中了。他又说:崔述过信"经"。此言甚是。[①]

这段史料简单展现了日本学者对崔述的认识。1920 年,顾颉刚在编写《国故丛书》时,向胡适询问过《崔东壁遗书》。当时胡适虽然没能够给顾颉刚提供该书,但他提供了一个很重要的信息,就是"崔氏书有日本人那珂通世的新式圈点校印本"。顾颉刚受到崔述学术思想的影响,这一点是没有疑问的,我国学者也早有论述。而日本学者对崔述的重视,一定程度上也有助于胡适、顾颉刚加深对崔述的认识。随着"古史辨"派在中国近代学术史上大放异彩,崔述也就越来越得到学界的重视。

当然,当时中国学者对崔述并非一无所知,罗志田指出,崔述其书其义在《书目答问》(1876 年初刻本)卷一"经部"和"附二"《国朝著述诸家姓名略·汉宋兼采经学家》中都已提及,只是当时没有引起学者的注意,也没有给予《崔东壁遗书》在学术史上应有的地位[②]。

在《书目答问》之后、胡适之前,还有蘷照的《崔东壁学术发微》一文发表在《史学杂志》上(1905 年);刘师培也在《国粹学报》上发表《崔述传》(1907 年),对崔述的治学方法颇为推赏。他在文中提到"崔氏既殁,

---

① 胡适:《胡适日记》,中华书局 1985 年版,第 437 页。
② 罗志田:《〈山海经〉与近代中国史学》,《中国社会科学》2001 年第 6 期,第 189 页。

其书不显,近岁日人那珂通世,复刊其遗书,阅者始稍众",可见刘师培关于崔述的研究也受到了日本学界的影响。

有了胡适在"1923年4月《国学季刊》刊发了的《科学的古史家崔述》,崔述在'科学'的旗号下才名声大振……到1936年顾颉刚辑校的《崔东壁遗书》出版,崔述在史学中的地位已得到完全确定"①。

2. 陈毅与那珂通世的交往

近代中日两国史学家交往频繁,主要是进行学术交流、互通信息、赠送书籍资料。他们交流的手段也比较多,如互通信件、结伴游学等。近代以来,中国面临着严重的边疆危机,许多中国史学家相当重视蒙元史和边疆史的研究。日本以那珂通世、白鸟库吉等为首,也出现了一批在国际上著名的满蒙史专家。许多中国学者与他们有学术往来,陈毅就是其中之一。

陈毅(1873—?),字士可,湖北人,清末民初学者、政治家。陈毅专治边疆史地,特别对蒙古一带的情况有较深的了解。1890年(光绪十六年)四月,张之洞创立两湖书院后,他被任命为该院的助教。1899年,奉张之洞之命赴日考察教育情况。在日期间,他很快就注意到了日本东洋史研究的先进情况,并拜访了东洋史学家那珂通世,听取了其相关学术见解。回国后,他立即给那珂通世写了一封信,全文如下:

那珂先生史席:

前在贵都,踵府晋谒,辱承大教,深用铭佩。旋因事忽促归国,未获畅聆绪论,曲尽愚衷,何歉如之! 先生识达今古,学贯东西,穷乙部之阃奥,启后学之颛蒙,洵推当代泰斗。

(毅)归国时,谒梁节庵师(名鼎芬,官翰林院编修,学问品行,博通正大,张之洞总督最深倚重,与李侍郎文田,沈刑部曾植,皆同时

---

① 徐雁平:《近代中日学术交流考论——以胡适与青木正儿为中心》,《汉学研究》2002年第20卷第2期,第104页。

讲学契友,现掌教两湖书院)及沈子培师(名曾植),备述先生学行,俱不胜钦仰,以不获识面为憾。《元圣武亲征录》(何秋涛、张穆、李文田、沈曾植校)、《双溪醉隐集》(李文田校本)、《元秘史注》(季①文田著)各书,归即面禀梁师,请代觅寄呈。梁师快诺之,即出所藏《亲征录》红印及墨印本各一部(红印本,梁师只一部,因喜供贵国人之览,故割爱也),并杜元凯《春秋释例》《朱子读书法》、冯从吾《元儒考略》、陈澧(梁师之师也,门下有名者最多)《汉儒通义》、张之洞总督《劝学篇》各样刊本,命(毅)分寄呈先生及贵国大学图书馆(呈大学图书馆者,请先生转呈)。《双溪集》《秘史注》,梁师所藏,已尽赠戚友生徒,顷日寓函向龙太守凤镳(龙氏,梁师表弟,现官安徽知府。《双溪集》旧少传本,近为梁师发现,嘱龙氏刊行。《元儒考略》《亲征录》《读书法》皆龙氏刊)、袁京卿昶(现官总理署章京,《秘史注》,彼所刊,外刊书,可备考证者甚多)索取,约过一二月,即可续呈尊览。龙、袁二氏所刊书,只赠同好,不肯出售,故各书坊无由获购也。

《双溪集》,先生曾云:白鸟学士著《阙特勤碑铭考》,以未见此书为憾,异时当多寄一部呈学士也。此碑,沈师及盛祭酒昱(史学甚精)皆有考,如索得,当亦寄呈。李侍郎及沈师所著书,未刊者甚多,当陆续刊行以资互证(李侍郎《元史地名考》《蒙古漂流事证》稿本尚存毅处)。贵《史学杂志》,白鸟学士所著《阙特勤碑铭考》《契丹女真西夏文字考》《弱水考》等篇,(毅)皆获读,深服精博,惟《朝鲜古代诸国名称考》,仅于《杂志》第六编七号见之。《朝鲜古代地名考》,仅于《杂志》第六编十一号、第七编一号见之,惜皆未见全本。又《匈奴及东胡诸族言语考》,亦未获读,(毅)于《杂志》,间有未读全者,不知所缺学士著在何号中,望代觅寄读。白鸟学士著述,闻罗马东洋学会

---

① 原文如此,疑为"李"字。

深加赞美,故亟思一读。《杂志》又载坪井博士于东洋学会演说《岭外代答》,(毅)臆揣,必及木兰皮国一条,未知然否,博士归朝后,异闻必多,望先生转述所闻,赐教以拓眼界。先生谊切同志图东洋史学之发达,所请诸件,当不吝也。(毅)浅学寡闻,不足支大雅之列,顾承李、沈、梁、邹(名代钧,官知县,曾著《西征记程》,近著《漠北水道记》,未成)诸名宿教诲,于东洋诸国史传、地理、盛衰关系,性爱探究,曩致力东胡、漠北、西域诸史地理,近兼从事西藏、滇缅、南洋诸岛沿革,间有拙著,理成后,当寄呈清教,惟惭不足当巨眼之一盼耳。沈师当拟注元汪大渊《岛夷志略》(亦龙氏新刊本,贵国有传本否,如无示知,遵寄),诚以此书所载南西洋各地,较《诸蕃志》《岭外代答》《星槎胜览》《瀛涯胜览》《皇明四裔考》《西洋朝贡典录》诸书加详,且书成元代,握唐宋明之中枢,苟疏此书,则唐宋明诸家史志所载,自繁言而解,顷嘱(毅)成之,顾以近时南洋详细图志无多故,卒难竣事,贵国水路部《寰瀛水路志》中载南洋各岛者,其第七卷、第八卷上、第十卷、第十二卷,(毅)已购得,惟第八卷下、第九卷、第十一卷未获。此书何处能补购,望函示知成城学校清国寄宿舍学生刘赓云,(毅)即嘱其往购,不以累先生也。尊著《唐代西域印度地图》刊成否,深为翘盼,先生设有取资于敝国书史,乞示知,苟可得,当尽力也,专此敬颂。

华历四月三日　　清国陈毅顿首①

此信至少透露了以下三个方面的信息:

其一,陈毅本人对那珂通世推崇备至,认为其"识达今古,学贯东西,穷乙部之阃奥,启后学之颛蒙,洵推当代泰斗"。对另一学者白鸟库吉的

---

① 转引自[日]铃木俊:《我が東洋史学の支那に與へし影響について》,载《本邦史学史论丛》,第1411—1412页。

著作也"深服精博"。他的老师梁鼎芬①和沈曾植②在听取陈毅的汇报之后,也对那珂通世"俱不胜钦仰,以不获识面为憾",书信中此类叙述虽说多是礼貌用语,未必真实,但反映彼此之间在学术上的仰慕,则没有什么问题。这也从一个侧面反映了那珂通世相关研究成果在中国学界有较大的影响。

其二,那珂通世希望陈毅在回国后,为他搜寻包括《元圣武亲征录》《元秘史注》在内的书籍,而且对这些书籍的版本有一定的要求。梁鼎芬在得知后,竟将自己仅有的一部藏书"因喜供贵国人之览,故割爱也"。那珂通世与梁鼎芬虽一生都未曾谋面,但却以共同的学术爱好为纽带,无私地交换学术资料,共同谱写了一段中日近代史学家交流的佳话。

其三,陈毅等学者在帮助那珂通世搜集相关图书的同时,也希望得到相关日本学者的著作。如陈毅就希望那珂通世能够"代觅"《朝鲜古代地名考》《匈奴及东胡诸族言语考》等书。沈曾植则希望那珂通世帮助寻找《寰瀛水路志》一书,作为他注释《岛夷志略》的参考。

像陈毅这样的中国学者与日本学者的交流并非少数,这种交流也伴随着两国史书的相互流通,对促进两国史学的发展产生了一定影响。

3. 羽田亨与中国学者的交流及影响

在近代中日两国史学家的交流过程中,日本学者羽田亨也扮演了一个较为重要的角色。羽田亨(1882—1955 年),日本史学家、语言学家、敦煌学家,"京都学派"的代表人物之一,日本"东洋史"研究体系的奠基人之一。羽田亨早年受当时日本学界研究满蒙史风潮的影响,也投身于

---

① 梁鼎芬(1859—1919 年),字星海,一字心海,又字伯烈,号节庵。晚清学者、藏书家。与罗惇曧等人并称为"岭南近代四家"。有《节庵先生遗诗》《节庵先生遗稿》《节庵先生扇墨》等传世。

② 沈曾植(1850—1922 年),字子培,号巽斋,别号乙盦,晚号寐叟,晚称巽斋老人、东轩居士,浙江嘉兴人。晚清史学家、碑铭学家。对蒙元史用力颇勤,著有《元秘史笺注》《皇元圣武亲征录校注》《岛夷志略广证》《蒙古源流笺证》等。

其中。他先后师从白鸟库吉和内藤湖南,学习蒙元史和西域史,著有《蒙古窝阔台时期的文化》《〈元朝秘史〉中所见蒙古的文化》《西域文化史》等。

羽田亨一生中十分重视与外国学者的交流。早在1914年6月,他就曾前往俄国,拜访了当时在国际上享有盛名的历史语言学家拉德洛夫①,并与其合作,对日本大谷探险队从敦煌发现的维吾尔文献《天地八阳神咒经》进行了研究。1920—1921年,他以研究语言学和乌拉尔—阿尔泰语的名义,赴英、法两国进修、调查,并搜集了大量资料。在法国期间,他与东洋学家伯希和②十分亲近,并进行了学术上的交流。

但由于羽田亨主要研究中国历史,因此与其交往最多的还是中国学者。1928年,他访问中国,拜访了隐居天津的学者李盛铎③。李盛铎热情接待了羽田亨,并与其进行了学术上的交流。但羽田亨这次来华的目的,是想看到唐代景教的经典《志玄安乐经》。景教,即基督教聂斯脱里派,在唐代曾兴盛一时,但唐武宗"灭佛"之后,景教受到波及,日渐衰微。《志玄安乐经》是由唐代来华的景教传教士景净撰写的,其与景净撰写的另一篇重要文献——《大秦景教流行中国碑》一样,至今仍是研究唐代宗教文化史、中西交涉史的重要史料。因此,对于《志玄安乐经》的重要性,羽田亨十分清楚。但是,出乎他意料的是,李盛铎十分痛快地允许他誊抄了此经全部内容,为其研究中西交通史提供了宝贵的资料,也体现了中国学者在学术交流上的无私精神。

---

① 拉德洛夫(1837—1918年),俄国19世纪著名的东洋学家、历史语言学家,著有《北方突厥诸部族民族文学资料》《突厥方言词典稿》等。
② 伯希和(1878—1945年),法国汉学家,曾将大量敦煌文书带回法国,著有《敦煌千佛洞》《成吉思汗战役史》等。
③ 李盛铎(1859—1935年),江西德化人,清末政治家。曾在清末"立宪"活动中作为五大臣之一考察各国宪政,清朝灭亡后,不再过问政事,专心于藏书与学术,著有《木犀轩收藏旧本书目》《木犀轩宋本书目》等。

除李盛铎之外,罗振玉①与羽田亨也有些往来。1931年九一八事变后,罗振玉追随溥仪投降日本,伪满洲国成立后,又出任伪满洲国参议府参议、满日文化协会会长等职,成了千夫所指的民族罪人。但是不可抹杀的是,他在中国近代学术史上占有一定的地位。羽田亨与罗振玉的交往从1911年就开始了,这一年,罗振玉全家寓居日本京都,羽田亨立即与他取得了联系,此后,羽田亨就成了罗家的常客,并经常向其请教学术上的问题。伪满洲国成立之后,羽田亨抱着一种"既不迎合时代风潮,也不鲁莽地加以拒绝"②的态度与罗振玉合作,共同组织成立了"满日文化协会",也组织了一系列的学术活动。当然,应该指出的是,这种"学术活动"是在日本关东军的监视下进行的,已经丧失了以往自由进行学术交流的气氛。

总之,近代中日两国的史学家们通过交流,不但增进了学者之间的友谊,促进了两国学术信息的互通,还极大地推动了两国史学研究的进一步发展。以那珂通世、羽田亨为主的日本学者,通过与陈毅、沈曾植、罗振玉等中国学者的交流,对中国传统史学又有了更深的认识。而中国学者也从日本学者那里学到了许多有关历史语言学、比较语言学的知识,这对促进中国传统史学的转型也有巨大的作用。

4. 河上肇与马克思主义传入中国

在近代中国史学史上,比较重要的一件事就是马克思主义史学传入中国。这一事件也与日本史学家有密切的关联。这主要体现在李大钊、郭沫若和日本学者河上肇等人的著作中。

河上肇(1879—1946年)是日本著名的马克思主义经济学家、哲学

---

① 罗振玉(1866—1940年),字叔言、叔蕴,号雪堂,晚年号贞松老人,浙江省上虞县人。中国近代考古学家、金石学家、敦煌学家。伪满洲国成立之后,随溥仪投降日伪。

② [日]杉山正明、庄坦内正弘:《京大東洋学の百年・羽田亨》,京都大学学术出版会2002年版,第152页。

家，1879年出生于日本山口县，1902年毕业于东京帝国大学法科政治学科。河上肇1908—1928年任京都帝国大学讲师和教授，1932年加入日本共产党，次年被捕入狱，1937年出狱。他对传播马克思主义做出了巨大贡献，主要著作有《社会问题研究》（1919—1930年）、《唯物史观研究》（1921年）、《社会组织与社会革命》（1922年）、《关于唯物史观的自我清算》（1927年）、《马克思主义批判者的批判》（1929年）、《资本论入门》（1932年）等。因为宣传马克思主义理论，他曾被称为"红色教授"。他的许多著作都传入中国，对马克思主义在中国的传播起了很大作用。

李大钊是在中国传播共产主义的先驱，是中国较早的马克思主义者，在中国共产主义运动和民族解放事业中占有崇高的历史地位。他于1913年从天津北洋法政专门学校毕业后，东渡日本，考入早稻田大学政治系。在日本期间，他阅读了关于马克思主义的日文著作，其中对其影响较大的是河上肇和幸德秋水的著作。1916年5月，李大钊回国后执教于北京大学，开始致力于马克思主义及唯物史观的传播。他写了很多宣传唯物主义的作品，其中《我的马克思主义观》一文与河上肇的《马克思的社会主义理论体系》关系十分密切。

郭沫若也在留学日本期间接触到了大量马克思主义著作。其中被他评价较高的就是河上肇的《社会组织与社会革命》，称它是"日本初期马克思经济学说的高峰"。他还曾亲自翻译了该书。日本马克思主义著作在中国的传播，也是日本史学对中国影响的一个重要层面。

5. 周一良等中国学者对日本史学的研究

史书是传播史学理念的重要工具。日本古代学者们就是通过学习中国古代史书，吸收了中国古代史学的理念，并对其进行了相应的改造，形成了具有日本特色的史学体系。到了近代，这种情况发生了变化，受甲午战争失败的刺激，中国许多志士为了探求日本迅速崛起的奥秘，纷纷赴日留学。在这一期间，留日的学生们接触到了不少日本史学著作，其中既有古典的史学著作，如《大日本史》《本朝通鉴》等，亦有近代日本学者的著作,如"文明史学"等史学流派的著作等。留日学生们通过各种途径,将这些日本史书传播到中国来,其对中国近代史学的重大影响主要体现在两方面:

其一,成为中国学者研究的对象。无论是在古代还是在近代,中日两国的史书在编写体例和编写理念上都有相当大的差别。中国古代学者如翁广平等,对日本的史学著作也有一定的研究,但是,这种学者毕竟还是少数。时至近代,当日本的史书,特别是一些史学名著大量传入中国之后,一些有较高学术修养的学者,很快就意识到了这批史学著作的学术价值,并对其展开了研究,史学家周一良就是其中的代表人物。

周一良(1913—2001年),中国近当代著名史学家,早年曾在燕京大学、辅仁大学等高校求学,1939年赴美国,学习日本语言文学,并兼修梵文,为其日后的研究奠定了良好的语言与专业基础,1946年回国后,在燕京大学执教。周一良著作等身、学贯中西,在日本史、魏晋南北朝史、佛教史等方面多有建树。其于1935年写成的《〈大日本史〉之史学》一文是中国近代研究日本史学的代表性著作。

《〈大日本史〉之史学》原本是周一良在燕京大学时的毕业论文。在此文中,他首先介绍了日本史学的一些情况,随后对《大日本史》的编写情况,如《大日本史》编写的组织形式、编修过程、编修人员等进行了考证,同时还将参与编写《大日本史》的人员情况汇总,制成表格。此文的重点部分在于文章的第四部分,即对《大日本史》史学的研究。这部分对《大日本史》一书的史观、体裁、义例等问题进行了精详的研究,并分析了《大日本史》的体例与中国史学的关系。著者对《大日本史》加"自注"的做法十分赞赏,认为"《大日本史》之体裁最足特书表扬者,不在其用纪传体,亦非纪、传、志、表之叙次,乃在其自注也"①。此文发表后,不仅在中

---

① 《周一良集》第四卷,辽宁教育出版社1998年版,第22页。

国引起了广泛的注意,一些日本学者对此文也有相当高的评价,如日本学者铃木俊就赞扬此文章为"苦心之作"①,认为通过这篇文章"能够了解中国人研究日本史的态度"②。《〈大日本史〉之史学》一文通过翔实的考证,对《大日本史》一书进行较为详细的研究,可以说代表了中国近代日本史学研究的一个新高度。

其二,以日本学者的著作为蓝本编修史书。能否出现优秀的史学著作,是评价一个国家史学研究水平高低的重要标准,这不仅需要史学家有较好的史才,还要有一个稳定的社会环境。但是,近代中国由于社会动荡、战争频繁,许多优秀史学家们生活艰难,学术环境极其恶劣,影响了他们发挥史学才干。但是,中国近代史学的不断发展,呼唤着相关史学著作的出现。为了解决这一问题,中国一部分史学家在日本学者著作的基础上,编写了一部分史学著作。比如,在近代中国史学界,佛教史研究是一个热点,中国近代学者史一如根据这种情况,翻译了日本学者境野哲所著《支那佛教史》,并改名为《中华佛教史》;1929年时,佛教学者蒋维乔以《中华佛教史》为蓝本,又新增添了四章,改名为《中国佛教史》③。在蒋维乔看来,中国以往的佛教史学"向无有系统之籍,可供参考",以至于对中国佛教史"欲从而研究之,正如暗中索物,不易获得"④。这也是蒋维乔编写《中国佛教史》的主要原因。继蒋维乔之后,另一佛教史学家黄忏华也以日本学者宇井伯寿所著《支那佛教史》为蓝本,编写了一本《中国佛教史》,但影响力却不及蒋氏的同名著作。蒋维乔和黄忏华的做法在当时受到了不少人的批评。如《中国佛教史》一书出版之后,就

---

① [日]铃木俊:《我が東洋史学の支那に與へし影響について》,载《本邦史学史論叢》,第1409页。
② 同上书,第1410页。
③ 另一种说法是蒋维乔直接以境野哲的《支那佛教史》为蓝本编写了此书,参见周霞:《中国近代佛教史学探研》,华东师范大学历史系博士学位论文,2005年,第73页。
④ 蒋维乔:《中国佛教史》,上海古籍出版社2004年版,第1页。

有人认为蒋维乔的做法"以他人译述己之著作,有失学者风度"①。但是,如果考虑到当时中国社会动荡,史学家们很难安心从事学术研究的情况的话,蒋维乔等人的做法也的确是无奈之举。

总之,中日长达上千年的史学交往活动,推动了两国史学的发展。以《史记》东传为标志,中国史学在日本生根发芽,并促使日本本土史学诞生。为了搜集中国的史书,日本的遣唐使和入宋僧、入元僧们以及商人、旅行家们纷纷前往中国,为促进中日两国史学的交流做出了巨大贡献,他们在中日两国史学界之间架起了一座"书桥"。他们不但在古代将中国史书传入日本,帮助日本史学家们学习中国史书的体例、史观、笔法,推动日本修史事业的繁荣,在近代也将日本的史学著作传到中国,推动了中国近代史学的转型,为中国史学的复兴提供了莫大的帮助。近代中国史学界通过日本学习了西方许多先进的史学理念,也为中国史学家们转变思想提供了一个推力,促成中国史学的近代化与学科化。中日两国史学存在着千丝万缕的联系,因此,研究中日两国史学关系很有必要,这对于研究中国史学的演变和中日学术文化交流史等都有很大意义。

---

① 于凌波:《中国近现代佛教人物志》,宗教文化出版社1995年版,第418页。

第十八章

中国史学之西渐：俄罗斯篇

中国与俄罗斯的交往始于1618年，至今已经持续了四个世纪。中俄史学交流经历了几个阶段的发展。自18世纪起，就有俄国来华学生随东正教使团进入中国，这些学生不仅将中国史书翻译成俄语，而且建立语言学校，或在大学设立中国语言教研室，培养能够在中国工作的人才。俄罗斯的汉学家、学者很早就注意到了中国的史学思想，并将其作为一种独特的历史文化类型展开了研究。

进入20世纪以后，在中苏友好时期，由于两国的史学研究遵循着共同的思维框架，中国学者开始采用苏联的史学视角研究中国历史，之后这种研究又为苏联学者所关注。即便在中苏交恶时期，俄罗斯学者仍持续关注中国历史的研究。俄罗斯关于中国史学研究的角度和所使用的理论方法都值得我们深入考察，相对的，俄罗斯汉学家也为中国历史和史学思想在俄罗斯的传播做了大量工作。中俄史学交流为学界进行比较史学、比较文化研究提供了丰富的资料。

一、俄罗斯汉学史上的中国图书收藏

中俄两国有记载的官方直接接触约始于17世纪[1]，到了18世纪，根

---

[1] 参见佩特林和巴伊科夫的出使报告。

据彼得一世的倡议，俄国于1714年建立了珍宝馆①，中国图书是其藏品中很重要的一部分，其中不乏关于中国历史的书籍。1724年彼得堡科学院成立后，珍宝馆的藏书构成了科学院图书馆的重要收藏。遗憾的是，1747年的一场大火使科学院图书馆的藏书毁于一旦。1753年，俄国向中国派出了履行《恰克图条约》的第六批商队②，科学院派医生叶拉契奇随商队前往中国，为科学院图书馆购买图书③。曾为俄国东正教驻北京使团随团学生的科学院翻译罗索欣为叶拉契奇拟定了采购书目。此行，叶拉契奇在中国滞留了三年，收集到中国书籍42种，其中包括

---

① 1703年，俄皇彼得一世将首都从莫斯科迁往新城彼得堡，彼得一世私人收藏的一些珍奇物品也同时运至彼得堡，暂时存放在皇宫夏宫。1714年俄国建立了第一家博物馆珍宝馆，其藏品中包含各种语言的书籍。随着珍奇物品的收藏日益丰富，图书也越来越丰富。1718年专门成立了对公众开放的珍宝馆图书馆。1725年彼得一世去世后，彼得一世的图书馆和珍宝馆图书馆的藏书都转入了刚成立的科学院图书馆。

② 1727年（雍正五年）中俄签订《恰克图条约》，其第四条规定，准两国通商，俄赴华商队人数不得超过200人，每隔三年进京一次。条约签订后俄国于1728年派出了第一批商队，1732年派出第二批商队，1736年派出第三批商队，1743年派出第四批商队，1745年派出第五批商队，1753年派出第六批商队。

③ Ф. Л. Елачич, 1756 г., Франц Лука Елачич, академический лекарь, направленный Академией наук в Китай для пополнения китайской коллекции Кунсткамеры, пострадавших от пожара 1747 г.. Елачич, проведя в Китае 3 года, привез 42 книги и 273 предмета - это была первая целенаправленно собранная коллекция предметов из Китая. В 18 веке ни один музей Европы не мог сравниться с Кунсткамерой по богатству китайских коллекций. В 1753 г. в Пекин направилась экспедиция академического врача-лекаря Ф. Л. Елачича с заданием собрать в Сибири и Китае вещи, особенно - "какие в бывшей в 1747 году в Кунсткамере пожар згорели и утрачены" 5. Ф. Л. Елачичу дали, к примеру, подробное описание утраченных 180 китайских предметов с указанием материала, внешнего вида и размеров. Нс все вещи были вновь приобретены, но все же из Китая он привез 273 предмета. Подобное задание восстановить ущерб и в целом пополнить коллекции имела Вторая академическая экспедиция в Сибирь（1768 - 1774 гг.）, в которой работали П. С. Паллас, С. Г. Гмелин, И. И. Георги. 见 Введение в этнографию, издательство Ленинградского университета, 1991, Стр. 161.

《广域记》《大明一统志》《史记》《资治通鉴》《资治通鉴纲目》《汉书》《北史》《南史》等①。18世纪,科学院几次为馆藏中国图书编目,如1766年邀请外交部翻译列昂季耶夫整理目录,1798年则请科学院外籍院士布塞编目。最终得以出版的布塞编科学院中国图书目录显示,当时科学院藏书计238种。该书目把彼得堡科学院所有中国藏书分为哲学、国家、军队、历史和地理、天文和地理、医学、小说、蒙童等几类②,其中的"历史和地理"类中就包括《春秋》《史记》《汉书》《明史》《大清一统志》等书籍。叶拉契奇的中国购书之行是科学院首次有目的地前往中国采购图书,中俄两国在地理上的接壤和外交上的直接往来,为俄国购买中国书籍提供了便利,因而当时彼得堡的中国藏书量号称在欧洲首屈一指。

19世纪,俄国向中国派出的东正教使团开创了俄罗斯汉学蓬勃发展的局面,俄国东正教驻北京使团成员的藏书,大都在他们归国时带回俄国,构成了目前俄罗斯各地各类图书馆中文刻本、写本的重要来源之一。其中1807年入华的第九届东正教使团团长比丘林(1777—1853年)研究成就卓著,使俄罗斯汉学跻身欧洲汉学之列,因而被俄罗斯汉学界称为"俄罗斯汉学的奠基人"。1821年回国时,比丘林"带回了12箱汉文和满文书籍……带回的书籍有:五部汉语字典,两部满语字典,中国历史著作(43册,两箱),汉文和满文的满族历史,四书,十三经,清、辽、元历史方面的书籍"③。1830年回国的第十届俄国东正教驻北京使团团长加缅斯基也"将大量中文和满文书籍运往俄国,其中有一百多本都送给了伊尔库茨克的学校,在彼得堡公共图书馆、莫斯科大学图书馆、彼得堡神

---

① 柳若梅等:《沟通中俄文化的桥梁——俄罗斯汉学史上的院士汉学家》,外语教学与研究出版社2010年版,第17页。
② 同上。
③ [俄]斯卡奇科夫:《俄罗斯汉学史》,柳若梅译,社会科学文献出版社2011年版,第130页。

学院图书馆和亚洲司都有加缅斯基购回的图书"①,其中有关中国历史的书籍应不在少数。喀山大学派出的随第十二届东正教使团入华(1840年到达北京)的瓦西里耶夫回国时也带回了不少中国书籍②。瓦西里耶夫后来在彼得堡大学东方系编写的讲义《中国文献史资料》中介绍中国典籍,并展示他为自己的 562 种藏书所编的书目,其中"史部"包括中国历代史书 108 种③,通过教学使学生了解中国历史和史学。2012 年,圣彼得堡大学孔子学院资助出版的瓦西里耶夫中文藏书目录④中,也有从《春秋公羊传》到清人所编《历代帝王纪年》等涉及中国历史的书籍。作为第十三届使团随团学生并负责天文观测的斯卡奇科夫,在使团工作十年期满后又在华先后担任俄国驻塔城领事、驻天津领事,在华期间学习汉语,关注中国的天文学、农业、手工业等方面,通过多年在华生活积累下丰富的藏书,后被莫斯科的鲁缅采夫博物馆收藏,该馆后来发展成为莫斯科公共博物馆,即当今的俄罗斯国家图书馆(莫斯科)。1974 年,苏联汉学家

---

① [俄]斯卡奇科夫:《俄罗斯汉学史》,第 185 页。
② [俄]斯卡奇科夫:《俄罗斯汉学史》,第 320 页。文中提到,"在北京时期瓦西里耶夫就开始了解中国典籍,那时他在完成喀山大学交给他收集书籍的任务。对这项任务他十分尽心,买到的每一本书都仔细研究,最终带回了汉语、满语、藏语和蒙语书籍 849 种,共计 2 737 册"。
③ 该书为石印本,见 Материалы Истории Китайской Литературы. Лекции, читанные заслужинные пр офессором С. - Петербургского Ипраторского университета В. П. Васильевым.Лит. Иконникова, П.Рыбаук. ул. Д. 8. С разрешением проф. Васильева скрепил В. Ловяшин. Ч. Приложение. Стр. 240-299. 该书目中的书籍均为彼得堡大学图书馆所藏,包括中国历史书籍共 108 种。
④ 叶可嘉、马懿德:《圣彼得堡大学东方系图书馆收藏王西里院士中国书籍目录》,圣彼得堡国立大学孔子学院。Институт Конфуция в Санкт-Петербургском государственном университете, Завидовская Е. А, Маяцкий Д. И., Описание собрания китайских книг академика В. П. Васильева в фондах Восточного отдела научной библиотеки Санкт-Петербургского государственного университета. Санкт-Петербург, 2012.该书目中涉及中国历史的书籍有 27 种。

梅尔纳尔克斯尼斯整理斯卡奇科夫的中文藏书，出版了《康·安·斯卡奇科夫所藏汉籍写本和地图题录》一书，将斯氏藏书整理为"法令暨官方文件与资料""历史""民俗"等13大类，在"历史"类中著录相关写本35种①。实际上，斯卡奇科夫及其遗孀在1874—1884年间陆续交给鲁缅采夫博物馆的中文藏书大约有1 515件。博物馆非常重视这批图书，专门设立了斯卡奇科夫特藏，这也折射出俄国对中国和中国历史的关注程度。

除驻北京的俄国东正教使团成员自行收集购买图书外，早在1818年，俄国沙皇亚历山大一世批准向使团颁发工作指南，其中就规定了为使团图书馆收集图书②。1850年，俄国东正教驻北京使团在驻地专门辟出空间存放图书，此后东正教使团成员和俄国驻华外交公使馆人员都付出不少努力，后来俄国政府又专门拨款供东正教驻北京使团图书馆官费购书，1877年，初具规模的图书馆形成。到1889年，俄国东正教驻北京使团拥有中文图书近800册，"中国历史类"条目共有78种③，其中正史类书籍较齐全，书目中包括除《史记》和《明史》之外的历代所有正史，还包括编年类史书中的《竹书纪年》《资治通鉴》《崇祯长编》等，国别史类史书中的《战国策》《东都事略》《契丹国志》《大金国志》《廿二十史札记》等；杂史类史书包括《国语》《战国策》《松漠纪闻》《古今逸史》《南疆逸史》等；载记类史书包括《十六国春秋》《朝鲜史略》；地理方志类史书包括《大清一统志》《宁夏府志》《宣化县志》《肃州新志》《天津府志》《广顺州志》《敦煌县志》《永绥直隶厅志》《咸淳临安志》《镇江志》《瀛寰志略》等；职官类史书包括《职官志》《历代职权表》等；政书类史书则包括《大清会典》《大

---

① А. И. Мелналкснис, Описание китайских рукописных кинг и карт из собрания К. А. Скачкова. М., 1974.该书目著录斯卡奇科夫收藏的图书及地图共362种。
② ［俄］斯卡奇科夫：《俄罗斯汉学史》，第181页。
③ Китайская библиотека и ученые труды членов Императорской Российской духовной и дипломатическои миссии в г. Пекине илиБэй-Цзине(в Китае) с приложением каталога, чертежей и рисунков.

清例》等。虽然俄国驻北京东正教使团图书馆藏书在1900年义和团运动时被付之一炬,但通过1888年出版的使团图书馆藏中文书目,我们可以了解到俄国东正教使团成员阅读中国书籍的兴趣方向。另外,当时俄国各机构在中国采购图书大都听从东正教使团的建议,所以北京东正教使团成员的阅读兴趣对于了解俄藏中文图书的内容也具有导向性意义。

19世纪末20世纪初,随着以中国为中心的东亚局势的变化,东方学在欧洲已日渐形成。彼得堡科学院亚洲博物馆(东方学研究所的前身)馆长鄂登堡曾倡导"将俄国东方学欧洲化,将俄国东方纳入世界文化的总体架构"①。在这一思想的影响下,同时也应俄国和欧洲学术发展的需要,俄国汉学人才的培养发生了一些转变。自1855年起集中了俄国东方教学与研究力量的彼得堡大学东方系,将准备留校执教的毕业生先派往欧洲学习,然后再派往中国。1904—1906年间,彼得堡大学东方系毕业生阿列克谢耶夫(后来成为20世纪俄罗斯汉学的领袖),被派往欧洲游学,1906—1908年则被派往中国。在如饥似渴地为自己的古钱币研究、中国传统年画研究、中国古典文学研究、汉语研究收集资料的同时,阿列克谢耶夫还为自己和彼得堡的与中国相关的研究机构购买书籍。他非常重视俄国汉学书籍的收藏,"收集图书、建立汉学藏书,这是一条贯穿于阿列克谢耶夫学术生涯的红线,这一红线始于1906年,终于其生命的最后一刻"②。同时,彼得堡科学院也非常重视丰富其东方学藏书,中亚和东亚研究俄罗斯委员会、彼得堡科学院的人类学和民族学博物馆甚至提出"举国家可能之财力",购入相关藏书。1912年,阿列克谢耶夫再次踏上中国之旅。这一次,他不仅为自己的学

---

① [俄]阿列克谢耶夫:《1907年中国纪行》,阎国栋译,云南人民出版社2001年版,中文版前言第5页。

② М. В. Баньковская, Алексеев и Китай, М., 2010. стр. 154.

位论文收集资料,还为彼得堡大学、彼得堡科学院亚洲博物馆以及自己在彼得堡大学的老师从中国大量购书。上海的商务印书馆、扫叶山房等出版机构成为阿列克谢耶夫热衷光顾之处,他不仅现场购买,而且订购,同一种书不仅买1本,而且考虑到教学可能的需要,每种要买10本①。到20世纪20年代,这种在中国出版机构直接订购的方式,又发展为按《四库全书总目》和中国藏书家"丛书"目录购买。这种不断丰富东方学藏书的活动,特别是直接从中国大量购买图书的活动,一直持续到50年代。现在,在俄罗斯的图书馆中,有的书明确被确认是于1957年从中国批量采购的。

俄罗斯收藏的中文刻本、写本的数量在欧美应居前列。17—18世纪,欧洲以猎奇的心态热衷于东方收藏,彼得堡也不例外。沙皇彼得一世将自己的收藏以及俄国贵族的东方收藏用于珍宝馆的建设,1724年彼得堡科学院在筹备建设中时,珍宝馆被吸收为科学院图书馆。1818年,科学院图书馆以其丰富的亚洲藏书被改造成为亚洲博物馆,1929—1930年间该馆成为一所研究机构——科学院东方学研究所,包括中文善本在内的图书收藏进入该所图书馆。目前,该馆藏中文刻本、写本数量位居俄罗斯首位,在1979年出版的该书中文刻本书目中,"史部"刻本共计903种,其中正史类有84种、纪事本末类35种、国别史类有13种、杂史类12种、诏令奏议类22种、传记类90种、史钞类六种、载记15类种、时令类2种、地理类300种、职官类7种、政书类158种、目录类116种、金石类35种、史评类8种②。中文古籍史书收藏丰富的还有俄罗斯国立民族图书

---

① 阿列克谢耶夫在1912年8月27日(此行刚结束回国后)的日记中写道:"我拖着从中国带回来的书到大学图书馆,库德康舍夫和马尔季诺维奇都笑我怎么每种都买了10份。"

② 见 Б. Б. Вахтин, И. С. Гуревич, Ю. Л. Кроль, Э. С. Стулова, А. А. Торопов, Каталог фонда китайских ксилографов института востоковедения АНСССРI. М.: Главная редакия восточной литературы. 1973. Стр. 169-247.

馆,其前身是1795年沙皇叶卡捷琳娜二世敕建的俄罗斯皇家公共图书馆,中文古籍收藏于该馆的亚非各国各民族文献部,包括《古今图书集成》约1 360种善本,还有民国时期上海商务印书馆排印的《四部丛刊》和中华书局排印的《四部备要》。1993年该馆出版了其馆藏中文稿本善本目录,其中的"史部"包括史类典籍23种[①]。俄罗斯的西伯利亚边城伊尔库茨克自17世纪起就是俄国联络中国的重要枢纽,两百多年间积累下大量中文图书,分别收藏于伊尔库茨克国立联合博物馆、伊尔库茨克国立大学、伊尔库茨克州立艺术博物馆等处,在1994年出版的《伊尔库茨克的中文和满文善本》中,史类刻本、写本有13种,包括《资治通鉴纲目(前编、正编、续编)》《御批资治通鉴纲目》《史纬》《鉴撮》《历代帝王年表》《钦定明鉴》《明鉴纪事本末》《通纪直解》《御撰资治通鉴纲目三编》《东华录》等。

二、20世纪前俄罗斯汉学家与中国历史

(一)清代以前的中国历史

最早将中国历史的发展脉络直接传入俄国的,是17世纪被派往中国的一个外交使团团长——当时俄国外交衙门的翻译尼古拉·加夫里洛维奇·米列斯库-斯帕法里,他也是俄国向中国派出的第一位具有正式官衔的外交官。当时中俄边境上因俄方边民滋扰闹事和中国人向俄方逃亡的问题,导致俄国出使中国的贸易商队屡屡受挫,为此,俄国向中国派出这个正式的外交使团,以协调中俄关系和理顺中俄贸易,同时打通从俄国到中国的通道。斯帕法里使团于1676年5月15日到达北京,得以觐见康熙皇帝,但因中俄双方在外交礼仪上的差异,这个外交使团没能完成使命,于9月1日离开北京。俄国使团来访期间,在北京宫廷

---

① 见 Российская национальная библиотека, Китайские рукописи и ксилограф публичной бибиотеки. Санкт-Петербург, 1993. Стр. 46-56。

的耶稣会士南怀仁从中协调翻译。通过与在北京生活多年的耶稣会士的交往以及与俄国商人的会面,斯帕法里取得了大量关于中国的信息,回国后提交了出使报告,并于1677年向俄国的外交部门提交了《被称为"亚洲"的天下第一部分,包括中国,其各城各省》一书的手稿。虽然该手稿上交俄国外交部门后被当作国家机密束之高阁妥善保存,但在17世纪和18世纪,这份手稿有40多种版本的抄本,这说明斯帕法里带回的关于中国的消息是非常受关注且为不少人所知的[①]。这部手稿的第一章就是"中华帝国之起源、朝代及其最早的史书",虽然只有区区千余字,但概括叙述了中国从开天辟地起历经夏、商、周、秦、汉、晋、隋、唐、宋、元、明、清上下约5 000年的历史[②]。

此后在18世纪的俄国启蒙运动时期,俄国出版了全面介绍中国的图书,其内容当然也包括中国历史。18世纪,俄国同西方国家的贸易和文化联系进一步发展,加快了俄罗斯融入世界历史文化进程的脚步,俄罗斯民族文化迅速形成,俄国社会生活的各个侧面都体现出社会文化发展的进步,俄罗斯文化界为大众文化的普及做出极大的努力。彼得一世把俄国带向了欧洲,其思想方针至18世纪后半叶的叶卡捷琳娜二世时期得以彻底地实施,使俄国全面地向欧洲国家靠拢。叶卡捷琳娜二世与欧洲启蒙思想家交往密切,积极推动西方思想在俄国的传播,大量翻译出版欧洲思想文化著作。时值欧洲的"中国热"风潮,由此欧洲的"中国热"随着欧洲的先进思想文化被引入俄国,特别是法国出版的全面介绍中国的书籍,在这一时期被译成俄语在俄国出版,如法国天主教传教士杜赫德根据在华耶稣会士提供的信息编纂而成的《中华帝国全志》,其中涉及中国历史的内容加深了俄国知识界对中国的了解;再如法国在华耶

---

① 这份手稿直到1910年才得以在俄国正式出版。
② [俄]尼古拉·斯帕塔鲁:《中国漫记》,蒋本良、柳凤运译,中国工人出版社2000年版,第4—7页。

稣会士钱德明编纂出版的《北京传教士关于中国历史、科学、艺术、风俗、习惯之记录》,其中第一卷是"中国历史",第三卷为"中国皇帝年表"。俄国东正教驻北京使团成员中,最早编纂出版介绍中国历史的书籍的是第七届东正教使团的杂役奥尔洛夫,他回国后在1820年出版了两卷本《中华帝国最新史地详志》①,该书将中国历史作为专门的一部分内容讲解,是第一种公开出版的俄罗斯所编的全面介绍中国的书籍。

如上所述,18世纪沙皇彼得一世大规模引俄入欧的举措,把欧洲的知识和技术引入俄国,叶卡捷琳娜二世进一步推进俄国启蒙运动的进程,欧洲的"中国热"随启蒙思想一道被引入俄国。耶稣会士撰写的关于中国的论著也被译成俄语在俄国出版,如《史地人种学月释》(1728年至1742年出版),多次将耶稣会士关于中国的作品译成俄文刊登出来,曾在1731年的第13—18期连载了译成俄语的柏应理(Philippe Couplet)的《中华帝国历史年表》;又如1779年,俄国著名作家冯维辛在《科学院消息》上发表了《大学》的俄译本,该版本译自法国耶稣会士韩国英(Pierre-Martial Cibot)的法译本,意在让读者比较中国古代文献中的理想的君王和俄国现实中的女皇叶卡捷琳娜二世,试图证明专制与社会公众的利益互不相容,应该以一种规定不变的法律代替绝对主义,限制君主的专权独断。欧洲出版的根据在华耶稣会士提供的中国信息编纂的和在华耶稣会士撰写的关于中国的著作,不少都被译成俄语在俄国出版。在1731—1793年间,报刊刊登关于中国的文章五十多种,其中涉及中国历史的有五种。在这一时期,返回俄国的北京俄国东正教使团成员也顺应时代的需要,将中国历史和知识介绍给俄国。

由一国帝王世系可考知其历史源流,正如清康熙年间出使伏尔加河

---

① Новейшее и подробнейшее историческо-географическое описание Китайской империи. Сочиненное коллежским советником и кавалером Иваном Орловым. Часть первая... - М., в унив. тип., 1820, 424 с. Часть вторая..., 1820, 491 с.

流域的图理琛使团向俄方了解其国时问及俄皇世系①一样,俄国了解中国也从中国皇帝年表开始。俄国出现的第一份中国皇帝年表是前文所述 1731 年在《史地人种学月释》第 13—18 期连载的耶稣会士柏应理的《中华帝国历史年表》俄译本。现存俄罗斯早期汉学家的手稿表明,从 18 世纪上中叶到 19 世纪初,驻北京俄国东正教使团成员为履行了解中国的职责,多次把《中国历代年表》翻译成俄语介绍给俄国。第二届驻北京俄国东正教使团随团学生罗索欣在 1741—1745 年间在科学院翻译的材料中有《中国历代皇帝年表及大事记》,该译稿后来刊登在 1756 年的俄国第一份学术刊物即科学院创办的《益乐月刊》10 月号上。第五届使团随团学生列昂季耶夫有摘自《资治通鉴纲目》的《中国皇帝年表》的译稿②,第六届使团随团学生阿加福诺夫翻译的《资治通鉴》中的《中国皇帝简明年表》于 1788 年在莫斯科出版③,第七届使团随团学生安东·弗拉德金在 1805 年再次翻译了《资治通鉴纲目》中的《中国皇帝年表》④。

虽然在中国史学界看来,纲目体史书《资治通鉴纲目》因过于简单而对史学发展贡献不大,但是该书自咸淳元年(1265 年)合刻成书,直到明

---

① 中国使臣向俄国托博尔斯克总督加加林问起:"尔察罕汗春秋几何?承袭几年?尔国历有几汗?至今共历年若干?"见庄吉发校注:《满汉异域录校注》,文史哲出版社 1973 年版,第 165 页。

② 该手稿现藏于俄罗斯科学院东方文献研究所档案馆。ф. 36, №154-75, л. 668-675. Реестр Китайского государства от начала бывшим царям и императорам, выбранный из китайской летописи переводчиком Леонтьевым.

③ Краткое хронологическое расписание китайских ханов: из книги Всеобщего зерцала с показанием летосчислений китайского и риского от начала Китайском империи по 1786 г. М., 1788.

④ 该手稿现保存于俄罗斯科学院东方文献研究所。ф. 88, №7. Краткий летописец китайских царей. От дервних до ныне царствующаго, выбранный из достоверных китайских историй Антоном Владыкиным.

清,由于社会需求,时有刻本问世,是一部非常热门的史书。全书强调正统思想,突出纲常名教,明清两代统治者对之都非常重视。明太祖朱元璋、明成祖朱棣表彰"四书五经",颁降天下,《通鉴纲目》亦得颁行。及至清代,康熙帝为之"御批",乾隆初年高宗便命续朱熹《通鉴纲目》和商辂《续资治通鉴纲目》,乾隆四十年又成《御批通鉴辑览》,此书为起自上古、迄于明末的简明编年体通史。正是由于《通鉴纲目》在明清两代的主流史书地位,也由于其内容通俗简单,因而成为在北京的俄罗斯人向国内介绍中国历史的重要资料。第二届俄国驻北京东正教使团随团学生罗索欣 1750 年在科学院担任翻译期间,曾将《资治通鉴纲目》①从满文译成俄语,于 1756 年完成翻译,原本内容写至南宋宝庆元年(1225 年),而罗索欣在翻译时又加入了元、明、清三朝的内容,其译稿现分散收藏于俄罗斯的几家档案馆②。

第八届东正教使团随团学生加缅斯基在北京时也翻译了简缩本的《通鉴纲目》。1805 年(嘉庆十年),俄国以祝贺清朝嘉庆皇帝登基为名,向中国派出了以伯爵戈洛夫金为首的外交使团,驻北京俄国东正教使团理应准备迎接该使团,为此,作为随团学生的加缅斯基翻译了《通鉴纲目》简缩本,计划在使团抵达时将译本上呈戈洛夫金,作为来华外交使团了解中国的资料。但该使团在中俄边界等待两年多,最终未能如愿入华。加缅斯基正是在外交使团在边界等待入境时进行翻译的,译文内容

---

① [俄]斯卡奇科夫:《俄罗斯汉学史》,第 63 页。
② 藏于国家历史博物馆手稿部的罗索欣译《资治通鉴纲目简编》篇幅最大,共 1 450 页,分五函,标题为 Дзыджи тунгянь ганму цяньбянь,то есть сокращение китайской истории,называемой всеобщее зерцалобк учреждению добрых порядков в правительстве способствующее,编号为 ф.17,3114-118,202-206,1328-1332。另外,在俄罗斯中央古代文书档案馆也藏有罗索欣《资治通鉴纲目》的译稿,共 145 页,编号为 ф.181,№ 421。该馆另藏有罗索欣翻译时所做的注释,共 43 页,编号为 ф.181,№ 204。在俄罗斯科学院档案馆手稿部也藏有罗索欣《资治通鉴纲目》译稿,共 198 页,编号为 раз.2,оп.1,№117。参见[俄]斯卡奇科夫:《俄罗斯汉学史》,第 61—62 页。

直至明代，篇幅为 387 页，现藏于俄罗斯科学院东方文献研究所档案馆①。

第九届俄国驻北京东正教使团团长比丘林也曾关注《通鉴纲目》，将《御批资治通鉴纲目》译成了俄语。1825 年返回俄国后，比丘林完成了翻译，该手稿共 45 本，计 8 974 页，现藏于俄罗斯科学院东方文献研究所档案馆（编号为 ф. 7，№ 1—16）。该书甚至成为比丘林撰写后来的《成吉思汗家族前四汗世史》时的重要参考文献。

第十二届俄罗斯驻北京东正教使团随团学生扎哈罗夫（И. И. Захаров）返回俄国后，自 1868 年起在彼得堡大学东方系教授满语，他曾从满文版《通鉴纲目》摘取一些段落，作为教学材料。

俄国东正教驻北京使团成员对于中国的正史也较为关注。1781 年来到北京的第七届俄国驻北京东正教使团随团学生安东·弗拉德金曾从满文摘译过《元史》。第八届东正教使团随团学生加缅斯基在北京期间，将满文本《元史本纪》全文翻译成俄语并加入少量注释，译稿共 698 页，是迄今为止俄国汉学史上最完整的《元史本纪》俄译本。该译稿现藏于俄罗斯科学院东方文献研究所档案馆。此外，加缅斯基还翻译过少量（只有三页译稿）的《明史》。同为第八届东正教使团随团学生的利波夫措夫则翻译了《明史·太祖本纪》，并将译稿进献给俄国沙皇，希望能够出版。现在在俄罗斯科学院档案馆还藏有 19 世纪时俄国的印刷厂为利波夫措夫译稿做的清样，共有 432 页。自 19 世纪 20 年代起，俄国开始委托科学院为派往北京的东正教使团制订工作指南，在给 1820—1830 年在华的第十届东正教使团的工作指南中明确规定，随团学生除学习中

---

① 译稿标题为 Китайская история с самой глубокой древности и даже со времен баснословной до нынешних времен императорской Академии Хань минь беспрерывно черз 40 столетий с лишком вереднная，编号为 ф. 24，№ 24。

国语言外,"还要有人致力于研究中国国家的历史"①。1840—1850年间驻扎北京的第十三届东正教使团随团学生赫拉波维茨基关注秦史,翻译了《通鉴纲目》中的相关内容,另外还留下了贾谊《过秦论》的俄文译文②。在北京负责天象观测的随团学生斯卡奇科夫在北京期间翻译了《汉书·天文志》和《尚书·尧典》。元史也是第十四届俄国驻北京东正教使团关注的目标,后来继任第十届使团团长的卡法罗夫翻译了《元朝秘史》,后发表于《俄国东正教使团成员著作集》第一集,随团学生姆拉莫尔诺夫也曾选译《元史》的内容,并于19世纪60年代将自己的译稿提交给俄国外交部,遗憾的是现在这份译稿已无处可寻。1866年来到北京的俄国驻华公使馆医生布列特施涅德也关注元史,曾节译《元史类编》中的部分片段。俄罗斯汉学家对明史也有兴趣。1858年,作为第十四届俄国东正教使团随团学生入京的佩休罗夫依据《明史·五行志》中关于地震的内容,撰写了《中国明代的地震》③一文,于1860年发表在《俄国皇家地理学会会刊》第29卷第8期上,为俄国了解中国的地质结构提供了可靠的信息。

　　在教育领域,俄国也十分重视中国历史。在俄国最早开设汉语教学的喀山大学④设有"中国历史"课,由首任汉语教授达尼尔·西韦洛夫任课,每星期讲授四次,教材是西韦洛夫自己翻译的《周史》⑤《帝鉴图说》⑥以及法国汉学家卜铁关于中国历史的著作。西韦洛夫翻译的《帝

---

① [俄]斯卡奇科夫:《俄罗斯汉学史》,第180—181页。
② 该译稿现藏于俄罗斯国立列宁图书馆手稿部,编号为 ф.273,№2891。
③ Д.А.Пещуров, Землетрясения. бывшие в Китае во времена Минской династии.Записки императорского Российского Географического общества. 1860, т. 19, №8. Стр. 41-59.
④ 喀山大学于1837年开设汉语教研室。
⑤ 该译稿共413页,现保存在俄罗斯国立列宁图书馆手稿部,标题为 История династии Чжоу(周史),档案号为 ф.273,№2895。
⑥ 同用于辅助太子学习用书《帝鉴图说》原著一样,其译稿也分为两部分,共329页,现存于俄罗斯科学院东方文献研究所档案馆,档案号为 ф.42, оп. 2, №12。

鉴图说》以《中国历史》为题,先后在1838年和1839年出版了上册和下册①,同时在《喀山大学教学论丛》上连载四期②。在西韦洛夫执教喀山大学期间,为了选拔年龄更小的学生,在喀山第一中学也开设了汉语课程,教学内容也涉及中国历史。1855年俄国为整合东方语言教学力量,将东方语言教学移师至彼得堡大学,建立起东方语言系。主持汉语教学近半个世纪的瓦西里耶夫非常关注中国历史,石印出版过《中国历史》作为教学材料。19世纪70年代曾为第十四届东正教使团随团学生的佩休罗夫回国后来到彼得堡大学任教,其教学内容很多也都涉及中国历史。19世纪末,随着俄国汉学教育的发展,对中国历史的关注度进一步提高,1885年格奥尔吉耶夫斯基以《中国历史的第一时期:先秦》为题的硕士学位论文通过了答辩,同年该学位论文公开出版③,东方系教授波兹涅耶夫为该书撰写了长篇评论文章,发表在《俄国考古学会东方分会会刊》上。格奥尔吉耶夫斯基留校任教后,曾为大学二年级和四年级的学生开设"中国历史"的课程。他认为,必须像学习其他国家的历史一样学习中国历史,反对世界历史领域的欧洲中心论观点。"中国历史"的课程在19世纪末20世纪初的彼得堡大学渐成传统,在格奥尔吉耶夫斯基之后,1897—1898年间波兹涅耶夫继续为学生开设"中国历史"课程。1902年由俄国驻华公使馆回国的波波夫为三年级学生讲授先秦史和汉代历史。1909年,伊万诺夫以《王安石及其变法》为题的硕士学位论文在彼得堡大学东方系通过了答辩。1910—1911年间,阿列克谢耶夫为二年级学生开设了"司马迁《史记》分析"的课程,为三年级学生开设的课

---

① Данниил арзим., пер. Всеобщая история Китая. пер. с китайского. Казань, универстетская типография. 1838, 52 с. Отделение второе, 1839, 114 с.

② Всеобщеая история, Учебные записки Казанского университета, 1837, IV, с. 95-145; 1838, 2, 132-154; 3, с. 123-154; 4, с. 148-199.

③ С. Георгиевский, Первый период китйской истрии (до императора Цинь шихуанди). СПб., 1885, 322 с.

程中则涉及《左传》等中国典籍。

（二）清代历史及满族人的历史

中俄两国的交往历史十分悠久，早在元代的蒙古西征之前，中国的商品就已经传到了俄国境内，在元代也已有俄罗斯人随蒙古军队来到中国境内。17世纪，无数俄国的商队前往中国，官方使团也多次来到中国，使团的出使报告和沿途见闻在俄国虽难为普通人所见，但欧洲人对此极为敏感，这些资料极大地丰富了欧洲人的世界地理学知识。从俄国政府的角度来说，这些资料使得俄国同中国建立稳固的外交和贸易关系的愿望日益强烈，了解并研究中国的任务也日趋迫切，这些都为俄国汉学的建立提供了先决条件。

随着俄国领土的不断东扩，以及俄国对中国了解的日益增多，也由于俄国商队在对华贸易中能够取得暴利，俄国特别希望能够与中国建立稳定的贸易关系，以加强国家的经济实力。特别是此时俄国为领土西扩，与欧洲各国战事不断，财政吃紧。而多次派往中国的使团均未完成使命，这些情况使彼得一世密切关注与中国有关的消息，伺机以待。

在中俄雅克萨之战中，俄军战败，1689年，中俄《尼布楚条约》签订后，部分俄国俘虏被送往北京，后来他们成为归顺的清朝臣民。身为满族的清朝统治者继承中国历代统治者对于异族"因俗而治"的统治思想，允许其照常坚持宗教信仰，按常规行圣事，并为其安排了供奉圣像之所。俄方抓住机会联系东正教组织，由于为俄俘们主持圣事的马克西姆·列昂季耶夫逐渐老迈，俄方多次提出需另派教士为中国的东正教徒祝圣，甚至还提出在中国为东正教徒修建教堂，均遭拒绝。但东正教在中国的存在为俄国进一步发展同中国的关系、深入地了解中国埋下了伏笔，也为俄国汉学的进一步发展提供了其他国家所不能比拟的优势。1711年，在北京主持东正教活动的马克西姆神父去世。1712年（康熙五十一年），俄国以准许中国派往卡尔梅克的使团通过俄境作为交换条件，请求允许由俄国再派出东正教司祭为中国的东正教信徒主持圣事。1715

年，俄国政府和教会终于得以将东正教使团派入北京，这便是第一届俄国东正教驻北京使团。1727年，中俄《恰克图条约》第五款规定，俄国学生可随俄国东正教驻北京使团进入北京，俄国东正教驻北京使团呈按时补缺、定期轮换之势。从第二届起，就有学生随使团来华学习汉语，俄国开始在中国以东正教使团为基地，直接培养汉语和满语人才以满足国家的需要，同时也解决了中俄交往的语言障碍。从此俄国东正教驻北京使团连续在北京驻扎达两百余年之久，为俄罗斯汉学界培养了一代又一代人才，被称为"俄国汉学家的摇篮"。

第二届俄国驻北京东正教使团随团学生罗索欣，回国后于1741年3月21日来到科学院"翻译和教授汉语和满语"①，拉开了俄国本土脱离西欧直接研究中国的序幕。在彼得一世大举改造俄国的政治体制和国家形态的时代，俄国同欧洲一样，对中国这个千年不变、稳定发展的富庶之国充满了好奇，而满族人"以区区数千军队征服了中国这个古老的、当代各国中人口最多的国家"②，则更令俄罗斯人感到这是一个首先应当解决的谜，因此彼得堡科学院非常重视清代的历史典籍。1750年，罗索欣按科学院的要求完成了《亲征平定朔漠方略》的翻译，从罗索欣之后的列昂季耶夫到当代学者都对其译文十分关注，1964年，学者兹拉特金在撰写《准噶尔汗国史》时就参考了这份手稿，苏联时期著名的中俄关系史研究者沙斯金娜称罗索欣的译文"极为精准"③。1756年，罗索欣受命翻译《八旗通志初集》，1757年，他提出由第三届北京东正教使团回国学生列昂季耶夫协助其进行翻译。罗索欣完成了其中五卷和一卷注释部分的翻译后去世，《八旗通志初集》的大部分由列昂季耶夫完成，俄译本共16

---

① Там же, стр.

② Е. Ф. Тимковский, Путешествие в Китай через Монголию, в 1820 и 1821 годах. СПб., 1824. Т. I. IX.

③ Шастина Н.П. Перевод И.Россохиным источника по истории монголиов конца XVII в. - Ученые записки ИВ. 1953，т. 6, Стр. 202.

卷。译者罗索欣在翻译过程中做了大量极为详尽的注释,最后将《所有满语汉语词、人名、封号和职官注释》单独集成一卷,于1784年随全书①在圣彼得堡出版。俄罗斯学者认为这本书的注释至今仍有参考价值,如对"爱新觉罗"姓名的考证等,现在看来仍然正确。梅利霍夫1974年出版的《17世纪东北方的满族人》和1977年出版的《17世纪清朝的对外政策》,1980年米亚斯尼科夫出版的《17世纪的清朝与俄国》都参考了罗索欣翻译的《八旗通志初集》。

如前所述,彼得一世把俄国带向了欧洲,他的思想方针在18世纪后半叶的叶卡捷琳娜二世时期得以彻底地实施,使俄国彻底地融入了启蒙运动的思潮之中。"王朝国家""开明专制"等启蒙思想家所倡导的君主政体,与中国的皇朝统治方式恰好呼应。叶卡捷琳娜二世(1729—1796年,1762年登基)召集立法委员会,下令起草法典,清朝的相关典籍也被当作重要参考书。生逢其时的列昂季耶夫再次发挥作用,把清朝的政治历史典籍介绍给俄国,1781—1783年间他翻译出版《大清会典》俄译本②,1778—1779年间翻译出版《大清律例》俄译本③。清代的政治法律典籍成为叶卡捷琳娜对俄国实施改革的参考文献,在俄国启蒙运动中直接发挥了作用。

在与中国的交往过程中,俄罗斯的国家地位问题令俄国政府耿耿于怀,当时的清政府把俄国视同蒙古、朝鲜等藩属国对待,而俄国希望自己

---

① Обстоятельство описание происхождения и состояния Манджуриского народа и войска, в осьми знаменах сосоящего., СПб, 1784.
② Тайцин Гурунь и Ухери коли, то есть все законы и установления китайского (а ныне манчжурского) првительства. Перевел с манчжурского на российский язык Коллегии иностранных дел надворный советник Алексей Леонтиев. - СПб., тип. Имп. Акад. наук, т. I, 1781, 16 + XLV + 398 с. т. II, 1782, 377 + XXXс.; т. III, 1783, 584 + XXIII с.
③ Китайское уложение. Перевел сокращенно с маньчжурского а российский язык кллегии иностранных дел майорского рана секретаьр Алексей Леотниев. Части 1-2. - СПб., изд. Акад. наук, часть первая 1778, 15 + 290 с.; часть вторая, 1779, 16 + 238 с.

在中国面前是一个平等的国家,为此两国不时受外交礼仪困扰。1778年,列昂季耶夫节译了《大清一统志》,以《简述中国的城市、收入及其藩属国》①为题出版,该书完全保持了一手原始资料的特点,推进了俄国对清代中国的进一步了解。

俄罗斯汉学家对于满族历史的兴趣是持续的。1821年,第9届东正教使团团长比丘林回国时,带回大量汉语和满语的关于满族历史的图书,体现出他对于满族历史的兴趣。而1830—1840年间驻扎北京的第11届东正教使团司祭切斯诺依留下了关于满族人古代婚俗的手稿,现藏于俄罗斯联邦国家图书馆手稿部。19世纪俄罗斯汉学的一代宗师、主持俄国汉学教育重镇彼得堡大学东方系汉满语教研室近半个世纪的彼得堡科学院院士瓦西里耶夫(1818—1900年),早年以满族史作为其博士学位论文的主题,1863年撰写发表了《元明两朝满族人资料》②,书中他以乾隆年间官修的《满洲源流考》这部满学的开山之作为基础,勾画出1214—1582年间中国东北地区的历史概貌。此外瓦西里耶夫还曾撰写出版《满洲志》③一书,翻译出版《宁古塔纪略》④、《圣武记》⑤(节译)、《塞北纪

---

① (Пер.) Кротчайшее описание городам, доходам и протчему Китайского государстваа, а при том и всем государствам, королевствам и княжеством, кои китайцам сведомы. Выбранное из китайской государственной географии, коя напечатана в Пекине на китайском языке при нынешнем Хане Кян Луне, секретарем Леогтиевым. - СПб., изд. Акад. наук, 1778, 332 с.

② Сведение о маньчжуриах во времена династий Юань и Мин исправляющего должность ординарного профессора СПб. университета Василия Васильева. СПб. тип. В.Головина. 1863, 75 с.

③ В.П. Васильев, Описание Мньчжурии. - СПб., 1857, 109 с. (Записки Русского географического общества. XII, 1857, с. 1-109).

④ В. П. Васильев, Записки о Нингуте. - Известия Императорского русского географического общества, XII, 1857, с. 79-109.

⑤ Приведение в покорность монголов при начале Дайцинской Династии. (Из «Шен-у-цзи») - [СПб.], тип. В. Безобразова и К, [б. г.], 32 с. (Отд. отт. Из Записки Императорского русского географического общества, т. VI).

程》①（节译）等，都是围绕着满族这个主题。与瓦西里耶夫同样于1840—1850年间驻扎北京的随团学生戈尔斯基，亦从事满族历史的研究，为俄国学者所关注，其关于满族历史的长文《论当今统治中国的清朝的始祖及满族的起源》②和《满族王室的崛起》③，在他去世后的1852年发表在《俄国东正教驻北京使团论集》上。在瓦西里耶夫主持的彼得堡大学东方系汉满语教学中，满族的历史是满语教学中一项必不可少的内容。1885年毕业留校任教的伊万诺夫斯基承担了这一课程的教学，编写并石印出版了两卷本的《满洲历史大纲》④作为教材，为俄国汉学培养了一些了解满族历史的汉学家。1899年，俄国政府在海参崴成立了专门进行东北亚语言教学的海参崴东方学院，教师鲁达科夫为汉满语专业的学生编写并石印了《满洲的政治组织》⑤作为教材。

俄罗斯汉学史家斯卡奇科夫认为，"俄罗斯汉学的特点在于，在其初期，汉语、满语和蒙古语的意义同样重要……满语是清朝的官方语言，是外交关系中必需的工具……因而满学研究在汉学的第一阶段发挥了很大作用"⑥。20世纪以前俄罗斯汉学家对满洲历史的翻译、研究，为20

---

① Дорожник члена шосударственного совета（Кайдачан）Ма-сы-хэ в походе на вевер до границы. Перю с кит. В. Васильева. - СПб. тип. В. Безобразова，183，6 с.（Отд. отт. Записки Императорского русского географического общества，т. VI）.

② Начало и первые дела Маньчдурского дома. - Труды членов Российской духовной мисс в Пекине，I，1852，с. 1-187.

③ О происхождении родоначальника ныне царствующей в Китае династии Цин и имени народа Маньчжу. - Труды членов Российской духовной мисс в Пекине，I，1852，с. 189-244.

④ А. О. Ивановский，Маньчжурская хрестоматия，СПб.，вып. 1，1893，119 с.；вып. 2，1895，443 с.

⑤ А. В. Рудаков，Политическая организаия Маньчжурии. Записана по лекциям слушателями. 152 с.

⑥ ［俄］斯卡奇科夫：《俄罗斯汉学史》，第409—410页。

世纪以后俄罗斯的满学研究奠定了基础,并使之逐渐成为国际学术领域的一支备受瞩目的学术力量。

三、20世纪以来苏联(俄罗斯)汉学家的中国史研究:以《历史学问题》为中心

从19世纪中期开始,在汉学家的努力之下,俄国学术界开始关注中国历史。1842年,哈尔科夫大学通晓多种语言的世界史教授卢宁(М. М. Лунин,1809—1844年)在其《对东方最古老民族的史料的看法》①一文中提到司马迁和司马谈,这是俄国历史学家关注中国史学的最早记录。卢宁关注《史记》的史料意义,认为中国历史学中缺少理论概括,长于平铺直叙的思维脉络。他由此提出这种思维脉络影响到中国人的家庭关系与亲族关系。1850年,俄国最重要的史学家蒂莫菲·格兰诺夫斯基在为莫斯科大学历史系编写的世界史教材中关注到中国历史②,提到中国历史发展的独特性以及民族特点等。19世纪后半期俄国学术界对于世界史研究的关注和对人类历史文化类型的探索,特别是俄国思想家以欧洲或中国为参照对俄国未来发展方向的研究,成为汉学家们研究中国历史的强心剂,对中国历史和中国文化性质的研究在数量和质量上较前一时期有了长足的飞跃。19—20世纪之交,由于西方列强加紧瓜分在华利益,中国发生了剧变,维新变法、义和团运动、辛亥革命等吸引着俄国人的关注,中国成为20世纪初一段时间里俄国(苏联)历史学界关注的重要对象。同时,俄国也经历了社会剧变和国家体制的更迭变迁。在苏维埃政权进入巩固期后,苏联最重要的历史研究学术期刊《历

---

① М. М. Лунин, Взгляд на историографию древнейших народов Востока, Москвитянин, 1842, ч. 4, №8, с. 112-145; ч. 5, №9, с. 104-147.

② Т. Н. Грановский, Программа всеобщей истории. ПОлное сочинений, том II, СПб., 1905. Стр. 359.

史学问题》为了解苏联以及苏联解体后的俄罗斯对中国历史的研究情况提供了良好的文献基础。

《历史学问题》发刊于1945年[①]，当时苏共中央发布决议，认为当时以历史研究为主题的学术期刊不够完善，委托苏联科学院历史学研究所主办学术月刊《历史学问题》。从创刊起，该刊就是苏联史学界最权威的学术刊物。在创刊的早期，《历史学问题》的栏目包括研究文章（苏联史、世界史）、专题研究、评论与书目（历史学在苏联、历史学在国外）、大事记。后来在发展过程中，"评论"栏目中除书评外，还加入了专门的评论文章。信息类的栏目除"大事记"外，还专设了"报道""信息"等栏目。

苏俄史学界对中国历史的关注首先反映在"研究文章"这一栏目中。1945—2014年间，《历史学问题》"研究文章"栏目共刊登以中国问题为主题的研究文章近70篇。虽然在苏俄汉学家群体中，以中国历史为研究对象的占多数，但研究成果引起苏俄历史学界关注、在《历史学问题》上发表文章的汉学家只是其中的一小部分，从这一点可以看出，汉学家是苏俄学术领域中一个独立的学者群体，与其他历史学研究领域有交叉，但交叉范围并不大。"评论与书目"栏目在《历史学问题》杂志中占每期篇幅的三分之一，其中"世界史"部分的一些书评是针对受到学界广泛关注的俄罗斯汉学家的研究著作的，通过这类文章可以了解俄罗斯汉学家在中国历史研究、中国历史编纂和翻译方面的成就，这些成就也是苏俄汉学家对苏俄历史学界的贡献。而其中的"历史学在苏联"和

---

① 苏维埃政权稳定后，1926年，苏联马克思主义历史学家协会创办了《马克思主义历史学家》杂志，1930年起该刊不仅成为协会的会刊，同时也隶属于共产主义历史学研究所。1930年，该所并入苏联科学院，《马克思主义历史学家》成为苏联科学院历史学研究所的刊物。1931年，苏联《星火》杂志社创办了《阶级斗争》杂志，1932年起，《阶级斗争》杂志隶属于《真理报》报社。1937年起，《阶级斗争》杂志更名为《历史学杂志》。1941年，《马克思主义历史学家》与《历史学杂志》合并，并更名为《历史学问题》，成为受苏共中央高度重视的、苏联最权威的历史学学术期刊。

"历史学在国外"部分,则旨在反映苏联史学动态和世界各国的史学研究动态,其中也包括苏联汉学家关于中国历史研究的动态和中国史学界的动态。

在中苏关系的不同发展时期,苏俄历史学者研究中国问题的关注点有所不同,大体说来可分为"中苏友好时期""中苏交恶时期""中苏关系恢复正常化至今"几个阶段。

(一)中苏友好时期(1945—1960年)

苏联非常重视对历史研究领域的控制,旨在从马克思主义史学出发,通过历史的梳理证明苏维埃社会主义国家的合理性。在苏联时期,列宁、斯大林都曾亲自撰文阐发适应其政治目的的历史观,领袖人物的思想不可避免地成为苏联时期历史学领域的指导思想,要求历史学者"运用辩证唯物主义的科学方法,研究人类社会发展的规律,首先研究人类社会的生产力和生产关系,研究劳动人民大众的历史",重新研究俄罗斯民族的起源、俄罗斯文化的发展过程等历史重大问题,编纂历史教科书,从而向大学、中学、小学学生灌输苏维埃国家发展需要的史学观。由于中国与苏联在地缘上相邻,在进行民主革命时期,孙中山就提出了"联俄"的思想,加上共产国际与中国共产党的联系,苏联历史学家对于列宁和斯大林关于中国的看法以及中国对马克思主义的接受情况也有梳理(见下表)。

期号	篇名	作者
1952年第1期	列宁论中国与中国革命	В. Н. 尼基福罗夫
1952年第11期	斯大林著作中的中国革命问题	Е. Ф. 科瓦廖夫
1958年第5期	马克思主义在中国传播史	姜春芳[音译,Цзян Чун-фан(КНР)]
1960年第4期	列宁与中国	А. А. 马尔蒂诺夫

在列宁的著作中,对于中国的关注集中在中国的社会制度问题和中国的革命运动问题两个方面。因此对这两个问题的研究自然成为苏联

史学界关注的焦点。1945—1960年间《历史学问题》上发表的研究论文很明显地透露出,苏联史学界在中国问题研究中对这两个问题格外重视(见下表)。

期号	篇名	作者
1947年第7期	1925—1927年革命前中国的政治关系	Г. 维京斯基
1952年第10期	民族反帝统一战线形成前的中国工人运动	Н. П. 维诺格拉多夫
1953年第6期	19世纪末中国的维新斗争	С. Л. 齐赫文斯基
1953年第10期	中华民族的形成问题	Г. В. 叶菲莫夫
1954年第1期	中华人民共和国解决民族问题的成绩	Т. Р. 拉希莫夫
1954年第8期	1931—1945年间中国东北的游击运动史	刘永安(音译,ЛюЮн-ань)
1954年第10期	1925—1926年间的省港大罢工	阿卡托娃
1954年第10期	中国人民解放战争的完成阶段	Г. В. 阿斯塔菲耶夫
1955年第8期	1910年长沙的"米潮"	丁元英(音译,Дин Юань-ин)
1956年第2期	中国共产党为民族统一战线而进行的斗争	К. В. 库库什金
1956年第2期	中国人民解放战争的完成阶段	Г. В. 阿斯塔菲耶夫
1956年第9期	1856年太平天国内部的斗争	马红莫(音译,Ма Хун-мо)、В. Н. 尼基弗罗夫
1957年第2期	中国社会经济制度问题	Л. И. 杜曼
1958年第10期	1919年五四运动——中国新民主主义革命的开端	В. П. 伊凌
1960年第2期	1912—1914年间白朗领导的农民起义	
1960年第2期	1937—1945年间国统区工人阶级的状况和斗争	中华全国总工会工运史研究小组
1960年第7期	中国统一战线史	В. И. 格鲁宁

苏联是世界上第一个对中华人民共和国的成立做出回应并与之建立正式外交关系的国家,中华人民共和国成立后,中苏史学界往来密切。1951年列宁格勒大学教授叶菲莫夫就曾访问中国,并前往中国科学院拜访,与中国历史学者交流,回国后他撰写了《中华民族的形成问题》。中苏两国的密切交往和史学界所秉承的相近的思维框架,使得两国史学研究的路径也有很大的一致性,研究对象和内容也趋同,如阿卡托娃在1954年第10期《历史学问题》上发表的关于省港大罢工的文章,后经魏宏运、来新夏整理翻译,发表于中国史学研究的重要期刊《历史教学》的1956年第8期。

在这一时期,中国学者也为中苏史学交流做出了贡献:1953年,中国科学院代表团访问苏联,代表团中的人文科学学者是从事历史学研究的刘大年和从事语言学研究的吕叔湘。刘大年在苏联科学院哲学历史学部做了题为"中国历史科学现状"的演讲,演讲的内容刊登在《历史学问题》1953年第5期,回应了苏联史学界对中国史学研究的兴趣(见下表)。

期号	篇名	作者
1953年第5期	中国历史科学现状	刘大年
1955年第6期	1905年中国报刊中的俄国革命	容梦元(音译,Жун Мэн-юань)
1956年第12期	20世纪初俄国、中国各民族的革命联系	А. Н. 海费茨
1958年第4期	1918—1920年间中国铁路俄国工人与中国工人共同反对武装干涉者和白卫军的斗争	А. Н. 海费茨

苏联史学家运用马克思主义的阶级斗争理论,在分析世界历史的过程中,"揭露帝国主义各国统治者的反人民政策,揭穿反动势力旨在巩固和维护奴隶制和殖民地区道制的活动,揭穿反对势力旨在发动侵略战争的活动"。为此,这一时期苏联历史学者对中国的关注,也体现在以中国为中心的国际关系史研究上(见下表)。

期号	篇名	作者
1950 年第 5 期	日本侵略朝鲜与 1894—1895 年间的甲午战争	А.纳罗契尼茨基
1950 年第 7 期	蒋介石集团与 1938—1941 年间的"远东慕尼黑"政策	В. Н. 尼基弗罗夫
1952 年第 1 期	美英资本主义者是太平天国起义的扼杀者	М. 巴拉诺夫斯基
1952 年第 12 期	美国侵略琉球、博宁和台湾的最初试探（1853—1857）	Б. П. 波列伏依
1957 年第 8 期	美国干涉中国事务史	吴东志（音译，У Дун чжи）
1960 年第 9 期	19—20 世纪之交的德国垄断资本在中国的渗透	А. С. 耶鲁萨利姆斯基
1960 年第 11 期	国际东方学论坛（第 25 届国际东方学大会综述）	Б. Г. 加弗罗夫

在"评论与书目"栏目的"世界史"部分中，苏联历史学者既对汉学家的中国历史研究著作予以评论，也关注中国历史学者的著作，这一点也体现了中华人民共和国成立后中苏友好时期两国史学界的交流。《毛泽东选集》第一卷和第四卷，郭沫若、邓中夏、胡绳、罗尔纲、刘大年等中国历史学者的著作都引起了苏联史学界的关注（见下表）。苏联学者尤其关注中国近现代史上的革命史部分，对太平天国运动、同治中兴、西方列强对中国的侵略等均有研究。正是在这一时期，苏联出版了《史记》的俄文摘译本，体现了苏联史学界对中国史学传统的关注。

期号	文章作者	被评著作名	被评著作作者
1950 年第 12 期	Н. 叶罗菲耶夫	英国在华商人与外交部	纳坦·佩尔科维奇
1952 年第 10 期	Н. Б. 祖布科夫，К. В. 库库什金	帝国主义与中国政治　美国侵华史　美国经济侵华史	胡绳 刘大年 钦本立

(续表)

期号	文章作者	被评著作名	被评著作作者
1953年第3期	Т. Н. 阿卡托娃	中国工会运动简史	邓中夏
1953年第3期	Е. А. 别洛夫	窃国大盗袁世凯	陈伯达
1953年第4期	Е. Ф. 科瓦列夫	毛泽东选集(第一卷)	毛泽东
1953年第4期	Н. П. 斯维斯图诺夫	中国人民解放战争史	廖盖隆
1953年第7期	В. П. 伊柳舍奇金	中国新民主主义革命史	胡华
1953年第9期	Я. М. 佩尔格尔	中国进步史学家论太平天国运动	С. К. 尚塔诺夫
1954年第1期	В. П. 伊柳舍奇金	军队在中国革命第一阶段的作用	М. Ф. 尤里耶夫
1954年第4期	Т. Н. 阿卡托娃	近代中国地租概说	陈伯达
1954年第9期	В. А. 鲁宾、С. И. 扎列茨卡娅	太平天国的理想国	罗尔纲
1954年第10期	Г. Я. 斯莫林	中国出版的马列主义经典文献	И. И. 图托夫
1954年第12期		中国出版的历史学新书	
1955年第1期	А. А. 马丁诺夫	毛泽东选集(第四卷)	毛泽东
1955年第12期	В. Н. 尼基弗罗夫	中国史纲	
1955年第9期	С. И. 扎列茨卡娅	中国新土地的耕作	唐启玉(音译,Тан Ци-юй)
1955年第10期	Р. А. 米罗维茨卡娅	辛亥革命期间中国的政治斗争	李书(音译,Ли Шу)

(续表)

期号	文章作者	被评著作名	被评著作作者
1957年第2期	Л. В. 西蒙诺夫斯卡娅	司马迁《史记》节译本	
1957年第3期	И. А. 霍托什	1895—1900年间瓜分中国与美国的开放门户政策	А. А. 弗尔先科
1957年第3期	Ф. Б. 别列留布斯基	忠王李秀成自传原稿笺证	罗尔纲
1959年第3期	С. Л. 齐赫文斯基	同治中兴:中国保守主义的最后抵抗	芮玛丽
1959年第12期	А. А. 弗尔先科	1894—1899年间中国的对外政策	Г. В. 叶菲莫夫
1960年第11期	Л. С. 佩列洛莫夫	青铜时代	郭沫若

苏联汉学家为回应史学界对中国近代史的关注,翻译整理了中国近代史和中国现代史上的鸦片战争资料、捻军起义资料、太平天国资料、陕甘回民起义资料、戊戌变法资料、义和团起义资料、第一次国内革命战争资料、第三次国内革命战争资料的汇编,为苏联史学界的中国史研究提供了充实的史料基础(见下表)。

期号	作者/编者	相关史料集书名
1954年第5期	В. А. 鲁宾	义和团起义资料
1954年第11期	С. И. 扎列茨卡娅	中国回民起义资料
1955年第1期	В. А. 鲁宾	太平天国:中国近代史资料(八卷本)
1955年第3期	Г. Я. 斯莫林	戊戌变法:中国近代史资料(四卷本)
1955年第7期	Ю. А. 波普科夫	第一次国内革命战争期间的农民运动资料
1955年第8期	В. И. 格鲁宁	第三次国内革命战争:中国现代史资料
1956年第2期	М. Р. 扎赫马托娃	第一次国内革命战争时期的工人运动:中国现代史资料

(续表)

期号	作者/编者	相关史料集书名
1956年第8期	С. И. 扎列茨卡娅	鸦片战争:中国近代史资料(第一卷)
1959年第11期	К. 切卡诺夫	1853年—1868年间的捻军起义资料

这一时期,"评论与书目"栏目中的"历史学在苏联"和"历史学在国外"部分关于中国的内容非常丰富,包括中国史学研究的最新问题、中国史学研究的动态、中国的历史学研究的期刊介绍。相关信息既有来自苏联汉学家的,也有来自中国学者、杂志编辑部的,还有关于其他国家的中国历史研究乃至国际汉学大会的信息(见下表)。

期号	作者	篇名
1954年第3期	没有署名	考古科学在中国
1954年第3期		中国出版的几种历史学论著
1954年第6期		新的中国历史杂志
1954年第6期		关于中国革命的各阶段
1954年第7期		中国出版的历史学论著
1954年第9期		中国历史学家胡绳论中国近代史分期
1954年第10期	В. Н. 尼基弗罗夫	中国人民大学讨论美国历史的书籍
1954年第10期	刘永安	中国历史周刊的介绍
1954年第12期		中国出版的历史学论著
1955年第2期	С. Л. 齐赫文斯基	第七届国际青年汉学家大会
1955年第5期	刘永安	中国的《史学》杂志介绍
1955年第10期	В. Н. 尼基弗罗夫	北京历史博物馆
1956年第3期	Л. С. 屈扎德日扬	中国出版的历史学书籍
1956年第3期	Г. Я. 斯莫林	山东大学的《文史哲》杂志

(续表)

期号	作者	篇名
1956年第6期		太平天国新史料
1956年第8期	王思志、戴逸	中国人民大学的学术研讨会:历史学者提出新问题
1957年第1期	П. Е. 斯卡奇科夫	К. А. 斯卡奇科夫被遗忘的图书收藏
1957年第2期	И. Я. 兹拉特金、С. В. 基谢廖夫	蒙古人民共和国、中华人民共和国和苏联历史学家在乌兰巴托召开学术会议
1957年第3期		钱宏(音译)的《中国近代史》
1957年第6期	Р. А. 米罗维茨卡娅	中国学者关于资本主义在中国的起源问题的讨论
1958年第5期	О. С. 索罗科	1957年苏联科学院中国学研究所和东方学研究所的论著
1958年第7期	Л. С. 屈扎德日扬	中华人民共和国历史学领域中与资产阶级权威的斗争
1958年第9期	罗尔纲	关于忠王李秀成自传手稿的讨论
1959年第1期	《历史研究》编辑部	中国历史学现状
1959年第2期	И. М. 屈扎德日扬	关于中国人民反帝斗争的新书
1959年第4期	Б. П. 古列维奇,Е. Д. 斯捷潘诺夫	中华人民共和国发展国际关系的珍贵文件
1959年第6期	С. Л. 齐赫文斯基	写在剑桥第十二届国际汉学家大会前夕
1959年第11期	Н. К. 康斯坦丁诺维奇	第十二届国际汉学家大会
1959年第11期	法谢·约瑟夫	捷克的中国历史研究

(二) 中苏交恶时期(1960—1985年)

1960年在莫斯科举行的81国共产党大会上,中苏之间发生正面论战冲突。同年7月,苏联正式照会中国外交部,将限期召回正在华从事援助工作的所有苏联专家,从而中止了中苏之间的所有经济合同。由此,中苏关系全面恶化。

这一时期《历史学问题》的整体篇幅加大至近220页,栏目也进行了调整,分为"研究文章""历史学在苏联""历史学在国外""国外杂志文摘""大事记""来信和建议"。

中苏史学界的交流随着两国关系的恶化而骤然冷却,前一时期的《历史学问题》几乎每期都刊发关于中国的内容,而在中苏交恶时期,关于中国的研究文章和学术交流信息骤减,关于中国的内容每年只出现一两篇。二十多年间"研究文章"栏目刊发关于中国历史的文章仅33篇,其中还包括20世纪70年代中苏之间因政治观点和两国边界冲突导致的历史学者从国家利益出发展开的"骂战",而从学术角度研究历史问题的文章只占半数。在这一时期,研究主题除前一时期的中国近代史、中国现代史、中国革命史、国际关系史等问题外,还出现了一些新内容:一是对中国古代历史文化的关注,二是苏联历史学者对苏联(俄国)研究中国的历史的关注(见下表)。

期号	作者	篇名
1961年第1期	Л. С. 屈扎德日扬	唤醒亚洲时期的越中革命关系
1961年第11期	С. Л. 齐赫文斯基	美国历史编纂领域对孙中山对外政策的关注
1962年第5期	И. М. 马依斯基	成吉思汗
1963年第9期	维恩舍·雷纳德	1931—1933年间德国垄断资本在中国的渗透
1963年第10期	Р. В. 越特金,С. Л. 齐赫文斯基	中华人民共和国历史学领域的一些问题
1963年第12期	С. Л. 齐赫文斯基	1917—1925年间孙中山对苏俄的态度
1966年第9期	С. Л. 齐赫文斯基	满族在中国清代的统治

(续表)

期号	作者	篇名
1967年第3期	B. A. 鲁宾	中国政治思想的两个来源
1968年第10期	Л. С. 瓦西里耶夫	儒学在中国
1970年第12期	B. H. 尼基弗罗夫	列宁著作中的中国历史问题
1972年第2期	B. H. 尼基弗罗夫	苏联汉学史
1973年第2期	C. Л. 齐赫文斯基	论中国近代史问题
1974年第12期	Л. С. 瓦西里耶夫	古代中国文明的起源
1977年第3期	A. A. 博克夏宁	15世纪初中华帝国的边疆民族政策
1977年第4期	A. H. 海费茨	列宁与1917—1924年间的中国
1977年第11期	E. Ф. 科瓦廖夫	十月革命与中国
1979年第2期	P. B. 越特金	现阶段的中华人民共和国历史学
1985年第11期	C. Л. 齐赫文斯基	当代国外关于孙中山的研究

这一时期在"历史学在苏联"栏目中,关于中国的信息主要是书评和介绍性的文章,虽然研究文章刊登得不多,但从书评的情况可见这一时期苏联历史学者出版的关于中国的著作并不少。以目录学家斯卡奇科夫的藏书为基础修订而成的《中国书目》第二版,其中集中了1730—1957年间以俄文发表或出版的关于中国的所有论、译、著成果的信息。辛亥革命依然是这一时期苏联历史学者关注的主题,中国历史、中国传统文化、中俄关系史、20世纪中苏关系、中国的对外关系等方面的研究成果也有增多。具体如下表所示。

期号	作者	被评著作名	被评著作作者
1961年第10期	E. Ф. 科瓦列夫	中国书目	П. E. 斯卡奇科夫

(续表)

期号	作者	被评著作名	被评著作作者
1962年第1期	В. Н. 尼基弗罗夫	纪念辛亥革命50周年	同上
1962年第3期	В. Н. 尼基弗罗夫	斯卡奇科夫关于中国历史的论著	
1971年第10期	Е. В. 扎瓦德斯卡娅	中国的偶像、宗教、传统	Л. С. 瓦西里耶夫
1972年第9期	С. Л. 齐赫文斯基	1925—1927年间在中国的军事顾问的笔记	А. И. 切尔帕诺夫
1973年第2期	Л. П. 杰柳辛	抗日战争（1937—1941年）与日本在中国的殖民政策	Б. Г. 萨博日尼科夫
1973年第10期	Л. А. 别列兹内依 Г. В. 叶菲莫夫	论中国历史重要阶段的书	
1973年第11期	А. М. 沙尔科夫	中国与日本	М. И. 斯拉德科夫斯基
1975年第6期	А. Ю. 莫斯科文	中华人民共和国的对外政策与国际关系	В. Н. 尼基弗罗夫
1975年第8期	Р. А. 米罗维茨卡娅	1925—1945年在中国的土地上：苏联志愿者的回忆	
1975年第12期	В. Н. 尼基弗罗夫	中国通史	
1976年第3期	А. А. 博克夏宁	19世纪东北的满洲人	Г. В. 梅利霍夫
		17世纪蒙古南方和北方的清帝国政策	И. С. 卡尔马琴科
1977年第1期	Е. Ф. 科瓦廖夫	1911—1913年间的中国的资产阶级革命与孙中山：事实与问题	Г. В. 叶菲莫夫
1978年第3期	Р. М. 布罗茨基 В. Н. 库季克	中国的历史与现代性	С. Л. 齐赫文斯基
1978年第8期	В. 瓦宁	1917—1974年间苏联与中国的经济贸易关系史	М. И. 斯拉德科夫斯基

(续表)

期号	作者	被评著作名	被评著作作者
1980年第9期	П. П. 谢沃斯季亚诺夫	三个十年,三种政策	M. C. 贾丕才
1981年第8期	Л. А. 别列兹内依	1937—1945年抗日战争时期的苏中关系	А. М. 杜宾斯基
1982年第6期	В. Н. 尼基弗罗夫	辛亥革命的思想先驱	
1982年第7期	Ю. В. 丘多杰耶夫	首批中国革命家	В. Н. 尼基弗罗夫
1982年第5期	В. А. 亚历山德罗夫	清代中国与17世纪的俄国	В. С. 米亚斯尼科夫
1982年第7期	Л. А. 别列兹内依	1927—1931年间的革命运动	А. М. 格里戈里耶夫
1984年第9期	В. М. 马萨耶夫 С. В. 弗拉基米罗夫	孙中山:道路的探索(1914—1922)	Г. В. 叶菲莫夫

这一时期"历史学在国外"栏目中关于中国的文章如下表所示。

期号	作者	篇名
1961年第2期	В. А. 鲁宾	关于中国农民战争问题的讨论
1961年第9期	Л. С. 佩列洛莫夫	中华人民共和国对太平天国起义史的研究
	В. А. 鲁宾	纪念中国伟大的史学家诞辰1 300周年
1962年第4期	Л. С. 佩列洛莫夫	关于封建中国土地所有制问题的讨论
1962年第4期	Н. П. 克利门科	英国社会与第二次鸦片战争
1963年第4期	В. А. 鲁宾	太平军是不是中国农民思想的里程碑

(续表)

期号	作者	篇名
1965 年第 6 期	С. Л. 齐赫文斯基	1919—1927 年间的中国工人运动
1967 年第 3 期	Ю. М. 科斯京	华侨在辛亥革命中的作用
1973 年第 9 期	А. А. 沃洛霍娃	国民党统治下的中国的"蓝领"
1974 年第 8 期	А. А. 沃洛霍娃	国际帝国主义与中国
1975 年第 10 期	Ф. Б. 别列留布斯基	戚本禹极左思想是太平天国史的歪论
1976 年第 3 期	М. Л. 加夫林	俄华银行的背景

这一时期发表的几篇回忆录性质的文章,也为苏联史学界提供了史料,见下表。

期号	作者	篇名
1966 年第 11 期	马祥(音译,Ма Сян)	跟随孙中山的十年
1966 年第 12 期		
1979 年第 12 期	М. И. 雅科夫列夫	60 年代的中国(亲历者笔记)

(三)中苏关系恢复正常化至今(1985 年至今)

1985 年戈尔巴乔夫执政后,中苏两国调整对外政策,开始了两国关系正常化的进程。这一时期也是苏联、东欧发生剧变,中国推行改革开放政策之后迅速发展的时期。中苏两国自身学术环境和学术需求的变化、两国关系的变化、国际局势的变化、学术的发展等各方面的综合因素,都促使这一时期苏俄史学家笔下的"中国"与前两个时期相比大有不同。新史料的发掘也是这一时期中国史学在俄罗斯世界史研究领域的一大亮点。这一时期"研究文章"栏目和"专题研究"栏目发表的关于中国的文章如下表所示。

期号	作者	篇名
1985 年第 11 期	С. Л. 齐赫文斯基	当代国外关于孙中山的研究
1988 年第 4 期	Ю. М. 加列诺维奇	处于新的发展阶段的中国
1988 年第 6 期	М. С. 贾丕才	再论成吉思汗在历史上的作用
1990 年第 11 期	Н. С. 库列舍夫	20 世纪初的俄国与西藏危机
1999 年第 3 期	В. С. 库兹涅佐夫	20 世纪上半叶的日本与中国西藏
1999 年第 10 期	Е. В. 多贝奇娜	19—20 世纪之交俄罗斯关于日本在华军事影响的调查
2000 年第 9 期	吉田胜次	日中战争中的钓鱼岛列岛问题
2002 年第 5 期	А. В. 吉瓦	中国的改革模式
2004 年第 10 期	В. С. 库兹涅佐夫	中国辛亥革命家
2005 年第 7 期	А. С. 阿夫托诺莫夫	18—19 世纪俄国东正教驻北京使团的外交活动
2006 年第 5 期	А. Н. 霍赫洛夫	孙中山和他在中国兴建铁路的计划
2007 年第 3 期	Е. А. 斯特罗戈娃	雅库特的中国移民
2007 年第 6 期	С. В. 卡列谢夫	被俘苏联期间的溥仪
2008 年第 4 期	И. В. 鲁科扬诺夫	19 世纪末俄国政策中的旅顺
2010 年第 5 期	Н. Н. 克拉丁	西方最新研究中的成吉思汗帝国
2010 年第 10 期	В. С. 库兹涅佐夫	1950—1954 年间中印关系中的西藏
2011 年第 8 期	О. И. 马卡尔丘克	中国辛亥革命的国际因素

这一时期，由于各种禁锢的解除，大批资料得到解禁，为一些历史事件的综合研究提供了条件，对一些重要人物的研究成果也丰富起来。以下是这一时期刊登的历史综述文章和"人物肖像"栏目的内容。

期号	作者	篇名
1985 年第 12 期	В. С. 米亚斯尼科夫	17 世纪中国人关于俄国的信息
1986 年第 12 期	А. В. 梅利克谢托夫	评 Л. Н. 布罗夫的《中国的社会思想与社会主义（20 世纪初）》
1988 年第 6 期	С. Л. 齐赫文斯基	周恩来
1989 年第 3 期	Л. С. 瓦西里耶夫	孔子
1989 年第 8 期	А. С. 吉托夫 В. Н. 乌索夫	刘少奇
1990 年第 1 期	В. С. 米亚斯尼科夫	毛泽东
2002 年第 8 期	В. С. 库兹涅佐夫	袁世凯
2003 年第 12 期	В. С. 库兹涅佐夫	慈禧太后
2009 年第 7 期	В. С. 库兹涅佐夫	孙中山
2009 年第 12 期	ДВ. Г. 达奇申	固里主教
2014 年第 7 期	А. В. 吉瓦	邓小平

"史料学"栏目通过运用新史料或新视角，对以往的研究进行了梳理（见下表）。

期号	作者	篇名
1988 年第 9 期	Ю. А. 索罗金	评 В. С. 库兹涅佐夫《努尔哈赤》
		评 В. С. 库兹涅佐夫《从新都到中国长城》
1990 年第 8 期	孙成木（音译，Сунь Чэнму）	中国历史学家关于苏联史的研究
1994 年第 4 期	А. С. 马丁诺夫	评 Л. С. 佩列洛莫夫《孔子：生平、学说、命运》
1994 年第 5 期	Г. В. 梅利霍夫	遥远又亲近的满洲
2001 年第 10 期	В. В. 杰戈耶夫 Л. В. 科什曼 Н. Е. 阿布洛娃	中东铁路史与在华俄侨（20 世纪上半叶）

(续表)

期号	作者	篇名
2003 年第 5 期	А. Н. 霍赫洛夫	科瓦列夫斯基 1830—1831 年间的北京之行及其与俄国边疆学者的联系
2011 年第 6 期	В. Г. 布罗夫	中国精神文化大典
2012 年第 7 期	В. С. 库兹涅佐夫	天朝历史(第一卷):成吉思汗家族前五汗史

"回忆录"栏目和杂志新开设的"人、事件、事实""历史与命运""学术大事"等栏目刊登了大量新发现或新整理的史料(见下表)。

期号	作者	篇名
1989 年第 9 期	李春龙(音译,Чуньлун Ли)	布哈林在中国的活动与著作研究
1990 年第 10 期	Л. А. 斯拉斯特尼科娃	俄国第一份报纸上关于中国的信息
1997 年第 10 期	В. С. 库兹涅佐夫	当代中国的儒家思想
1998 年第 1 期	А. А. 希萨穆特季诺夫	大连的俄罗斯人
1998 年第 4 期	В. Г. 达奇申	万寿山
1998 年第 10 期	Н. С. 杰洛夫	汉学家和考古学家阿列克塞司祭
2002 年第 3 期	В. П. 纳博卡	1950 年在华的苏联飞行员
2005 年第 11 期	Б. А. 纳哈佩托夫	被围困时期的旅顺医疗急救组织
2006 年第 5 期	В. Ш. 别姆别耶夫	成吉思汗帝国的卫拉特人
2008 年第 4 期	О. В. 扎列斯卡娅	1920—1930 年间苏联远东的对华走私贸易
2009 年第 11 期	А. Н. 霍赫洛夫	北京的第一位俄语教师

(续表)

期号	作者	篇名
2010年第11期	Д. В. 吉谢廖夫	20世纪初远东俄俘与中国犯罪事件
2011年第1期	赵永华	20世纪上半叶的俄侨报刊
2012年第4期	А. А. 希萨穆特季诺夫	亚太地区的俄罗斯墓地
2012年第11期	А. Н. 霍赫洛夫	俄罗斯报刊中的中国：1911—1912年革命
2012年第11期	李关秋（音译，Ли Гуаньцюнь）范婷婷（音译，Фан Тинтин）	20世纪50年代苏联在核武器研制方面的援华活动
2013年第2期	Е. Б. 巴里诺娃	古代与中世纪中国与中亚地区各民族的民族文化接触
2014年第2期	А. А. 吉姆	公元732—735年间中国唐朝的对外战争
2014年第4期	А. Н. 霍赫洛夫	1915年袁世凯总统恢复帝制的企图

四、中国史学著作在俄罗斯传播：以《史记》的收藏与翻译为例

作为中国古代最重要的典籍之一，《史记》不仅为中国历代史家提供了典范，也被世界各民族广泛关注。《史记》自18世纪进入俄国，直至21世纪被全文翻译成俄文并注释的过程，折射了中国文化在俄罗斯传播的历史轨迹。

早在俄罗斯汉学刚刚起步的18世纪，《史记》便已传入俄国。1753年，彼得堡科学院为恢复毁于火灾的珍宝馆，专门到中国采购馆藏品，其中便有《史记》。查阅1766年编写的科学院图书馆的中国图书的目录，

可知《史记》也在其列。随着俄国汉学的发展,俄罗斯各地的图书馆逐渐积累了版本各异的《史记》。进入20世纪,随着俄国对中国了解的增多和中俄接触的深入,俄罗斯社会和学界已不再满足于笼统地了解中国,因而在汉学人才的培养上也体现出了更为专业化的趋势,1912年起,俄国汉学发展的重镇——彼得堡大学东方系开始将《史记》纳入教学内容。1930年以后,在科学院亚洲博物馆的基础上,成立了科学院东方学研究所,该所继承19世纪俄罗斯汉学重视中国史籍的翻译与研究的传统,于1934年由阿列克谢耶夫带领其弟子舒茨基、瓦西里耶夫、杜曼、彼得罗夫、戈尔巴乔娃、西蒙诺夫斯卡娅组成翻译小组,开始了翻译《史记》的浩大工程。遗憾的是,此后接踵而至的苏联政治风暴和第二次世界大战的爆发阻碍了这一计划的实施。20世纪50年代,经历了政治波折和战争的苏联汉学界再次将《史记》的翻译提上日程。1956年,帕纳秀克的《〈史记〉选译》①在莫斯科出版;1958年,苏联最重要的汉学期刊《苏联的中国学》第四期刊登了佩列洛莫夫译注的《史记·陈涉世家》②。自1972年起,苏联科学院远东所汉学家越特金开始陆续出版《史记》③的俄译全本,到2010年,共计九卷译注详备的《史记》俄文全译本全部出齐,成为俄罗斯汉学界令世界瞩目的成就。《史记》俄文全译注释本是世界上第一个《史记》西文全译本。俄罗斯人收藏和翻译《史记》的历史是中俄史学文化交流的具体体现。

(一)《史记》在俄罗斯的收藏

在18世纪上半叶,彼得堡科学院最早的藏书中就有《史记》。19世纪俄国东正教驻北京使团的藏书中虽无《史记》全本,但却藏有明代凌迪知

---

① Избранное. Пер. В. П. Панасюка. М., 1956.

② Сыма Цянь о Чэнь Шэне. Пер., выступление и ст. и комментария Л.С.Переломова. Советское китаеведение. 1958, №4, с. 192-205.

③ Исторические записки(Ши цзи). Пер. и комментарии Р.В.Вяткина. Т.I-IX, М., 1972-2010.

摘录《史记》字句、按类编次而辑成的《太史华句》①。瓦西里耶夫在彼得堡大学东方系编写的讲义《中国文献史资料》②中介绍中国典籍时,"史部"第一种便是《史记》,为司马迁《史记》与裴骃《史记集解》、司马贞《史记索隐》和张守节《史记正义》的合订本,遗憾的是,书中并未介绍《史记》的详细著录信息。2012年,圣彼得堡大学孔子学院资助出版的《瓦西里耶夫中文藏书目录》③中,与《史记》相关的书籍有两种——《史记菁华录》和《史记》。《史记菁华录》④为清代钱塘人姚祖恩从篇幅长达57万字的《史记》中抽取约10万字篇幅并加以点评,分析《史记》的章法结构和字法句法,钩稽喻意,是《史记》选评本中的优秀之作。自康熙六十年(1721年)刊行以来,常被作为学史者的入门书籍,后又作教材使用。该书在圣彼得堡大学东方系图书馆⑤也有收藏,但未必曾是瓦西里耶夫的私人藏书。因为瓦氏最后一次来华是于1890年前往伊犁。现在这部书目中所著录的《史记菁华录》为上海商务印书馆的石印本,1897年成立的上海

---

① Китайская библиотека и ученые труды членов Императорской российской духовной и дипломатической миссии… СПб., 1889, с. 11.

② Материалы Истории Китайской литературы. Лекции, читанныя заслуженнымъ профессоромъ С.-Петербургскаго Императорскаго Университета. В. П. Васильевымъ. Лит. Иконникова, П. Рыбацк. ул. Д. №8. Съ разрешением проф. Васильева скрепилъ В. Ловяшинъ. 该书为石印本。

③ 叶可嘉、马懿德:《圣彼得堡大学东方系图书馆收藏王西里院士中国书籍目录》,圣彼得堡国立大学孔子学院。Институт Конфуция в Санкт-Петербургском государственном университете, Завидовская Е.А., Маяцкий Д.И., Описание собрания китайских книг академика В. П. Васильева в фондах Восточного отдела научной библиотеки Санкт-Петербургского государственного университета. Санкт-Петербург, 2012.

④ [清]姚祖恩:《史记菁华录》,上海商务印书馆1921年版。

⑤ 1855年,沙皇俄国将当时俄国与东方学相关的各院校力量集中于彼得堡,创办了彼得堡大学东方系,喀山大学的所有教授、教师、部分大学生、图书及古钱币研究室的一部分迁往彼得堡。此后,彼得堡大学成为俄国东方学人才的培养基地,在半个多世纪的时间里(至1899年海参崴成立东方语言学院)培养了沙俄中国事务所需要的几乎所有人才。见[俄]斯卡奇科夫:《俄罗斯汉学史》,第291—348页。

商务印书馆在创办之初以教科书出版为其主业，特别是史学教科书，《史记菁华录》刊印时间不会早于1897年，因而不是瓦西里耶夫1840—1850年间随俄国东正教驻北京使团驻扎北京期间所得。瓦西里耶夫回国后，先后在喀山大学和彼得堡大学主持汉语和满语教学，1890年为看望在维尔内（今阿拉木图）的女儿而顺路前往伊犁，其间未见购书记录。1900年瓦氏去世。因而这部1897年之后刊印的《史记菁华录》应该是后来专门为彼得堡大学东方系的教学而购买的，或来自其他由中国返回俄国的外交人员，如1902年由俄驻华公使馆回国的波波夫等。《圣彼得堡大学东方系图书馆收藏王西里院士中国书籍目录》中的《史记》[1]附有牌记图片，言"同治五年首夏金陵书局校刊九年仲春毕工"，说明该书为清代校刊的金陵书局本（"局本"）《史记》。局本《史记》是唐仁寿、张文虎校勘《史记集解索隐正义》的合刻本，共130卷，同治五年开始刊刻，历时四年，于同治九年完成，是明清《史记》刻本中的一流善本。《目录》中称该书为"上海扫叶山房石印"。"扫叶山房"为明代后期洞庭席家弟子与人合伙创立于松江与苏州，取古人"校书如扫落叶"之意命名，在康熙及乾嘉年间经历了几代辉煌，至咸丰年间，清兵与太平军在苏松一带激战，殃及席氏书坊，使之在战乱中损失颇大。迫于形势，扫叶山房迁至上海，先在县城设立分号，此为后来的上海扫叶山房南号，光绪年间（1888年）又在棋盘街设立北号。扫叶山房在中国印刷史上较早采用石印技术，光绪以后，其石印本开始流传于坊间[2]。扫叶山房存在的时间与瓦西里耶夫在华的时间、地点不符，因此，该书也非来自瓦西里耶夫早年的个人藏书，应属后来进入彼得堡大学图书馆的藏书。扫叶山房石印书籍在俄罗

---

[1] 叶可嘉、马懿德:《圣彼得堡大学东方系图书馆收藏王西里院士中国书籍目录》，第420页。Завидовская Е.А., Маяцкий Д.И. Описание собрания китайских книг Академика В. П. Васильева в фондах Восточного отдела научной бибилотеки Санкт-Птербургского государственного университета. Санкт-Петербург. 2012.

[2] 关于扫叶山房，见马学强:《江南席家与扫叶山房》，《史林》2009年第6期，第10—22页。

斯收藏完整。1912年阿列克谢耶夫进入亚洲博物馆工作以后，通过在华外交官和俄国东正教使团人员与扫叶山房、二酉堂等印书楼建立了联系，购买了两家印书楼刊印的全部图书①。亚洲博物馆的图书后来成为俄罗斯科学院东方文献研究所图书馆的藏书。

在《斯卡奇科夫中文写本和地图目录》中，包括了司马迁《史记·天官书》②。该书应是斯卡奇科夫1848—1859年间作为第十三届使团随团学生在北京时期收藏，是他了解和研究中国天文学的重要资料之一。在这段时间里，适逢俄国东正教驻北京使团利用被驱逐出北京的天主教传教士留下的天文观测仪器，建立了天文观测站。曾在里舍尔耶夫斯基接受天文学教育的斯卡奇科夫受命筹建和管理使团天文观象台③，坚持每日进行天文观测。斯卡奇科夫"研究过《五礼通考》，编制过星宿名录，附有译名并指出其在天河系中的位置"④。斯氏后来于1874年在彼得堡的《国民教育部杂志》上发表的《中国天文学的命运》⑤一文，正是根据在北京主持天文观测站工作时的所得写成的。

俄国东正教驻北京使团成员由北京带回俄国的中文和满文书籍，有的是彼得堡科学院等科研机构或大学指定订购的，有的是使团成员的个人藏书，在回国后卖给俄国一些机构。因此，这些藏书去向不一，目前俄

---

① Азиатский музей—Ленинградское отделение института востоковедения АН СССР. Издательство «Наука», Главная редакция восточной литературы. М., 1972. Стр. 86.

② №206(667)评林会星辰传（Пин линь хуй сн чэнь чжуань）Описание небесных тел с комментариями. Раздел 天官书 Тянь Гуань шу из 史记 «Ши цзи» со сводными комментариями. А.И.Мелналкснис, Описание китайских рукописных книг и карт из собрания К.А.Скачкова. М., 1974. Стр. 142.

③ ［俄］斯卡奇科夫：《俄罗斯汉学史》，第220页。

④ 李福清：《与众不同的俄罗斯汉学研究与收藏家斯卡奇科夫》，田大畏译，载［俄］麦尔纳尔克斯尼斯：《康·安·斯卡奇科夫所藏汉籍写本和地图题录》，国家图书馆出版社2010年版，第3页。

⑤ Судьба астрономии Китая. — «Журнал Министерства народного просвещения», 1874, 5, с. 1-31.[Отд. отт. — СПб., тип. В. В. Балашева. (б. г.), 31 с.]

罗斯国家图书馆(圣彼得堡)、俄罗斯科学院东方文献研究所图书馆是两处主要的收藏地点。

在圣彼得堡的俄罗斯国家图书馆出版的中文写本和善本书目①中，中文善本目录记载，该馆藏有《史记》②一函，共八册，为第1—17卷，来源于彼得堡科学院院士布罗塞③的收藏。目录的著录内容为："刻本，非全本，存一函，八册(1—17卷)，原为130卷。作者司马迁(公元前145—前85年)，注释者裴骃(宋)、司马贞、张守节(唐)。刊印者为陈子龙(字卧子)和徐孚远(字闇公)，素位堂版。附两刊印者所做的序，第一篇序言的时间为崇祯庚辰年(即崇祯十三年)(1640年)。函套及第一册封面上盖印'元'和'文锦堂藏书'。"目录中明确著录其《史记》非全本，只存一函八册17卷，其余卷册藏于俄罗斯科学院东方文献研究所图书馆④。据此在俄罗斯科学院东方文献研究所1973年出版的中文善本书目⑤中查找，其

---

① Российская Национальная Библиотека, *Китайские рукописи и ксилографы Публичной библиотеки. Систематический каталог*. Санкт-Петербург, 1993.D

② 史记 Записки историка. Ксил. Неполный экз. В наличии 1 тао, 8 б., содержащие 1-17 цз.(из 130-ти). 15,5×24,5；14,5×19,6. Авт. Сыма Цянь 司马迁/145-85 до н.э., коммент. Пэй Инь 裴骃(династия Сун), Сыма Чжэнь 司马贞, Чжан Шоуцзу 张守节(династия Тан). Издатели Чэнь Цылун 陈子龙. 2-е имя Воцзы 卧子, Сюй Фуюань 徐孚远, 2-е имя Аньгун 闇公. Выгравировано в издательстве Сувэй-тан 素位堂. Предисл. обоих издателей. Первое предисл. датировано годом Чун-чжэнь гэн-чэнь(1640). На тао и обл. Б. 1 нумерующий штамп 元 первый(из первых) и штам 2,2×2,2 с текстом: 文锦堂藏书 Книга хранящаяс в изд-ве Вэньцзинь-тан. — Российская Национальная Библиотека, *Китайские рукописи и ксилографы Публичной библиотеки. Систематический каталог*. Санкт-Петербург, 1993. Стр. 46.

③ 布罗塞[Мáрий Ивáнович Броссé(Marie-Félicité Brosset)，1802—1880年]，彼得堡科学院法裔院士，东方学家，格鲁吉亚、亚美尼亚研究专家。

④ Российская Национальная Библиотека, *Китайские рукописи и ксилографы Публичной библиотеки. Систематический каталог*. Санкт-Петербург, 1993. Стр. 46.

⑤ Б. Б. Вахтин, И. С. Гуревич Ю. Л. Кроль, Э. С. Стулова, А. А. Торопов, Каталог фонда китайских ксилографов института востоковедения АН СССР, Т. 1. М.: Главная редакция восточной литературы. 1973. Стр. 177.

中《史记》刻本与圣彼得堡国家图书馆藏《史记》可以相呼应。两相对比，圣彼得堡国家图书馆藏《史记》只存有包含第1—17卷的第一函，计八册，而科学院东方文献研究所图书馆存三函，24册，计112卷，非全本是由于缺少第1—17卷。两者均明确著录为含《史记》三家注并徐、陈《史记测议》本。由是观之，两者合二为一可成一套完整的《史记》130卷全本。但两者间也存在矛盾之处，圣彼得堡国家图书馆藏《史记》明确著录为"素位堂"刻本，且第一函和第一册的封面都盖有"文锦堂藏书"的印章；而俄罗斯科学院东方文献研究所图书馆藏本却著录为"同人堂梓行，1806年新镌"；此外，两处藏本开本略有差异。此相合与相异之处需待比对原本，方能辨析明了。"素位堂"和"同人堂"均为明清时期中国刻书重镇苏州的刻书坊家。而关于"文锦堂"，李文藻的《琉璃厂书肆记》中提到，乾隆年间北京琉璃厂有书肆30家，"文锦堂"为其中之一。在1864年俄国驻华公使馆设立之前，在华俄罗斯人除进行贸易的俄商外，大都以北京为主要居留地点。因此，布罗塞收藏的《史记》应为俄国东正教驻北京使团相关人员为其在北京购得。国内出版的古籍善本书目中，上海古籍出版社的《中国古籍善本书目·史部·上》[①]中著录的《史记》三家注与徐、陈《测议》合刻本有三种：一种只标明"明崇祯刻本"；一种同为明崇祯刻本，附有清吴熙载跋；一种为"明末素位堂刻本、清朱骏声批校"。《中国古籍善本总目·史部》[②]中与俄藏《史记》版本接近的也是这三种。在俄罗斯科学院东方文献研究所图书馆，另藏有两种《史记》残本。其一为前述藏本的副本，但只有18册120卷，缺第47—57卷；其二为《史记》三家注本，只存一函八册58卷，缺第47—104卷。除《史记》外，该馆还

---

① 《中国古籍善本书目·史部·上》，上海古籍出版社1998年版，第18页。
② 翁连溪编校：《中国古籍善本总目·史部》，线装书局2005年版，第211页。

藏有广雅书局 1887 年版的梁玉绳《史记志疑》①全本(计 24 册 36 卷)和中华民国版(1924 年)的崔适《史记探源》②。

(二)《史记》在俄罗斯的翻译

俄国对《史记》的翻译最早始于 18 世纪。18 世纪初,沙皇彼得一世为引俄入欧,在俄国的政治、经济、军事、文化等各个领域推行大规模改革,改革的推进需要一大批视野开阔、头脑清晰、知识丰富的人才。为此,俄国在国内大举兴办教育的同时,也将大量贵族子弟派往国外学习,成就了一批有益于国家发展的有识之士。他们回国后,利用俄国报刊出版业的繁荣③,大规模地向俄国民众传播欧洲的先进技术和思想文化,并由此拉开了俄国启蒙运动的序幕。18 世纪后半叶,欧洲启蒙思想在叶卡捷琳娜二世统治下的俄国大行其道,以法国为中心的"中国热"也随之进入俄国,独享中俄陆路贸易在国际市场上为俄国带来了高额利润,令俄国对中国的兴趣日益浓厚,中国文化的传入因此也响应了俄国的需求。正是在这股来自欧洲的"中国热"风潮中,司马迁的生平与著作被介绍给了俄国知识界。俄国著名知识分子、宫廷翻译家维廖夫金④于

---

① Каталог фонда китайских ксилографиов института востоковедения АН СССР, Т. 1. Стр. 179. 史记志疑,[б. м.],广雅书局刻[史学丛书本],1887. 梁玉绳撰。ШИ ЦЗИ ЧЖИ И. Лян Юй-шэн—авт. 24 б., 36 цз. 29,4×17,7; 21,3×14,5; 11/23.

② Каталог фонда китайских ксилографиов института востоковедения АН СССР, Т. 1. Стр. 178. 崔适:《史记探源》,北京大学出版社 1924 年版。ШИ ЦЗИ ТАНЬ ЮАНЬ. Цуй Ци—авт. 2 б., 8цз. 22,5×13,7; 16,5×10,5; 13/33.

③ 在彼得一世统治时期,1703 年俄国拥有了第一份官方正式出版的报纸《公报》,1727 年更名为《彼得堡公报》,1728 年俄国出版了第一本杂志《历史、物种起源、地理月报》(1728—1742 年间发行)。在 18 世纪的近百年间,俄国书刊出版自由,直至 1794 年大革命爆发,开始实行书刊审查制度。18 世纪启蒙时期的俄国共出版各类期刊 200 多种。

④ 米哈依尔·伊万诺维奇·维廖夫金(М. И. Веревкин, 1732—1795 年),18 世纪俄国知识界的重要人物、翻译家、文学家。曾为莫斯科大学、喀山中学等教育机构的负责人,1763 年起受女皇委托,专门翻译西欧书籍。1790 年维廖夫金在彼得堡翻译出版了钱德明的《孔子传》(原为《关于中国历史、科学、艺术、风俗、道德、习惯之记录》第十二卷)。

1786—1788年间在彼得堡摘译出版了法国耶稣会士钱德明①的十五卷本《关于中国历史、科学、艺术、风俗、道德、习惯之记录》②。该书俄译本为六卷本③，第一卷为中国历史，第二卷为《大学》和《中庸》的译本，第三卷为历史年表，第四卷为论埃及人与中国人、蚕、棉花植物，第五卷为中国的重要人物，第六卷为伟人、植物。在第五卷中介绍了司马迁的生平以及《史记》一书。在华早期耶稣会士百余年来对中国史籍的深入研究④，极

---

① 钱德明(Jean-Joseph-Marie Amiot，1718—1793年)，法国耶稣会士，1750年入华，1751年抵达北京，在北京期间经历了1773年的罗马耶稣会解散，被称为耶稣会最后一位在华传教士。详细信息可见[法]费赖之：《在华耶稣会士列传及书目》(下)，冯承钧译，中华书局1995年版，第873—905页；康志杰：《最后的耶稣会士——钱德明》，《世界宗教文化》2002年第3期，第20—21页。

② [法]费赖之：《在华耶稣会士列传及书目》(下)，冯承钧译，第880页。书中有如下记载："德明所遗之撰述，业经其忠诚明智之友人伯尔坦、比尼翁、鲁西埃暨《关于中国之记录》之刊行人巴特(Battrux)、布雷克吉尼(de Breequigny)等在法国刊布。其标题为《关于中国历史、科学、艺术、风俗、道德、习惯之记录》，北京诸传教师合撰。一五卷，四开本，一七七六至一七八九年间巴黎出版。[第十六卷由萨西(Sylvestre de Sacy)于一八一四年刊行，在巴黎和斯特拉斯堡两城出版]……一八一五年刊《百科杂志》评是书云：'任何国家之记录，无如是编之可宝贵，凡不偏不党，具有见识之人，所欲得之一切重要参考资料，皆备载焉。是为吾国教士传布信仰，发扬科学热心之成绩。'"

③ М. Веревкин (пер.). Записки, надлежащие до истории, наук, художеств, нравов, обчаев и проч. Китайцев, соиненные проповедниками веры христианской в Пекине. Изданы в Париже с воли и одобрения короля в 1776 г., на российский же язык переложены в 1785 г., губернии Московской, Клинской округи, в сельце Михалеве. Т. 1-6. М., униве. Тип. У Н.Новикова, 1786-1788.Т. 1, 1786, 5＋364 с.(История). Т. 2, 1786, 267＋10 с. Прил. ＋(1) с.(《Буквы китайцев：Та-гио, Тшон-ущнг》，т. е.《》Дасюэ》и《Чжунъюн》). Т. 3, 1786, 318 с. (《Древности китайцев, доказанные памятниками. Объяснение рисунков и таблиц》.) Т. 4, 1787, 345 с. (《Розыски об египтянах и китайцах, шелковичные черви, хлопчатобмажные растения》.) Т. 5, 1788, 3＋272 с. (《Великие мужи народа Китайского》) Т. 6, 1788, 252 с., 1 портр. (《Великие мужи, растения и кусты》.)

④ 在叶卡捷琳娜二世统治时期，俄国的译书活动活跃，出版了不少欧洲关于中国的图书，如1774—1777年间出版了杜赫德的《中华帝国及其所属鞑靼地区的地理、历史、（转下页）

大地丰富了俄国人关于中国的知识。

自 1715 年入京的俄国东正教驻北京使团被称为俄罗斯汉学家的"摇篮",是俄国所需要的关于中国的知识的主要来源。当时是清朝的全盛期,俄国与清朝在清领土的东北部、西北部和北部接壤,因此在俄国认识中国的过程中,俄国人首先关注的是与之打交道的清朝的现状和历史,并由此推延至满族与清朝北部和西北部各民族的关系、清朝北部和西北部各民族历史等。在 19 世纪之前的俄国,汉学处于酝酿的萌芽阶段。1807 年入华的俄国东正教第九届使团在华近 14 年,团长比丘林被后世学者誉为"俄罗斯汉学的奠基人"。比丘林在北京期间勤奋阅读翻译中国典籍,《史记》《御批通鉴纲目》《前汉书》《后汉书》《金史》《魏史》《北史》《隋史》《全唐书》等都在他涉猎的范围之内①。回国以后,他以在京期间积累的资料为基础展开学术研究,五次获得当时俄国人文科学领域的最高奖项杰米多夫奖。在 1851 年出版的三卷本《古代中亚各民族资料》②的第

(接上页)编年纪、政治和博物》(Дюгальд Ж. Б. Географическое, историческое, хронологическое, политическое и физическое описание китайския империи и Татарии китайские, снабденное разными чертежами и разными французского перевденное Игнатьев де Теильсом. СПб. Ч. 1, 1774; ч. 2, 1777.),1780 年摘译出版了柏应理的《中国哲学家孔子》(Описание жизни Конфуция, китайских философов начальника. Пер. с лат. М.),1788 年由法文翻译出版了比利时耶稣会士鲁日满的五卷本《鞑靼中国史》(История о завоевании Китая маньчжурскими татарами, состоящая в 5 книгах, сочиненная г. Воже де Брюном B.et P. D. M., перевел с французчкого A.P.)等。详见 О. Л. Фишман, Китай в Европе: миф и реальность. М., Стр. 390-391。

① Л. И. Думан, О труде Н.Я. Бичурина «Собрание сведений о народах, обитавших в средней Азии в древние времена», И. Я. Бичурни и его вклад в русское востоковедение. М., 1977. Ч. 2, стр. 21.

② Н. Я. Бичурин, Собрание сведений о народах, обитавших в Средней Азии в древние времена. В трех частях, с картой на трех больших листах. Сочинение монаха Иакинфа, удостоенное императорской Академией наук Демидовской премии. - СПб., тип. Военно-учеб. Зав., 1851, ч. I, XXXIV + III + VII + 484 с.; ч.II, IV + 179 с.; ч. III, VI + 273с., geogra. Указатель мест на карте к истории древних среднеазиатских (转下页)

二卷中，比丘林翻译使用了司马迁《史记·匈奴列传》和《史记·大宛列传》。该书中比丘林向俄国介绍中国：中国古代和中世纪的历史说明，中国与东南亚和中亚各民族之间曾有着密切的联系，一度推行扩张政策。在此比丘林翻译使用了《资治通鉴纲目》和《史记》中的相关资料进行论述。

在苏联时期，《史记》的翻译一直在苏联研究中国研究的核心机构——苏联科学院东方学研究所的工作计划之中。1930年，苏联科学院成立了东方学研究所，科学院院士阿列克谢耶夫为该所中国室负责人。中国室的中国史研究便是从翻译《史记》开始的。1934年，阿列克谢耶夫计划带领其弟子舒茨基、瓦西里耶夫、杜曼、彼得罗夫、戈尔巴乔娃、西蒙诺夫斯卡娅着手翻译。由于种种原因，翻译工作没能按计划进行，只留下了阿列克谢耶夫翻译的散篇手稿。第二次世界大战爆发后，苏联科学院东方学研究所被疏散到乌兹别克斯坦的塔什干地区，从1942年12月起，由阿列克谢耶夫主持战时东方所的中国研究。在1943年阿列克谢耶夫和龙果夫共同制定的东方所汉学研究工作计划中，包括"继续并完成司马迁《史记》的翻译"一项。阿列克谢耶夫翻译的《史记》后来几次出版。阿氏《史记》译稿共17篇，大都为《史记》各篇中的总括性内容，涉及《五帝本纪》《项羽本纪》《秦楚之际月表》《高祖功臣侯者年表》《孔子世家》《外戚世家》《萧相国世家》《伯夷列传》《管晏列传》《平原君虞卿列传》《范雎蔡泽列传》《屈原列传》《酷吏列传》《游侠列传》《滑稽列传》《货殖列传》《太史公自序》。

（接上页）народов, 116 + VIIc.当代的俄罗斯汉学家为该书重新撰写了序言并做注释，于1950—1953年间在莫斯科和列宁格勒（今圣彼得堡）推出再版的三卷本：Собрание сведений о народах, обитавших в Средней Азии в древние времена. Ред. Текста, вступ. Статьи, комментар. А.Н.Бернштама и Н.В.Кюнера, т. I-III. - М. - Л., изд. АН СССР, 1950-1953.(ин-т этнографии им. Н.Н. Миклухо-Маклая)

20世纪30年代阿列克谢耶夫带领苏联科学院东方学研究所翻译《史记》的计划虽然没能完成,但营造了苏联汉学界研究中国历史的氛围和学术基础。在中国历史研究中,注重不同时期生产力与生产关系的性质,研究中国社会在漫长的历史变迁过程中意识形态的变迁,并由此关注不同时期的农民起义和变法运动,逐渐形成了苏联汉学史上的一个重要的研究方向。研究陈胜吴广起义的汉学家佩列洛莫夫(一译贝列罗莫夫)①,在完成关于陈胜吴广起义的学位论文后,于1958年翻译发表了《史记·陈涉世家》②。

第二次世界大战之后,进入恢复阶段的苏联汉学界继续关注《史记》。1949年中华人民共和国成立后,汉学研究在苏联东方学领域的位置更加重要,迎来了关于中国文学作品俄译的新一轮高潮。1956年,苏联翻译家帕纳秀克翻译出版了节译本《史记》③——选译了《史记》中的17篇"列传":《管晏列传》《老子韩非列传》《司马穰苴列传》《孙子吴起列传》《伍子胥列传》《苏秦列传》《张仪列传》《乐毅列传》《廉颇蔺相如列传》《屈原贾生列传》《吕不韦列传》《刺客列传》《李斯列传》《黥布列传》《淮阴侯列传》《韩信卢绾列传》《司马相如列传》。

也是在20世纪50年代中期,苏联科学院中国学研究所副所长越特金(Р. В. Вяткин)开始酝酿全文翻译《史记》及注释。1957年,在德国马堡召开的第十届青年汉学家国际研讨会上,越特金在就司马迁在史学史上的作用问题发言的同时,公布了苏联科学院中国学研究所即将全译

---

① 即嵇辽拉(Л. С. Переломов,1928—),中国革命家嵇直之子,历史学博士,俄罗斯科学院远东研究所高级研究员,俄罗斯儒学基金会主席。研究方向为中国历史上的农民起义、先秦诸子百家思想、儒家思想。

② Сыма Цянь о Чэнь Шэне, пер., вступ. ст. И коммент. Л.С.Переломова. - «Советское китаеведение»,1958,№4, с. 192-205.

③ Сыма Цянь. Избранное. Пер. с кит. М., Гослитиздат. 359 с.

《史记》的计划①。在原本选用方面,越特金选用了最早的《史记》三家注合刻本——黄善夫本,并结合1959年中华书局以金陵局本为底本的顾颉刚注《史记》为蓝本进行翻译。在翻译过程中,译者与中国史学界保持密切的学术沟通,与顾颉刚等中国学者通信,利用访学中国的机会与中国学者交流,并把中国史学的研究状况介绍给苏联同行。与欧美学者如美国汉学家顾立雅(H. G. Creel)、费正清、拉铁摩尔(O. Lattimore)、卜德(D. Bodde)、倪豪士(W. H. Nienhauser)、英国汉学家杜希德(D. Twitchett)和鲁惟一(M. Loewe),德国汉学家福赫伯(H. Franke),捷克汉学家鲍格洛(T. Pokora)等的通信也开阔了越特金的视野。在中国学研究所,越特金与本所古文功底过硬的同事塔斯金②合作翻译,1972年推出了新版俄译注释本《史记》的第一卷,包括《史记》第1—4篇,即《五帝本纪》《夏本纪》《殷本纪》和《周本纪》,1975年推出了第二卷,包括《史记》第5—12篇,即《秦本纪》《秦始皇本纪》《项羽本纪》《高祖本纪》《吕太后本纪》《孝文本纪》《孝景本纪》《孝武本纪》。此后越特金独自翻译《史记》其他部分的内容,在1995年去世前出版至《史记》俄译注释本第六卷(即《史记》第1—60篇)。越特金去世后,其后人在莫斯科大学亚非学院汉语教研室主任高辟天的推动下,先后于1996年和2002年推出了《史记》俄译注释本的第七卷和第八卷,《史记》前110篇得以问世。2010年在越特金诞辰百年之际,俄译注释本《史记》的最后一卷——第九卷得以问世,从而宣告世界上第一个欧洲语言全译注释本《史记》诞生。在俄译注释本《史记》推出的过程中,俄罗斯学者一直保持精益求精的学术态

---

① В. Н. Никифоров, Заметки о конференции молодых китаеведов. – «Советское китаеведение», 1958, №1, с. 231.

② 塔斯金(Таскин Всеволод Сергеевич, 1917—1995年),生于赤塔州,1936年毕业于哈尔滨东方学院法律系东方经济专业,1957—1961年间在苏联科学院中国学研究所工作,1961年后在苏联科学院东方学研究所工作,主要研究方向为契丹史、中国北部少数民族史。

度,2001年,俄罗斯《史记》研究的重要学者——莫斯科大学的高辟天、俄罗斯科学院东方学研究所圣彼得堡分所的克罗尔和尼基季娜对第一卷和第二卷《史记》俄译注释本进行修改,于2001年和2003年出版了越特金和塔斯金合作翻译的《史记》俄文译注本前两卷的修订版,修订内容包括《史记》俄文译注本的前12篇。

（三）不同时期俄译《史记》的特点

自18世纪起《史记》在俄罗斯百余年的翻译历程,折射了俄国学术文化和俄罗斯汉学的发展,同时也反映了俄罗斯标准语的变迁,反映了俄罗斯汉学家和史学界对"翻译"理解的变迁。

对钱德明关于司马迁及其《史记》介绍进行俄文翻译,发生于18世纪下半叶,此时是俄罗斯民族文化发展成长的突变期,《史记》在丰富俄国关于外部世界的国家、民族、伟人的知识的同时,也为俄国自身的文化发展提供了参照。

从19世纪30年代起,俄罗斯汉学的奠基人比丘林出版大量关于中国的书籍,为俄国进一步认识和了解中国提供了依据。虽然按当时的学术规范,比丘林著作中大量关于中国的信息较少注明出处,但仔细比对可以明确地检索到其渊源。由于《匈奴列传》《大宛列传》在比丘林著作中作为介绍中国边疆民族的内容被转述借用,因而这里的翻译与当今的逐字逐句翻译差别很大。另外,在阿列克谢耶夫看来,"比丘林的翻译常常比较随意、不确节、存在漏译,使用的是半教会斯拉夫语的风格"[①]。这是当代俄罗斯学者比较认可的一种看法。杜曼有如下较为典型的对比：

公卿皆曰：单于新破月氏,乘胜不可击。

比丘林译为：Государственные чины были того мнения, что с

---

① Шедевры китайской классической прозы в переводах академика В. М. Алексеева: в 2 кн. М., 2006. Стр. 152.

торжествующим неприятелем, недавно побудившим юучжы, трудно воевать.

塔斯金译为：Все сановники сказали: Шаньюй только что разгромил юэчжи, нельзя(сейчас) нападать на одержавшего победу.

两种译本的不同既反映了对原文理解的差异，也反映了不同时期俄语语言面貌的差异。

20世纪苏联汉学的领袖阿列克谢耶夫对于俄译中国典籍有着独到的见解。首先在原本的选取上，明末清初欧洲入华传教士所做的中国思想文化典籍的欧洲语言译本，推动了现代欧洲汉学对中国文化典籍的接受和再译。由于俄语与欧洲语言具有亲属关系，因而对于俄罗斯学者来说，阅读欧洲语言文本相比于阅读中文原本，难度大大降低。不过，阿列克谢耶夫认为，尽管很多中国典籍都存在欧洲语言译本，但为准确地向俄罗斯介绍中国文化，俄译中国典籍不应当从欧洲语言译本间接翻译，而应从中文原本直接翻译。在翻译过程中，既不能漏译，又应当克服逐字逐句"死译"的弊端，在准确理解中文典籍的前提下，选用与原文相配的语言风格和表达手段，在综合理解的同时运用流畅的语言进行俄文翻译。下面是阿列克谢耶夫翻译的《滑稽列传》中的语句：

孔子曰："六艺于治一也。《礼》以节人，《乐》以发和，《书》以道事，《诗》以达意，《易》以神化，《春秋》以义。"太史公曰：天道恢恢，岂不大哉！谈言微中，亦可以解纷。

Конфуций говорит: «Шесть знаний для правительственного дела-одно. "Устав поведенья ученых" — он создан, чтоб дать распорядок людям. "Канон музыкальный и древний" — он создан, чтоб вызвать гармонию в жизнь их. "Писанья античных времен" — они для того, чтобы дать руководство в делах. "Кантаты, стихи и гимны" — они созданы для того, чтобы мыслям дать жизнь. "Канон мировых перемен" — он создан, чтоб дать изменение жизни в богов. "Канон Весен-осеней" создан, чтоб нам говорить о чести нашей и долге.» Граф величайший астролог тут скажет так: Путь Неба велик и велик, и разве же он не громаден? В простых разговорах, в совсем незначительных фразах ведьвстретиться может такое, что разрешит и сложную задачу.

从这一段译文中可以看出,阿列克谢耶夫翻译时特别注意翻译语言风格与原文语言风格保持一致。对于"子曰"中的六个句式工整的语句,译文中也以结构相同的语句相对,头两句都使用了"…создан, чтоб…"的结构,第三句起则考虑到了俄语语句风格,为不至于单调,在结构上略有调整,使用了"…для того, чтобы…",两句之后再次使用"…создан, чтоб…"与前两句相呼应。而"谈言微中,亦可以解纷"一句,阿列克谢耶夫理解为"在简单、不经意的语句中也会遇到能够解决复杂问题的内容",俄文为"В простых разговорах, в совсем незначительных фразах ведь встретиться может такое, что разрешит и сложную задачу",处理得灵活流畅而不失准确。

在阿列克谢耶夫的译本中,"太史公"都译为"Граф величайший астролог",体现了译者力求准确、紧扣原文的态度。

阿列克谢耶夫与《史记》的不解之缘,与苏联时期的汉学发展史密切相关,因苏联的政治风暴而归于悲剧命运。1904—1906年间,阿列克谢耶夫前往欧洲访学,法国汉学学派特别是法国汉学家沙畹对阿列克谢耶夫学术成长产生重要影响。阿列克谢耶夫在学术上追随沙畹,两人的师生关系使阿列克谢耶夫的《史记》俄译本与沙畹的《史记》法译本在风格上趋于一致。1916年,阿列克谢耶夫应邀在法兰西学院和吉美博物馆举办了六次关于中国文学的讲座。1937年,这六次讲座的内容在巴黎被集结出版①。此时正值苏联大清洗运动进行到最为严酷之时,阿列克谢耶夫在法国出版著作一事被解读为背叛苏维埃国家,此后他一度被禁止从事字典和语法研究之外的其他任何研究。由于苏联政治风暴的冲击,阿列克谢耶夫没能像沙畹那样展开《史记》的学术翻译,现存并出版的阿列克谢耶夫《史记》译稿,只相当于他组织《史记》翻译前的案头工作内容。

中华人民共和国成立后,20世纪50年代,苏联文艺学思想在中国广泛传播,中国文学理论界关于现实主义问题的论争,以及其后关于现实主义与浪漫主义相结合的文学思想的确立,都与苏联文论形成了直接的交流,而中国文学就随着这样的直接交流进入了俄罗斯人的视野。继1954年《三国演义》俄译本问世后,大量中国古典文学作品被译成俄文出版,一批翻译家脱颖而出。20世纪50年代《史记》的摘译本正是在这样的背景之下得以出版的。阿列克谢耶夫译本和帕纳秀克②(B. A. Панасюк)译本都属于《史记》的文学译本。《史记》的文学价值在于其开创了我国纪传体文学的先河,其文采在"列传"部分体现得尤为明显。也许正是由于这一点,阿列克谢耶夫和帕纳秀克的译本都很推崇《史记》的"列传"部分,在对原本的选取上以"列传"为主,翻译风格上也属于不做史学注释的文学翻译,其特点是:面向一般读者、注重再现作品的艺术价值、不拘泥于原文的文字、允许进行适当的修改。

1960年,越特金就《史记》的俄译问题请教苏联科学院院士康拉德③,康拉德建议越特金在《史记》的翻译中关注司马迁对于历史进程的

---

① La Littérature Chinoise: Six conférences au Collège de France te au Musée Guimet (Novembre 1926) par Basile Alexéiev. - Fnnales du Musée Guimet. Bibliothèque de Vulgarisation., 1937, t. 52.

② 帕纳秀克(B. A. Панасюк,1924—1990年),苏联科学院东方学研究所高级研究员,苏联著名翻译家,除摘译出版了《史记》外,《三国演义》《红楼梦》《说岳全传》《三侠五义传》《平妖传》等俄译本都出自其手。

③ 康拉德(Н. И. Конрад,1891—1970年),语文学博士,苏联科学院院士,研究方向为中国思想史、古代汉语、日本语言、文学和历史。

理解,关注司马迁在描述历史现象时流露出的创造性见解,关注司马迁的史观。康拉德认为,尽管塔西佗、希罗多德、修昔底德等古典史家构成了西方史学的基础,司马迁的《史记》却可以丰富古典史学的内涵,并可能随着《史记》的翻译而形成具有世界意义的古典史学观①。越特金在翻译过程中充分接受康拉德的意见,在《史记》五大部分的翻译中一一做注,为俄语读者再现作者司马迁所处的历史语境。他推崇法国汉学家沙畹翻译《史记》②的方式,即服务于研究的学术翻译。与为一般读者而译的文学翻译不同,越特金和塔斯金为俄译本做了大量注释,翻译手法严谨、细致。以下试比较《史记·屈原贾生列传》中"屈原"部分的越特金译本和阿列克谢耶夫译本:

标题:

中文:《屈原贾生列传》第二十四

阿译本:Отдельное повествование о Цюй Юане③

越译本:Цюй Юань, Цзя-шэн ле чжуань——Жизнеописание Цюй Юаня и Учителя Цзя④

正文第一段:

屈原名平,楚之同姓也。为楚怀王左徒。博闻强志,明于治乱,娴于辞令。入则与王图议国事,以出号令;出则接遇宾客,应对诸侯。王甚任之。

---

① Н. И. Конрад. Неопубликованные работы, письма. М., 1996, с. 5. 转引自 Российская академия наук, Институт востоковедения, 越特金列传 Юэ Тэ-цзинь ле чжуань, Судьба востоковеда Р. В. Вяткина. М., 1998. Стр. 50-51.

② 法国汉学家沙畹在 1895—1905 年间发表了包括《史记》前 47 篇的法文学术翻译本的《史记》。

③ Шедевры китайской классической прозы в переводах академика В. М. Алексеева: в 2 кн. М., 2006. Т.I, Стр. 131.

④ Сыма Цянь Ши цзи(Исторические записки). Избранное. Т. II. Перевод и комментарий Р. В. Вяткина. М., 2006. Стр. 186.

阿译本：

Цюй Юань——ему имя было Пин. Он был сородичем Чуского дома, служил у Чуского князя Хуая приближенным «левым докладчиком». Обладал обширною наслышанностью и начитанностью, память у него была мощная. Он ясно разбирался в вопросах, касающихся государственного благоустройства. Был искусный оратор. Во дворце он с князем обсуждал государственные дела, издавал приказы и куазы, а за пределами дворца имел поручение по приему гостей и беседам с приезжавшими удельными князьями.

越译本：

Цюй Юань по имени Пин（译者在此处加有注释）происходил из рода правителей царства Чу и являлся одним из приближенных чуского Хуай-вана（译者在此处加有注释）. Цюй Юань был весьма начитан, обладал сильной волей, хорошо разбирался в делах управления и в том, что касалось всяческх смут, а также был искусен в составлении различных указаов. В дворце он обсуждал с ваном государственные дела и намечал планы, готовил распоряжения и указы; вне княжеских покоев встречал и принимал гостей и беседовал с чжухоу. Ван очень доверял ему.

作为文学翻译的阿译本中，标题译成俄文意为"屈原的故事"，且这里只取关于屈原的内容，而舍弃了关于贾谊的内容。而作为学术翻译的越译本，则先是以对音的方法逐字将原文中汉字注音来进行音译，之后再进行回译[①]，回译为"屈原和贾先生的生平"（此处"先生"意指"老

---

① "回译指将已被译成另一种语言的文字再翻译回源语言的过程，也可以指将用另一种语言表达的源语文化再度本土化的过程。"见杨清波、杨银玲：《专有名词的汉译与译者的素养》，《上海翻译》2012年第4期，第65页。

师")。从译者的角度来看,阿译本注重译本的交际功能——面向普通读者,故取平易的风格。越译本则立足于译本为学术研究服务的目标,注重原文的文化表现形式,注重源语文化,在力求使读者明确源语作者意欲表达的含义的同时,还通过加注的方法,以洋洋八百余字介绍屈原和中国先秦诗歌,介绍诗歌中所体现的中国古代的老庄思想,以及苏联汉学家波兹涅耶娃论屈原的观点,接着还介绍了《史记·屈原贾生列传》已有的阿译本(俄文)、帕纳秀克俄译本,各类英译本、法译本、德译本、日译本以及中国的白话译本,并进一步介绍了关于《史记·屈原贾生列传》的研究成果与屈原诗歌的俄译本和俄译译者。越译本通过大量补充背景知识,向有学术研究需求的读者传递了充足的信息,从而充分保证了语言交际的成功。正文中,阿译本作为故事性文学作品,采取简单直白的语言和口头叙述的风格,使用短小的句式;而越译本则语言严谨、层次分明,译文紧扣原文,并加入了介绍中国古代文化背景的注释。

五、俄罗斯藏第一部中文俄国史:《罗西亚国史》

在俄罗斯圣彼得堡三处历史悠久的图书馆中,藏有稿抄本《罗西亚国史》[①]一书。该书于道光八年(1828年)成书于北京,堪称第一部中文俄国史。《罗西亚国史》一函九册,明黄色丝绸函套,每册为明黄色丝绸封面和封底。在俄罗斯圣彼得堡的图书馆藏有完整本一套和残卷七套。目前在除圣彼得堡外的海内外其他地点未见收藏。

《罗西亚国史》是《俄罗斯国家历史》前三卷的中译本,由第十届俄国东正教驻北京使团随团学生列昂季耶夫(З. Ф. Леотьевский,1799—1874年)在北京期间翻译而成,成书于1828年。原书《俄罗斯国家历史》(12卷本)的作者为俄国历史上第一位国家历史学家卡拉姆津(Н. М. Карамзин,1766—1826年),1816—1824年间出版于彼得堡。《罗西亚国

---

① "罗西亚"是"俄罗斯"俄文读音的汉译,即《俄罗斯国史》。

史》汉译的是《俄罗斯国家历史》的前三卷,译本内容为卡拉姆津致当时的俄国沙皇亚历山大一世的献辞和前言,对应书中的第一卷、第二卷以及第三卷的前三章和最后一章,即第八章。

(一)《罗西亚国史》在俄罗斯的收藏

在俄罗斯,目前在圣彼得堡俄罗斯国家图书馆手稿部、俄罗斯科学院东方文献研究所手稿部、俄罗斯圣彼得堡大学东方系图书馆这三个机构藏有《罗西亚国史》完整本全卷一种、非完整本全卷五种残卷两种。

位于圣彼得堡的俄罗斯国家图书馆手稿部藏有《罗西亚国史》一部,为非完整本全卷,其中第九册末尾一页半内容缺失。

圣彼得堡俄罗斯国家图书馆兴建于1795年,是俄国第一家国家级公共图书馆。当时的俄国沙皇叶卡捷琳娜二世把创建一所向所有人开放的国家级公共图书馆看成在俄国推行国民教育的基本条件。在该馆修建的当年,手稿部就迎来了第一批馆藏——来自波兰的扎卢茨基兄弟藏书。扎卢茨基兄弟是18世纪波兰最著名的藏书家,哥哥斯坦尼斯拉夫·扎卢茨基(Станислав-Анджей Залусский,1695—1758年)是著名大主教,弟弟约瑟夫·扎卢茨基(Юзеф-Анджей Залусский,1702—1774年)是波兰国务活动家、著名的宗教人士。1747年约瑟夫去世后,他们的藏书转为国家所有。由此波兰王国的图书馆在图书收藏数量和内容上跻身欧洲四大图书馆(其他三者为英国伦敦的大英博物馆图书馆、法国的皇家图书馆、德国慕尼黑的皇家图书馆)之列。1794年,俄国军队在波兰成功镇压科希丘什科起义后,将扎卢茨基兄弟藏书运往俄国,这批藏书成为俄国国家图书馆外文馆藏的基础[①]。该批藏书中就有中文古籍等。该馆建设初期的第二笔重要藏书是"杜布罗夫斯基手稿"。杜

---

① 20世纪20年代在列宁的倡议下,1921年根据《里加条约》,这批图书的主要部分被归还给了波兰。

布罗夫斯基(1754—1816年)原为俄国圣主教公会录事,1780—1805年间任职于俄国派驻在巴黎的教会,并曾在法国和荷兰的俄国使馆担任翻译。在1789年法国大革命期间,杜布罗夫斯基得到存放在巴士底狱和被革命者解散的两个历史悠久的修道院——圣日耳曼修道院和克尔比修道院(5—13世纪)的手稿资料。1800年2月,杜布罗夫斯基回到彼得堡时带回近400种西欧手稿和图片资料、94种涉及东方国家(以15种语言写成)的资料和约50种斯拉夫国家的资料。1805年,杜布罗夫斯基将这笔收藏献给俄国沙皇亚历山大一世。亚历山大一世下令在筹建中的国家级公共图书馆中设立"手稿库","杜布罗夫斯基手稿"成为该馆手稿部收藏的肇始。在杜布罗夫斯基的手稿收藏中有16种中文文献:明万历三十年(1602年)刊刻的《坤舆万国全图》刻本一份,朱熹注《孟子》残卷刻本一份,康熙六年(1667年)刊刻的《金刚经集注》一份,刊刻于清中前期的入华传教士阳玛诺、费奇规、傅汎际、郭居静、费乐德、南怀仁、利类思整理撰写并经龙华民核订的《天主圣教日课》(附冯秉正辑《圣心规程》、《好逑传》)残本一份、《金兰筏》残本一份与16幅中国花鸟水彩画等。

俄国的贵族和富人很早就有收集图书的传统,特别是欧洲近代以来关注东方的风潮对俄国很有影响。贵族、富有家族等关注东方的人士的中文收藏,有不少后来都捐赠给了国家图书馆。此外,国家图书馆还多次委托俄国东正教驻北京使团负责人在中国收集、采购图书。俄国东正教驻北京使团成员的一些个人藏书最终也进入国家图书馆。目前,该馆藏有中文图书300多种。

《罗西亚国史》首卷由"表文"①"序""正文"三部分组成,全卷标有句

---

① 关于《罗西亚国史》的"表文",详见庞晓梅、马懿德、柳若梅:《卡拉姆津〈俄罗斯国家历史〉中文版中的"表文"》(Обращение Н. М. Карамзина к императору Александру I в китайском переводе "Истории государства Российского"),《东方文献》(*Письменные Памятники*)2019年第1期,第5—34页。

读,"表文"部分即原书作者卡拉姆津致俄国沙皇亚历山大一世献辞译文。卷二至卷九均无句读。卷一的"表文""正文"译文与他处所藏本不同。

俄罗斯科学院东方文献研究所手稿部藏有《罗西亚国史》完整本全卷一种、非完整本全卷两种、非完整本残卷一种。

俄罗斯科学院东方文献研究所是俄罗斯收藏中文古籍最为丰富的机构,该所中文书籍收藏的历史可追溯到18世纪的彼得一世时期,即俄国博物收藏的开端时期——在1714年成立的俄国第一所博物馆,当时的珍品收藏中就藏有中文书。彼得堡科学院成立后,这所博物馆藏品中的图书构成彼得堡科学院图书馆的基础,其中文、满文收藏得到不断充实,其中包括科学院院士与北京耶稣会士建立通信并交换得来的书籍、赴华俄国商队为科学院购买的书籍、当时俄国驻华商务代表朗格的个人藏书、科学院院士在西伯利亚考察时收集的书籍以及科学院专门前往中国采购的书籍等。此外,俄国早期汉学家——俄国东正教使团归国成员去世后,其藏书也大都被科学院图书馆购买过来。彼得堡科学院院士自18世纪30年代至70年代与北京耶稣会士保持通信并交换书籍,为科学院图书馆增加了不少中文书籍。在19世纪上半叶,科学院以图书馆为基础成立了亚洲博物馆,有计划地充实馆藏图书。这一时期俄国东正教使团归国人员带回的书籍、东方图书收藏家希林格的图书等最终都成为亚洲博物馆的收藏。1930年,以亚洲博物馆为基础成立了科学院东方学研究所[①],亚洲博物馆的图书成为该所图书馆的收藏。1950年,东方学研究所迁往莫斯科,其图书馆部分留在列宁格勒(即现在的圣彼得堡),成为东方学研究所列宁格勒(圣彼得堡)分所图书馆。2004年,该

[①] 1950年,东方学研究所迁往莫斯科,其图书馆部分留在列宁格勒,成为东方学研究所列宁格勒分所。2004年,俄罗斯科学院东方学研究所圣彼得堡分所更名为"东方文献研究所",成为科学院系统中独立的研究所。

所成为俄罗斯科学院直属研究所"东方文献研究所"。目前,该所藏有中文刻本近 4 000 种,写本近 1 000 余种。

该所收藏的完整本全卷《罗西亚国史》一函九册,函套破旧,其上空无一字一标,右上角盖有图书馆蓝色方条印章。打开函套,内侧中下位置贴有红色皮质烫金俄文旧字标签:"卡拉姆津的历史书前三卷,由扎哈尔·列昂季耶夫斯基在北京翻译。"本套首册及每册封面均无书名。首卷由"序"和"正文"两部分组成,卷二至卷九全为"正文"部分。全套无句读。

该所藏非完整本全卷《罗西亚国史》同样一函九册齐全,函套破旧,右上角盖有图书馆蓝色方条印章"苏联科学院东方学研究所 1953 年整理,第 219 号"①,函套上以俄文黑字书写:"卡拉姆津的俄罗斯国家历史前三卷 由扎哈尔·列昂季耶夫斯基在 1828 年译成汉语,译者赠皇家科学院。"②正是由此得知《罗西亚国史》成书于 1828 年即道光八年。首卷及每卷封面均无书名,在右上角有卷序号。首页前半页上方盖图书馆黑色圆章,章内上下半圈各用中英文刻"皇家科学院图书馆"③。本套首卷有句读(句读不占格),其余八卷无句读,缺失第九册末尾一页半的内容。

该所藏第二种非完整本全卷《罗西亚国史》,函套右上角贴有白色方纸,纸上黑框内记有旧查索号,黑框外上方有图书馆蓝色方条印章"苏联科学院东方学研究所 1953 年登记"④。函套上贴有带黑色俄文书名的白纸(上缘已磨破),分三行写着"译成中文的卡拉姆津历史",第四行手写

---

① 即"Институт Вост. А. Н. СССР. Инв. 1953. N219"。
② 即"Истории Государства Россійскаго Карамзина три первые тома, переведенные на Китайский языкъ Захаромъ Леонтьевскимъ 1828 гда Императорской Академіи наук от Переводчика",此处字母大小写为函套上文字原样。
③ 即"БИБЛ. ИМПЕР. АКАД. НУКЪ, BIBLIOT. IMPER. AKAD. SCIENCE"。
④ 即"Институт Вост. А. Н. СССР. Инв. 1953",明显可见原有"第 220 号"(N220)被划掉,黑框外下方写现编号 C86/1-9。

小字"由扎哈尔·列昂季耶夫斯基翻译"①。打开函套,封面内侧贴一方形白纸,上为亚洲司图书馆标,即居中为右手持权杖、左手持权球的双头鹰图案,图案上方为王冠,图案下方分三行写"亚洲司图书馆(библиотека Азиатскаго департамента)",王冠和文字外以橄榄叶包围。首册及每册封面均无书名,在右上角有册序号,每册封面正中均贴如上印有亚洲司图书馆标的白方纸。每册翻开封面,封面背面右上角盖研究所蓝色方条章"苏联科学院东方学研究所1953年登记第220号"②,蓝色方条章下用铅笔标注"2007年登记第220号 C86/1 号"③。本套卷一至卷八无句读,卷九有句读。卷二至卷九每卷的前十页右上角以铅笔阿拉伯数字标页码,缺失第九册末尾一页半的内容。

该所藏第四种《罗西亚国史》为残卷,只有卷一至卷五。本套残卷无函套,每卷的封面上方贴有白色方纸,纸上黑框内有黑色墨水手写书名"《俄罗斯历史》中文本(写本)"④。书名下一蓝色长条型方章"苏联科学院东方学研究所1953年整理登记第221号"⑤。白色方纸下贴有一张小的八边形纸,在第一册封面上的是"C87.1—5",而卷二至卷五上,原有数字被勾掉,并在下方写"C203"。首卷封一写有"罗西亚国史"书名。翻开封面,内侧贴一白方纸,上为亚洲司图书馆标。

圣彼得堡大学东方系是俄罗斯进行汉语教学历史最为悠久的机构,其前身是开办于1837年的俄国喀山大学东方系汉语教研室。1855年,俄国整合全国的东方语言教学资源,将喀山大学东方系转入彼得堡大学,图书馆全部随师生转入,形成彼得堡大学东方系图书馆的雏形。从

---

① 即"История Карамзина переведенная на китайский языкъ Захаромъ Леонтьевскимъ"。
② 即"Институт Вост. А. Н. СССР. Инв. 1953. N220"。
③ 即"C86/1. инв. 220. 2007 г.",依册序不同编号依次为"C86/2、3……9"。
④ 即"История России На китайск. языке.(рукопись)",此处字母大小写为原书封面上文字原样。
⑤ 即"Институт Вост. А. Н. СССР. Инв. 1953. N221"。

喀山大学时期,学校就为随行俄国东正教驻北京使团来到北京学习语言的学生拨专款,为学校购书,而每任汉语教研室主任均由曾在北京生活十余年的归国人员担任,其藏书也大都随之转让给东方系图书馆,再加上俄国政府曾令科学院将部分东方书籍分拨给彼得堡大学东方系,现圣彼得堡大学东方系图书馆藏有中文古籍计2 045种,约三万册,其中不乏珍稀版本或海内外孤本,其中版本最早者刊刻于永乐十五年(1417年)。

该馆藏第一种《罗西亚国史》为非完整本全卷,一函九册齐全。函套上贴有带黑色俄文书名的白纸(上缘已磨破),上书"扎哈尔·列昂季耶夫斯基翻译的卡拉姆津俄罗斯国家历史前三卷"①。本套版心有书名"罗西亚国史"和卷次,第九册末尾一页半内容缺失。

该馆藏第二种《罗西亚国史》亦为非完整本全卷,函套上以俄文黑字书写:"卡拉姆津的俄罗斯国家历史前三卷,由扎哈尔·列昂季耶夫斯基在1828年译成汉语,译者赠皇家彼得堡大学。"②本套卷二、卷三译文都与他处所藏本不同,第九册末尾一页半内容缺失。

该馆所藏第三种《罗西亚国史》为残卷,包括一函八本的《罗西亚国史》卷一至卷八,卷九则为小开本。函套上书"扎哈尔·列昂季耶夫斯基翻译的卡拉姆津'历史'前三卷"。卷一包括满文表文(原著作者卡拉姆津致俄国沙皇亚历山大一世的献辞)、中文表文、序、正文四个部分。本套各册均有句读,人名地名以右侧线标出,文中有多处删改、修订痕迹,甚至有整句勾涂删减重写的情况。具有抬写意义的空格、边栏外等排列方式虽具体安排与他处所藏本不尽相同,但两者抬写处理的情况完全一致,如遇本国"皇""帝"等抬写,遇敌国则不做抬写处理。卷九小开本版

---

① Первые три тома Истории Российского Государства Карамзина, переведенные Захаром Леонтьевским на китайский язык.
② Истории Государства Российскаго Карамзина три первые тома, переведенные на Китайский языкъ Захаромъ Леонтьевскимъ 1828 года. Императорскому Санкт-Петербургскому университету от Переводчика.

式与东方文献研究所收藏的小开本《罗西亚国史》一致。"表文"和"序"的译文与他处所藏本不同。

以上为俄藏《罗西亚国史》的版本情况。需要说明的是,尽管以上藏本不乏作者向俄国外交部亚洲司、皇家科学院、皇家彼得堡大学的赠礼,但所有藏本无一例外地都有掉字补加、错字修改、错字删减的痕迹。

(二)卡拉姆津与《俄罗斯国家历史》

《俄罗斯国家历史》的作者卡拉姆津是普希金之前俄罗斯文学界最重要的作家之一,其发表于1790年的、记录自己在1789—1790年欧洲见闻的《俄国旅行者信札》是俄国文学史上的重要作品,俄罗斯的文学家认为俄罗斯第一代文学正是始于该书。从这部作品开始,俄国文坛上开始了以"旅行"为题材的时代,卡拉姆津也因此被认为是俄国主流的文学活动家之一。而他此后发表的《可怜的丽莎》等一系列小说集、文集,则将俄罗斯文学从古典主义带入感伤主义的时代。1798年6月,卡拉姆津完成《彼得一世赞美词》。从卡拉姆津关于这篇作品的笔记中可以看出,此时卡氏已有意建构宏大的历史叙事,而非止步于文学辞章的锤炼。此后他在给友人的信中明确表达了以构建历史为己任的决心。他大量阅读古希腊、古罗马的历史著作,关注古代史学体系,有志继承欧洲古典的史学传统。卡拉姆津的《俄罗斯国家历史》贯穿着塔西佗的史学思想(抽离自我、超然物外、客观主义写史原则;对历史真实的执着追求,以真实地记载历史的经验和过去的事实为史学基本目标,精细地连接直接史料和间接史料)。1803年,俄国沙皇亚历山大一世发出专门令,授予卡拉姆津"史官"的称号。此后,卡拉姆津开始发掘、整理历史上积累下来的大量编年资料,撰写俄国历史上的首部"正史"。《俄罗斯国家历史》的前八卷首版于1816—1817年,首印的3 000册不到一个月便销售一空。1818—1819年第二次印刷,同时作者继续撰写,于1821年出版了第九卷,1824年出版第十至十二卷。《俄罗斯国家历史》出版后,欧洲各国竞相翻译,1818年在德国便已出现两个译本,法文本也迅速出现,且不止一种①。

《俄罗斯国家历史》基本结构如下:"前言"中作者介绍了其与"历史"的关系,以及17世纪之前的俄罗斯各类史料。第一卷共10章,第一章讲述自古在东西伯利亚平原上生活的各民族,特别是斯拉夫族;第二章叙述构成俄罗斯国家的斯拉夫人与其他各民族;第三章是关于古代斯拉夫人的体质特征和精神特质的;第四章至九章叙述从862年留利克建立罗斯国家,至将基督教定为国教的弗拉基米尔大公受洗变成圣瓦西里的时期(止于1014年)的历史;第十章讲述当时俄罗斯国家的状态。第二卷共17章,叙述基辅罗斯国家实行分封采邑,以及此后基辅罗斯各公国成长发展的过程(1015—1069年)。第三卷共8章,讲述基辅罗斯各公国分分合合,与周边东方民族亦敌亦友,直至1238年蒙古入侵的历史。第一章为安德烈·博戈柳布斯基(1169—1174年)统治时期,第二章为米哈依尔·尤里耶维奇统治时期(1174—1176年),第三章为弗谢沃洛德·尤里耶维奇统治时期(1176—1212年);第八章为尤里与康斯坦丁·弗谢沃洛多维奇大公统治时期(1212—1238年)。以上为《俄罗斯国家历史》的中译本《罗西亚国史》的内容②。《俄罗斯国家历史》的第四卷叙述蒙古在俄罗斯统治最兴盛的时期(1238—1362年);第五卷从俄罗斯反抗蒙古统治决定性的一次胜利,即德米特里伊万诺维奇开始叙述,到俄罗斯彻底摆脱蒙古人统治的1462年;第六卷至第九卷为从伊万三世到伊万四世统治时期;第十卷至第十二卷的内容为留利克王朝逐渐衰亡直至皇权旁落的大混乱时期以及罗曼诺夫王朝开始之前的1612年。

---

① О переводах истории Российского Государств, «сын Отечества», 1818 г., часть сорок осьмая, №XXXVIII, Стр. 255-261.

② С. Л. Пештич, И. Э. Циперович, «История Государства Российского Н. М. Карамзина на китайском языке», «Народы Азии и Африки», 1968, №6, Стр. 125-126.

普希金称卡拉姆津为向俄国读者打开俄罗斯历史的"哥伦布",是卡拉姆津首次为俄罗斯民族构建了系统完整的历史,唤起了俄罗斯人对本民族过往的兴趣。作为俄国第一部历史,《俄罗斯国家历史》不仅展现了作者多年笔耕研究的成果,同时也改变了俄罗斯读者群体的意识,即思考当今不能游离于过去之外,不能不考虑未来,由此为19世纪的俄国知识分子的意识加入了历史的内涵。卡拉姆津《俄罗斯国家历史》也由此成为俄国史学的奠基之作。

(三)《罗西亚国史》的译者列昂季耶夫斯基

扎哈尔·费奥多罗维奇·列昂季耶夫斯基1799年出生于雅罗斯拉夫尔①的公证人家庭,1816年以优秀成绩从中学毕业并被推荐到彼得堡师范学院数学系学习。大学期间适逢俄国政府在大学生中选拔前往中国的新一届东正教使团成员,列昂季耶夫斯基报名并入选,成为第十届俄国东正教驻北京使团的随团大学生,于1820年抵达北京,10年期满后离开北京返回俄国。

俄国政府给这届东正教使团的工作指南要求随团大学生除学汉语外,还要学满语和蒙语②。按照俄清双方的约定,理藩院为俄罗斯馆学生安排官派语言教师,列氏在京时为学习语言,还长期个人雇请语言教师③。他不仅完成了语言学习的任务,而且付出很大精力为后来者编纂《汉满拉俄词典》④,后辈学者对他留下的这部手稿词典评价很高,认为

---

① 雅罗斯拉夫尔是距莫斯科东北方200千米的一座俄罗斯古城,建于11世纪,17世纪发展到鼎盛时期,为莫斯科周边的金环城市之一。
② [俄]阿夫拉阿米神父辑:《历史上北京的俄国东正教使团》,柳若梅译,大象出版社2016年版,第60页。
③ [俄]斯卡奇科夫:《俄罗斯汉学史》,第189页。
④ 列氏参考了《康熙字典》《清文典要大全》《清文鉴》《满汉词典》《清文汇书》《清文补汇》《清汉文海》,以及此前欧洲传教士编纂的词典,如叶尊孝的《汉字西译》、克拉普罗特的《汉字西译补》《汉拉词典》等。

比此前欧洲人编的词典更详尽①。1822年,掌握了中国语言的列昂季耶夫斯基被提升为十级文官,并在北京东正教使团担任翻译。

列昂季耶夫斯基的任务是向俄国政府介绍清政府的政治经济体系。为此,他定期向俄国发回工作总结,并摘译京报,结集成册发往彼得堡,使俄国政府有可能十分具体地研究和理解北京各方面的状况。与此同时,他还自编一本《中国尚书手册》,其中收入了当朝各部共计20位尚书的详细信息,全方位地向俄国政府介绍清朝的行政结构及其具体人员。同时在其日记中专门介绍理藩院俄罗斯学,为俄国处理俄中往来事务提供重要参考。在经济方面,他关注商业、工业、生产工艺和染料、茶叶加工方式等②。俄国对清朝在贸易方面的期望较多,列昂季耶夫斯基因此较为注意与俄国贸易相关的各个方面,不仅在日记中详细记录来华路线,还将《示我周行》译成俄语,向俄国介绍在华贸易的水路、陆路通道,介绍各省商品价格和税务信息。此外,他还曾翻译松筠的《恰图志》,介绍恰克图的中俄贸易。

列昂季耶夫斯基向俄国介绍中国的方式不止于文字。擅长绘画的列氏学习中国传统绘画方法,并描绘婚礼、葬礼、民间游园、各信仰的寺庙内景等画面;同时他还向中国画匠订购画作,北京城内城外的重要标志建筑物,如东华门、西华门、天安门、午门、崇文门、宣武门、朝阳门、德胜门、安定门等被绘制成像,京郊昆明湖、圆明园、西峰等景色亦被绘制成像,他还收集能够反映北京人日常生活旨趣的景色图画,从各个侧面形象地向俄国传达19世纪上半叶北京居民的日常生活和精神面貌。

列昂季耶夫斯基在北京期间翻译卡拉姆津的《俄罗斯国家历史》,

---

① [俄]斯卡奇科夫:《俄罗斯汉学史》,第191页。
② Т. Гавристова, С. Шубина, Выдающийся знаток Китая З. Ф. Леонтьевский-ученый, дипломат, коллекционер, Азия и Африка сегодня, 2001, №1, Стр. 25.

应该不是出自其个人兴趣的自发行为,其翻译目的显然是为中文读者了解俄国所用。从中译本的装帧形制来看,明黄色、大开本的《罗西亚国史》很有可能是提供给道光皇帝御览之用,同样的开本形制抄出一份用于进献俄国沙皇也极有可能。小开本则为译者另抄出多份带回俄国,赠送大学和图书馆。遗憾的是,列氏因何翻译该书,译本形成后如何抄定成书,成书后呈何人阅,这些问题目前均未有中外文资料支持。而《俄罗斯国家历史》这部俄国史学的奠基之作直至今日仍没有其他中译本。

(四)《罗西亚国史》的意义

《元史》卷三至卷六《文宗本纪》中,介绍至顺元年(1330 年)置宣忠扈卫亲军都万户府、立宣忠扈卫亲军都万户宫时提及"翰罗思军士",这是中国史籍中关于俄罗斯的最早记录。明天启三年(1623 年),意大利入华传教士艾儒略所作介绍世界各地地理的《职方外纪》一书中,有"莫斯哥未亚"一章,概要介绍了俄罗斯地理和风俗。从顺治十二年(1655 年)奉俄国沙皇旨意到达北京的巴伊科夫的进表中得知,该国起自 1165 年①。康熙五十一年(1712 年),俄国察罕汗遣使朝贡方物,清朝派出以侍读学士殷扎纳为首的使团前往伏尔加河下游地区探访流落在此的土尔扈特部。使团自京启程,穿越大兴安岭,过喀尔喀蒙古地区,假道俄罗斯,在近三载的时间里往返行程数万里。使团随员图理琛沿途记载事件,于雍正元年(1723 年)刊刻《异域录》一书。《异域录》最早记载了俄罗斯国家的发端:俄罗斯本非帝国,原首都为邻近海岸的基辅,地域并不广大,到伊凡三世时期,在瑞典国的帮助之下日趋强盛,伊凡三世称帝,形成俄罗斯帝国。后来又吞并喀山、托博尔斯克、伊尔库斯克、尼布楚,国力渐强、疆域愈广。至康熙五十二年(1714 年),即图理琛一行抵达托

---

① [清]何秋涛:《朔方备乘》,文海出版社 1964 年版,第 19 页。

博尔斯克之时,俄国皇帝名为彼得·阿列克谢耶维奇(即彼得一世)①。图理琛一行回程中,从当时俄国管理远东事务的托博尔斯克总督噶噶林处得知,俄国自伊凡三世开始称皇帝,至图理琛一行出使回程至托博尔斯克的1714年,国史已有350多年,共历经23代皇帝;1552—1546年伊凡四世征服喀山、托博尔斯克、阿斯特拉罕,形成18世纪初期俄国的现状②。《罗西亚国史》在道光八年(1828年)翻译成书,叙述了俄罗斯民族的起源、国家的形成和发展至罗曼诺夫王朝之初的历程。不过,俄罗斯所藏几种《罗西亚国史》均为写本,似乎未及广泛传播并产生影响。此后,林则徐《四洲志》、徐继畬《瀛寰志略》对俄国历史的认识并未有实质性推进,至咸丰十年(1860年)何秋涛辑《朔方备乘》之时,对俄罗斯历史的了解,仍是起自蒙古入侵俄境,将伊凡三世使蒙古统治瓦解并立国称帝视为俄罗斯立国之始③。清末,《万国史记》由日本传入中国,该书卷十六"欧罗巴史·第十一俄罗斯记",叙及862年留利克建国至1878年

---

① "鄂罗斯国向无汗号,原僻处于西北近海之计由地方,而地界甚狭,传至依番瓦什里鱼赤之时,其族内互相不睦,以至于乱,依番瓦什里鱼赤力甚微弱,乃求西费耶斯科国王,而西费耶斯科国王许助依番瓦什里鱼赤兵八千并粮饷,欲取鄂罗斯之那尔瓦城,依番瓦什里鱼赤从其言,将那尔瓦城归于西费耶斯科国,因假此兵力,依番瓦什里鱼赤征收其族类,而自号为汗焉,迄今三百余年,从此强盛,将喀山并托波儿等处地方俱已征获,其后又侵占伊喜谢并厄尔库、泥布楚等地方,国势愈大。鄂罗斯现在国王察罕汗之名曰票多尔厄里克谢耶费赤,年四十一岁,历事二十八载,所居之城名莫斯科注。"见庄吉发校注:《满汉异域录校注》,文史哲出版社1982年版,第120—121页。

② "自依番瓦什里鱼赤起始称汗,至今历二十三代,共计三百五十余载,至十三代汗,始征取喀山、托波尔、阿斯塔尔汗等处,今已一百六十年矣。"见庄吉发校注:《满汉异域录校注》,第166页。

③ "元太祖遣速不台等灭之,以封长子木赤为国王,传至月祖伯大王,即以王名为国号,又称月即别部。西洋人记鞑靼里并俄罗斯即指此事,鞑靼里者蒙古游牧诸部之总名也,术赤封地距元大都最远,驿马急递二百余日始达京师,故其事迹史不能详,终元之世,朝贡不绝。元顺帝时天下云扰,而术赤之后封于俄罗斯者,爵位如故,既而俄罗斯种人依番瓦什里鱼赤自窝罗克达地起兵驱逐蒙古,据大俄罗斯地,始自称汗,即所以为万王也,是为今之俄罗斯立国之始。明嘉靖年间俄罗斯既并喀山及阿斯塔尔汗诸地,分国中为十六道。"见[清]何秋涛:《朔方备乘》,第331页。

俄国取得俄土战争胜利后,英国与奥匈帝国对俄国的强势不满,于1878年在柏林会议上压制俄国,修改俄土之间的《圣斯特凡诺和约》,俄罗斯民族的发展历史始为国人所知。

《罗西亚国史》选本端正,译文雅致,应为译者与其中国语言教师合作完成。选译内容能够帮助中国读者了解俄罗斯民族的起源和发展脉络。尽管此书在中文文献中难觅其线索,但毕竟是第一部以汉语书写的俄罗斯国家的"正史",也是最早出现的欧洲民族的史学著作。俄国史学的最新成就在问世不久就被介绍到中国,将中俄史学交流的起点推溯至19世纪上半叶,其价值不言自明。

如果从1715年俄国向中国派出的第一个使者开始算起,中俄交往已近四个世纪。400年来,往来的使者、商人、教士、学生把中国史书带往俄国,构成了现在俄罗斯以圣彼得堡、莫斯科、远东为代表的俄罗斯的中国古籍善本收藏,其中不乏珍本、孤本,因此,俄藏丰富的中文善本还有待于进一步的系统整理和研究。自18世纪起,随东正教使团来华的俄罗斯学生把中国历史翻译成俄语介绍给俄国,为培养在华工作的人员而设立的语言学校、大学中国语言教研室将中国历史知识传授给俄罗斯人,加之从欧洲接受的关于中国的知识,使得俄国的历史学家在其史学发展的早期就关注到中国的史学思想,以对中国历史文化的把握为基础,俄罗斯学者达尼列夫斯基在19世纪中期审视世界各民族文化时,把中国作为独特的历史文化类型展开研究,为人类文化的发展做出了贡献。20世纪以后,在中苏友好时期,两国的史学研究曾一度遵循某种两国皆认同的思维框架,中苏史学界之间也形成了一种"共鸣",中国学者以苏联奉行的史学视角研究中国历史,之后这种研究又为苏联学者所关注并不时作为例证。中苏交恶时期,在中国历史研究方面,虽然出现不少服务于国家立场的研究,但在经历了社会思想"解冻时期"的苏联,对中国历史的关注有很多独到之处。苏联解体后,俄罗斯历史学界在彻底打破思想禁锢的同时,其关注中国历史的角度和所使用的理论方面都值得我们深入研究。在俄罗斯汉学发展的历史上,俄罗斯汉学家为中国历史文化知识和史学思想在本国的传播做了大量工作。18世纪以来,他们翻译出版《八旗通志》《竹书纪年》《册府元龟》《唐律疏义》《史记》等大量中国典籍。更令人关注的是,俄国学者翻译的《罗西亚国史》汉译本,1828年成书于北京,这是中国人看到的第一部俄国史,学术意义非凡,为中俄史学交流提供了基础,也为学界进行比较史学、比较文化研究提供了丰富的资料。

第十九章

中国史学之西渐：西欧篇

古老而又神秘的中国，始终深深地吸引着西方的视线。自有史记载以来，共有五次较大规模的中西文化交流：公元1世纪前后的丝绸之路、7—8世纪的大唐帝国、14—15世纪的明朝、19世纪清末鸦片战争时期以及20世纪"五四"新文化运动前后。纵向比较这五次交流可以发现，文化内涵的承载物由初时代表中国特色的众多物产，比如丝绸、瓷器、漆器、茶叶等，逐渐向中国的制度文化、宗教思想、文献典籍等文化本体过渡，进而将这些文化本体纳入学术研究的范畴，通过对其的剖析，展现西方人眼中的中国形象、中国精神。同样，研究中国史学在西欧的目的亦是如此，即通过探讨中西史学的漫长"对话"，以及在这过程中西方对中国的"他者"态度和评价，揭示中西史学交流的文化价值之所在。

一、中国史学在西欧的发展

从中国文化西渐角度而言，或可说一部中西文化交流史，就是西方"汉学"（sinology）①的成长史。西方汉学从其产生之日起，便以研究中国文学、历史、语言、哲学、艺术、宗教、考古、经济、法律、科技等中国文化为

---

① "汉学"（sinology）的历史是中国文化与异质文化交流的历史，是外国学者认识、理解、研究、诠释中国文化的过程。汉学作为外国人认识中国及其文化的桥梁，是中国文化和外国文化撞击后派生出来的学问，实际上也是中国文化另一种形式的自然延伸。参见阎纯德：《汉学历史与学术形态——列国汉学史书系》，载阎纯德主编：《汉学研究》第10集，学苑出版社2007年版，序二第5页。

总体目标。因此,讨论中国史学的西传,也应大体始于西方汉学的兴起,经历了16世纪以降的传教士汉学至19世纪的专业汉学时期。在西欧历史上,英国、法国、德国、荷兰、意大利、瑞典、西班牙、葡萄牙等国家,都不同程度地从事汉学研究,其中又以法国最为明显,巴黎在18—19世纪曾被誉为世界"汉学之都",在西方甚至流行着一句口头禅:"学汉学,到法国。"①总体而言,这些西欧国家进行的研究活动和取得的成果,大致可以概括为如下几个阶段。

(一)传教士时期:中国史学西传的开始

法国是西欧汉学研究的一大重镇,但它与中国的直接接触要晚于葡萄牙、西班牙和意大利。早在16世纪初,葡萄牙人便用坚船利炮轰开了中国的大门,跟随而来的是天主教耶稣会传教士。这些肩负着宗教布道使命的早期来华传教士,正是持续至今的中西文化交流史的先驱。对此,可能他们自己都从未设想过。天主教耶稣会士方济各·沙勿略(Francis Xavier,1506—1552年)于1552年到达中国广东省上川岛,揭开了传教士来华传教的序幕。其后,一大批葡萄牙耶稣会士进入中国。接着,意大利的利玛窦(Matteo Ricci,1552—1610年)、罗明坚(Michele Ruggieri,1543—1607年)、范礼安(Alessandro Valignano,1538—1606年)、艾儒略(Jules Aleni,1582—1649年)、卫匡国(Martino Martini,1614—1661年)等著名传教士也来到中国,他们先后开教的地点有肇庆、韶州、南昌、南京、北京、上海、杭州等。这些传教士在华的主要活动以1583年利玛窦入华为标志,自此,耶稣会士的传教无论对于西方还是东方,都是一个新的历史时期。除上述提及的之外,还有许多传教士都做出过贡献,诸如曾德昭、安文思、柏应理、殷铎泽、南怀仁、汤若望、龙华民、金尼阁、罗如望、熊三拔等。

---

① [法]戴仁编:《法国中国学的历史与现状》,耿昇译,上海辞书出版社2010年版,1998年译序第4页。

值得注意的是,自16世纪初一直到1685年法国国王路易十四派遣传教士入华前,天主教在华的传教事业都受葡萄牙保护。之后,情况才有所改观。从路易十四派遣六位有"国王数学家"之称的传教士前往中国时起,迄至整个18世纪,法国在欧洲向中国的传教活动中始终处于领先地位,也因此,法国在汉学领域取得了一系列显著成果:法国是首先向中国派遣"科学传教团"的国家,是首先使中国学登入大学殿堂并设立首个"汉学讲座"的国家,是首先创建亚细亚学会、创建国际汉学刊物《通报》和《亚细亚学报》等的国家,是首先在亚洲设立汉学机构、首先出版大批中国学书籍(17—18世纪)的国家。有关这一时段的欧洲汉学,张国刚在《明清传教士与欧洲汉学》前言中做了如下记述:"16世纪时,关于中国的报道几乎是葡萄牙人和西班牙人的专利……进入18世纪,法国人后来居上,那些像优秀的'国王数学家'一类的博学的传教士,真正充当了中西学术文化交流的使者角色。"①这六位传教士,除一位中途滞留他地传教之外,其余五位几经周折,最终得以到达中国并谒见康熙皇帝,他们是:洪若翰(Jean de Fontaney)、张诚(Jean François Gerbillon)、白晋(Joachim Bouvet)、李明(Louis le Comte)、刘应(Claude de Visdelou)。由于深得康熙皇帝的赏识,白晋回国招集了更多的传教士。同时,白晋带回康熙赠送给路易十四的珍贵书籍四十九册。这些书成为法国皇家图书馆的首批汉文书籍,也是法国汉学的起点之一。这次的来华传教士,包括马若瑟(Joseph Marie de Prémare)、雷孝思(Jean Baptiste Régis)、巴多明(Dominique Parrenin)、宋君荣(Antoine Gaubil)、钱德明(Jean Joseph Amiot)、冯秉正(De Maillac)、韩国英(Pierre Martial Cibot)等12名。其后,陆陆续续又有多位"学者型传教士"来华,他们在中国受到了欢迎。

传教士来华并非无缘无故。当时的欧洲国王普遍利用天主教来实现海外扩张的目标,纷纷亮出"把不信神的人的地区置于基督教统治之

---

① 张国刚等:《明清传教士与欧洲汉学》,中国社会科学出版社2001年版,前言第1页。

下是一种特权和义务"的旗号。路易十四委以传教士三项使命："一曰宗教之传布,一曰科学之进展,一曰法国势力之扩张。"①因而,这些传教士的首要任务便是将中国纳入他们的宗教信仰版图中,但由于"学者型"身份,他们又都不同程度地从事了中国研究。法国传教士奉行这条路线,或许在一定意义上吸收了"西方汉学之父"利玛窦的"合儒补儒"②策略。利玛窦对中国天主教的传播有着巨大而深远的影响早已毋庸置疑。当1583年利玛窦和罗明坚首次作为外国人被准许进入中国内地时,他们削发剃须,穿上和尚们的袈裟,以期尽快在中国社会找到一个传教的支点。但他们发现相较于儒生,和尚们地位卑微,便决定转向儒学,将孔子奉为最受重视的精神盟友,于是耶稣会士们换掉了橘黄色的袈裟,穿上儒生们的长衫。利玛窦巧妙地使用科学和数学知识,吸引儒家学派中的精英学习并信奉隐藏在这些表面技术背后的信仰。由于利玛窦所确定的"合儒补儒"路线取得成功,明清间在华耶稣会士虽与中国文化时有冲突,但大体耶儒相通。

就从事中国研究而言,葡萄牙、西班牙、意大利的传教士与法国相比十分不同。前者以专心致力于传播上帝福祉为己任;而对后者来说,科学研究既是传教的方式,也是他们来华的任务之一,从本国利益来看,进行科学活动的重要性甚至高于传教本身③。这与当时法国所处的形势是密不可分的。17世纪下半叶,由于科学革命的影响,在欧洲的一些重要学术中心,不约而同地成立了各种模式的从事科学研究的组织。在路

---

① 曹青:《法国耶稣会士白晋事迹综述》,载阎纯德主编:《汉学研究》第10集,学苑出版社2007年版,第187页。
② 参见[法]戴仁编:《法国中国学的历史与现状》,耿昇译,上海辞书出版社2010年版,第6页;[美]史景迁:《中国纵横——一个汉学家的学术探索之旅》,夏俊霞等译,上海远东出版社2005年版,第48页;吴孟雪、曾丽雅:《明代欧洲汉学史》,东方出版社2000年版,总序第5页。
③ 参见韩琦:《"格物穷理院"与蒙养斋——17、18世纪之中法科学交流》,载《法国汉学》第4辑,中华书局1999年版,第302—324页。

易十四的大臣柯尔伯(J.-B. Colbert，1619—1683年)的赞助和支持下，法国皇家科学院(Académie Royale des Sciences，当时的中国曾将其译为"格物穷理院")于1666年12月22日成立，它以国家利益为重，除致力于研究科学之外，还效忠于国王。"国王数学家"正是由法国皇家科学院派遣到中国进行科学考察的。他们具体的科学分工如下：洪若翰负责中国天文学史、地理学史和天体观测，与巴黎天文台所做的天文观测相比较；刘应负责中国通史，汉字与汉语的起源；白晋负责动植物(自然史)和中医的研究；李明负责艺术史和工艺史；张诚负责中国的现状，警察、官府和当地风俗，矿物和物理学(指医学)的其他部分，即白晋研究以外的部分。有学者曾言："前者(其他国家的传教士)仍然以传教为主，中国研究只是他们的'业余'活动，或称'第二职业'。后者('国王数学家')则已把主要精力花在中国研究之上……中国的研究，几乎成了他们的'第一职业'……从作品质量和研究手段看，前者仍较多地停留在感性的游记、印象、报告等之上，而后者则已逐渐进入自觉、科学的考察、分析和研究。"[①]

出于了解中国、研究中国的需要，这些传教士从自己的文化视角，开始了对中国历史文化的全面开垦和著书立说。首先，他们撰写有关中国的著作并传到西方。由利玛窦撰写、后经金尼阁翻译整理出版的《中国札记》，对当时的中国有较为详尽的描述。在马可·波罗被人遗忘了好几个世纪之后，西方知识界又重新认识到世界上还有中国这样一个文明古国屹立于东方。马可·波罗跟随父亲和叔叔在1275年到达元朝大都，1295年回到意大利，以美丽的语言和无穷的魅力翔实记述了他在东方最富有的国家——中国的见闻，写成了《马可·波罗游记》，激起了欧洲人对东方的热烈向往，对以后新航路的开辟也产生了巨大的影响。这部《游记》是"游记汉学"著作中影响最大的一部。这类著作主要涉及中

---

① 许光华：《法国汉学三百年》，载阎纯德主编：《汉学研究》第10集，第155—156页。按：引文中的"国王数学家"应指法国传教士。

国的物质文明,较多地描述介绍了中国的山川、城池、气候,以及生活起居、饮食、服饰、音乐、舞蹈,也涉及一些中国的观念文化。相较而言,此时传教士有关中国的著作,已具备比较高的学术研究水平,诸如曾德昭的《大中国志》、安文思的《中国新志》、卫匡国的《中国上古史》等。就《大中国志》而言,它的英译者这样写道:"我把这部期待已久,最真实的大中国法律、政治、风俗,及现在情况的历史献给你……它是由一位首先严格受过各种学术教育,在中国生活了二十二年,居住在京城和各大城市的人所撰写;在这时期内(为计划这样一部著作)他成为中国人风俗习惯的勤勉观察者和采集者,同样(在苦学语言后)成为他们历史和著作的大学者。他的辛勤著述,已被译成多种他国语言,且被若干作家引用,在欧洲诸国深受欢迎。"①由于这些来华耶稣会士精通中国语言,一般又留华多年,对中国文化有较多了解,因此,他们对中国的描绘也显得更为真确、更为翔实,是当时西方人了解中国的最权威性的材料。

素有"欧洲汉学泰斗"之称的沙畹(Émmanuel-Édouard Chavannes,1865—1918年)说:"以科学方法研究中国,实肇于18世纪,创始者为法国耶稣会士。"②张诚的《鞑靼纪行》,李明的《中国现势新志》(1692年),刘应取材马端临《文献通考·四裔考》写出的《鞑靼史》,马若瑟的《中国语札记》(1728年),冯秉正的《中国通史》(1737年),被戴密微誉为18世纪最伟大汉学家宋君荣的《元史及成吉思汗本纪》(1739年)、《大唐史纲》及附录《中国年代纪》(1749年),钱德明的《中国历代帝王年表》(1767年)、《中国古史研究》(1775年)和韩国英的《中国古代论》等,在中国通史、古代史、边疆民族史等方面皆有成就,而且更加注重史料调查和

---

① [葡]曾德昭:《大中国志》,何高济译,李申校,上海古籍出版社1998年版,"致读者"第1页。
② [法]沙畹:《汉学》,转引自田永秀、鲜于浩:《鸦片战争前的法国汉学和中法文化交流》,载阎纯德主编:《汉学研究》第4集,中华书局2000年版,第311页。

实地考察。仅以冯秉正12卷本巨著《中国通史》为例进行说明。该书根据朱熹的《通鉴纲目》编译而成,并且一直将其补充到明清两代,比《通鉴纲目》多记了数百年的中国历史。本书第一卷至第九卷是《通鉴纲目》的法文注解本,后三卷是冯秉正利用能见到的明清史料,比如明代商辂的《续通鉴纲目》等续补出来的。然而书稿寄回巴黎,却由于"偶尔的变故"(一说是因书中写到古老的中国早于《圣经》所记载的年代而与基督教义不合)①搁置未能刊发,直到1777年至1783年才陆续刊出。此书一经印出,即成为当时最有影响力的中国历史著作,被称为在欧洲刊出的"中国通史"之"楷模"。虽说《中国通史》历经近50年坎坷才得以呈现在世人面前,但其重要意义在于将中国的史学传播到法国本土,并引发了一定的回响。后来戴遂良神父的《历史文献》、考狄的《中国通史》和格鲁塞的《远东历史》等都从中汲取历史文献资料,进行自己的论述。论者曾这样评价冯秉正的贡献:"他实现了中国古代史籍和现实资料的结合,并为建立汉学史观和历史观走出了关键性的一步。"②

其次,传教士们进行中国经典著作的西译。他们意识到如果对中国历史文化一无所知,就不可能对生活于此的民族有深刻了解,也就无法在他们中间实现"耶儒相连"。因而,探究中国文化、深明中国文化之要义,成为他们最迫切的要务。中国传统经典著作"四书""五经"理所当然成为他们竞相追逐的目标,孔子也始终处于被关注的中心。1670年左右,柏应理、恩理格、殷铎泽和鲁日满四位神父开始合作翻译《论语》,并于1687年在巴黎发表,献给法国国王。此后,对中国史学著作的引介和翻译,一直都没有停止过。"四书"以及《诗经》《尚书》《礼记》《易经》《左传》《仪礼》等文化典藏,统统都有西文译本,而且不止一种语言的译本。由于条件所限,当时的欧洲人不可能像现今这样自由穿梭于中西之间,

---

① 许光华:《法国汉学史》,学苑出版社2009年版,第49页。
② 刘正:《图说汉学史》,广西师范大学出版社2005年版,第80页。

于是这些译作便成了他们了解中国最重要的第一手资料,对传播古老的中国文明具有不可替代的作用。比如《易经》的译介和研究即是这方面成就的一个典型①。据统计,"此时《易经》译著保存下来近20种,其中大半为法国传教士所作,如白晋、马若瑟、刘应、傅圣泽、汤尚贤、雷孝思等,都不同程度地从事过《易经》的译介工作"②。虽有学者认为此时传教士的翻译活动大多是在分散和无序的状态下进行的,并且多有重复,质量参差不齐,但不可否认的是,他们的活动使中国文化对西方科学与哲学产生了重要影响。

1793年,伴随着法国最后一位来华传教士钱德明的逝世,以传教士为主导的研究中国的事业走向了尾声。这就是我们所说的"中国史学西渐"的序幕。号称欧洲三大汉学著作的《耶稣会士中国书简集》③、《中华帝国全志》④(《中华帝国论》)、《北京传教士关于中国人的历史、学术、艺术、风俗习惯等论丛》⑤,表现出了耶稣会学者型的传教士为理解一种不同的文化而付出的辛勤努力。其中,又以《中华帝国全志》的意义最为重大,书中配有准确、新奇的地图以及漂亮的插图,几年之内便出版了三次法文版、两次英文版,另外俄文和德文版也出版发行。它是总结当时有

---

① 近年来,学者对这个问题已经做了一些研究,成果有张西平:《〈易经〉在西方早期的传播》,《中国文化研究》1998年第4期,第127—131页;《白晋与傅圣泽之学〈易〉》,载阎宗临著,阎守诚编:《传教士与法国早期汉学》,大象出版社2003年版,第169—172页;张西平:《中西文化的一次对话:清初传教士与〈易经〉研究》,《历史研究》2006年第3期,第74—85,190页;许光华:《法国汉学三百年》,载阎纯德主编:《汉学研究》第10集,第154—183页;王佳娣:《明末清初来华传教士对〈易经〉的译介及索隐派的汉学研究》,《湖南第一师范学院学报》2010年第1期,第111—112,138页等。
② 许光华:《法国汉学三百年》,载阎纯德主编:《汉学研究》第10集,第159页。
③ 1706年至1776年陆续出版,共34卷,其中第16卷至26卷是关于中国的。中译本已由大象出版社在2005年出版。
④ 杜赫德主编,1735年出版,共四卷,附有康熙时由法国传教士测绘的中国地图42帧。
⑤ 1776年至1814年陆续出版,共16卷。

关中国知识的一部百科全书,为启蒙运动时渴望了解中国的欧洲人提供了最重要的资料来源。这些由传教士发表的关于中国的著作,为研究两种文明的差异、接触和碰撞留下了颇为丰富的资料,或直接或间接地影响了欧洲近代思想文化的变迁;也正是他们的努力,使欧洲人很快对中国着了迷,并形成18世纪欧洲历史上的第一次"中国热"。从此,对中国的研究由教会内部扩展到欧洲社会,知识界的思想家、政治家、经济学家、社会学家、文学家纷纷把目光投向了中国。

(二)启蒙时期:中国史学西传的拓展

当传教士拉开中国史学西渐的大幕之后,接下来"正剧"便开始了。当然,最先上场的是西方的启蒙思想家们。18世纪的欧洲处于社会剧烈变革时期,当时的进步人士,如启蒙思想家伏尔泰等人,正为启蒙运动的顺利开展在世界范围内搜索理论依据。以白晋神父为首的"索隐派"[1]翻译经典、介绍中国历史,本意是想证明儒家学说与天主教同出一源,然而,他们的努力适得其反,不但没有起到维护基督教统治的目的,反而在思想界引起轩然大波,使《圣经》的"年代学"遭受严重打击。这却给此时的启蒙思想家提供了契机。他们从传教士研究中国的著作中,发现中国文明的精神要素可以作为反对神学、攻击教会、批判封建主义的精神武器,因此进一步挖掘中华文明蕴含着的宽容精神、仁爱精神和理性精神。这段历史,即中国文化与西方启蒙思想家不断"沟通"的历史[2],

---

[1] "索隐派"是在华耶稣会士的一个小学术团体,他们声称在中国古文献中重新"索隐"到了由希伯来的族长们传入的基督宗教的踪迹,目的是说明中国的孔子儒家学说与基督教教义的一致性,从而为他们来华传教提供理论依据。

[2] 有关启蒙时代欧洲与中国的探讨,已有部分研究成果面世,参见吴莉苇:《当诺亚方舟遭遇伏羲神农:启蒙时代欧洲的中国上古史论争》,中国人民大学出版社2004年版;张国刚、吴莉苇:《启蒙时代欧洲的中国观:一个历史的巡礼与反思》,上海古籍出版社2006年版;许明龙:《欧洲十八世纪"中国热"》,外语教学与研究出版社2007年版;许光华:《法国汉学史》,学苑出版社2009年版;陈宣良:《伏尔泰与中国文化》,首都师范大学出版社2010年版等。

构成了中国史学西渐史上的又一重要时段。

经由传教士的引介和研究,欧洲对中国的关注更加全面,也更加深入,中国知识在荷兰、德国、法国、英国等国家逐步流行并成为时尚,社会上形成了一股浓厚的"中国热"。在当时欧洲人的心目中,充满了对中国科学艺术的热爱,他们认为中国有着全世界所曾有过的最美好的东西,甚至认为"中国是全世界的缩影"。戴闻达在《荷兰对汉学研究的贡献》一文中,针对学者佛休斯(Isaac Vossius,1618—1689年)的著作《博闻》做了如下记述:"在他的另一本书《博闻》里,有两章是关于中国的,其中充满了对中国庞大的人口以及科学艺术诸领域伟大成就的崇拜。中国人在医学、植物学、药理学、建筑、音乐、绘画、雕塑方面居于领先地位,他们发明了指南针、印刷术和火药。只有在数学和天文学方面似乎落后于基督教世界。这就是关于中国和中国人的理想化勾画,这在18世纪是一种时髦,在法国哲学家中间尤其如此,甚至今天还没有完全消退。"[1]我们说,这种"中国热"一方面表现为社会大众对中国物质的虚夸追求,另一方面则表现为学术知识界对中国文化的理性思考。中国文化激发了欧洲对于社会发展演变的观点的改变,在思想界产生了重要影响。

第一,"中国历史纪年"对欧洲认同感提出了知识性的挑战。在当时欧洲人的观念里,"天主创世"是恒定不变的法则,他们相信上帝,相信《圣经》,相信人类历史起于诺亚洪水。对他们而言,比较普遍接受的观点是:"世界创始于公元前4004年,大洪水发生在公元前2348年。"由此确定的圣经"年代学","按照'亚当族谱'定历史,宣称世界历史一共'五千五百五十年',所有民族,包括中国人,都是犹太人的后裔"[2],其权威

---

[1] [荷]戴闻达:《荷兰对汉学研究的贡献》,马军译注,载阎纯德主编:《汉学研究》第10集,第240—241页。

[2] 李天纲:《17、18世纪的中西"年代学"问题》,《复旦学报(社会科学版)》2004年第2期,第14页,"摘要"。

性毋庸置疑。但是,随着对中国历史研究的深入,掌握的材料逐渐丰富,中国编年史开始对《圣经》纪年的绝对权威构成威胁。他们察觉到中国的历史记载要悠久得多,远远不止四五千年,超过《圣经》"年代学",这不禁令他们惊慌失措,于是致力于调和《圣经》纪年与中国纪年。其实,1685年意大利传教士卫匡国出版《中国上古史》之际,就已动摇了《圣经》"年代学"。《中国上古史》是卫匡国在认真钻研《尚书》、汉代史学家司马迁、宋代学者司马光以及新儒学者朱熹著述的基础之上完成的,它第一次把真实的中国历史用欧洲语言呈现在欧洲人面前,编制了自伏羲氏起直至公元初年以来的纪年表,"并且根据中国史书记载的帝王世系和在位年限推算出伏羲立国之年为公元前2952年,即中国人的历史至少可以上溯到公元前2952年之时"①。如此一来,"伏羲统治中国的时间早于大洪水600年"②,这便与《圣经》宣扬的世界历史相违背了。

启蒙思想家以此作为切入点,掀起反对神学、攻击教会的浪潮。不论在欧洲大陆还是在英伦三岛,他们把中国人的议论当成武器,向传统的天主教教徒发起进攻。英国哲学家休谟说过:孔子的门徒,是天地间最纯正的自然神权的门徒。英国政治家、著述家博林布鲁克(Bolingbroke)表现出更为浓厚的中国情结,他说:"中国人很早就以上帝为宇宙之主宰。孔子所说的天,即为自然;他所说的天道,即为自然的道理;所说'顺天而行',即为顺自然的道理而行。自然的道理,就是理性。"在这些宣扬中国文化的学者中,伏尔泰是最典型的代表,他也是18世纪了解中国最多和谈论中国最多的欧洲思想家。何兆武这样评价伏尔泰:"使中国在法国获得了极大的影响力的,应该首推伏尔泰。他在中国的思想文化里找到了他进行论战所需要的理论。中国在他的心目里乃是

---

① 吴莉苇:《当诺亚方舟遭遇伏羲神农:启蒙时代欧洲的中国上古史论争》,中国人民大学出版社2004年版,第1页。

② 同上书,第2页。

政治和哲学的一个典范,是反对旧制度之下贵族特权的一面崇高的旗帜,是投向耶稣会和一切宗教迷信的一把利剑,因此那就成为他猛烈地、不知疲倦地抨击旧制度和专制主义的重要武器。他怀着极大的热情讴歌和赞美中国的体制、文官制度、伦理道德,甚至于她那被耶稣会士称之为'天'的'理性'。"①伏尔泰是中国纪年史热情的研究者和宣传者,在众多著作中,他无不流露出对中国这种特殊的偏好。在他的《风俗论》中,世界史是由中国开始的。伏尔泰指出:"不容置疑,中华帝国是在4 000多年前建立的……4 000多年来,每天都在写它的编年史。而要掌握人类社会所要求的各种技艺,要做到不仅会写而且写得好,那么所需要的时间势必比中华帝国仅从伏羲氏算起存在的时间更长。这一点如果看不到,岂不又是一件荒唐事?"②其实伏尔泰并不关心中国到底起源于5 000多年前还是4 000多年前,重要的是它不能被纳入《圣经》体系,且足以成为将之撼动的巨大力量。在《哲学辞典》关于中国的词条中,伏尔泰也一再盛赞中国拥有比任何欧洲国家更为古老优越的文明,"早在四千年前,我们还不知读书识字的时候,他们(中国人)就已经知道我们今日拿来自己夸口的那些非常有用的事物了"③。伏尔泰眼中的中国有着古老的文明传统,在西方世界还处于野蛮时代的时候,中国就已经有了高度的文化。艾田蒲在《中国之欧洲》中,针对伏尔泰关于中国的态度写道:"为了使这个观点深入到启蒙的欧洲人心中,伏尔泰在每一部作品中都反复加以阐述,其手法独特,显得随心所欲,但却不能掩盖其话题的严肃性。"同时,"他也明白了教会称之为世界历史之基础的纪年表是站不住的"④。事实上,是伏尔泰迫使当时的知识界承认了中国的悠久历史

---

① 何兆武:《中西文化交流史论》,湖北人民出版社2007年版,第115页。
② [法]伏尔泰:《风俗论》(上册),梁守锵译,商务印书馆2000年版,第85—86页。
③ [法]伏尔泰:《哲学辞典》,王燕生译,商务印书馆1991年版,第331页。
④ [法]艾田蒲:《中国之欧洲》(下卷),许钧、钱林森译,广西师范大学出版社2008年版,第175页。

以及中国在世界史上的地位,他"最终按中国年代学确立了近代历史观"①。其他启蒙思想家对"中国历史纪年"也展开了激烈的讨论。虽然孟德斯鸠谈到中国时,观点时常是自相矛盾的,但他对中国历史的悠久性一点也不加以怀疑,"他明确表示,《圣经》中的洪水与中国毫不相干,传教士们记载的中国洪水比《圣经》所说的年代至少早500年"②。

第二,"中国历史编纂"继"中国历史纪年"之后,成为学者们热衷探讨的话题。作为一名历史学家,伏尔泰认为欧洲的历史编纂充斥着神的历史,毫无信史可言,同时否认《圣经》阐述的世界历史,要求人们突破前人束缚,越出欧洲狭小的范围,把目光投向东方各个民族,撰写真正意义上的世界历史。

中国编年史书的方法给伏尔泰留下了深刻印象。在《风俗论》中,伏尔泰就中华文明及中国历史做出了评论,他以中国为世界文明史的开端,向根基稳固的欧洲史学界提出挑战,要求加强中国史研究。伏尔泰指出:"如果说有些历史具有确实可靠性,那就是中国人的历史。正如我们在另一个地方曾经说过的:中国人把天上的历史同地上的历史结合起来了。在所有民族中,只有他们始终以日蚀月蚀、行星会合来标志年代;我们的天文学家核对了他们的计算,惊奇地发现这些计算差不多都准确无误。其他民族虚构寓意神话,而中国人则手中拿着毛笔和测天仪撰写他们的历史,其朴实无华,在亚洲其他地方尚无先例。中国各朝皇帝的治政史都由当代人撰写,其编写方法毫无差别,编年史没有互相矛盾之处。"③"不像埃及人和希腊人,中国人的历史书中没有任何虚构,没有任何奇迹,没有任何得到神启的自称半神的人物。这个民族从一开始写历

---

① 李天纲:《17、18世纪的中西"年代学"问题》,《复旦学报(社会科学版)》2004年第2期,第14页,"摘要"。
② 许光华:《法国汉学史》,第83页。
③ [法]伏尔泰:《风俗论》(上册),第85页。

史,便写得合情合理……中国的史书没有上溯到人类需要有人欺骗他们,以便驾驭他们的那种野蛮时代。其他民族的史书从世界的起源开始:波斯人的《真德经》,印度人的《法典》《吠陀》,桑科尼雅松、玛内通,直至赫希俄德,全都上溯到万物的起源、宇宙的形成。这种狂妄性,中国人一点也没有。他们的史书仅仅是有史时期的历史。"①在伏尔泰看来,中国的确是相当理想的国度,不仅在于它的政治制度和宗教法律遵循着一定的规则,更重要的在于"它有着完整的按照理性的原则记录下来的历史——而不是如世界上其他民族那样,只能通过神话、通过猜测来还原历史"②。在《路易十四时代》一书中,伏尔泰再次称赞了中国人的信史:"中国这个民族,以它真实可靠的历史,以它所经历的、根据推算相继出现过三十六次日蚀这样漫长的岁月,其根源可以上溯到我们通常认为发生过普世洪水的时代以前。中国的读书人,除了崇拜某一至高无上的上帝以外,从来别无其他宗教信仰。他们尊崇正义公道。"③

　　以伏尔泰为代表的欧洲启蒙思想家给予中国历史如此之高的评价,目的虽说是为了从中国寻找一种"灵魂文化"和"生命内在化",借以建立欧洲理性文明的精神内核,但无可否认的是,在欧洲历史学自身尚未发展为独立的、成熟的学科之时,伏尔泰正是由于受到了中国的史学观念、史学方法的影响,才写出了像《风俗论》《路易十四时代》这样传承后世的史学名著。对此,维吉尔·皮诺评论道:"中国的道德与政治,无论曾激起人们怎样的赞美,至少直到1740年,它们的影响比不上中国纪年表的发现。"④进而,这种历史观在欧洲史学编纂由"神的历史"向"人的历史"的过渡中,也起到了重要的促进作用,有利于人们尽早从封建桎梏与神

---

① [法]伏尔泰:《风俗论》(上册),第86页。
② 陈宣良:《伏尔泰与中国文化》,首都师范大学出版社2010年版,第90页。
③ [法]伏尔泰:《路易十四时代》,吴模信等译,商务印书馆1996年版,第597页。
④ [法]艾田蒲:《中国之欧洲》(下卷),第164页。

学束缚中摆脱出来。

第三,对中国文化的两种态度:赞赏与批评。18世纪的许多学者和伏尔泰一样,以耶稣会士塑造的"理想的中国"为蓝本,掀起了"欧洲十八世纪中国热"的浪潮,然而,对中国文化的过度追捧却也造就了一批中国文化的反对者。可以说,在整个启蒙时代,赞赏与批评中国文化的声音不绝于耳,"颂华派"(仰慕中国及其文化的人)和"贬华派"(厌恶中国及其文化的人)始终处于一种紧张对峙的状态,赞美者以伏尔泰、沃尔夫、莱布尼茨、魁奈为代表,批评者以孟德斯鸠、卢梭、狄德罗为代表。这种互相对峙、互相争辩的氛围,使得中国文化在18世纪的欧洲更加全面地传播开了,对欧洲思想界的影响也更加深刻了。正如何兆武所言:"整个十八世纪所有有关中国的重要著作和西方思想文化史上的重大事件,大体上都是同步出现的,似乎若合符节。孟德斯鸠的《罗马盛衰原因论》(1734年)、杜赫德的《中华帝国论》(1735年)、伏尔泰的《中国孤儿》(即元曲纪君祥的《赵氏孤儿》)(1755年)、《风俗论》(1756年)和《百科全书》的第一卷(1751年)几乎是同时出版的。"①

(三)专业化时期:中国史学西传的深入

从某种意义上而言,充当中国史学西渐的主要角色应当是西方汉学家,即那些专业研究者(或历史学家)。进入19世纪,法国成为最早在高等学府中设立汉学讲座的欧洲国家。从雷慕沙(Abel Rémusat,1788—1832年)1814年12月11日在法兰西学院开设"汉语和鞑靼—满语语言与文学"讲座以来,至今已近200年。也就是从那时起,汉学研究首次在西方大学殿堂占据一席之地,不仅使得汉学研究被公认为一门专业学问,而且更重要的是,开创了西方汉学研究的"近代模式"。其后俄国(1851年)、荷兰(1875年)、英国(1876年)才在大学里开设汉学研究讲座,至于美国就更晚了。在这将近200年的历史中,西方汉学

---

① 何兆武:《中西文化交流史论》,湖北人民出版社2007年版,第115页。

(中国学)①研究者频繁地在这一领域展开一系列的"对话",从中国儒家哲学、历史学、文学、天文学到敦煌学、藏学、语言学、民族学、宗教等无所不包。

这一时期的汉学研究呈现出"专业精神"与"近代模式"的趋向,大致表现在以下三个方面。其一,教学和研究相结合,创立学会、创办刊物,一切均有组织、有秩序地进行。众所周知,1814年,法兰西学院开设"汉语和鞑靼—满语语言与文学"讲座,同时设立讲座主席的位置。这是汉学研究进入专业化时期的典型标志。随后,其他西方国家也逐步设立了正规学院的位置。1875年,荷兰在莱顿大学设立了一个汉语语言和文学的教席,施古德(Gustave Schlegel,1840—1903年)被任命为主持教席。19世纪后半段,英国牛津和剑桥两个最重要的汉学教席位置成为终身教授职位,这两个教职分别由前任外交官威妥玛(Thomas Wade,1819—1895年)、翟理思(Herbert Allen Giles,1845—1935年)与传教士理雅各(James Legge,1815—1897年)担任。1909年,德国汉堡殖民学院设立汉学正教授职位②。但近代以来德国汉学发展较快,在欧洲也比较有影响。

与这些研究机构相辅相成的是创立了一系列学会和刊物。1822年,雷慕沙协同德国汉学家克拉普洛特在巴黎共同发起建立"亚细亚学会",同年创办《亚细亚学报》,该学报旨在发表亚细亚学会各场报告会的提要。1882年,"百科全书式汉学家"考狄创办《远东杂志》;1890年,考

---

① 至20世纪,现代汉学在美国勃兴,学界一般称之为"中国学",自此世界汉学研究的中心就由欧洲的法国转向美国。
② 德国汉学界在"德国汉学之始"这个问题上存有争议。一般认为汉堡殖民学院设立汉学正教授一职为德国汉学之始,首任教授是福兰阁(Otto Franke);也有人认为,莱比锡大学1878年设立汉语副教授为德国汉学之始,汉斯·乔治·康农·冯·德尔·加贝伦茨(Hans Georg Conon von der Gabelentz)为德国汉学第一人。参见关山:《德国汉学的历史与现状》,《国外社会科学》2005年第2期,第57—65页。

狄又和荷兰莱顿大学施古德合作主持出版国际性杂志《通报》(刊名全称为《通报,东亚(中国、日本、朝鲜、印度支那、中亚和马来西亚)历史、语言、地理和民族学研究档案》),在"主编赘言"中,他们这样解释自己的动机:"……我们推出的学报填补了在远东民族研究中的一项令人遗憾的空白。"①从创立之日起,《通报》便始终是最活跃的杂志之一,"创刊《通报》并使之维持下去,也可能是考狄能够为东方学作出的最大贡献"②。此后,还有一批重要的出版物纷纷创办,如法文的《河内远东法兰西学院学报》(1901年),德文的《东方学报》(1912年)和《汉学》(1928年),英文的《亚洲学报》(1920年)、《中国杂志》(1926年)以及《中国学报》(1932年)等。法兰西远东学院、法国亚洲博物馆、里昂吉美博物馆、卢浮宫东方部、巴黎国家图书馆、伦敦大学亚非学院、牛津大学东方学部、剑桥大学东方学部、莱比锡大学汉学系、洪堡大学汉学系、德国亚洲学会,都使得西方的汉学研究大大增辉。同时,也涌现出一些声名卓越的汉学研究者,以法国为例,比如雷慕沙、儒莲、安东尼·巴赞、毕欧、德理文、沙畹、伯希和、马伯乐、葛兰言、戴密微等大师级人物,还有许多学者至今仍然活跃在传播中国文化的舞台上,如谢和耐、魏丕信、戴仁、弗朗索瓦·于连等。

其二,科学化和规范化的汉学研究,在以兰克为代表的实证主义史学思潮的催生下,逐步发展壮大起来。有关这时期的学术研究,傅吾康在《19世纪的欧洲汉学》中做了如下总结:"19世纪汉学方面最杰出、经久不衰的成果是在翻译、词典和其他参考工具等领域。"③学者们意识

---

① [法]洪怡沙、魏丕信:《〈通报〉杂志小史》,载[法]戴仁编:《法国中国学的历史与现状》,耿昇译,上海辞书出版社2010年版,第720页。
② [法]伯希和:《法国的百科全书式汉学家考狄》,载[法]戴仁编:《法国中国学的历史与现状》,第232页。
③ [德]傅吾康:《19世纪的欧洲汉学》,陈燕、袁媛译,载张西平编:《欧美汉学研究的历史与现状》,大象出版社2006年版,第123页。

到,语言是将中西两种文化隔离开的最大的藩篱,如果不能正确理解汉语,就根本无法跨越这种障碍。虽说传教士时代就编纂过语法书籍,如利玛窦的《葡汉词典》、马若瑟的《中国语札记》、钱德明的《满文—汉文词典》,但由于种种局限性,"人们必须等到19世纪,才会得到这样一部可以不受限制地使用的词典"。同样,就翻译而言,传教士的中国经典著作翻译,已是成绩斐然,然而与此时的专业研究者相比,还有很大不同,后者表现在更加注重中国正史著作(即二十四史)的翻译和出版方面。这些译著中有许多现在仍被人使用。

这里,我们必须要强调指出法国人沙畹(Émmanuel-Édouard Chavannes,1865—1918年)的表率作用。1889年,沙畹在24岁时出发前往北京,任法国驻华领事馆翻译官,刚到北京,便对司马迁的《史记》产生浓厚兴趣,并打算翻译这部中国第一部正史。有则记载这样写道:"我继续阅读司马迁,我现在更清楚我想要就此做些什么,我希望能写一本关于司马迁本人的书,叙述他的生平,再现他的性格,甄别《史记》中他征引前人的部分,展现出这部著作的总体面貌和历史价值。"一年后,他成功翻译并出版了其中的一卷《封禅书》的法译本。之后,他继续边研究边翻译,最终以《司马迁史记》为名,于1895年至1905年间陆续翻译出版。即使今天,他的著作依然是最有用的标准译本之一。对此,历来学者都给予极高的赞誉。戴密微评述该书说:"附有导言、注释和极为详尽的附录,其中涉及了中国古代史提出的所有问题。其考证既严谨又有广泛涉及面,整个汉学界(即使在中国也是如此)直到那时都缺乏与之相匹敌者。"① 除了沙畹翻译的《史记》之外,《汉书》《后汉书》《三国志》《晋书》《宋书》《南齐书》《魏书》《北齐书》《隋书》《新唐书》等也陆陆续续都有译本出版。

---

① [法]戴密微:《法国汉学研究史》,载[法]戴仁编:《法国中国学的历史与现状》,第110页。

其三，19世纪末至20世纪上半叶，尤其是第二次世界大战后，汉学研究发生了转向，开始注重现当代中国史研究，关注程度之深，以至于许多大学的古典研究逐渐处于守势地位，取而代之的是有关20世纪中国的教学课程。同时，这种新倾向也出现在各种科研中心的机构和专业中，如法兰西学院和汉学研究所、国立科研中心和社会科学高等学院、国立科研中心与社会科学高等学院第1018联合研究组以及国立东方语言文化学院。又比如英国成立英国汉学协会，出版《亚非学院院刊》《中国季刊》，研究重点定位于中国近现代的人文学科，广泛应用区域研究、实证主义、问题史学、学科联姻、田野调查和量化分析等研究方法，形成专业化、团队化和国际化的汉学研究格局。在众多科研人员中，试以法国的巴斯蒂夫人（Mananne Bastid-Braguière）、白吉尔夫人（Marre-Claire Bergère）为例进行说明。巴斯蒂夫人对中国历史文化有深厚的感情，多次来华访问研究，她的中国研究中很重要的一部分是关于1804—1911年间的中国近代史。她曾和法国近现代中国研究的创始人谢诺（Jean Chesneaux）合作撰写《1840—1921年之中国历史》；为美国汉学家费正清主编的《剑桥中国晚清史》撰写清末部分中的一章，题为"社会变迁趋势"，后来，她在此基础上增加一些内容，以法文出版，书名是《1873—1911年清末中国社会之变迁》。在清末政治思想史、政治史、清末政策、制度方面，她也撰写过一部分文章及著作，如《清末国家机构中财政行政之地位》《清代有关皇权的官方理念》等。白吉尔夫人的著作围绕着重新评价中国资产阶级在20世纪的中国所起的作用，主要包括《民族资本主义与帝国主义：1923年的中国纱厂危机》《"拯救中国"：中国的民族主义和1919年的五四运动》《中国资产阶级的黄金时代：1911—1937》《20世纪的中国》《1949年至今的中华人民共和国》以及人物传记《孙逸仙传》等。

这一时期的欧洲汉学研究还有一个典型特点，即形成了与美国截然不同的研究取向，以法国为首的"传统汉学"和以美国为首的"现代汉学"

互相对峙①。前者注重学术精神,以具有中国传统文化底蕴而著称;后者注重政治意识,以为我所用的实际效应而闻名。这种格局的形成主要归因于研究者所处的时代背景。以法国为代表的欧洲汉学研究起始于16世纪的耶稣会传教士,那时的中国处处洋溢着蓬勃向上的实力与朝气,这一点从上述提及的传教士众多有关中国的著作中就可以得知,因此他们关注中国的深层文化,期望从中发掘可以汲取的因素。相比而言,美国的汉学(中国学)研究要晚很多,其时的中国已落后于欧美列强,但中国的人口、地产等资源依然是他们垂涎的要素,所以说美国的中国学研究关心的不是中国文化,更不是中国的传统文化,而是中国的政治、经济、军事等社会生活的各个方面。朱政惠曾在《美国中国学史研究》一书中写道:"(美国)其背景是中国已在世界近代大格局中滑坡,由强转弱,研究中国带有加强对外贸易和殖民扩张的意图。这样背景下的中国问题研究,除了对中国历史文化的介绍和研究,更需要对现实诸种情况的了解和把握。"②但是,汉学发展到21世纪,它的研究内容和方式已经出现了融通这两种形态的特点,可以说,在世界各国的汉学家们的研究中,都兼有以上两种汉学形态。

总体而言,无论是来华耶稣会传教士、启蒙思想家,还是后来的专业研究者,他们在从事汉学研究时,虽然由于所处时期不同,出发点也各不相同,但有一点却达成了共识,即都把中国当作"他者",通过双方间的"结识、沟通和对话",借以扩展自身对人类经验的认知。法国学者弗朗索瓦·于连的"迂回而进入""他者的外在的观点""从外部来思索"的研究取向,很精确也很恰当地对该问题进行了概括。他在《道德奠基:孟子与启蒙哲人的对话》前言中说:"我选择从一个如此遥远的视点出发,并不是为异国情调所驱使,也不是为所谓比较之乐所诱惑,而只是想寻回

---

① 许光华:《法国汉学史》,序二第12页。
② 朱政惠:《美国中国学史研究》,上海古籍出版社2004年版,第52页。

一点儿理论迂回的余地,借一个新的起点,把自己从种种因为身在其中而无从辨析的理论纷争之中解放出来。"①只有从"远景思维的空间"出发,才会构成对自己的新的认识。这不仅是对中国史学西渐意义的一个很好诠释,倘由此延展到整个中西文化交流层面,也具有非常重要的借鉴意义。

二、对中国古代典籍的传播与接受

人类文化的发展和演变,很大程度上归功于各地区、各民族和各国家的相互交流。在中西文化交流史上,"西学东渐"和"东学西渐"共同构成了一幅色彩绚丽、内容宏富的优美画卷,见证了人类文明从落后走向进步、从封闭走向开放、从冲突走向合作的历程。中国是世界文明古国之一,在漫长的岁月里,用自己的智慧创造出了无数璀璨、厚重的文化典籍,丰富了世界思想文化宝库,"四书五经"、二十四史等中国历史经典著作,一次次地掀起世界研究中国的浪潮,对世界文化的发展与演变产生了广泛而深远的影响。这里仅以《论语》《易经》《史记》为例,通过考察欧洲学者对它们的译介和研究,分析中国古代典籍在欧洲的传播与接受。

(一)《论语》在西欧

孔子是中国伟大的思想家,集华夏上古文化之大成,被誉为"世界十大文化名人"之首,记录孔子及其弟子言行的《论语》含蕴深邃、影响深远,不仅在中国有着重要的历史地位,在世界范围内也备受青睐和推崇。自明末清初至今,数百年间,东西方学者不断地解读孔子及《论语》,留下了大量翻译、评注和研究著作。2011年11月4日至6日,中山大学翻译学院召开了"首届《论语》翻译研讨会",展示了这一领域中众多的新颖问

---

① [法]弗朗索瓦·于连:《道德奠基:孟子与启蒙哲人的对话》,宋刚译,北京大学出版社2002年版,前言第6页。

题与前沿成果①。

在西方,首先对孔子产生兴趣的是耶稣会传教士。法国学者若瑟·佛莱什说过:"孔子始终处于耶稣会汉学家们的关注中心。"②传教士之所以这么做,目的是为了实现他们的"耶儒相连"策略。这些耶稣会士承担了儒家四书五经的拉丁文翻译工作,该工作始于1580年,其试译本成为耶稣会士教授新近来华传教士的中文初级教科书。1670年左右,柏应理、恩理格、殷铎泽和鲁日满四位神父正式开始翻译《论语》。柏应理(Philip Couplet,1623—1693年)是这四位神父的领头人,1623年出生于比利时的麦克林(Mechlin),1654年受传教士卫匡国的影响,要求前往中国,1656年随传教士卜弥格到达中国。柏应理与恩理格、殷铎泽和鲁日满四位神父一起完成了译本,并于1687年以书名《中国哲学家孔子》在巴黎发表。尽管《中国哲学家孔子》的扉页上印有中文书名《西文四书直解》,但实际上,此书是《论语》《大学》《中庸》的全译本,并附有一篇《孔子传》,缺少《孟子》的内容。自《中国哲学家孔子》问世以来,它就成为法国知识界的热门话题,围绕孔子又产生了许多新的作品,其中弗朗索瓦·贝尔尼埃(François Bernier,1630—1688年)的孔子著作翻译"虽然至今未刊行,意义却更大"③。且不论贝尔尼埃的译作质量如何,就他开始关注孔子这件事本身意义就很大。作为当时著名的旅行家,贝尔尼埃曾长期居住在印度,从未表现出对中国特别的兴趣,而且他也不懂汉语,但就是这样一位旅行家,也开始从事孔子著作的翻译,这不得不说,当时耶稣会士笔下的孔子是何等地富有吸引力。贝尔尼埃是这样描绘孔子的:

---

① 参阅吴国向:《经典翻译与文化传承——"首届〈论语〉翻译研讨会"简述》,《中国外语》2012年第1期,第104—107页。
② [法]若瑟·佛莱什:《从法国汉学到国际汉学》,载[法]戴仁编:《法国中国学的历史与现状》,第9页。
③ 同上书,第14页。

> 我不再惊奇何以这位道德哲学家和立法者（孔子）两千年来在中国是如此之享有盛名了。……因为我们必须承认，他是一个伟大的人物。他对人的内心了解是何等地深刻，他对于一个国家的君主和政府又抱着何等伟大的见解；他认为惟有当他们有德行时，才会有幸福存在。就我所知，还没有任何一个人有过如此之多的智慧、如此之多的审慎、如此之多的虔诚、如此之多的仁慈；他简直没有一句话、一件事情或故事、一个问题，其目的不是在提倡德行的，而且其中总是包含着某种明智的教导，或则是教导着一种良好的为政，或则是教导着具体的做人的行为。①

《中国哲学家孔子》除拉丁文译本外，还有法文译本（1688 年），书名改为《中国哲学家孔子的伦理观》（La morale de Confucius, philosophe de la Chine）；又隔三年，英译本于 1691 年在伦敦出版，名为《孔子的道德哲学：一位中国哲人》（The Morals of Confucius, A Chinese Philosopher）。

正如前文所说，1793 年，伴随着法国最后一位来华传教士钱德明的逝世，以耶稣会传教士为主导进行中国研究的事业走向了尾声。钱德明和他的前辈们一样，孜孜不倦地从事着儒家作品的翻译和研究，这方面的业绩主要体现在他的《孔子传》（1784 年）、《孔传大事略志》（附图 24 幅）和《孔门诸大弟子传略》（1784 年或 1785 年）中。《孔子传》与《孔门诸大弟子传略》均撰于北京，分别收录于《关于中国之记录》卷十二、卷十三。其中《孔子传》是钱德明"最博声誉撰述之一种"，德明自云："本书材料皆采之于一切珍贵汉籍，如正史，别史，经序，《论语》，《家语》，《史记世家》，《阙里志》，《圣门礼乐统》，《四书人物别考》，《古史》（后三书名皆从音译）等书是已。余将为孔子诸史家之史家，至若批评鉴别，则待他人为之。"②传后附有年表、图说、孔子世系（始公元前 2637 年黄帝在位之时，

---

① 何兆武：《中西文化交流史论》，湖北人民出版社 2007 年版，第 116 页。
② [法]费赖之：《在华耶稣会士列传及书目》，冯承钧译，中华书局 1995 年版，第 888 页。

迄公元1784年)和圣迹图100多幅,但刊行时,出版者将大量图片删去,只留一些重要的。钱德明致力于向欧洲全面介绍、传播孔子及《论语》思想,"拟将孔子学说撰为一书,惟用力罄而未果"①。

其次,19世纪初,新教传教士承继耶稣会士的事业,在《论语》及中国儒家思想西传方面做出了他们特殊的贡献。有学者说:"开始于19世纪初的第二次中西文化交流是由新教传教士来华开启的,第二次中西文化交流奠定了迄今为止《论语》(及其他中国哲学典籍)英译的基本规模。"②1809年,英国浸礼会传教士马殊曼(Joshua Marshman,1768—1837年)出版了《论语》英文节译本,使用的书名是: *The Work of Confucius*,他的译本是世界上第一个直接译自汉语的《论语》英译本③。需要注意的是,马殊曼的译本只是《论语》上半部分,下半部分他就没有再翻译了。虽然马殊曼的译本不完整,但作为第一部英译本,它具有显而易见的重要性,"该译本不仅成为半个世纪后理雅各翻译时的重要参考文献,也是美国作家、思想家爱默生和梭罗东方哲学思想的重要来源,梭罗还从中选取了二十一段格言发表在一八四三年四月的《日晷》(*Dial*)上。在两百年后的今天,尽管英语世界已经有了理雅各、阿瑟·韦利和刘殿爵等人的经典译本,马殊曼译本依然不应被世人遗忘,它体现着英语世界对汉语研究、对儒学经典译介的滥觞以及译者个人的执着精神"④。1812年,中国第一位新教传教士马礼逊(Robert Morrison,1782—1834年)将《大学》翻译成了英语。

---

① [法]费赖之:《在华耶稣会士列传及书目》,第888—889页。
② 崔玉军:《英国汉学界的〈论语〉英译:历史与问题》,载复旦大学出土文献与古文字研究中心:《出土文献与传世典籍的诠释:纪念谭朴森先生逝世两周年国际学术研讨会论文集》,上海古籍出版2010年版,第587—600页。
③ 有关马殊曼与《论语》的详细介绍,请参阅邸爱英:《马殊曼与世界第一个〈论语〉英译本》,《读书》2009年第5期,第83—88页。
④ 邸爱英:《马殊曼与世界第一个〈论语〉英译本》,《读书》2009年第5期,第88页。

1861年,理雅各在香港出版了《论语》英译本,它成为后来所有《论语》学术译本的原型。有学者这样评价理雅各在这方面的成就:"他所译的《论语》具有详尽的学术注释并采用直译的方法传达原意。可以说他的译著既是天才的翻译成果又是最详尽的研究成果。"[1]理雅各是近代英国著名汉学家,曾任香港英华书院校长、伦敦布道会传教士。他是第一个系统研究、翻译中国古代经典的人,将"四书""五经"等中国儒家主要典籍译成了英文,其成果为五卷本的《中国经典》,包括中文原文、注释和索引,于1861—1872年间出版。该著作的具体内容如下:第一卷收录了《论语》(Confucian Analects)和《大学》(The Great Learning)的译文,1861年出版;第二卷收录了《孟子》(The Works of Mencius)的译文,同年出版;第三卷收录了《尚书》(The Shoo King: Book of Historical Documents)的译文,1865年出版;第四卷收录了《诗经》(The She King: Book of Odes)的译文,1871年出版;第五卷收录了《春秋》和《左传》的译文(The Ch'un Ts'ew with the Tso Chuen, Spring and Autumn Annals and Tso Chuen),1872年出版。近年来海内外出版社又将理雅各的《中国经典》增补到七卷,增收的译文为《礼记》(The Li Ki: The Book of Rites)和《易经》(Book of Changes)[2]。理雅各在翻译方面表现出来的才华,使其直到今天依然被人们奉为学习的楷模,他与法国学者顾赛芬(Séraphin Couvreur,1835—1919年)、德国学者卫礼贤(Richard Wilhelm,1873—1930年)并称为汉籍欧译三大师,也是儒莲奖的第一个获得者。现今,虽然《中国经典》中的一些译本有可能被较新的译本所代替,但从整体来说,《中国经典》仍是一部标准的译本。理雅各的其他译著还有《孔子的生平和学说》《法显行传》和《中国的宗教:儒教、道教与基督教的对比》等,这些著作在西方汉学界都占有重要地位。

---

[1] 甄春亮:《里雅各翻译的〈论语〉》,《天津外国语学院学报》2001年第2期,第5页。
[2] 熊文华:《英国汉学史》,学苑出版社2007年版,第63页。

理雅各之后，还有几位英国学者翻译过《论语》，如詹宁斯（William Jennings）、翟林奈（Lionel Giles，1875—1958年）、赖发洛（Leonard Arthur Lyall，1867—?）和苏慧廉（William Edward Soothill，1861—1935年）四人。最后一位翻译《论语》的是被认为是继理雅各之后最伟大的汉学家韦利（Arthur Waley，1889—1966年）。韦利的英译本《论语》出版于1938年，直到今天，他的译本仍是英语世界较为通行的译本。

再次，通过传教士的译介和评注，《论语》所体现的中国道德精神及孔子形象一步步深入人心，为西方自由思想家的"儒学热"奠定了稳固基础。伏尔泰即是其中的典型。据艾田蒲描绘："他（伏尔泰）的小教堂里供奉着孔夫子的画像。他像梦中的中国官员一样，向画像顶礼膜拜。"① 1687年，孔子最有名的一幅肖像就由耶稣会士呈现给了欧洲人，这幅肖像画把孔子描绘成在图书馆内的学术贤哲而非在庙宇中的神祇先知。除形式上供奉之外，伏尔泰的内心更是充满了对孔夫子深深的敬意。在《哲学辞典》中，伏尔泰写道："孔夫子决不愿意说谎；他根本不做先知；他从来不说他有什么灵感；他也决不宣扬一种新宗教；他更不借助于什么威望，他根本不奉承他那时代的当朝皇帝，甚至都不谈论他。总之，他是举世唯一的一位不让妇女追随他的教师。我认识一位哲学家，在他的书房里间悬挂了一幅孔子画像；他在这幅画像下边提了四句诗：

　　唯理才能益智能，但凭诚信照人心；

　　圣人言论非先觉，彼土人皆奉大成。

我钻研过他的著作；我还作了摘要；我在书中只发现他最纯朴的道德思想，丝毫不染江湖色彩。"②

---

① ［法］艾田蒲：《中国之欧洲》（下卷），许钧、钱林森译，广西师范大学出版社2008年版，第188页。

② ［法］伏尔泰：《哲学辞典》，王燕生译，商务印书馆1991年版，第322页。

像伏尔泰这样的西方自由思想家推崇孔子、推崇《论语》,一定有其原因。众所周知,18世纪的欧洲,处处充满了神学、教会和封建专制这些令人窒息的污浊空气,急需一股力量拨开这份阴霾。恰在此时,中国的宽容精神、仁爱精神和理性精神,经过传教士的粉饰之后,传到了欧洲,这种不信神启、寻求真理的精神,给欧洲思想界注入了新鲜活力。正如学者所言:"中国人建立在道德基础上的政治,符合当时欧洲对于'自然道德'——即独立于宗教的伦理学说——的追求,故而西方学者纷纷以中国政府为典范,极力推荐,甚至对一些反面的事物,诸如监狱、死刑和妇女所受礼制的束缚,也加以粉饰。"①

孔子思想中的理性精神一再地被放大。早在1641年,拉摩特·勒·瓦耶(La Mothe Le Vayer)曾撰写过《论中国的苏格拉底——孔夫子》一文,这是他发表的《异教徒的道德》巨著中的一章。文中,瓦耶把孔子比喻为中国的苏格拉底,认为"中国的伦理、政治和宗教稳定,都应归功于他(孔子)"②。瓦耶对孔子极力夸赞,以致若瑟·佛莱什认为"拉摩特·勒·瓦耶于其赞扬之中,走得比利玛窦更远,并且表现得比金尼阁神父更像是耶稣会士"③。在当时,诸如此类的对孔子的粉饰,不胜枚举。在他们的描绘下,孔子仿佛一尊真理之神,矗立在欧洲人面前。于是,"中国变成18世纪欧洲的理想国家,中国的孔子变成18世纪欧洲思想界的目标之一,孔子的哲学理性观也成为当时进步思想的来源之一,其影响遂及于法、德、英各国;虽然各国所受影响不同,而要之以异端的孔子作他们反对宗教主张哲学的护身牌,却是一致的"④。这也正是当时欧洲极力推崇孔子的重要原因所在。更有甚者,利奇温称"孔子为此

---

① 许光华:《法国汉学史》,第85页。
② [法]若瑟·佛莱什:《从法国汉学到国际汉学》,载[法]戴仁编:《法国中国学的历史与现状》,第14页。
③ 同上。
④ 朱谦之:《中国哲学对欧洲的影响》,上海人民出版社2005年版,第196页。

世纪(18 世纪的欧洲)之守护尊者"①。

无论如何,《论语》在"东学西渐"和"西学东渐"过程中做出的贡献是值得肯定的,它所反映出的儒家思想及其自然观和道德观,都曾对启蒙运动、法国大革命和德国哲学革命起过相当重要的作用,影响了一代又一代的欧洲思想家。

(二)《易经》在西欧

《易经》是中华 5 000 年文明的智慧结晶,被誉为"群经之首,大道之源",在中西文化交流史上,它也是最早受到西方传教士关注的中国古代典籍之一。就《易经》的翻译与研究而言②,白晋、马若瑟、刘应、傅圣泽、汤尚贤、雷孝思、卫礼贤等传教士都不同程度地从事过这方面的工作。虽然,从始创之功来看,雷孝思"备极勤劳,为此书最初之西文全译"③者,但较为系统的研究还要归功于白晋和卫礼贤。

白晋,1656 年出生于法国勒芒市,年轻时在耶稣会学校读书,接受了包括神学、语言学、哲学和自然科学的全面教育,1687 年来到中国,入华后便开始研习《易经》。当时大部分耶稣会士认为《易经》充斥着迷信的内容,其学说没有丝毫牢靠的基础,但白晋却反其道而行之,相信《易经》是中国最古老、最重要的经籍,并把《易经》视作与柏拉图、亚里士多德体系一样合理、完美的哲学。1697 年,白晋返回巴黎时就《易经》做了

---

① 许光华:《法国汉学史》,第 86 页。
② 近年来学者对这个问题已经做了一些研究,成果有张西平:《〈易经〉在西方早期的传播》,《中国文化研究》1998 年第 4 期,第 127—131 页;《白晋与傅圣泽之学〈易〉》,载阎宗临著,阎守诚编:《传教士与法国早期汉学》,大象出版社 2003 年版,第 169—172 页;张西平:《中西文化的第一次对话:清初传教士与〈易经〉研究》,《历史研究》2006 年第 3 期,第 74—85,190 页;许光华:《法国汉学三百年》,载阎纯德主编:《汉学研究》第 10 集,第 154—183 页;曹青:《法国耶稣会士白晋事迹综述》,载阎纯德主编:《汉学研究》第 10 集,第 184—207 页;王佳娣:《明末清初来华传教士对〈易经〉的译介及索隐派的汉学研究》,《湖南第一师范学院学报》2010 年第 1 期,第 111—112、138 页等。
③ 莫东寅:《汉学发达史》,大象出版社 2006 年版,第 61 页。

一次演讲,在他看来,"《易经》中深藏的学说远不是一团谬论,一种'迷信的和腐朽的'科学,而是一种'正适合用于改正谬误和迷信的工具'","这部著作实乃'一种计数的形而上学',或一种科学的普遍方法,十分完美,它的建立不仅是以数字的三种级数规则为依据,而且还以几何图形和比例规则以及静力学规则为依据'","《易经》的内容完全可以跟毕达哥拉斯和柏拉图体系相媲美,也可以跟古希伯来人对《旧约全书》所作的传统解释相比"①。白晋的一系列《易经》研究著作,比如《易经原旨探》《易经释义》《易经总论稿》《易考》《易学总说》《易引原稿》等,也一再反复地表述他的这一理论。

需要注意的是,白晋、马若瑟、傅圣泽和另一些耶稣会士,还以"索隐派"著称。"索隐派"是在华耶稣会士的一个小学术团体,他们声称中国的古籍文献是隐喻的寓言作品,并且在这些古文献中重新"索隐"到了由希伯来的族长们传入的基督宗教的踪迹,目的是为说明中国的孔子儒家学说与基督教教义的一致性,从而为他们来华传教提供理论依据。这点可以说是传教士对中国典籍孜孜不倦地进行研究的另一原因。例如白晋神父:

> 他企求在中国上古时代的著作中,发现由希伯来族长们传入中国的《圣经》教义的踪迹。甚至就在基督教内部,人们把"索隐派"理解为在《旧约》中甚至是在以"形象化"或象征性的形式出现的异教徒的古代作家们的著作中,重新索隐到《新约》教义预兆的方法。这是一种像世界一样古老的方法:当某一宗教要在另一宗教面前为自己辩护时,便以声称从中索隐到了它自己的教义之方法,进而吞并后一种宗教。……因此,白晋及其"索隐派学者"和教友们,都企图在古代中国至高无上的神(上帝)中,重新找到甚至是犹太基督一神

---

① [法]艾田蒲:《中国之欧洲》(上卷),许钧、钱林森译,广西师范大学出版社2008年版,第295页。

教的上帝。在他们看来,这种上帝的概念先于儒教的本身而流传到中国,并被此后的孔子本人,尤其是被由佛教和道教所传入的异端因素搞得面目全非了。例如《春秋》一书,只不过是经孔子所歪曲的一部以诺(Enoch)预言古书的替代物。①

白晋借用《创世记》将中国人描述为源于《圣经》时代的一支散落到东亚的人群;中国人保存下来的祖先文字——象形文字,就是《圣经》时代的遗物。②

另外,白晋以莱布尼茨通信人之一的身份,启发了莱布尼茨在其发明的二进制代数理论与《易经》中诸卦之间进行比较。1697年,白晋受康熙皇帝的委托,返回欧洲招募传教士。同年,莱布尼茨发表著作《中国近事》。白晋看到此书后立即给莱布尼茨写信以示钦佩,并附赠所著《中国皇帝传》,于是,两人之间建立起了一种通信关系。这种关系为莱布尼茨了解中国提供了最为便捷的渠道,造就了中西方文化交流史上重要的篇章。正如学者所言:"白晋和莱布尼茨的通信创造了中西文化相撞中最引人注目的发现。"③

莱布尼茨最早提到二进制是在1679年④。1701年,已成为法国科学院院士的莱布尼茨,将《论二进制》的论文作为研究成果提交给了法国科学院,但当时并未引起科学院的充分注意。同年2月,他在给白晋的信中谈到了二进制,当年11月4日,白晋收到信后立刻回复莱布尼茨,

---

① [法]戴仁编:《法国中国学的历史与现状》,第81页。
② [美]孟德卫:《1500—1800:中西方的伟大相遇》,江文君、姚霏等译,新星出版社2007年版,第131页。
③ 同上书,第133页。
④ 有关莱布尼茨的二进制与《易经》之间的关系,请参阅孙小礼:《莱布尼茨对中国文化的两大发现》,《北京大学学报(哲学社会科学版)》1995年第3期,第67—71页;李存山:《莱布尼茨的二进制与〈易经〉》,《中国文化研究》2000年秋之卷,第129—133页;闻操恭:《莱布尼茨与八卦》,《文史杂志》2009年第3期,第49页等。

认为他的二进制恰好与太极八卦相符。此外,白晋还送给莱布尼茨《易经》六十四卦圆图,和圆图内包含的按八卦配列六十四卦方图。根据艾田蒲记载,白晋在信中这么写道:"您的新计数法,跟伏羲的体系,即'Les coha'(八卦)是一样的。"莱布尼茨的"二进制几何级数"一旦推到第六级,可得出 2、4、8、16、32、64 等数,或者也可以说 63,"因为 63 加上级数起首的 0,还等于 64"。简直是奇迹,伏羲推算的也正是六十四卦,莱布尼茨的推演与《易经》不谋而合!① 但直到 1703 年 4 月,莱布尼茨才收到这封给他帮了大忙的信。白晋所说的这些正是他期待发现的二进制最重要的"实用价值"。此后,莱布尼茨继续中西文化的交流与传播,所取得的成就有目共睹。

卫礼贤,原名理查德·威廉(Richard Wilhelm,1873—1930 年),"卫礼贤"是他为了表达对中国文化的倾慕之情给自己取的中文名字,并取字"希圣"。卫氏是德国同善会传教士,1899 年前往中国青岛传教,但身为传教士的他不仅"没有给一个中国人做过洗礼",自己反倒成了孔夫子的忠实信徒。在他不到 60 年的生命中,有近一半的时间(25 年)是在中国度过的:成立礼贤书院(今青岛九中),创办东方学社、中国学社,翻译《易经》《老子》《庄子》《论语》等诸多经典,并以切身体会撰写《中国心灵》,他把毕生的精力都献给了研究和宣传中国文化的事业,致力于中德文化的交流与传播。2013 年 2 月 19 日,柏林中国文化中心举办"卫礼贤与易经"讲座,播放了卫礼贤在中国的足迹和翻译《易经》的纪录片。

卫礼贤最大的贡献在于他对中国典籍的德译。他来到中国后,很快就对中国的古代典籍产生了浓厚兴趣,特别是儒家经典。在当时,这些经典著作已经有了法文、英文的译本,还没有德文译本,所以卫礼贤就打算将它们译成德文,使之在德语地区进行传播。1904 年,卫礼贤开始翻译中国经典。1910 年,德国耶拿的迪德里希斯出版社出版了他的第一

---

① [法]艾田蒲:《中国之欧洲》(上卷),第 296 页。

部译著《论语》,次年出版了《老子》,然后是《列子》(1912年)、《庄子》(1912年)、《孟子》(1914年)。1920年,卫礼贤返回阔别多年的祖国,继续从事翻译工作,又出版了《易经》《礼记》和《吕氏春秋》等名著。这些译作不仅使得中国传统文化逐渐渗入德国思想界主流之中,同时也为卫礼贤赢得了声誉,在德国甚至在整个欧洲都享有威望,奠定了他作为翻译家和汉学家的地位。他的译本内容准确、文字简洁,特别是《易经》译本,被瑞士著名心理学家、精神病学家荣格(Carl Gustav Jung,1875—1961年)赞为"在西方,它是无与伦比的版本",直接引发了西方人读《易经》的热潮。

卫礼贤的《易经》翻译花费了十多年时间,这是他耗费心血最多的一部作品,至今已再版20多次,成为西方公认的权威版本,相继被转译成英、法、西班牙、荷兰、意大利等多种文字,传遍整个西方世界。卫礼贤的《易经》译本获得这么大的成功,与劳乃宣(1843—1921年)的鼎力相助密不可分。劳乃宣乃进士出身,曾任清朝学部(教育部)副大臣兼京师大学堂总监督。辛亥革命后,清王朝的孤臣遗老纷纷逃到青岛,卫礼贤和他们中颇有学识者共同建立了一个尊崇孔子的研究学会——"尊孔文社",以此弘扬儒家学说,劳乃宣正是被邀请来主持社务的。可以说,没有劳乃宣,就没有卫氏之《易经》译本。这里或可借用卫礼贤的原话进行论证:"我们翻译了一些东西,进行了大量的阅读。日常的交谈使我逐渐进入中国文化的精深之处。老大师建议我翻译《易经》。"[1]这里的"老大师"即劳乃宣。"我们工作得非常认真。他用中文翻译内容,我作下笔记,然后我把它们翻译成德语。因此,我没有借助中文原本就译出了德语文本。他则进行对比,检查我的翻译是否在所有细节上都准确无误。而后,再审查德语文本,对文字进行修改和完善,同时作详细的讨论。我再写出三到四份译本,并补充上最重要的注释。"[2]从这部《易经》诞生那

---

[1] [德]卫礼贤:《中国心灵》,王宇洁、罗敏、朱晋平译,国际文化出版公司1998年版,第145页。
[2] 同上。

天起,它就对西方文化发挥着持久而深远的影响,赫尔曼·黑塞对卫礼贤翻译的包括《易经》在内的中国传统经典倾注了极大的热情。对于《易经》译本,他做了如下评论:

> 除了《道德经》之外,没有一本中国古典作品像威廉翻译的《易经》那样,迎合了魏玛共和国有教养的德语阶层的中国热。威廉应邀参加了贵族和中产阶级举办的沙龙,例如他去拜访凯瑟琳伯爵和伯爵的靠山——黑森州的大公爵以及他的秘书哈登堡(Hardenberg)伯爵、西尔斯多普伯爵夫人、菲特海姆(H. H. von Veltheim)男爵和一些狂热的企业家夫人,以及同样具有举足轻重地位的荣格(C. G. Jung)和他的夫人,威廉根据《易经》并借助欧蓍草杆为这些人预卜命运。无疑,威廉取得了社会地位,但他极其严肃地对待这件事情:大约是新年的时候,他也根据《易经》为自己和家人占卜问卦。①

除翻译大量中国典籍之外,卫礼贤还著有《中国文明简史》《实用中国常识》《中国的经济心理》《中国心灵》等书。在《中国心灵》一书中,卫礼贤以他25年的中国生活阅历,描绘了处于变动之中的中国社会以及中国人独有的"文雅与冷静"的心灵,展现出他对中国的深厚热爱之情。他写道:"我有幸在中国度过了生命中二十五年的光阴。像每一个在这块土地上生活了许久的人一样,我学会了爱这个国家,爱它的人民。过去的二十五年之所以特别重要,原因就在于这是一个新旧交织的时代。我见识过旧中国,它的一切那时看来还将世世代代延续下去;我也目睹了它的崩溃,看着新生活的萌芽怎么从废墟中生长出来。但是,不管是在新中国还是在旧中国,有一个因素是共同的,那就是处于进化过程中的中国人的心灵,这种心灵尚未失去它的文雅与冷静,并且我也希望,永

---

① [德]吴素乐:《卫礼贤——传教士、翻译家和文化诠释者》,任仲伟译,载[德]马汉茂、汉雅娜、张西平、李雪涛主编:《德国汉学:历史、发展、人物与视角》,大象出版社2005年版,第477页。

远不要失去它。"①《中国心灵》的最后一章"东方与西方",是卫礼贤对东西方文化关系的探讨。对"中国精神",他做了较为全面的总结:"中国智慧成为现代欧洲的拯救者。听起来可能很奇怪,中国古老的哲学和智慧自有其幼稚的力量。中国人是如此古老,但无丝毫奴颜媚骨,矫揉造作,而是生活在孩童般纯真幼稚的精神中。纯真远非无知与野蛮,只有纯真的人才能达于人性最深处,那里才是生命之泉喷涌之所在。"②卫礼贤探究的是潜藏于中国社会各个阶层和中国社会生活各个层面的"中国精神",也正是因为他对中国这份特殊的感情,他被誉为"中国在西方的精神使者"。

纵观卫礼贤的整个汉学生涯③,从传教士到翻译家,再到文化诠释者,他一步一个脚印地完成了他的事业转变,最终跻身世界著名汉学家之林,为西方知识界和思想家深入了解中国传统思想文化架起了一座桥梁,对当代德国知识精英甚至西方的知识精英都产生了重大影响。

(三)《史记》在西欧

《史记》作为纪传体史著的经典,屹立千年有余,其影响早已超越时空,跨越国界,在世界文化史上占有独特而重要的地位。2008年5月27—29日和2011年5月31日—6月2日,第一届、第二届世界汉学中的"《史记》学"国际学术研讨会在台湾佛光大学召开,与会者来自德国、法

---

① [德]卫礼贤:《中国心灵》,前言第1—2页。
② 同上书,第290页。
③ 有关卫礼贤,国内已有许多相关研究,请参阅张国刚:《卫礼贤和法兰克福"中国学社"》,载《德国的汉学研究》,中华书局1994年版;郑天星:《传教士与中学西渐——以德国汉学家卫礼贤为中心》,《宗教学研究》1997年第2期,第109—113页;蒋锐:《卫礼贤的汉学生涯》,《德国研究》2004年第1期,第52—57、80页;杨武能:《卫礼贤——伟大的"德意志中国人"》,《德国研究》2005年第3期,第54—63页;蒋锐:《卫礼贤论中国文化》,《德国研究》2006年第4期,第53—61、80页;任运忠:《理雅各、卫礼贤/贝恩斯〈周易〉译本比较》,《西南科技大学学报(哲学社会科学版)》2008年第2期,第45—48页等。

国、捷克、日本、韩国、新加坡、美国、中国大陆以及中国台湾等多个地区，学者们就《史记》的体例与"笔法"、《史记》的天文历法与先秦两汉年代学、《史记》文献学、《史记》与其他经学典籍关系、东亚汉学中的《史记》学研究、西方汉学中的《史记》学研究等议题进行讨论。从会议的规模和议题可以看出，由《史记》衍生出来的"《史记》学"文化，绵绵延延，影响深远。

与韩国、日本等东亚国家相比，西欧诸国较晚才接触到《史记》。据史籍记载，魏晋南北朝时，《史记》流传到毗邻的高丽；隋朝时，大约公元600—604年间，《史记》经由日本圣德太子派出的遣隋使流传到日本。至于欧洲国家，则直到19世纪，才正式关注中国正史著作（即二十四史）的翻译、研究和出版。有学者曾这样写道："特别是到了19世纪中期以后，翻译和出版中国古代正史著作成为西方汉学界的一时风尚，科学和规范化的汉学研究（特别是中国古代史研究）一天天发展壮大起来。"①这里首先必须提及的是沙畹的《史记》翻译与研究。

沙畹是国际汉学界公认的19世纪末20世纪初最有成就的中国学大师，享有"西方汉学第一人"②之美誉，研究领域涉及中国历史、地理、佛教、道教、泰山刻石、民间祭祀、文物、碑帖、古文字、西域史、突厥史等，并在这些方面取得了卓越的成就。对此，马伯乐评价说："当大家权衡沙畹的全部著作时，最使人感到震惊的，便是其丰富多彩性。语史学和考古学、艺术、文学、史学、中国的本土宗教和外来宗教、佛教、胡族等，汉学的所有分支都曾由他作过研究，并且由其论文而推动了它们的发展。"③可

---

① 刘正：《图说汉学史》，广西师范大学出版社2005年版，第252页。
② 1918年，考狄在为沙畹撰写的讣告中评价他为"西方汉学第一人"。请参阅[法]戴仁：《西方汉学第一人——爱德华·沙畹》，阮洁卿译，《史学理论研究》2012年第1期，第136—142页。
③ [法]马伯乐：《沙畹与法国汉学研究的新时代》，载[法]戴仁编：《法国中国学的历史与现状》，第155—156页。

以说,沙畹把他的一生都贡献给了汉学研究。1865年,沙畹出生于法国里昂,1885年考入法国顶尖名校高等师范学院,主修康德哲学,1888年从高师毕业,获得大学哲学教师资格,1889年前往北京,任法国驻华领事馆翻译官,着手《史记》的研究与翻译。据戴仁记载,沙畹是在著名汉学家考狄的鼓励下开始翻译《史记》的,"后来他听取了考狄的意见,后者(考狄)建议他转向中国历史方向的研究,尤其鼓励他专攻二十四史中一种史书的翻译"①。

沙畹在正式翻译《史记》前,做了详尽的研究工作,除了精读,便是试着翻译"八书"中的《封禅书》。1890年,《北京东方学会》杂志发表了《封禅书》的法文译本。有学者认为,正是由于《封禅书》的成功翻译,所以沙畹在年仅28岁时就当选为法兰西学院"汉文与鞑靼文、满文语言文学讲座"教授②。我们暂且不论沙畹的当选是否与成功翻译《封禅书》有关,但是《封禅书》的法文译作在当时一经问世,便引起了世人的瞩目。1893年,沙畹返回巴黎担任职务,授课之余,继续坚持翻译《史记》。1895—1905年,沙畹陆续发表了《史记》前47卷的译作,冠以《司马迁史记》之名,共分五卷③。沙畹生前未发表的《史记》第48—50卷翻译遗稿在1969年经整理出版,随同出版的还有康谟德(Maxime Kaltenmark)翻译

---

① [法]戴仁:《西方汉学第一人——爱德华·沙畹》,《史学理论研究》2012年第1期,第136—142页。
② 黄长著、孙越生、王祖望主编:《欧洲中国学》,社会科学文献出版社2005年版,第86页。
③ 请参阅[法]戴密微:《法国汉学研究史》,载[法]戴仁编:《法国中国学的历史与现状》,第110页。也有学者认为沙畹翻译出版的《史记》共分六卷,具体卷本如下:第一卷为序论,从《五帝本纪》到《周本纪》,1895年出版;第二卷从《秦本纪》到《孝武本纪》,1897年出版;第三卷从《三代世表》到《将相名臣年表》,1898年出版;第四卷从《礼书》到《平准书》,1899年出版;第五卷从《吴太伯》到《郑世家》,1901年出版;第六卷从《赵世家》到《孔子世家》,1905年出版。请参阅刘正:《图说汉学史》,广西师范大学出版社2005年版,第255页。

的第51、52卷两卷以及沙畹本人译制的《史记》总索引①。沙畹在北京完成的全部《史记》译著手稿,至今仍保存在吉美博物馆,这是一部初稿,没有注释。

  沙畹的翻译,译文准确,考证精到,注释详尽,即使在今天,依然是最有用的标准译本之一,历来学者都给予了极高的赞誉。莫东寅在《汉学发达史》一书中的评价是:"《史记》法译为汉学界盖世名作。译文既正确详尽,且有丰富之底注,创见既多,考证及比较法亦复精细。"②戴密微评述该书说:"附有导言、注释和极为详尽的附录,其中涉及了中国古代史提出的所有问题。其考证既严谨又有广泛涉及面,整个汉学界(即使在中国也是如此)直到那时都缺乏与之相匹敌者。尽管这几卷译本年代已久远,但至今所有人都在使有它。"③沙畹之所以有"欧洲汉学泰斗"之称,不仅仅在于他的翻译事业本身,更主要的在于他翻译时所运用的学术考证方法。该方法也是当时欧洲学术特点的一种反映。马伯乐对他这种方法十分肯定,"他敢于将人们把欧洲古代作家的考证手段,运用到一名中国作家身上。这完全是把考证方法用到这种新内容,而且他还一举获得了成功。沙畹希望以某种形式将整部著作拆散,研究它是怎样被组合而成的、作者曾占有过什么文献、采用什么样的考证原则以选择这些文献、最后他是怎样把它们收入其著作中、他利用了其中的什么文献等。沙畹后来又研究了这些文献本身,并从中探讨其真正的价值,并且在可能的情况下还探讨其真实性"④。

---

① [法]戴仁:《西方汉学第一人——爱德华·沙畹》,《史学理论研究》2012年第1期,第137页注释②。
② 莫东寅:《汉学发达史》,大象出版社2006年版,第71页。
③ [法]戴密微:《法国汉学研究史》,载[法]戴仁编:《法国中国学的历史与现状》,第110页。
④ [法]马伯乐:《沙畹与法国汉学研究的新时代》,载[法]戴仁编:《法国中国学的历史与现状》,第156页。

此外，沙畹还著有一部《史记序论》，其法文原名为 *Introduction aux mémoires historiques de Se-ma Ts'ien*，公开发表于1895年，这是他为《史记》翻译作的序，长达200多页。该序论介绍了司马迁的史学思想和史学方法。石田干之助博士在《东洋学杂钞》中评述道："说起西洋的《史记》研究，首先必须举出 Edouard Chavannes 氏的法文译本的《史记》……他以精到广博的文笔对《史记》进行了详细的概说……更进一步对其所使用的资料等文献进行论述，特别有关《尚书》的史料内容……此一序论对古代经学史的研究也有不少贡献。然后是他以记事方法和史料批判的态度对《史记》进行审查。"① 从某种程度上而言，沙畹可以称得上是西欧《史记》研究的大家。

《史记》的翻译与研究，成为沙畹开创性治学的一个起点。在为翻译《史记》查阅资料时，沙畹逐渐对中国古代音乐、编年学及历史纪年方面的问题产生了兴趣；几年后，进一步关注中国星象学中十二生肖及十二生肖纪年法；其后，突厥史研究、祭祀文化、敦煌学研究、中国方志、碑刻、舆地志研究、道教研究、中国雕塑绘画和民间艺术研究等，也渐渐进入他的视野。与此同时，众多著述相继面世，如《两汉时期的中国石刻》(1893年)、《南诏国的碑文》(1900年)、《西突厥人史料汇编》(1903年)、《九九消寒图》(1904年)、《元代中国碑铭与官文书》(1905—1908年)、《突厥十二生肖纪年法》(1906年)、《凤昭凤英世系记》(1906年)、《华北考古记》(1909—1915年)、《有关丽江地区史地文献的研究》(1912年)、《洪武大帝圣谕》(1913年)、《斯坦因在新疆沙漠中发现的中国文献》(1913年)、《投龙简》(1919年)等。沙畹的研究包罗万象，几乎囊括每一个汉学领域，这就使得他无法将全部精力投入到《史记》的译注和研究中，他曾经设想撰写有关司马迁与其著作的书，然而这个设想也没能实现。半个多

---

① ［日］石田干之助：《东洋学杂钞》，载《石田干之助著作集》第3卷，六兴出版社1986年版，转引自刘正：《图说汉学史》，广西师范大学出版社2005年版，第254页。

世纪以后,一位身处法国的中国学者完成了沙畹的这一心愿。他就是到巴黎从事司马迁与希罗多德作品比较研究的中国历史学家左景权。

左景权(Dzo Ching-chuan),湖南湘阴左宗棠的后人,1916年生,1948年考取公费前往法国求学,赴法后花费四年时间在里昂补习法语,1952年考入巴黎大学文学院,专修西洋古代史,学成毕业后,即进入法国国家科学研究所从事研究工作,一直到1980年退休①。左景权以敦煌文化研究闻名于法国汉学界。他整理法兰西学院伯希和藏敦煌经卷30余年,1980年曾受聘为北京大学历史系教授,开设有关敦煌学的课程②。据说,当年敦煌文物被王道士贱卖到法国后,法国政府迫切需要整理这些珍贵的文物经卷,于是,颇有国学功底的左景权被邀请从事这一工作。他根据整理的经卷文献写成《敦煌文史学述》等书。

其实,校阅敦煌经卷以及做索引工作,只是他的"副业",研究史学、从事东西方史学比较,才是其"正业"。他始终关注中国史学的发展动向,曾影响了罗念生、杜维运等历史名家的学术活动。杜维运在谈及《中国史学史》的撰写时说道:"我的一位朋友左景权先生,他在法国国家图书馆工作,是左宗棠的后人,曾经出版用法文写成的《司马迁与中国史学》,他非常关注我的史学史研究,希望我抓紧时间写一本中国史学史的书,于是在他的督促和建议下,我开始写《中国史学史》。"③再如罗念生,左景权与他多次通信,就中国研究古希腊文化和从事古希腊语教学的问

---

① 关于左景权的信息,国内几乎没有记述,仅能发现的是他在敦煌学方面的成就和发表的几份论著:《敦煌文史学述》,新文丰出版股份有限公司2000年版;《漫谈希腊古典名著的翻译》,《社会科学战线》1987年第1期,第224—233页;《范成大揽辔录校补初编序》,《史学史研究》1990年第4期,第55—61页。文中所用材料如无特殊说明,均来自《法国华人三百年》之"左景权的《司马迁与中国史学》",该书由旅法艺术家、法国欧华历史学会会长、欧洲龙吟诗社主编、叶星球撰写,巴黎太平洋通出版社2009年出版。

② 请参阅左景权《范成大揽辔录校补初编序》文末的作者介绍,《史学史研究》1990年第4期,第55—61页。

③ 张越、方宏:《杜维运教授访谈录》,《史学史研究》2005年第4期,第11—18页。

题进行讨论,并且介绍了一些法国人在这方面的经验和做法以供参考①。出国之前,左景权任教于南京中央大学历史系;出国之后,甚至在补习法语期间,已开始自修古代西洋历史。他对古希腊的希罗多德推崇备至,有意将这位西方的史学之父与中国的史学之父司马迁进行比较研究,遂撰写了《司马迁与中国史学》(*Sseu-ma Ts'ien et l'historiographie Chinoise*)一书。此书用法文写成,正文300页,加书目索引共350多页,1978年出版,1998年由巴黎友丰书店再版。左景权先从精读原著着手,又参考德文及其他考证资料,再提出自己的观点,思接千载,情贯万里。他考证研究《史记》,更涉猎未见传本之目录,如王念孙《读书杂志》内收《史记》条,还有唐、宋、元、明笔记中有关《史记》的条目,如洪迈《容斋随笔》卷一《史记》次第条,叶适《习学记言》卷十九《史记》五帝三代本纪条之类;叙述《秦记》,则据1976年《文物》(第30—31页)湖北云梦秦简发掘之文字佐证,宁缺毋滥,搜求之密,令人叹为观止。

再者,1979年,我国外文出版社出版了英文版《史记选》,也为《史记》在西方的传播提供了路径。该英文版《史记选》是由杨宪益、戴乃迭夫妇承担翻译的。杨宪益和戴乃迭是20世纪40—90年代活跃在中国文坛的翻译界泰斗,熟悉他们名字的外国人远多于中国人,翻译作品有先秦散文、《诗经》、《楚辞》、《水浒传》、《红楼梦》、《鲁迅全集》,以及现当代文学百余种,蜚声海内外,有评价说他们"几乎翻译了整个中国"②。新中国建立后,外文出版社创办了《中国文学》杂志,志在向世界传播中国文化,自创刊以来,这份刊物曾一度是中国文学作品走向世界的唯一窗口,《史记》也被列入翻译计划内。1952年,杨宪益、戴乃迭夫妇应当

---

① 请参阅罗念生:《书信、自撰档案摘录及附录:罗念生全集》(第十卷),上海人民出版社2004年版,附录5"忆念生"。
② 郭晓勇:《平静若水淡如烟——深切缅怀翻译界泰斗杨宪益先生》,《中国翻译》2010年第1期,第46—48页。

时主持外文出版社的刘尊棋之邀,加入《中国文学》杂志社,作为执行主编和主要译者,他们夫妇共同支撑了英文版《中国文学》杂志近50年。入社伊始,他们就开始着手翻译《史记选》(Selections from Records of the Historian),该译作在50年代已经完成,但直到1974年才在香港率先出版,1979年由外文出版社在内地出版①。这部《史记选》的英译本,再次在西方世界掀起了"《史记》热"的浪潮。

且不论中国古代典籍对欧洲文明产生何种程度的影响,我们都应看到,中国的悠久文化和富饶的文化遗产在欧洲历史上的确引发了诸多思考,"东学西渐"所带来的中国文化对西方社会的影响,扩言之,对西方各界持续升温的"中国热"的影响都是毋庸置疑的。这深刻地启示了我们跨文化交流的重要性。整个人类文明正是通过各地区、各民族和各国家的相互交流、相互学习、相互激励,不断取得进步、不断走向灿烂。历史如此,现代社会更是如此。

三、对近代中国形象的建构与重塑

虽说古老的中华文化始终吸引着西欧,但随着中国社会的历史演变,近现代中国逐渐成为西欧国家的又一关注焦点。自鸦片战争以来,中国的社会性质、发展方向、主要矛盾以及革命任务都发生了改变,尤其是1949年新中国的成立,更是刺激着西欧再次掀开中国的神秘面纱,再次了解这个多灾多难、曲折坎坷且富于创造力的民族国家。相应研究机构的

---

① 关于《史记》的翻译,杨宪益先生回忆:"1972年我出狱并恢复名誉后,上面告诉我说,我可以继续从事翻译工作了,我询问这部译稿(《史记》)的下落,他们说准是丢了,而且没有留下任何记录。后来香港有人告诉我说,这本书在香港印出来了,上边有我的署名。我设法弄到一本,发现原来一名编辑早在'文革'以前就把这部译稿送给或是卖给了香港。'文革'以后,外文出版社出了这本书的北京新版。我至今仍不知道这本书的版权究竟归谁。"请参阅谷鸣:《杨宪益夫妇的译事》,《书屋》2010年第4期,第44—49页。

设立、研究视角的转换,均有利于西欧国家在剖析近现代中国的道路上通畅顺达,也有利于他们朝日益增强的专业化方向前进。从中,我们或可以看出这些西欧国家在不同的政治、经济和文化背景下形成的"中国观"。

(一)研究机构的设立

法国是传统汉学的研究大国,对中国传统文化的研究,一直处于世界领先地位。19世纪末至20世纪上半叶,尤其是第二次世界大战后,法国的汉学研究发生了明显的转向,开始注重近现代和当代中国史研究。我们说,法国的这种转向是与当时国内外政治形势变化以及学术发展状况密不可分的。毕仰高在《法国对中国近代史的研究》一文中指出:"该学科是由赋予中欧关系,或者是说是赋予帝国主义列强在中国敌对性掠夺的一种远不相称的注意力而开始的……就其总体而言,这种发展的势头确实是强劲的。今天,该学科在所有大陆上都存在,并且具有自己的专门刊物。仅就盎格鲁-撒克逊世界而言,我们不仅可以提到《中国季刊》和《近代中国》。但也有一些在年代上具有很大限制的刊物,诸如《中华帝国晚期和中华民国史》、《中共研究新文献》(在日本出版),它们更加专门一些。"①

法国的研究主要是以社会科学高等学院的"当代中国资料和研究中心"、国立科研中心的URA·1018联合研究组(近现代中国跨学科研究组)以及《中国研究》杂志为中心发展起来的。"当代中国资料和研究中心"即现今"法国近现代中国研究中心"的前身。雅克·纪亚玛(Jacques Guillermaz)倡议并创立了这一法国历史上第一个近现代中国问题的研究机构。中心于1958年6月试运行,1959年1月正式成立。纪亚玛担任主任一职,开设中共党史课程,并著有《中国共产党历史(1921—1949)》《执政的中国共产党(1949—1979)》《人民中国》以及回忆录《一生

---

① [法]毕仰高:《法国对中国近代史的研究》,载[法]戴仁编:《法国中国学的历史与现状》,第352页。

为中国》，这些中共党史的著述都是相关研究的工具书和重要参考文献①。由于纪亚玛特别关注中国的时事新闻及社会问题，认为"把实践与研究结合起来，轮流或同时进行，是认知现代中国真实情况和进行相关研究的王者之路"②，所以中心自创立伊始，就将现当代中国的社会、经济、外交等领域作为研究课题。此外，中心还有一个重要的专业图书馆。纪亚玛之后，中心由毕仰高、白吉尔和魏丕信主持。1996 年，"当代中国资料和研究中心"和"中国社会比较研究中心"③合并组成了"法国近现代中国研究中心"④。重组后的中国研究中心集中了巴黎地区最优秀的一批中国学研究专家，主要以集体项目和个人的专题项目相结合，跨学科研究是其比较明显的特点。

URA·1018 联合研究组是当今最重要的一个有关现当代中国的研究中心，遵从特别注重经济和社会史，而不关注"事件"史的"年鉴派"传统。学术期刊《中国研究》(Études Chinoises)创刊于 1983 年，是由法国汉学研究会(AFEC)在该中心与社会科学高等学院的支持下出版的，"旨在保持并发展学者间的研究与交流，保持并发展不同院校间的对话（特别是在资料、著、译作方面），保持并发展与法国及外国相关单位的联系"⑤。

---

① 纪亚玛的相关内容请参阅阮洁卿：《法国中国近现代史研究先驱——雅克·纪亚玛》，《国外社会科学》2012 年第 6 期，第 42 页；阮洁卿：《纪亚玛与法国"当代中国资料和研究中心"》，《历史教学问题》2012 年第 6 期，第 106—110 页。

② 阮洁卿：《法国中国近现代史研究先驱——雅克·纪亚玛》，《国外社会科学》2012 年第 6 期，第 42 页。

③ 由贾永吉(Michel Cartier)于 1985 年创立，科研主题是中国历史文明比较研究。

④ 有关"法国近现代中国研究中心"的内容，请参阅朱政惠：《法国近现代中国研究中心及其科研走向——法国、瑞典中国学研究机构学术访问记》，《史学理论研究》2000 年第 4 期，第 135—142 页；《求真、求实、求新——巴斯蒂教授的中国学研究成就及其特点》，《学术研究》2000 年第 11 期，第 76—84 页；《研究中国学，心系中国学——法国学者巴斯蒂夫人来访记》，《历史教学问题》1997 年第 2 期，第 32—35 页。

⑤ ［法］白诗薇、溥杰峰：《〈中国研究〉简介》，载［法］龙巴尔、李学勤主编：《法国汉学》第一辑，清华大学出版社 1996 年版，第 327 页。

期刊以中国为中心,同时又具有"普遍性",涵盖了汉学家们研究的所有学科(历史学、社会学、文学、哲学、地理学……),这使其有别于那些或涉及一个地区,或限于某一领域的其他杂志。现在,《中国研究》已俨然成为一本全面代表法国汉学研究水平的学术期刊。

荷兰是较早从事汉学研究的西方国家之一。荷兰的汉学研究集中在莱顿。1875年,莱顿大学设立第一个汉学教授职位,施古德被任命为主持教席;1930年,戴闻达在莱顿大学创办了一所汉学专业研究机构——汉学研究院,专门从事汉学研究及人才培养,随之诞生了独立的汉学研究院图书馆。在欧洲各中文图书馆中,该馆藏书量仅次于法兰西学院汉学研究院图书馆。同样是在第二次世界大战后,荷兰的汉学研究发生了重要变化,主要表现在现代中国研究迅速发展起来。1969年莱顿大学汉学研究院"现代中国文献研究中心"的设立,成为荷兰现代中国研究兴起的重要标志。该中心有四项任务:一为收集资料。配合该中心的宗旨,广泛收藏有关当代中国的重要书籍和报刊,并收集彩色幻灯片、地图、照片、卫星照片及其他视听教材,以供教研之用。二为开设课程。因是汉学研究院的一部分,所以在系里开设现代中国课程,并与大学其他院系合作,举办专题演讲、座谈会等。三为研究现代中国问题。教职员个别从事专业研究,其研究成果发表在国内外学术刊物上。四为提供荷兰政府机构、商业机构或大学以外其他机构或个人有关中国的资料,协助荷兰人民与中国建立良好关系[①]。该中心很国际化,每年举办一至两次有关中国特定领域的最新发展或热点问题的国际会议或学术研讨会,并经常邀请来自中国的专家学者做专题演讲,有时还使用英文作为教学语言。

荷兰从事现代中国研究的主要代表人物有何四维、许理和、弗美尔、

---

① 请参阅吴荣子:《汉学研究在荷兰》,《中国典籍与文化》1998年第2期,第110—117页。

伊维德、赛奇和施耐德等。其中,施耐德与中国的联系最为直接也最为紧密,复旦大学文史研究院、华东师范大学思勉人文高等研究院、中国社会科学杂志社、国家汉办等都曾邀请过施耐德进行讲演交流。施耐德是欧洲著名汉学家,曾在德国埃尔朗根大学、波鸿大学和中国台湾政治大学学习社会学、中国史、日本学、政治学和东亚政治,1994年获得近代中国历史编纂学博士学位。他曾先后任教于德国海德堡大学、荷兰莱顿大学,2006年建立莱顿大学现代东亚研究所并担任该所所长,目前担任德国哥廷根大学教授,创建该校现代东亚研究中心。施耐德主要研究近代中国史学、政治学和中国思想史,研究对象包括陈寅恪及傅斯年等,对中国共产党史亦有研究。借用施耐德自己的话说:"从学汉语、研究中国现代政治到研究中国史学,是一条很长而又崎岖的道路。"①但就是在这样艰辛的求知历程中,他做出了突出的贡献,主要学术成果有:《调和历史与民族——历史性、民族个别性以及普遍性问题》(2009年)、《真理与历史:傅斯年、陈寅恪的史学思想与民族认同》(中译本2008年由社科文献出版社出版)、《道史之间:为中国寻找现代认同的两位中国史家》(2001年)等。

此外,阿姆斯特丹亚洲研究中心(1987年)、国际亚洲研究所(1993年)、阿姆斯特丹亚洲研究院(2002年)也都不同程度地从事当代中国问题研究。

随着西方汉学研究中心由欧洲转到美国,英国的汉学实现了从欧洲古典模式向现代模式的转型。英国的汉学研究与法国、德国、荷兰、俄国乃至美国的汉学研究相比,始终未能引起人们足够的重视,处于比较薄弱的状态。直到20世纪上半叶,特别是第二次世界大战结束以后,英国才逐步重视对中国问题的研究,在培养中国学人才、充实中文图书馆馆藏等方面进行了一定程度的工作,并设立以现代中国为研究对象的地区

---

① [荷]施耐德:《念汉学,我无悔》,《南方周末》2010年6月23日。

研究中心,成立英国汉学协会(BACS),出版《亚非学院院刊》和《中国季刊》等汉学研究核心刊物。

1976年,英国汉学协会成立,旨在推动英国的汉语教学和汉学研究,会员包括英国各大学中文系、历史系、远东系教学研究人员,汉学、东方学和南洋学研究人员,相关院校图书馆管理员和部分中小学汉语教师,而英国文化委员会、语言教学和研究信息中心、现代中国中心、庚款委员会、英中协会、东方研究所图书馆等单位则是该会的团体会员。创会伊始,研究重点即定位于中国的近现代人文学科,区域研究、实证主义、问题史学、学科联姻、田野调查和量化分析等研究方法被广泛应用。1986年,台湾"中研院"近代史研究所朱浤源和牛津大学伊懋可曾对英国汉学协会进行了问卷调查,统计显示:英国汉学研究人员中,研究中国古代自然、社会和人文学科者23人,研究中国近代和现代相关学科者34人;出版过自然和应用学科汉学专著者4人,出版过社会科学汉学专著者26人,出版过人文学科汉学专著者17人,出版过其他汉学专著者10人[①]。从这份问卷调查中,我们亦可窥见英国对中国近现代史的关注程度。

1999年9月,英格兰高等教育基金会和苏格兰高等教育基金会联合推出了题为《汉学研究回顾》[②]的书面报告,称与中华人民共和国关系的发展,超越了目前与其他任何国家的往来,对于英国来说是一个新的

[①] 请参阅熊文华:《英国汉学史》,学苑出版社2007年版,第237页。
[②] 这份《汉学研究回顾》是英国1945年以来有关汉学研究的第五份报告,表明长期以来汉学研究都是与英国商业和外交利益关系密切的重要课题。其他四份报告是:1945年由斯卡伯勒伯爵主持的一份关于东方、斯拉夫、东欧和非洲研究的部门间专门委员会的调查报告;1961年由威廉·海特爵士主持的庚款委员会下属分会有关东方、斯拉夫、东欧和非洲研究的报告;1986年彼得·帕克爵士提交的一份题为《为未来呐喊》的报告;1992年理查德·霍德-威廉斯教授代表区域研究监测小组递交的一份题为《联合王国的区域研究》的报告。

挑战和机遇,在这种情况下,在学校课程中增加介绍中国的内容,可以提高对中国和中国周边地区的兴趣和知识①。其实,在 1997 年,英国部分大学教师曾建议重新调整英国大学现行的汉学研究方针,把重点从传统领域、语言和文学方面转向纯语言习得以及社会科学中的当代中国研究②。此外,若再往前追溯,《大不列颠和爱尔兰皇家亚洲学会会刊》(创刊于 1824 年)、《中国丛报》(1832—1851 年)、《东西洋考每月统记传》(1833—1836 年)、《北华捷报》(1850—1951 年)、《六合丛刊》(1857—1858 年)、《中国评论》(1872—1901 年)、《亚非学院院刊》(创刊于 1917 年)、《中国季刊》(创刊于 1960 年)等,都将有关中国的研究范围确定在近代政治历史和当代事务方面。

德国汉学形成时间比较晚。如果以 1909 年汉堡殖民学院设立汉学正教授职位作为德国汉学起始的话,那么就比法国晚了近 100 年时间。至于对近现代中国问题的研究则更晚了。第二次世界大战后,可以说直到 20 世纪 60 年代以后,德国的汉学,特别是民主德国的汉学,才突破传统的中国语言文学和历史的研究,开始注重当代时事政治、经济和商业贸易等领域。魏思齐在《德国汉学研究的历史与现况》一文中写道:"在 20 世纪 50—60 年代,许多德国大学的汉学系仍保有一种纯粹古典的汉学,譬如 E. Haenisch 担任汉学系主任,慕尼黑大学便不教中文口语,因为他认为汉学就是古文字学。当时德国对于当代中国或亚洲的社会科学研究,几乎没有任何发展,美国在这方面获得了快速的发展。W. Franke 是德国汉学界第一个批评这种情况的人,他因为德国汉学落后于国际标准而深表痛心……1958 年在波恩重建东方语言研究院……其目标是为了外交官等讲授有关国家语言当今发展的情况,另外此重建也强调在大学部应该成立一些研究当代中国政治、经济和社会发展的学术

---

① 请参阅熊文华:《英国汉学史》,第 194 页。
② 同上书,第 199 页。

机构。1964年波鸿鲁尔大学终于落实了此种理念。"①与此呼应,1966年11月,乌布里希在地区党组织小组会议上发表讲话,表明现在的民主德国可以对中国的形势和当前中国发生的事件公开发表意见②。德国汉学界的这种转变主要受国际政治发展的影响,比如中国的"文革"就使得当时一部分汉学家掀起一场反对所谓"传统汉学"(古典汉学或纯粹汉学)的运动,即认为汉学应该被当作新的社会科学专业领域,而不必列出传统经典书籍的内容。也是自那时开始,在德国及其他西方国家,出现了"中国热"的气氛,推动了汉学或中国学研究的再次发展。但总体而言,由于现代德国的政治原因和人文科学的研究范式,德国汉学研究在国际上并没有取得重要的地位。

(二)研究视角的转换

如今,在研究取向上,欧洲汉学(中国学)中近现代中国研究的力量越来越强,许多大学的古典研究退居于守势。回顾这几十年欧洲汉学(中国学)的发展,可以清晰地辨识出研究视角的转换轨迹,即从人文科学过渡到社会科学。这也是西方学术转向的一个鲜明体现。对此,柏思德在《欧洲中国学50年》一文中总结出欧洲中国学研究的三代群体特征:第一代为20世纪60年代和70年代初的"争论'阶级斗争'观";第二代为20世纪70年代开始的"中国学研究的社会科学化";第三代为20世纪90年代以后的"方法论和新议题"③。实际上,这三代群体的研究趋势的发展,正是近年来欧洲中国学研究视角的整体转换思路。

虽然各国的具体转换时间可能会有所不同,但西欧汉学大体研究走向趋于一致。下面以法国为例进行说明。法国现当代中国研究的创始

---

① [波]魏思齐:《德国汉学研究的历史与现况》,《世界汉学》2006年第1期,第37—66页。
② [德]费路:《民主德国的当代中国研究》,载[德]马汉茂、汉雅娜、张西平、李雪涛主编:《德国汉学:历史、发展、人物与视角》,第291页。
③ 请参阅[丹]柏思德:《欧洲中国学50年》,《中国社会科学报》2009年第1期,第9页。

人之一谢诺①(Jean Chesneaux,1922—2007年),以著作《1919—1927年的中国工人运动》(1962年在巴黎出版)开创了法国汉学界研究20世纪现代中国的新局面。之后,法国如火如荼地进行现当代中国研究,并取得了一系列丰硕的成果,其中展示出来的研究视角的转换,概括而言,主要表现在以下几个方面。

其一,以现实为基础的应用性原则。这里,我们不得不提及法国另外一位汉学巨擘谢和耐(Jacques Gernet,1921—2018年)。谢和耐是法国当今著名汉学家、历史学家、社会学家,法国金石和美文学科学院院士,法兰西学院名誉教授,专门从事中国社会和文化史研究,代表作品有《中国社会史》(1972年)、《中国与基督教》(1982年)、《中国5—10世纪的寺院经济》(1952年)等。作为戴密微的学生与研究事业的继承人,谢和耐一方面继承了前辈考据学的功底和传统,另一方面又突破了他们不进行系统研究的窠臼,以通史性著作《中国社会史》(耿昇译,江苏人民出版社1995年版)开拓了法国汉学界的一股新风。《中国社会史》描述了中国从"上古王权"经过历史黎明时期直到"马克思主义胜利"的社会历史变迁,是当时欧美世界有关中国现实状况的力作,被英美以及西方许多大学用作中国通史的教科书。该书前后经几次修订,亦步亦趋地紧随中国历史的车轮前进,比如:1980年第二版增加了毛泽东时代中国的内容,即"从与苏联决裂至毛泽东逝世";1990年第三版又增加了"从毛泽东逝世至八十年代后的中国"。此外,《中国社会史》反对以孤立的、封闭的、静止的眼光看待事物,提倡"相互影响""总体范畴"的概念,独到之处"便是赋予了文明特征以及社会、文化、经济、技术等诸要素一种占优势的篇幅比例……政治和军事要素也在书中未受忽略,但它们更多地则是以次要因素而不是作为决定性因素出现的"②,因此经济、社会文化的地

---

① 有关谢诺的更多内容,请参阅本章第四部分"对中国马克思主义史学的认知与理解"。
② [法]苏远鸣:《法国汉学五十年》,载[法]戴仁编:《法国中国学的历史与现状》,第136页。

位得以上升,使"经济和社会史最终获得了其'贵族身份'"①。

谢和耐的研究路径又被他的门生贾永吉②(Michel Cartier)传承下来。贾永吉是法国社会科学高等学院的研究导师,中国明史专家,尤以社会学史见长,致力于经济体制史和人口学的研究。其代表作有:《中国古代的劳动及意识形态》、《在"利"与"市"两概念的周围:中国经济思想的诞生》、《一个模式的演变:从古代至十四世纪中国农业的发展》、《中国人口统计与机构:帝国时代(公元前 2 年—公元 1750 年)人口统计分析的贡献》(与魏丕信合著)、《中国的落后状态:一个人口增长的效应?》、《北中国与南中国:人口增长的悖论》等。其实,这种研究趋向与法国年鉴学派有着密不可分的联系。20 世纪中叶,年鉴学派勃兴,其"反对以政治、外交为中心的 19 世纪传统史学"的宗旨,不仅为法国的社会经济史研究,也为法国的中国社会经济史研究注入新鲜活力,大大推进了以现实为基础的中国社会经济史研究。

其二,以跨学科为理念的研究方法。所谓"跨学科研究法",就是运用多学科的理论、方法和成果,从整体上对某一课题进行综合研究,也称"交叉研究法"。科学发展运动的规律表明,科学在高度分化中又高度综合,形成一个统一的整体。据有关专家统计,现在世界上有 2 000 多种学科,而学科分化的趋势还在加剧,但同时各学科间的联系愈来愈紧密,在语言、方法和某些概念方面,有日益统一化的趋势。这正是年鉴学派"跨学科的总体史研究"的史学模式。在这种史学模式下,历史事件被放置于宏观的历史背景中考察,侧重分析那些变化缓慢且又长期发挥作用的因素对历史的影响,如地理、社会、心态、道德、宗教、文化等,从而找出

---

① [法]若瑟·佛莱什:《从法国汉学到国际汉学》,载[法]戴仁编:《法国中国学的历史与现状》,第 57 页。
② 有关贾永吉研究状况及成果的详细介绍,请参阅千里、大同:《塞纳河畔两史家——法国当代著名中国社会经济史学家贾永吉与魏丕信及其研究成果简介》,《中国经济史研究》1994 年第 2 期,第 8 页。

历史发展的趋势。因此,这就要求将历史研究的空间拓展到人类生活的各个领域,打破历史学与其他学科之间的壁垒,走出封闭隔绝的狭小天地,广泛吸收其他学科的成果和方法。

若追溯到传教士时期,传统汉学主要以译介中文作品或者撰写与中国相关内容的著述为主,很少有人从事专门研究,即使有,也是出于一种对"古老"中国充满好奇的心理,重在发现、重在"诠释"。而现代汉学(中国学),尤其以美国为代表,大多政治和战略意味比较浓厚,重在"功能性";再者,如今这个变幻多端的社会环境,也迫使人们站在新的角度、用新的眼光重新审视世界。对于汉学这门正处于众多问题交织的棘手处境之中的文化学科,德林在《处在文化主义和全球化十字路口的汉学》一文中指出:"中国和欧洲的距离越来越近,并且现实世界中越来越多的信息量不断给我们提出了新的诠释难题,这些难题远远超过了原有的描述性质和语言学方面的研究,而且好像更注重研究者的亲身体验。"① 所以,相比之下,传统史学的"平铺直叙"方法已不再满足时代的需求,"跨学科的综合研究"便顺势而生了。在此理念的指导之下,许多汉学家借助于历史学、社会学、政治学、经济学、人类学、心理学、语言学、统计学、版本学和校勘学等综合手段,从解读已掌握的史料入手,试图超越传统规范,寻求某些突破,甚至重建原有的学术架构。

其三,以国际合作为趋势的发展目标。随着国际形势的纷繁变幻,汉学(中国学)越来越成为一个庞大的研究课题,个体的力量根本无法驾驭,现实需求强调国际合作与交流,于是,集体性的、长期性的研究计划出现了。这一点已集中反映在《剑桥中国史》(*Cambridge History of China*)的编写出版上。

《剑桥中国史》自1966年开始编纂,计划出版15卷17册。它是一

---

① [德]德林:《处在文化主义和全球化十字路口的汉学》,载[德]马汉茂、汉雅娜、张西平、李雪涛主编:《德国汉学:历史、发展、人物与视角》,第53页。

项巨大的国际汉学工程,主编为剑桥大学教授崔瑞德(D. T. Twitchett,又名杜希德)和哈佛大学教授费正清。截至目前,中国社会科学出版社已翻译出版11卷。已出版各卷包括《剑桥中国秦汉史》《剑桥中国隋唐史》《剑桥中国辽西夏金元史》《剑桥中国明代史》《剑桥中国晚清史》《剑桥中华民国史》《剑桥中华人民共和国史》。该书各卷皆由国外知名学者担任主编,卷内各章节亦由研究有素的专家撰写。"在崔瑞德的回忆中,为找到最合适的撰写人,他按照当时的惯例邀请天南地北的撰稿候选人参加,在剑桥大学举办《剑桥中国史》的专门会议,审读提交的论文,并选出最合适的撰稿人。"[1]最终,来自英国、美国、法国、德国、荷兰、瑞士、日本、澳大利亚、马来西亚、新加坡等国家和地区的史学研究人员参与编写,他们注意吸收各国学者的研究成果,在许多历史问题上对中国学者的传统学说提出了新的观点和质疑,反映了国外中国史研究的水平和动向,是极具影响力的国外研究中国历史的权威著作,也是国际汉学研究的优秀成果。

除集体性的著作成果之外,国外汉学(中国学)研究也积极有效地整合资源,努力谱写汉学(中国学)研究新篇章。柏思德在《欧洲中国学50年》中大声呼吁"欧洲中国学需要'一体化'",在他看来,"与20年前类似,目前欧洲的中国研究仍然集中在法国、英国、荷兰、德国和北欧国家。欧洲其他国家不仅研究机构分散,而且规模很小,有的只有一两位研究人员,也没有相关的研究项目。通过建设 ECAN 网络,欧盟委员会致力于把分散的研究机构和个人联合起来。但这并不必然提高研究质量,也不一定会增强欧洲较之美国的中国研究的竞争力。为增强实力,欧盟需要通过启动大型研究项目和吸收新一代学者来刺激当代中国研究。这也可以使欧洲的当代中国研究摆脱成员国资助体系的束缚,因为国家的小规模资助和鼓励学者使用各自的语言进行研究和发表,会导

---

[1] 《〈剑桥中国史〉出版史》,《南方周末》2010年1月28日。

致某种狭隘性"①。显然,汉学(中国学)研究的全球化趋势到来了。

(三) 中国形象的变迁

岁月易逝,时代嬗变,随着中国发生巨大的变革,域外对中国的认知也随之发生了变化。认识与研究域外的中国形象,不仅是学术研究的题中之义,也颇具现实意义,它或可为思考与阐释中国道路、中国经验提供某种历史性的借鉴和启示。中西文化交流久矣,但大规模的交流共有五次,分别发生于公元1世纪前后的丝绸之路、7—8世纪的大唐帝国、14—15世纪的明朝、19世纪清末鸦片战争时期以及20世纪五四新文化运动前后。随着西方对中国文化由陌生到熟知再到进行研究,他们心目中的中国形象、中国精神,即中国观,也不断地发生着变迁。从16世纪传教士时期至今,西方对中国既有赞美称颂,也有批评蔑视,两者时而交叉,时而并行,中国观就在这两者之间徘徊演进。这些不同的中国形象的构建与重塑,大多根据西方国家的需要与时代氛围而形成,适应了西方文化内部话语权力和平衡的需求。也就是说,他们的中国形象从未脱离欧洲本位。在这里,或可借用德国学者朗宓榭的话进行概括,他认为:"西方汉学在消解西方世界对中国的偏见上起到了至关重要的作用,同时其研究主题又常常是西方时代精神的产物。"②朗氏之言甚是。因此,我们在研究西方不同时期形成的中国形象时,必须结合其时代背景进行考察分析。

1. 为中国唱赞歌的耶稣会士

16世纪是西方商业殖民势力向东方及世界各地扩张的时期,也是耶稣会士为扩大天主教势力来华大肆传教的时期。1517年的路德宗教改革,使罗马天主教的威信和势力遭到沉重打击,为了抵御新教进攻、维

---

① [丹]柏思德:《欧洲中国学50年》,《中国社会科学报》2009年第1期,第9页。
② [德]马汉茂、汉雅娜、张西平、李雪涛主编:《德国汉学:历史、发展、人物和视角》,第2页。

护自身地位,天主教会发动了反宗教改革运动,试图恢复已经失去的信仰者,并企图扩大海外新教区。1534年,西班牙人罗耀拉在巴黎创立耶稣会,1540年获得教皇承认,他们立誓重振天主教会、重树教皇权威,充当了拓展海外传教区的先锋。明末清初来华的著名传教士,如利玛窦、南怀仁、汤若望等均为耶稣会士。除耶稣会士之外,还有方济各会、多明我会、奥古斯丁会等也都加入了入华传教的团队。虽然早期的旅行家、探险家、商人所写的游记、日记、札记、信件等,为欧洲提供了一些关于中国的情况,但是欧洲关于中国知识的主要来源,还是这些有组织、有规模的在华传教士。他们在认识中国、帮助欧洲人了解中国,以及通过各种著作构建与重塑中国形象这一过程中扮演了重要的角色。

出于扩大在华传教事业、寻求欧洲教俗世界支持的需要,传教士的报告或是他们撰写有关中国的著作,几乎都是在给中国唱赞美歌。因为只有传递给欧洲一个富裕强盛的中国形象,欧洲世界才会认为把这样的国度纳入基督教辖区有意义,才会全力支持传教士的在华活动。对于这一点,英国学者雷蒙·道森指出:"传教团为自己鼓劲以应付艰巨的使命和刺激其身在欧洲的基督教同胞支持他们的努力、相信他们的努力会取得成功的需要,因为这一需要不可避免地导致他们强调中国那些看上去对传播福音有利的方面。"①例如多明我会士克鲁斯(Fr. Gaspar da Cruz,约1520—1570年)1570年出版的《中国志》,"不仅作为欧洲第一部专门讲述中国的著作而独具特征,而且是有史以来有关中国最值得注意的著作之一"②。该书内容丰富,包括中国的名称、人种、疆域、政区等国家概况,中国的自然环境,中国人的生活方式、风俗习惯、宗教信仰,中国的法律、官吏,中国与葡萄牙人的交往等,"叙述的关键所在是繁荣"③。再如奥古

---

① [英]雷蒙·道森:《中国变色龙》,常绍民、明毅译,时事出版社1999年版,第64页。
② 同上书,第42页。
③ 同上书,第43页。

斯丁会士拉达(Martin de Rade，1533—1578年)1575年的使华报告《出使福建记》与《记大明的中国事情》，也是有关当时中国比较详细的报道。从著述内容来看，中国留给他们的最初印象是繁荣和富庶。

在此基础之上，西班牙汉学家门多萨(Juan Gonzalez de Mendoza，1545—1618年)受教皇格利高里十三世之托，于1585年撰写了《中华大帝国史》。自《中华大帝国史》出版以来，中国社会与文化的方方面面就被展现在欧洲人面前，形成一个充满活力的大帝国形象，为以后欧洲的中国崇拜提供了一个现实的起点。《中华大帝国史》是西方第一本全面介绍中国的书，一经问世，立刻引起轰动，仅在出版后的十多年间内，即先后被译成拉丁文、意大利文、英文、法文、德文、葡萄牙文、荷兰文等多种文字，共发行46版，堪称盛况空前。在门多萨的笔下，中国是"伟大强盛"[1]的乌托邦式的国家，是"全世界最大和人口最多的国家"[2]，是"全世界最富饶的国家"[3]，她的居民"没有发现有比这里更富饶更温和的地方了，这儿有人类生活所需的一切东西，简直没有匹敌"[4]等。笔触所及之处，无不充满溢美之词。门氏的《中华大帝国史》是16世纪有关中国自然环境、历史、文化、风俗、礼仪、宗教信仰以及政治、经济等情况最全面、最详尽的一部百科全书。当时法国的大作家、大哲学家蒙田(Michel de Montaigne，1533—1592年)读过此书后，在书中空白处写下了他的随笔，这些随笔经常被人引用。"自从有了这些最初的证据，这种对中国的友好就在法国表现出来了，稍后这种友好取得了惊人的发展。"[5]《中华大帝国史》打开了欧洲人认识中国的窗口，使他们通过中国的现实认识

---

[1] [西]门多萨:《中华大帝国史》，何高济译，中华书局1998年版，第1页。
[2] 同上书，第18页。
[3] 同上书，第9页。
[4] 同上书，第8页。
[5] [法]戴密微:《法国汉学研究史概述》，载张西平:《欧美汉学研究的历史与现状》，第184页。

到中国所处的时代,并构成了西方研究"汉学"的基调,为欧洲汉学的顺利开展奠定了良好的基础。总而言之,"在中国传教事业的初始阶段,在华耶稣会士就基本明确了他们接触中国的方式与关注中国的角度,他们的欧洲同僚则开始设计如何加工来自中国的报告,打造中国形象的模具已轮廓分明,未来只是令其饱满动人的问题"①。

  进入17世纪,耶稣会士对中国的关注,由表层的经济富庶过渡到深层的政治体制,他们尝试理解中国的内在精神,更加注重中国的道德和政治的优点。比如曾德昭的《大中国志》就是这方面的代表。曾德昭1613年到达中国南京,1636年返回欧洲,在旅途中完成了《大中国志》。他在中国生活了20余年,对当时处于明朝末期的中国了解比较透彻,《大中国志》的描绘也更为真确、更为翔实。该书显著的特点是对中国由衷地称颂,赞美中国的政府组织和政治制度,赞美中国的五种德行,赞美中国的儒家学说。如书中记述中国人的"孝"时这样写道:"在孝敬父母这点上,我们有许多要向中国人学习的地方,按照我的判断,别的民族也在这点上赶不上中国……上起皇帝下迄百姓都严格奉行,不仅要供养父母、尊敬父母,特别照顾他们,不管父母有多老,还要对父母表示难以置信的礼敬和服从,在这点上,不管他们子女的地位、年纪和情况。"②此外,他又引述了中国的名言警句:"对师长和老人,重在礼敬尊重。隐恶扬善。执法不阿。勿以善小而不为,勿以恶小而为之。青年有德,当受敬,老年为恶,应趋避。"③安文思的《中国新志》、卫匡国的《中国新图》、李明的《中国现势新志》等,也都是这类称颂中国政治与道德的著作。

  虽然上述称赞不免具有理想化倾向,但在那个需要光辉夺目的中

---

① 张国刚等:《明清传教士与欧洲汉学》,中国社会科学出版社2001年版,第96页。
② [葡]曾德昭:《大中国志》,何高济译、李申校,上海古籍出版社1998年版,第180—181页。
③ 同上书,第182页。

国形象的时代,欧洲人还是根据自身需要,构建与重塑了一个经济繁荣且政治昌明的中国。这是当时欧洲一种潜在的集体文化意识在起作用。对他们而言,中国不仅是现实的国家,更是寄托理想的乌托邦。这种构建出来的"他者"文明在欧洲,特别是在激进的法国知识分子中间,产生了巨大的反响,成为他们思考国家出路与探索改革方向的"参照物"。

2. 18世纪欧洲的"中国热"

在18世纪的欧洲,借由耶稣会传教士的塑造,中国作为"国富民强""道德高尚""政治开化"的东方大国形象屹立于欧洲世人面前。此时欧洲处于时代变局之中,罗马教廷、宗教修会、民族国家间的关系错综复杂、冲突不断。启蒙思想家急于寻找一个"参照物",以开启心智,为现实谋得出路。他们从传教士撰写的研究中国的著作中,发现中国文明的精神要素可以作为反对神学、攻击教会、批判封建主义的精神武器,因此把中国奉为"至宝",深入挖掘中华文明蕴涵着的宽容精神、仁爱精神和理性精神,然后进行再加工、再塑造。"像18世纪这样把中国置于如此醒目特殊的地位也只能是那种风雷激荡环境的产物,而雨住云收之后,再奇诡的山岚雾霭也终有消散之时。"①是的,18世纪欧洲启蒙思想家在其时代背景下对东方学说的借鉴,正符合这一论断。

18世纪的欧洲社会,以传教士描绘的"理想中国"为蓝本,掀起了"18世纪欧洲的中国热"浪潮。对于它的各种表现,许明龙在《欧洲十八世纪"中国热"》一书中做出了概括,他指出:"欧洲的'中国热'有两个层次的表现,一个是浅层,一个是深层……浅层的'中国热'有这样一些特点:'中国热'是一种时尚,而不是一种思潮,参与者所属社会阶层相当广泛,人数众多,上自国王和王后,下至提壶卖浆者,既无男女老少之分,也不因穷富贱而异;参与者通常感情色彩较浓,缺乏理性支持,往往抱有追

---

① 张国刚等:《明清传教士与欧洲汉学》,前言第2页。

求时髦和'随大流'之类的'从众'心理,知其然者众,知其所以然者寡,因而潮起时来势迅猛,潮退时转眼无影无踪;被热烈追逐的目标在追逐者眼里不一定具有真、善、美的价值,而可能仅仅因其怪异和罕见而受青睐,时过境迁之后,一切复归原状,几乎没有造成任何深刻的影响。"① 这种从众、随大流的现状反映了当时普通民众的心理状态,是社会思想的一种"集体症候"。在谈及深层次时,许氏又说道:"深层的'中国热'虽与浅层的'中国热'有联系,却又有明显区别,具有截然不同的特点:参与者人数远远少于前者,基本上局限于知识分子圈内;多的是理性思考,少的是热烈的盲目追逐,取他山之石,以攻己玉,几乎是所有参与者的目的;虽然也表现为一种潮流,但并非追赶时髦,所以对同一事物往往出现不同的判断,彼此对立,互不相容,形成热烈论战的局面;他们顺应时代的潮流,为社会的发展和变革找到了有益的借鉴,给后人留下了宝贵的财富。"②这在当时的启蒙思想家那里有很明显的表现。不过,在笔者看来,浅层与深层在某种情况下是相互渗透与相互影响的。唯其如此,才能"热"得起来,并能散发出持久的"热量"。

在营造出来的"中国热"氛围之下,中国知识在欧洲日渐膨胀,不仅孔子哲学与华夏儒家文化成为西方教俗世界热烈谈论的话题,而且"中国历史在18世纪许多作家的普世史著作中占相当大的比例"③。但我们也要注意,这时的欧洲已不全然是赞誉中国的声音,同时并存的还有谴责中国的论调。张国刚在《启蒙时代欧洲的中国观》一书中指出:"1760年代也是法国人的中国观发生转折的时期,反对中国和批评法国社会对

---

① 许明龙:《欧洲十八世纪"中国热"》,外语教学与研究出版社2007年版,第90页。
② 同上。
③ Edwin J. Van Kley, "Europe's 'Discovery' of China and the Writing of World History", The American Historical Review, Vol. 76, No. 2, Apr., 1971, pp. 358-385.

中国的无条件崇拜的声音也越来越响。"①应该说,在整个启蒙时代,赞赏与批评中国文化这两种互为对立的态度始终存在着。

一方面,赞美者以伏尔泰、魁奈、沃尔夫、莱布尼茨为代表,他们把以儒家思想为主的中国理想化,将中国构建与重塑为"孔教理想国"的形象呈现于欧洲人面前。对于这些启蒙思想家而言,中国作为一种现实的幻象,寄托了他们对开明君主、伦理道德、人文主义的期许。

法国启蒙运动领袖伏尔泰(Voltaire,1694—1778 年)对中国的称赞不言自明。他极为赞赏中国的道德和理性宗教,指出:"在作为社会责任的一剂良方时,中国的儒家思想较之西方的自然神论更为具体。"②这些观点在其著作《路易十四时代》《风俗论》《哲学辞典》中都有所体现。在《哲学辞典》中,伏尔泰表达了内心对孔夫子深深的敬意,他写道:"孔夫子决不愿意说谎;他根本不做先知;他从来不说他有什么灵感;他也决不宣扬一种新宗教;他更不借助于什么威望,他根本不奉承他那时代的当朝皇帝,甚至都不谈论他……我钻研过他的著作;我还作了摘要;我在书中只发现他最纯朴的道德思想,丝毫不染江湖色彩。"③伏尔泰根据马若瑟所译《赵氏孤儿》剧本改编的《中国孤儿》,也是弘扬中国式道德的典型举动。他之所以选中《赵氏孤儿》,是"因为在他看来,中国文明在历史上多次被野蛮人征服,而整个文明的精神却能够始终以一以贯之的方式保持着,不仅说明了中国文明自身的伟大力量,征服中国的野蛮人领袖,应该说也是欧洲蛮族领袖们的好榜样。"④换言之,"伏尔泰写作这个剧本

---

① 张国刚、吴莉苇:《启蒙时代欧洲的中国观:一个历史的巡礼与反思》,上海古籍出版社 2006 年版,第 231 页。
② Walter W. Davis, "China, the Confucian Ideal, and the European Age of Enlightenment", *Journal of the History of Ideas*, Vol. 44, No. 4, Oct.-Dec., 1983, pp. 523-548.
③ [法]伏尔泰:《哲学辞典》,王燕生译,商务印书馆 1991 年版,第 322 页。
④ 陈宣良:《伏尔泰与中国文化》,首都师范大学出版社 2010 年,第 142 页。

的道德目的,是要教育欧洲的,尤其是法国的贵族统治者,向鞑靼的统治者、向成吉思汗学习,接受文明的法规,克服野蛮人的那种唯力是视的态度,不是以强制和镇压来维护自己的统治,而是向着文明低头,向虽然被征服,但在精神上更为优越的人臣服——一种精神方面的臣服。"①"项庄舞剑,意在沛公",伏尔泰的这个"移植",志宏意远,企图以东方文明的道德规范来滋润本邦,以教育法国民众,尤其是上层贵族阶层,旨在表明强权与暴力虽逞一时之威,但到头来,终究要向文明低头。

魁奈(François Quesnay,1694—1774年),法国重农学派创始人,自视为孔子学说的继承人,并以"欧洲的孔夫子"②而著称。他对《论语》评价极高,认为"一部《论语》即可以打倒希腊七贤"。在他那被奉为"崇尚中国运动的顶峰之作"③的《中华帝国的专制制度》中,魁奈认为中国的"合法专制政治"算是世界上最好的政治形式,中国的重农主义使之成为农业国的模范,鼓吹效仿中国以农业为中心重新组织法国的经济,"赞赏中国政府极少介入经济领域,认为那是'自由放任'政策——重农主义者在经济学文献中发明的术语——的基础"④。甚至重农学派的一些学者还劝说路易十五仿效中国皇帝,在每年岁首举行庄严的藉田仪式。

沃尔夫(Christian Wolff,1679—1754年),德国哲学家,"第一个赞颂中国的启蒙思想家"⑤,1721年在哈雷(Halle)大学以"中国的实践哲学"为题进行了讲演,赞美中国的实践哲学,称孔子为纯粹道德的先知,仅次于耶稣基督。沃尔夫因为这个系列演讲而遭到驱逐,但演讲内容后

---

① 陈宣良:《伏尔泰与中国文化》,第142页。
② [法]艾田蒲:《中国之欧洲》(下卷),第247页。
③ [法]弗朗斯瓦·魁奈:《中华帝国的专制制度》,谈敏译,商务印书馆1992年版,中译本序言第2页。
④ [美]孟德卫:《1500—1800:中西方的伟大相遇》,江文君、姚霏等译,新星出版社2007年版,第173页。
⑤ 同上书,第170页。

来于1726年结集出版。他宣称"为了达到道德和政治推理的妥当原则，天启乃至对上帝的信仰都是不必要的；此外，他也把非基督徒的中国人之德行生活作为一个值得师法的生活模式……他把儒家思想看成一种完全根据理想推理的自然神学"①。在沃尔夫看来，中国具有的理性的自然道德，实为德国政治改革者们应努力寻求的方向。

莱布尼茨（Gottfried Wilhelm Leibniz，1646—1716年），德国重要的自然科学家、数学家、物理学家、历史学家和哲学家，也是17—18世纪欧洲最伟大的科学家和哲学家之一。在莱布尼茨的学术生涯中，对中国的关注与热情是很重要的方面，他反复强调中国文化对西方的重要意义，曾详细地阅读和研究传教士有关中国的报告，并将其中一部分整理编辑成《中国近事》。莱布尼茨和当时的入华传教士保持着密切的直接联系，白晋就是他的通信人之一，从而得以随时掌握中国的最新情况，所以他的著述具有很强的真实性。《中国近事》（1697年）是"莱布尼茨第一部，也是他最有影响的一部关于中国的著作"②，是中国文化在18世纪的欧洲传播的最重要成果，在当时的欧洲产生了重要的学术和文化影响。其内容主要包括：苏霖神父关于1692年"容教昭令"的报告、有关中国皇帝学习欧洲科学的情况、闵明我神父从印度果阿写给莱布尼茨的信、安多神父写自北京的信以及1693—1695年俄罗斯使团访问中国的沿途见闻等。两年后的1699年，莱布尼茨出版了《中国近事》的第二版，将白晋的《中国现任皇帝传》（即《康熙皇帝传》）翻译成拉丁文收入其中。美国学者方岚生写道："莱布尼茨自幼就显示出对中国和其他文化的兴趣……他是最了解中国的学者之一，尤为知识广博。"③法国学者艾田蒲也指出：

---

① ［波］魏思齐：《德国汉学研究的历史与现况》，《世界汉学》2006年第1期，第37—66页。
② 张西平：《简论莱布尼茨〈中国近事〉的文化意义》，《世界哲学》2008年第1期，第106—111页。
③ Franklin Perkins, *Leibniz and China: A Commerce of Light*, Cambridge University Press, 2004, p. 108.

"在1700年前后关注中国的人之中,莱布尼茨无疑是最了解实情、最公平合理的一个,他的著作也是唯一一部我们今天还可以阅读的著作。"①

莱布尼茨编辑《中国近事》,目的在于引导欧洲学者更多地了解中国,推动中国和西方各国在宗教、哲学等领域的交流。这也正如方岚生所言:"渴望加强中国和欧洲的知识交流,是莱布尼茨多向思索中国问题的核心。"②在《中国近事》一书的序言中,莱布尼茨写道:"人类最伟大的文明与最高雅的文化今天终于汇集在了我们大陆的两端,即欧洲和位于地球另一端的——如同'东方欧洲'的 Tschina。我认为这是命运之神独一无二的决定。也许天意注定如此安排,其目的就是当这两个文明程度最高和相距最远的民族携起手来的时候,也会把它们之间的所有民族都带入一种更合乎理性的生活。"③由此可见,莱布尼茨认为中国和欧洲是世界文化的两个组成部分,这两种文化的价值是同等的,并进一步绘制了中西文化双向交流的宏伟蓝图。

对于莱布尼茨和沃尔夫来说,中国的实用哲学是对欧洲哲学的一种补充,而对卫礼贤和他的许多同时代人来说,中国的生活哲学几乎是拯救欧洲的灵药。卫礼贤在《中国心灵》中写道:"中国智慧成为现代欧洲的拯救者。听起来可能很奇怪,中国古老的哲学和智慧自有其幼稚的力量。中国人是如此古老,但无丝毫奴颜媚骨,矫揉造作,而是生活在孩童般纯真幼稚的精神中。纯真远非无知与野蛮,只有纯真的人才能达于人性最深处,那里才是生命之泉喷涌之所在。"④

---

① [法]艾田蒲:《中国之欧洲》(上卷),第278页。
② Franklin Perkins, *Leibniz and China: A Commerce of Light*, Cambridge University Press, 2004, p. 118.
③ [德]莱布尼茨:《中国近事》,[法]梅谦立、杨保筠译,大象出版社2005年版,"莱布尼茨致读者"第1页。
④ [德]卫礼贤:《中国心灵》,王宇洁、罗敏、朱晋平译,国际文化出版公司1998年版,第290页。

另一方面,批评者以孟德斯鸠、卢梭为代表,他们断言中国是文化衰退、政治落后的范式。这与赞美者的声音迥然不同,在他们看来,体现开明君主专制理想的中国形象,不仅失去了原有的参考价值,甚至成为"反面典型"。对于这次中国形象的转型,周宁指出:"西方的中国形象是西方文化的构成物。西方文化自身结构的转变与西方文化中蕴涵的知识、价值与权力的关系的变化,才是中国形象转型的最终原因。"①换言之,中国形象的变化与其说是中国社会变迁的反映,不如说是欧洲社会变迁的写照。此后有关中国的负面形象的论述逐渐成为主流。

1748年孟德斯鸠出版《论法的精神》,严厉批判了中国的专制制度。孟德斯鸠不同意当时占主流地位的耶稣会士对中国政体的赞誉,认为"传教士们或许是被表面的秩序蒙蔽了"②,他把中国视为"一个以畏惧为原则的专制国家"③。孟德斯鸠定义了三种基本的政府形态:共和政体、君主政体与专制政体。共和政体经由美德激励,君主政体建筑在荣誉之上,专制政体则扎根于恐惧之中。孟德斯鸠认为:"任何东西一旦与专制主义沾边,就不再有力量。专制主义在无数祸患的挤压下,曾经试图用锁链束缚自己,然而却是徒劳无益,它用锁链把自己武装起来,从而变得更加骇人。"④1750年卢梭的《论科学与艺术》问世,他敏锐地觉察到被神化的科学理性所隐含的危险,以埃及、希腊、罗马和中国为例,揭示了科学艺术的进步与道德风尚之间的深刻矛盾。书中对中国及其居民进行了诋毁:"在亚洲就有一个广阔无垠的国家,在那里文章得到荣誉就足以获得国家的最高禄位。如果各种科学可以敦风化俗,如果它们能教导人们为祖国而流血,如果它们能鼓舞人们的勇气,那么中国人民就应

---

① 周宁:《天朝遥远——西方的中国形象研究》,北京大学出版社2006年版,第289页。
② [法]孟德斯鸠:《论法的精神》,许明龙译,商务印书馆2007年版,第149页。
③ 同上书,第150页。
④ 同上。

该是聪明的、自由的而又不可征服的了。"①有道是,兼听则明,于个人而言,这是一种雅量,于国家而言,这是一种治国方略。总之,从欧洲知识界对中国文化或赞赏或批评的态度中,我们应看到的是中国形象在18世纪的欧洲的确引发了诸多思考,对欧洲特别是思想界产生了深远的影响。

3. 黑格尔等的中国想象

进入19世纪,对中国的负面评价达到高潮。在资产阶级革命和工业进步的时代,中国处于鸦片战争之中,"西方人在这个儒教国家看到的不再是值得效仿的充满哲理的治国方略,而是不人道的专制"②,经济衰退,科技落后。造成这种形势主要有两方面原因:一是中国自身的弱势,反观中国近现代史,从一定意义上说,就是一部衰落史;二是西方国家的强势,整个19世纪,欧洲高歌文明进步的论调,推崇"欧洲中心主义"思想,越来越倾向于关注自身文化。体现在西方汉学研究上,则是开始逐渐摆脱以儒学经典为主导的传统思路,一方面儒学经典不再是主要的研究对象,另一方面儒家的正统观念不再被人不加批判地接受。

在卢梭、孟德斯鸠批评中国文化的基础上,赫尔德和黑格尔似乎走得更远一些。德国历史哲学家赫尔德索性将中国排斥在对人类历史进步过程的关注之外。他在1787年做出了一个令人悚然而又广为后世引用的比喻:这个帝国不啻一具防腐完善的木乃伊,其上涂有象形文字,彩绸裹就;她体内的血液循环与冬眠着的动物相差无几。他又认为孔子实际上是套在中国人和中国社会制度上的一副枷锁,在这副枷锁的束缚之下,中国人以及世界上受孔子思想教育的其他民族仿佛一直停留在幼儿期,因为这种道德学说呆板机械,永远禁锢着人们的思想,使其不能自由

---

① [法]卢梭:《论科学与艺术》,何兆武译,商务印书馆1963年版,第13页。
② [德]许翰为:《中国学术术的创立——科学文化史一瞥》,周克骏译,载[德]马汉茂、汉雅娜、张西平、李雪涛主编:《德国汉学:历史、发展、人物与视角》,第4页。

地发展,使得专制帝国中产生不出第二个孔子。于是,"一代又一代的科学家遵循着赫尔德的这个判断,利奥波德·冯·兰克也在其中,他把中国人归入'永远静止'的民族,这些民族对世界历史毫无贡献,而且——认真地说,更多地应在自然历史的范畴内去考察他们。因此,只要欧洲以外的文化不能满足直接取决于基督教西方思维模式的需求,在19世纪德语国家大学的哲学系里就无人研究这些文化"①。此论深刻地影响了德国学界的中国观,19世纪末20世纪初,"文明化"范式主宰着中国研究,并像绳索似的贯穿于哥罗特(de Groot)、格罗贝(Wilhelm Grube)、孔好古(August Conrady)和叶乃度(Eduard Erkes)等汉学家的学术著作之中,当时占主导地位的想法是:"中国尚未文明化,西方的任务是使这个国家及其民众文明化,确切地说,就是按照西方的模式使其文明化。"②

继赫尔德之后,黑格尔以"停滞不前"的中国文化作为参照系,发展出从历史哲学的角度分析欧洲发展史的范式。黑格尔读了耶稣会士及商人、新教教士关于中国截然不同的报道,在他的世界历史的大体系中,中国仍落后在"自由之体现"的起步阶段,专制君主是中国境内唯一自由的个人。他对于中国文化、中华民族的蔑视,集中体现在《历史哲学》和《哲学史讲演录》两部著作中,而他对中国的观察采用的是"欧洲文化中心论"的基调。黑格尔认为,"在个别的国家里,确乎有这样的情形,即:它的文化、艺术、科学,简言之,它的整个理智的活动是停滞不进的;譬如中国人也许就是这样,他们两千年以前在各方面就已达到和现在一样的水平。"③再如,在黑格尔看来,中国具有这样的民族特征:"凡是属于'精

---

① [德]许翰为:《中国学学术的创立——科学文化史一瞥》,周克骏译,载[德]马汉茂、汉雅娜、张西平、李雪涛主编:《德国汉学:历史、发展、人物与视角》,第4页。
② [德]罗梅君:《世界观·科学·社会:对批判性汉学的思考》,周克骏译,载[德]马汉茂、汉雅娜、张西平、李雪涛主编:《德国汉学:历史、发展、人物与视角》,第15页。
③ [德]黑格尔:《哲学史讲演录》第一卷,贺麟、王太庆译,商务印书馆1983年版,第8—9页。

神'的一切——绝对没有束缚的伦常、道德、情绪,内在的'宗教'、'科学'和真正的'艺术'——一概都离他们很远。"①一言以蔽之,黑格尔对中国的看法就是中国没有真正的知识。中国学者对这种中国观持批评立场,如赵敦华认为,"'中国'在黑格尔哲学体系中起着反衬西方文明的作用,没有中国的落后,也就显现不出黑格尔所处的西方文明的先进;反过来说,没有黑格尔所代表的西方文明的立场和观点,中国也不至于那样落后不堪。黑格尔按照他的评判模式,在他所了解的关于中国的材料中,解读出他所要看到的一切低级、落后和愚昧的东西。如此解读是系统的,全方位的,举凡哲学、思维方式、语言、道德、政治、宗教等等方面,凡是他认为人类精神有进步的领域,都有'中国'阴影的反衬。"②黑格尔的这种中国想象,随着其历史哲学深入人心,影响深远,甚至"基本建构了卡尔·马克思对中国及其历史与发展可能性的各种想像"③。

正是在赫尔德、黑格尔等德国思想家构建的中国形象下,德国的中国史研究曾一度高涨的热情日渐消退了,他们有理由相信研究一个"停滞不前"的民族无法在学界取得成功。德国学者裴古安有一段评析正好与之相呼应,他指出:"黑格尔的判词,即把中国文明和历史排斥在'一般性'文化学科研究领域之外,很具有典型意义。在19世纪时,在德语区学界中以中国尤其是中国历史为研究课题,是几乎不可能得到认同的。"④由此,我们从德国的中国学研究的演变可窥见整个19世纪欧洲的中国观之变化,因为黑格尔不仅在德国影响深远,更影响到了欧洲乃至世界。

---

① [德]黑格尔:《历史哲学》,王造时译,上海书店出版社2001年版,第137页。
② 请参阅赵敦华:《黑格尔论中国文化》(2011年9月13日),http://www.douban.com/group/topic/22297982/。
③ [德]马汉茂、汉雅娜、张西平、李雪涛主编:《德国汉学:历史、发展、人物和视角》,第110页。
④ [德]裴古安:《德语地区中国学历史取向的起源》,韦凌译,载[德]马汉茂、汉雅娜、张西平、李雪涛主编:《德国汉学:历史、发展、人物与视角》,第114页。

4. 余论

20世纪,特别是第一次世界大战之后,西欧国家发生了文明危机。德国历史哲学家斯宾格勒的《西方的没落》,更犹如末世启示录一般,深深地刻印在20世纪以来的西方历史路径中,令西方的精神世界诚惶诚恐。斯宾格勒从宏大的文化比较形态学的角度,通过对西方文化的精神逻辑和时代症状的描述,预言西方已经走过了文化的创造阶段,正通过反省物质享受而迈向无可挽回的没落。其先知般的声音在我们今天所处的时代仍然振聋发聩,也可唤起一种自省的激情。感伤主义者抛弃了日益堕落的西方文化,转而专注于研究东方的思想。在这种背景之下,西方对自己、对"他者"的文化认知再次发生了转变,中国逐渐恢复了本真面目,既无过分赞赏,也无过分鞭挞,而是以比较公正的形象重新矗立在世人面前。也正是在这个时期,欧洲的汉学研究发生了明显的转向,许多大学的古典研究退居守势,开始注重近现代和当代中国史研究。

20世纪以来,欧洲的中国观亦随现当代社会的变化,更显色彩斑斓,成果不可胜数,已非本章所要评述的范围。这里只补白一点,梳理欧洲汉学(中国学)的发展史,可以清晰地辨识出研究视角的转换,即从人文科学过渡到社会科学。这也是西方学术转向的一个鲜明体现。对于汉学这门学科,德国学者德林指出:"中国和欧洲的距离越来越近,并且现实世界中越来越多的信息量不断给我们提出了新的诠释难题,这些难题远远超过了原有的描述性质和语言学方面的研究,而且好像更注重研究者的亲身体验。"① 所以,传统史学的"平铺直叙"方法已不再满足时代的需求,"跨学科的综合研究"顺势而生了。在此理念的指导之下,许多汉学家借助于历史学、社会学、政治学、经济学、人类学、心理学、语言学、统计学、版本学和校勘学等综合手段,从解读已掌握的史料入手,试图超

---

① [德]马汉茂、汉雅娜、张西平、李雪涛主编:《德国汉学:历史、发展、人物和视角》,第53页。

越传统规范寻求某些突破,甚至重建原有的学术架构,开辟了一个新天地。

当西欧再次开始注目东方时,他们为的是寻找一种"文化灵魂"和"生命的内在化",寻找建立在理性基础上的文明的"精神"替代品。这正是跨文化交流的重要性。整个人类文明正是通过各地区、各民族和各国家的相互交流、相互学习、相互激励,不断取得进步、不断走向灿烂的。历史上如此,现代社会更是如此。当下,无论是中国还是世界,都正步入一个新时代。处在转变中的世界需要对发展变化的中国有历史的了解、现实的认知,因而国际学术界的中国观亦随势应变,做出新的解读,以纠偏西方世界昔日对中国认识上的误区;反之,我们也应以更为完整和成熟的"中国叙事"去应对世界的变化,这正是中国的,更是中国学界的重大学术担当和历史使命。

四、对中国马克思主义史学的认知与理解

中国的马克思主义史学思潮滥觞于 20 世纪 20 年代,1924 年李大钊出版《史学要论》一书,正式宣告了中国马克思主义史学的诞生。在以郭沫若、吕振羽、翦伯赞、侯外庐、范文澜为代表的研究队伍的推动下,中国马克思主义史学迅速发展起来。中华人民共和国成立后,中国马克思主义史学成为中国史学思潮的主流,进入了重要发展时期,一方面广泛传播唯物史观、加强唯物史观与中国历史的紧密结合,另一方面不断催生一些新兴史学分支,如中国近现代史、中国革命史、中国共产党史、中华人民共和国史等。在这近百年的历史中,中国马克思主义史学有一帆风顺,也有停滞不前的时候,有突出成就,也有曲折反复,但无论如何,百年来所取得的成就和所经历的挫折,都是人类宝贵的精神财富,不仅为中国学人提供经验、启示,同样也为国外学人了解中国、了解中国史学开辟了又一条路径。这里试以英、法两个国家为例,讨论分析他们对中国马克思主义史学的认知与理解,从而有助于我们从"他者"的视角更好地认识自己。

（一）英国：《中国季刊》

在西方马克思主义史学的发展史上①，英国的马克思主义史学以其中心地位得到国际史学界的关注、研究和认同。不仅如此，英国也高度关注中国马克思主义史学的发展线索和研究状况。《中国季刊》(The China Quarterly)是这方面的主要前沿阵地。1960年，《中国季刊》创刊，汉学家麦克法夸尔(Roderick MacFarquhar，中文名马若德)担任第一任主编(1960—1968年在任)，它是"国外第一份专门研究当代中国的学术刊物"②，是当代中国研究领域最具权威的杂志之一，聚集了一批研究当代中国问题的学者，研究领域涵盖人类学与社会学、文学与艺术、商贸与经济、地理、历史、国际关系、法律与政治等诸多学科范畴。

自创刊伊始，《中国季刊》就对中国马克思主义史学保持高度关注，探究如何看待毛泽东思想与马列主义的关系、如何认识毛泽东对马列主义的发展、如何评价新中国的政权建设和社会发展等问题。创刊号"关于毛泽东的马克思主义观点的争论"可以为之佐证。《中国季刊》组织魏特夫与史华慈展开关于"毛泽东思想"独创性问题的论战。魏特夫强调毛泽东思想与马克思列宁主义的一致性③；史华慈则强调毛泽东思想在马克思列宁主义基础上的独创性，认为中国革命的胜利是毛泽东独创性

---

① 有关当代西方马克思主义史学的内容，请参阅张广智主编：《史学之魂：当代西方马克思主义史学研究》，复旦大学出版社2011年版。此书是国内第一部研究当代西方马克思主义史学的专著，聚集史学思想，从阐释马克思主义史学的起源与繁衍、传播与变异、危机与前景入手，集中探讨当代西方马克思主义史学的崛起、特征及其发展变化。

② 管永前、孙雪梅：《麦克法夸尔与〈中国季刊〉的创立》，《北京行政学院学报》2009年第2期，第107—112页。

③ 请参阅[美]卡尔·魏特夫：《"毛主义"的传说》，载萧延中主编：《"传说"的传说》，中国工人出版社1997年版，第212—249页；Karl A. Wittfogel, "The Legend of 'Maoism'", The China Quarterly, 1960(1), pp. 72-86; Karl A. Wittfogel, "The Legend of 'Maoism'(concluded)", The China Quarterly, 1960(2), pp. 16-34.

革命战略的胜利①。"这是欧美理论界关于毛泽东思想的第一次大讨论"②,影响了20世纪六七十年代西方中国学界关于毛泽东思想研究的走向。更为激烈的论战发生在1976年与1977年,《近现代中国》杂志策划了这次争论,由理查德·费理察对"中国领域派"(以史华慈、施拉姆和迈斯纳为代表)的攻击拉开了序幕,最终争论陷入绝境之中③。

为了深入了解中国马克思主义史学,《中国季刊》于1964年9月6日至12日在牛津附近的迪启莱·曼诺(Ditchley Manor)召开会议,这是一次关于中国马克思主义史学研究的专门研讨会,也是西方学者针对中国史学的第二次重要会议④,集中探讨了中国马克思主义史学的特点以及毛泽东思想在中国马克思主义史学中的作用等问题。麦克法夸尔邀请史华慈参加,但史华慈未能赴会,费维恺(Albert Feuerwerker)⑤代表哈佛大学应邀前往参加了会议。从会议的论文看,他们对中国马克思主

---

① 请参阅[美]本杰明·史华慈:《"毛主义"传说的传说》,载萧延中主编:《"传说"的传说》,中国工人出版社1997年版,第250—259页;Benjamin I. Schwartz, "The Legend of the 'Legend of "Maoism"'", *The China Quarterly*, 1960(2), pp. 35-42.
② 参见管永前、孙雪梅:《麦克法夸尔与〈中国季刊〉的创立》,《北京行政学院学报》2009年第2期,第107—112页。
③ 请参阅[澳大利亚]尼克·奈特:《西方毛泽东研究:分析及评价》,载萧延中主编:《"传说"的传说》,第85页。
④ 西方学者针对中国史学的第一次重要会议是在1956年,当时英国伦敦大学东方和非洲研究学院召开了多个关于亚洲史学研究的会议,探讨了中国史学编纂问题,还形成论文集《中国和日本的历史学家》。请参阅朱政惠:《一面镜子:30年前,芮沃寿与史华慈讨论召开中国历史学研讨会》,载朱政惠主编:《海外中国学评论》第1辑,上海古籍出版社2006年版。
⑤ 费维恺主编了一本关于中国马克思主义史学编撰情况的史料集——《中国共产党人的中国近代史研究》。这本258页的油印本对郭沫若、吕振羽、范文澜、翦伯赞、侯外庐、尚钺、华岗、胡绳、何干之、胡乔木、胡华、吴晗、刘大年、白寿彝等学者的著作都有相当详细的介绍。此后在1968年,他又主编出版了论文集《共产党中国的史学》,收集了包括英国、荷兰、苏联、澳大利亚、美国、中国等多国学者关于中国马克思主义史学研究的学术论文17篇,其中序与他自己的论文就占四篇,对当时中国马克思主义史(转下页)

义史学的了解是全面的,内容涉及传统史学在马克思主义影响下的改变问题、马克思主义史学对古代社会的影响、佛学对中国文化的影响、马克思主义史学对近代中国社会的影响、马克思主义的历史教学问题、毛泽东的历史研究等。这些学术论文包括《传统中国历史学在马克思主义影响下的改变》《前中国历史之发现》《中国马克思主义者对太平天国的解释》《中国马克思主义学者对佛学对中国文化贡献之评估》《马克思主义者对中国农民战争之处理》《马克思主义历史学的唐代研究》《作为历史学家的毛泽东》《中国马克思主义学者对中华帝国创建的研究》《中国马克思主义学者对19世纪中国外交关系的评估》等①。

《中国季刊》特别重视中华人民共和国史的相关研究②,1960年第1期的创刊号便邀请了当时西方中国研究领域的九位资深人士,如澳大利亚国立大学的菲茨格兰德(C. P. Fitzgerald)、美国华盛顿大学的魏特夫、加州大学洛杉矶分校的斯坦纳(H. Arthur Steiner)等,每人撰写1 000字左右的评论,对中华人民共和国史进行回望、总结和分析。1979年,在中华人民共和国历史上是值得大书特书的一年:《告台湾同胞书》发表,邓小平同志访美,对越反击战,中国恢复国际奥委会合法席位,深圳、珠海试办出口特区等,中国又一次重新焕发出精彩的生命活力。对此,麦克法夸尔发表论见,在《1979年中国真正的解放——专访〈剑桥中华人民共和国史〉主编罗德里克·麦克法夸尔》一文中,他提出:"1949

(接上页)学的主要理论观点、方法、研究领域等情况有比较深入的论述。请参阅朱政惠:《纪念中国学家费维恺教授》,《文汇报》2013年7月22日。

① 请参阅朱政惠:《马克思主义史学在中国》,载张广智主编:《史学之魂:当代西方马克思主义史学研究》,第297页。

② 这方面的文章请参阅巫云仙:《从〈中国季刊〉看西方学者对中华人民共和国史的研究》,《中共党史研究》2008年第1期,第105—111页;管永前、孙雪梅:《麦克法夸尔与〈中国季刊〉的创立》,《北京行政学院学报》2009年第2期,第107—112页;[美]麦克法夸尔、路克利:《〈中国季刊〉与中华人民共和国的历史》,《国外理论动态》2011年第7期,第76—79页,等等。

年是政权的更替,1979年才是中国真正意义上的解放。1949年,中国是从战争和分裂的局面中获得解放,同时,她穿上了一件从苏维埃政权照搬过来的'紧身衣',被计划的、教条的、类似布匹经纬的东西束缚住了……直到1979年,邓小平重回中央,松开那件'紧身衣'……他抛开教条,改造制度,提出实践是检验真理的唯一标准,唤起民众巨大的创造力。"①就麦克法夸尔而言,他和费正清主编的《剑桥中华人民共和国史》上卷《革命的中国的兴起(1949—1965年)》、下卷《中国革命内部的革命(1966—1982年)》,代表了西方当代中国史的研究水平和学术观点,具有较高的参考价值。

1999年,适逢新中国成立50周年,《中国季刊》第159期策划了主题为"50年后的中华人民共和国"的专辑,主要包括以下文章:R. L. 埃德蒙兹的概述性文章《50年后的中华人民共和国》、J. P. 伯恩的《中华人民共和国50年:国家的政治改革》、M. 舍恩哈尔斯的《政治运动、政治改革和政治稳定:中国共产党执政》、R. F. 登伯格的《中华人民共和国50年:经济》、J. C. 奥伊的《中国农村改革20年:概览与评价》、D. J. 索林杰的《打破分割:城市回到起点?》、R. L. 埃德蒙兹的《中华人民共和国50年的环境》、M. 亚胡达的《中国的对外关系:道路漫长,未来不定》、E. J. 克罗尔的《社会福利改革:趋势与压力》、M. 戈德曼的《90年代参与政治的知识分子》、M. 沙利文的《1949年以来的中国艺术》、B. S. 麦克杜格尔的《文学的端庄还是狂欢的怪诞:50年后中华人民共和国的文学》等②。

从《中国季刊》的主编阵容来看,麦克法夸尔、迪克·威尔逊(Dick

---

① 李宗陶、王媛:《1979中国真正的解放——专访〈剑桥中华人民共和国史〉主编罗德里克·麦克法夸尔》,《南方人物周刊》2009年第26期。
② 请参阅王新颖:《〈中国季刊〉出版新中国建国50周年专辑》,《国外理论动态》2000年第1期,第28页。

Wilson)、沈大伟(David Shambaugh)、克里斯·布拉莫尔(Chris Bramall)等都是研究现当代中国的专家学者。克里斯·布拉莫尔专治中国政治经济学,撰有《中国经济发展》(2009年)等著作和文章,他运用马克思主义经济学原理,着重探讨1949年至2007年中国的经济发展走向,包括大饥荒、教育革命、集体农业、市场社会主义、工业发展等问题。沈大伟研究中国政治和中美关系,著有《亚洲的国际关系》(2008年)、《看中国:欧洲、日本和美国的视角》(2007年)、《权力转移:中国及亚洲的新动态》(2005年)等。迪克·威尔逊在当代中国历史和人物方面造诣深厚,重要著作有《毛泽东传》《周恩来传》《长征,1935年》《亚洲的觉醒》《人类的四分之一》等,尤以《毛泽东传》影响最大。

麦克法夸尔是世界知名的中国"文革"史专家,著有《"文化大革命"的起源》(三卷本)(1974年、1983年、1997年)。其他主要著作还有《百花运动与中国的知识分子》(1960年)、《中苏争端》(1961年)、《中美关系(1949—1971)》(1972年)、《紫禁城》(1972年)、《剑桥中华人民共和国史》(两卷本)(1987年、1991年)、《当代中国四十年》(1991年)、《中国政治:1949—1989》(1993年)、《中国政治:毛泽东与邓小平时代》(1997年)、《中国政治》(2004年)、《毛泽东最后的革命》[与沈迈克(Michael Schoenhals)合著](2006年)等①。在"文革"史方面,他的"文革"研究三部曲曾获"亚洲研究学会"1999年度"列文森中国研究书籍奖"。2012年11月31日至12月1日,为纪念麦克法夸尔的退休,哈佛大学费正清东亚研究中心举行了"中国政治的过去和现在:中共十八大"国际学术研讨会,来自世界各地的近30位中国研究学者齐聚一堂,以严谨的学术研讨的形式,纪念麦克法夸尔的学术和教学成就。会议结束时,麦克法夸尔表达了他对中国未来的祝福与希望:"没有'文革',就没有改革。邓小平

---

① 请参阅管永前、孙雪梅:《麦克法夸尔与〈中国季刊〉的创立》,《北京行政学院学报》2009年第2期,第107—112页。

领导中国进行改革,让中国人民的生活得到了极大的改善,过上了在中国现代历史上前所未有的幸福生活。我希望中国发生第三次大的变化①,将改革深入到背后的每一个角落,让整个社会变得更好。"②

诚然,诸如麦克法夸尔等学者,并不一定直接研究中国马克思主义史学,但他们对于中国马克思主义史学的理解是有一定深度的,对于马克思主义史学影响下的中国现当代社会发展是密切关注的,对于新中国诸多社会现象是高度重视的,他们以西方人的视角研究中国共产党与新中国事业、研究改革开放与中国经济发展、研究重大历史事件中意识形态等诸多社会现象和社会问题,有一定的参考价值以及借鉴意义。

(二)法国:谢诺、索布尔

1920年12月,法国共产党诞生,自此法国开辟了坚固的马克思主义理论阵营。第二次世界大战后,法国马克思主义研究中心(1959年)、多列士研究所(1966年)的成立,以及《思想》《历史学报》《法国社会》《国际研究》等杂志的出版,进一步推进了法国的马克思主义历史学研究。在这一过程中,涌现出诸如饶勒斯、马迪厄、勒费弗尔、索布尔等一批杰出的马克思主义历史学家③。就与中国史学界的联系而言,索布尔可能是他们之中最为密切的。与此同时,法国的中国学研究发生了明显的转向,开始注重现当代中国史,这在一定程度上促使着对中国马克思主义史学的关注和研究,重视程度之深,以至于许多大学的古典研究逐渐处于守势地位,取而代之的是有关20世纪中国的教学。谢诺即是法国现

---

① 这是麦克法夸尔对中国未来的预言。"中国现代化的历程表明,在实现政治转型之前,中国还会有一次大的冲击。可以预见,中国社会的第三次大冲击会发生并且将会和平发生,与第一次冲击(外国侵略中国的战争)和第二次内部大动乱('文革')大不相同。"[美]麦克法夸尔、路克利:《〈中国季刊〉与中华人民共和国的历史》,《国外理论动态》2011年第7期,第76—79页。
② 请参阅罗四鸰:《麦克法夸尔——主题"中国"》,《经济观察报》2013年1月4日。
③ 有关法国马克思主义史学的内容,请参阅张广智主编:《史学之魂:当代西方马克思主义史学研究》,复旦大学出版社2011年版,第四章。

当代中国研究的创始人之一①。索布尔、谢诺这两位马克思主义历史学家,一位研究法国的马克思主义史学,一位研究中国的马克思主义史学,他们"一内一外"遥相呼应,共同致力于国际马克思主义史学的成长和发展。

中华人民共和国成立前,在西欧中国学研究领域,尤其是法国,"中国"是"古老"的同义词,很少有学者将现代中国确立为研究的中心。"这就是为什么西方的中国历史教科书,面对由1949年的革命而引起的无数问题,却突然间无言以对了。"②而当时美国的中国学研究,可以说对中国的现实发展"亦步亦趋","对中国马克思主义史学的研究实行'紧跟战略',基本上是中国马克思主义史学家研究什么,他们也很快会有相应成果反馈"③。基于这种差距和现实政治的需要,法国汉学家竭力主张突破在法国已有长期历史并且饮誉国际汉学界的传统汉学研究范围,倡导不仅要研究古代中国,更应当注重近现代中国和当代中国的研究。当时,谢诺撰写了研究现代中国革命和社会问题的专著《1919—1927年的中国工人运动》(The Chinese Labor Movement, 1919-1927, 1962年于巴黎出版),引起了其他中国学工作者对中国现代问题的浓厚兴趣,从而开创了法国汉学界研究20世纪现代中国的新局面,也开创了法国研究中国马克思主义史学的先河。同时,在文学界,于儒伯(Robert Ruhlmann)也从研究中国古典文学转向现代文学。

首先,法国汉学界对中国马克思主义史学的关注,着重在对现实政治的考量方面。这点与其说是法国研究中国马克思主义史学的出发点,

---

① 另外一位创始人是雅克·纪亚玛。因本节重点论述法国的中国马克思主义史学研究,鉴于纪亚玛的军人身份和谢诺的马克思主义史学家身份,所以只着重分析谢诺。
② [法]若瑟·佛莱什:《从法国汉学到国际汉学》,载[法]戴仁编:《法国中国学的历史与现状》,第60页。
③ 请参阅朱政惠:《马克思主义史学在中国》,载张广智主编:《史学之魂:当代西方马克思主义史学研究》,第298页。

不如说是所有西方国家研究的出发点。虽然与其他国家(尤其是美国)相比,法国在中国马克思主义史学研究方面的贡献是薄弱的,但也是不容忽视的。作为汉学研究的传统大国,法国研究的转向(由对古代中国的重视转向对现代中国的重视)从一个侧面也反映出现代中国在国际社会事务中地位的与日俱增。新中国成立,让所有对中国未来形势做出错误低估的学者唏嘘不已。在他们看来,辛亥革命的失败进一步加深了"中国社会犹如死水一潭"的看法,"中国社会已无药可救"是当时相当流行的论调。然而,事实却恰恰相反。满目疮痍的中国已经脱胎换骨,矗立在他们面前的是一个崭新的中国,正焕发出前所未有的活力与希望。特别是中国改革开放和现代化建设所取得的成就,更是彰显了中国作为一个大国所具有的潜力。这无疑吸引了中国学研究者的目光,使他们产生了突破以往研究的局限、从新的角度研究中国的愿望。

其实,早在中华人民共和国成立前,就有学者预测到马克思主义理论在中国的传播和接受了。法国外交官阿莱克西·圣莱热·莱热"在1917年1月和9月,正是他初次到达中国不久的时候,他便正确地把握住了一个在当时仅仅处于萌芽时期而又具有强大生命力的事物,这就是中国进步知识分子在寻求革命理论用来救国的浪潮中发现了马克思的理论这一事实。他也预见到马克思主义在中国的发展具有长期性和革命性,相信会有挫折和反复"[①]。圣莱热认为,当时法国外交部采取了错误的对华政策,根本原因就在于法国外交部并不了解中国的国情,不能从长远的观点看待中国,看不到中国这个巨人在未来国际事务中占有的地位和拥有的潜力。他在一封信中写道:"不幸的是,(中国)这一部伟大的历史很可能仍然被诸如克列孟梭甚至普安加来这样的法国政治家们所忽视。"[②]无论是出于国家对华政策的需要,还是出于对中国崛起

---

① 黄长著、孙越生、王祖望主编:《欧洲中国学》,第36页。
② 同上书,第37页。

的兴趣和着迷,中国都再次成为西方学者重新打量、重新思索的目标了。

其次,研究中国马克思主义史学的方式是著书立说,加强对中国现代政治、经济、社会和对外关系等问题的研究,并注意与中国学者进行交流和合作。以往的中国学研究,倾向于把中国看作静止的社会,重在从文学艺术和美学观点进行研究,忽视了中国整体性、战略性问题,而现今,既然促使法国研究中国马克思主义史学的是政治因素,那么他们便着重从政治角度分析中国,注意对中国历史的整体探讨和研究。

比如谢诺,他是毛泽东思想的崇拜者,被称为"毛泽东思想的同路人"[1],或许是出于这个原因,他对中国现当代史或近代史十分地迷恋。在《1919—1927年的中国工人运动》中,谢诺将中国工人阶级意识的觉醒归结为中国共产党领导的结果。这部著作根据大量中、英、法、俄文史料,描述了在1919年至1927年的紧要关头里,中国产业工人阶级的起源、组成部分、生活和劳动条件以及他们所承担的迅速扩大的社会和政治任务。该书在巴黎出版六年后,即1968年,便在美国有了琥珀·莱特夫人(Hope Wright)的英译本,由斯坦福大学出版社印行[2]。

1948年初,谢诺初次来到中国,中国的许多事物,特别是中国共产党,深深地吸引了他。这次长达六个月的中国之行彻底改变了他的未来方向;同年秋季回到法国后,他便进入东方语言学校中文系,立志学习中文和中国历史;也是在这次回国后不久,他加入了法国共产党。从谢诺1948年初次访问中国开始,一直到1978年退出法国中国学界,这30年中,他不仅指导了一批学术精湛的学者,如清末中国教育问题专家、法兰西学院院士巴斯蒂教授,近代中国资产阶级问题专家白吉尔教授,近现

---

[1] 黄庆华:《"老马识途"——纪念法国中国近现代史研究先驱谢诺》,《博览群书》2008年第4期,第98—104页。

[2] 请参阅[法]让·谢诺:《中国工人阶级的数量和地域分布》,李谦译,《史林》1991年第3期,第81—85,87页;《中国工人阶级的数量和地域分布(续)》,《史林》1991年第4期,第89—96页。

代中国农民运动专家毕仰高(Lucien Bianco)教授,近现代中国工人运动专家鲁林(Alain Roux)教授等;还出版了许多有分量的学术著作,诸如《1919—1927年的中国工人运动》《19—20世纪中国的秘密会社》《19—20世纪中国的民变与秘密会社》《中国农民运动(1840—1949)》《中国现代史》《孙中山》《中国日记——1988、1995、1998》等。① 除上述著作外,谢诺还与巴斯蒂、白吉尔合著《中国:从鸦片战争到辛亥革命》(*China from the Opium Wars to the 1911 Revolution*),与巴斯蒂合撰《1840—1921年之中国历史》。鲁林正是在他的基础上进行研究的。鲁林早年致力于中国工人运动史研究,博士论文是《20世纪30年代中国工人运动》,以后一直专注于中国近现代史,著有《"文革"》(1976年)、《中国迷津》(1979年出版,1983年再版时更名为《人民中国》)、《20世纪的中国》(2003年)等。

综合来看,以谢诺为代表的法国中国学研究者,着眼于对中国现实国情的研究,如中国政治体制改革、经济改革、农村问题等。这些研究自始至终只有一个目的,那就是了解中国的现状和发展趋势。这与他们研究近现代中国,特别是研究中国马克思主义史学的初衷相吻合,与法国对华政策研究的需要也是相契合的。

现在,我们再将目光转向索布尔(Albert Soboul,1914—1982年)。索布尔是法国著名马克思主义史学家,1967年起任巴黎第一大学法国革命史讲座教授,直至去世,又曾任罗伯斯庇尔研究会秘书长、《法国革命史年鉴》主编、法国革命史研究所所长等职。他对法国大革命的研究做出了重要贡献,代表作有《法国大革命史》(1962年)、《法国革命的农民问题1789—1848年》(1976年)、《文化与法国大革命》(共三卷,1970—1983年)等,他还是编纂《法国大革命词典》(1989年)的主要发起人之

---

① 请参阅黄庆华:《"老马识途"——纪念法国中国近现代史研究先驱谢诺》,《博览群书》2008年第4期,第98—104页。

一。中国学界对索布尔并不陌生,他与中国史学界有着较多的联系。其名著《法国革命 1789—1799》(1951 年)在 1956 年就由中山大学教授、法国史研究会副会长端木正翻译出版;他和马尔科夫合编的《巴黎无套裤汉文献资料》(1957 年)刚一问世,张芝联就做了详细介绍;1981 年 8 月至 9 月,他应邀来华,在华东师范大学做有关法国大革命的系列学术报告,全国 15 个省、市的 45 位历史教授及教师慕名而来聆听他的报告会①。这里我们并不展开讨论索布尔对法国大革命史研究的意义,已有多篇文章专门对此研究论述,而是将重点放在分析他的法国大革命史研究给中国马克思主义史学究竟带来了哪些重要启示。

索布尔推动了"马克思主义学说"在法国大革命的历史解释中的地位。19 世纪 70 年代末 80 年代初,在法国、比利时、意大利、瑞士等国家出现了无产阶级政党。国际社会主义向纵深发展,开始对小资产阶级和知识分子产生影响,法国社会主义运动的领袖饶勒斯成为最令人瞩目的政治领袖之一。可以说,社会主义在法国有相当广泛的基础,已达到深入人心的地步。继饶勒斯之后,马迪厄、勒费弗尔、索布尔一脉相传,共同缔造了马克思主义史学研究的优良传统。对此现象,伊格尔斯曾说过:"某种强调经济决定政治和阶级斗争作用的马克思主义,成为大量法国历史著作,特别是研究法国革命和 19 世纪革命暴动的历史著

---

① 请参阅张芝联:《索布尔在中国》,《法国研究》1983 年第 1 期,第 25—27 页。此外,涉及索布尔的文章有张芝联:《漫谈当代法国史学与历史学家》,《法国史通讯》1980 年第 3 期,第 1 页;张芝联、端木正:《阿尔贝·索布尔对法国革命史研究的贡献》,《世界历史》1981 年第 4 期,第 45—49 页;洪波:《华东师范大学邀请法国索布尔教授来校讲学》,《历史教学问题》1981 年第 4 期,第 78—79 页;张芝联:《悼念法国历史学家索布尔》,《光明日报》1982 年 10 月 6 日"史学"周刊;李君锦:《阿尔贝·索布尔》,《国外社会科学》1983 年第 12 期,第 52 页;陈崇武:《索布尔对无套裤汉研究的贡献》,《华东师范大学学报(哲学社会科学版)》1995 年第 1 期,第 1—9、23 页;张芝联:《我与法兰西》,《世界历史》1996 年第 4 期,第 87—92 页等。

作的特征。"①具体到索布尔,他深受马克思主义关于社会经济结构分析的影响,特别强调法国资产阶级革命的反封建性质。在《法国大革命史》中,他指出:"他们(基佐、托克维尔和泰纳等人)从未注重具体研究大革命的经济根源和从事这场革命的社会各阶层。尽管这些资产阶级历史学家们具有远见卓识,他们都未能阐明一个根本问题:大革命归根结底应该通过生产关系和生产力性质之间的矛盾来加以解释。"②索布尔深化了从"封建"生产方式向"资本主义"生产方式转化具有多重道路的思考,深化了从"亚细亚"生产方式向工商业资本主义转化道路具有多样性的思考。他还十分强调土地问题在资产阶级革命中的中心地位。

索布尔发展了"自下而上"的历史研究新趋势。法国的大革命史的研究中,一直有着注重社会经济问题与人民运动的优良传统。索布尔推进了勒费弗尔关于城市平民政治行动的研究,他的博士论文《共和二年的巴黎无套裤汉人民运动与革命政府:1793年6月2日至共和二年热月9日》,将研究视野从农村转向城市平民,揭示了无套裤汉的社会成分、社会组织、社会愿望、政治倾向、政治实践、政治组织以及日常生活等。历史学家马佐里克这样评价索布尔:"他丝毫不局限于那种承认罗伯斯比尔主义的巨大贡献而无视革命过程中的矛盾的片面观点。恰恰相反,他阐明了法国资产阶级革命总体过程中的社会性质和矛盾作用。正像他所说的,他通过研究无套裤汉、共和二年的士兵和农民,产生了'从下层人民看'大革命的兴趣。"③在索布尔看来,法国大革命中的无套裤汉的巨流,对大革命的进程起了很大的推动作用,甚至在革命的关键时刻起了决定性的作用,可以说,没有无套裤汉,资产阶级革命就可能不会发

---

① [美]格奥尔格・伊格尔斯:《欧洲史学新方向》,赵世玲、赵世瑜译,华夏出版社1989年版,第160页。
② [法]阿尔贝・索布尔:《法国大革命史》,马胜利、高毅、王庭荣译,张芝联校,中国社会科学出版社1989年版,序言第1页。
③ [法]阿尔贝・索布尔:《法国大革命史》,前言第4页。

生。他这种"自下而上"的法国革命社会史研究,代表着明确的马克思主义立场。继索布尔之后,欧美社会史研究中对平民及人民运动的研究成果日趋丰富,形成了一股强劲的"自下而上"的历史研究新趋势。

那么,索布尔给我们的启示是什么呢?对此,张芝联做过讨论。在他看来,索布尔的治学态度非常值得我们学习,即特别强调在历史研究中必须把广博考证与批判精神结合起来,并且时刻也不要忘记对人民事业的关心和忠诚。在《索布尔在中国》一文中,张芝联写道:"索布尔的讲演对我来说,在三个方面都有所启迪:第一,在论述从封建主义向资本主义过渡问题时,他十分注意研究历史运动的共性和特征,不仅分析过渡的普遍趋势,也分析过渡的各民族特点。第二,在谈到共和二年革命政府时,索布尔深入探讨了在任何近代革命中都会遇到的问题,即如何把两种必要性结合起来——既要保证有坚强的领导,又要发挥人民群众的广泛支持。第三,索布尔的讲演有一个特色:论争性很强,这是就这个词的积极意义而言的。他保持佛维尔教授所说的法国大革命史学中这个'顽强的传统',佛维尔认为这是'一件好事'。我完全同意他的意见。历史学家的责任是要促进这种生动活泼的讨论而不是'冻结'讨论,用我们的术语来说:就是在马克思主义的指导下'百花齐放,百家争鸣'。"①

中国的史学研究,尤其是中国的马克思主义史学研究,也应当借鉴这样的研究路径。其一,坚持以马克思主义为指导研究社会历史,但必须站在历史永不停息的变革的观点上看待马克思主义,保持马克思主义与时俱进的理论品质。其二,创建具有中国特色的马克思主义史学,要用马克思主义解决中国历史的问题、解决中国历史学的问题。其三,要成为真正的马克思主义者,必须精通经济学与哲学,唯有如此,才能正确运用马克思主义理论,进行正确的历史研究。

---

① 张芝联:《索布尔在中国》,《法国研究》1983年第1期,第25—27页。

五、张芝联与中外（西）史学交流

在现当代中外史学交流中，出版机构功莫大焉，因此创办于1897年的商务印书馆是绕不过的。百余年来，它汇文化名流、聚学者才俊，致力于文化传播的神圣使命，行走在中外（西）史学交流的路上。在行程中，我们看到了领路者之一、被商务印书馆称为"赋予我馆鼎力支持"的先贤张芝联（1918—2008年）。张芝联，浙江鄞县（宁波）人，著名历史学家、北京大学历史学系教授，出身于书香世家，父亲乃光华大学创校校长张寿镛，受家庭环境熏陶，自幼博闻强志，四书五经、唐诗宋词，无不信手拈来。早年受业于张歆海、吕思勉、童书业等大家，在世界史方面造诣深厚，特别是法国史，1985年曾被授予法兰西共和国荣誉军团骑士勋章。更值得注意的是，张芝联素有"学术交流大使"之美誉，以自身的学养和魅力，在中外文化交流方面做出了重要的贡献。我们论及文化沟通、文化融合的"桥梁"人物时，始终无法绕开张芝联。

回望张芝联与商务印书馆之间的"深厚友谊"，竟然可以追溯到1948年。当时商务印书馆翻译出版了一套12册的"英国文化丛书"，其中巴克尔（E. Barker）的《英国大学》的译者便是张芝联，其译笔流畅典雅，深得广大读者喜爱。此后，双方又陆陆续续合作出版了五部著作：《1815—1870年的英国》（资料，1961年）、《戴高乐将军之死》（让·莫里亚克，1973年、1990年）、《法国史》（瑟诺博司，1964年）、《旧制度与大革命》（托克维尔，1992年）和 *Renewed Encounter: Selected Speeches and Essays，1979-1999*（《张芝联讲演精选（1979—1999）》，2000年），尤以最后一部给人印象最为深刻。印象深刻之处在于：其一，商务印书馆很少用外文印行中国学人的著述，但这本英、法文的讲演集却是个例外。其二，讲演集收录的是改革开放20年来张芝联在国外各大学、学术机构〔诸如巴黎第一大学、威尼斯大学、柏林自由大学、华盛顿威尔逊国际学者中心以及布加勒斯特（Bucharest）国际历史科学大会等〕发表的讲演，所到国家之多，实为当时学人之最。其三，就讲演集的内容而言，主要是向国外介绍中国近20年来的巨大变化,向国内介绍法国历史、法国史学流派,以及考察历史上中外两种文明的接触与互动。可以说,此书已成为历史变迁的见证,形象地诠释了他"中外文化交流的使者"这一身份。

(一) 与国际汉学的不解之缘

从20世纪40年代开始,张芝联就与国外学界友好往来。他曾在1946年9月至1947年夏季于美国耶鲁大学和英国牛津大学学习,然后受邀前往法国,参加巴黎教科文组织举办的"国际了解讨论会"。1956年9月2日至8日,他开启第二次欧洲之行,是时,"第九次青年汉学家会议"正在法国巴黎南部万维区的米许勒中学召开。中国作为受邀方,派遣四名代表前往参加,分别是团长翦伯赞,团员周一良、夏鼐、张芝联①。在这次会议上,张芝联既是代表,又兼任联络人和翻译,结识了大量朋友,他们日后在国际汉学界都不同程度地有所贡献。他在给法国学者、外交家、艺术家余敷华(François Geoffroy-Dechaume)的信中写道:"巴黎国际汉学家会议上,短短三个星期里,我结识了不少新朋友,特别是法国朋友。他们当时都是三十岁左右的'青年汉学家',现在已经成为知名学者,例如谢和耐(J. Gernet)、吴德明(Y. Hervouet)、叶理绥(V. Eliséeff)、谢诺(J. Chesneaux)、李嘉乐(S. Rigaloff)、列维(A. Lévi)以及不久前去世的于儒伯(R. Ruhlmann)等。直至今天我仍和他们许多人保持着良好的友谊。他们的学生,甚至学生的学生,后来有机会来中国求学,也成了我的朋友。"②正是以此为起点,他与国际汉学结下了不解之缘;也正是以此为起点,张芝联开始介绍和研究当代西方史学。在《我的学术道路》中,他这样记述:"我对当代西方史学的研究和介绍开始于

---

① 关于会议内容,请参阅翦伯赞:《第九次青年汉学家会议纪要》,《历史研究》1956年第12期,第87—93页。
② 余敷华、张芝联:《中国面向世界:中法友谊的历史文化见证》,生活·读书·新知三联书店2007年版,第287页。

1956年,当时《历史研究》杂志编辑认为我国史学家缺乏对外国史学著作和思潮的了解,有必要作些评介,于是约我撰稿……每期提供一二篇介绍国外史学动态的文章和书评,总计有一二十篇,起到了开阔眼界的作用。"①

张芝联之所以能游刃有余地穿梭于国际汉学和西方史学之间,与他早年的学习经历密不可分。在这里有必要对他的经历做一简要回顾。张芝联1935年考入北平燕京大学西语系,两年后转入光华大学,受业于英国文学教授张歆海和中国史学大师吕思勉、童书业。1941年,他重入燕京大学研究院攻读历史,在名师张尔田和聂崇岐的指导下研究中国史学,发表《〈资治通鉴〉纂修始末》等论文。1946年,张芝联赴美国耶鲁大学研究院攻读历史,1947年横渡大西洋到英国牛津大学进修,其间前往法国参加巴黎教科文组织国际讨论会,广泛涉猎中外文学、历史和学术思想。回国后,他先在上海光华大学任教,1951年北上,在燕京大学历史系任教,1952年转入北京大学任历史系教授,一直到1988年退休。

可以说,张芝联在光华大学求学的那段时间,为其中外文化交流打下了基础。用他自己的话来说,"张歆海②对西方人文主义思潮和中外文化交流史的兴趣和研究给予我深刻的影响"③。1940年初,他将学士论文题目定为《中国古代史学——从〈尚书〉到〈史记〉》,他说,写作过程中,"我初步接触到了西方特别是法国汉学家的著作,如沙畹(Chavannes)译的《史记》,马伯乐(Maspero)的《古代中国》,葛兰言(Granet)的《中国文化》、《舞蹈与传说》以及费子智(Fitzgerald)的《中国

---

① 张芝联:《我的学术道路》,生活·读书·新知三联书店2007年版,代序第19、14页。
② 张歆海,浙江海盐人,1916年考入北京清华学堂,两年后以优异成绩毕业,并赴美留学,入哈佛大学,1922年获英国文学博士学位,尔后回国任教。著作有《美国与中国》《四海之内》等。
③ 张芝联:《我的学术道路》,代序第3页。

文化简史》等,这对我后来的研究工作有一定的帮助"①。从接触、熟悉到相知,这些前期相关知识的累积,使日后机会来临时,他"学术交流大使"的才能逐步凸显出来。

如果说在光华大学求学时期为张芝联的中外文化交流打下了最初的基础,那么在中法汉学研究所工作的日子则进一步加深了他对中西文化,特别是法国汉学的理解和认知。1942年,张芝联应聘任中法汉学研究所助理,当时的研究所所长为法国汉学家铎尔孟(d'Hormon),研究所的研究重点是中国民俗学、中国语言学,后又吸收之前燕京大学引得编纂处的部分人员,继续编印中国古籍的索引。在此期间(1942—1944年),张芝联的主要工作是编译汉学论文提要和展览会目录,同时从事中国古代史和史学研究,吸取法国汉学的成果,并广泛涉猎西方史学典籍。也是在这一时期,张芝联结识了佘敷华,并与他发展出一段跨越国别、超越生死的深厚友情。《中国面向世界》一书记述了他们的交往过程及亲密友谊。该书是佘敷华以法文撰写而成的,于1967年出版,在他逝世十年后又译成中文出版(1987年),书中首次发表了他们之间的16封信件。从信件内容可以得知,他们之间交谈最多的话题是世界大势的变迁以及中西文化的价值和异同,当然不可避免地不时流露出来浓厚的深情。乐黛云教授在《中法人民友谊的历史文化见证》中写道:"佘敷华给唐林(即张芝联)的八封信,情深意切,感人至深。唐林是在1974年才辗转看到这些信的。他原以为最晚在1977年可以再次与老友相见,但命运却作了另一种安排。在悲痛之余,唐林为了满足好友生前的愿望,给他写了八封回信。一个在天,一个在地,作为精神交流,聊以自慰。"②这种感人肺腑的个人情谊,进一步延展到对彼此文化的热爱中。佘敷华之《中国面向世界》的写作意图,是从各个不同角度论述中西文化的异同,强调西

---

① 张芝联:《我的学术道路》,代序第4页。
② 佘敷华、张芝联:《中国面向世界:中法友谊的历史文化见证》,第310页。

方人应该了解中国上千年的优良文化传统;张芝联的表现则更为明显,他以后几十年的身体力行,充分印证了他的生命旨趣和他的学术追求是合二为一的。

改革开放后,张芝联恢复了中断多年的国际接触,陆续出访,在各国、各地讲演或参加会议。他在《中国面向世界》中曾言:"我也有机会多次重访西方国家:1979—1986年曾五次访问法国(连同 1947 年、1956年,共七次),两次访问意大利、英国、美国、联邦德国,一次访问荷兰和瑞士,也去过罗马尼亚和民主德国,除了恢复旧交,我又结识了许多新朋友。"①这些讲演大都收入前文所提及的《张芝联讲演精选(1979—1999)》中,该书共 29 篇,分四个部分:第一部分为七篇英文论文,向国外阐明中国近 20 年来的巨大变化;第二部分是十篇英文学术演讲和论文,考察历史上中外两种文明的接触与互动以及近百年来中国的史学史研究状况;第三部分的七篇法文论文,围绕中法关系与法国历史展开;第四部分是附录,共五篇,英法文皆有。董建成(Tung Chee Chen)在序言中写道:"书名'恢复接触',生动描绘出作者努力恢复双方文化联结的那种情感;该书忠实地记录了作者近20年来的学术历程。"②另一序言作者玛丽安·巴斯蒂如是评论:正由于活生生的而且不断更新的经验,才使作者深入人类历史记录,并利用过去的智慧和文化在中国人和欧洲人之间建立起对话的桥梁③。2005 年,国际历史科学大会在悉尼召开,张芝联以 87 岁高龄最后一次与会(据说他是所有与会者中最年长的一位)。他参加会议十分认真,每天按时到场,积极提问。他还应邀在会上讲述他与法国史学大家布罗代尔的交往及中法史学交流的情况。他一会儿讲

---

① 余敷华、张芝联:《中国面向世界:中法友谊的历史文化见证》,第 298 页。
② Zhang Zhilian, *Renewed Encounter: Selected Speeches and Essays*,1979‑1999,商务印书馆 2000 年版,前言第 2 页。
③ 同上书,前言第 4—6 页。

英文,一会儿讲法文,幽默风趣、隽永睿智,令许多与会者倾倒①。2007年11月,张芝联参加华东师范大学召开的"全球视野下的史学:区域性与国际性"国际学术研讨会,笔者也有幸一睹风采,可惜如今只能睹物思人了。张芝联就这样活到老学到老,直到生命的最后时光,还不遗余力地在中外文化交流的征途上开辟道路、引领后人。

(二)引介年鉴学派到中国

法国年鉴学派的崛起与发展,是20世纪现代国际史学的重要篇章。自1929年吕西安·费弗尔和马克·布洛赫创办《年鉴》杂志以来,年鉴学派大致经历了三个发展阶段:第一阶段为从1929年至1945年,以吕西安·费弗尔和马克·布洛赫为主要代表;第二阶段为从1945年至1968年,其标志是《年鉴》改名为《经济、社会与文明年鉴》,这一阶段的主要代表人物是费尔南·布罗代尔,还有知名人物如厄内斯特·拉布鲁斯等;第三阶段为从1968年至今,代表人物有雅克·勒高夫和勒华拉杜里,他们打出"新史学"的旗帜,以至于许多人反对把他们划入年鉴学派的范围,而笼统称为"年鉴—新史学派"。总而言之,年鉴学派反对以兰克为代表的旧的史学传统,主张把新的观念和新的方法引入历史研究领域,他们的理论不仅震撼了法国史学界,而且向西欧、北美、南美及亚洲部分地区辐射,深刻影响了整个现代史学的发展。

但就当时中国史学界而言,对这一领域还比较陌生、"知之甚少"②。改革开放以后,年鉴学派才成为西方史学输入过程中的重要对象。张芝联是最早介绍法国年鉴派史学进入中国的史学家。中国将近20年的自我封锁,使得中国史学与国际史学相互隔绝、严重脱节,要发展中国史

---

① 王晴佳:《张芝联先生与中外史学交流》,《史学理论研究》2008年第4期,第131—139页。
② 陈启能:《法国年鉴派与中国史学》,载鲍绍霖编:《西方史学的东方回响》,社会科学文献出版社2001年版,第230页。

学,中国史学家必须开阔眼界,吸收国外史学研究的精华。早在1956年,张芝联就在《历史研究》上发表介绍国外史学动态的文章和书评,总计一二十篇,起到了开阔国人眼界的作用;1960年,他应邀前往贵阳师范大学讲学,题目是《西方史学流派》,介绍了四个学派,即德国学派、年鉴学派、文化形态学派、大企业史派;1978年以后,他陆续发表了一系列论文和报道,评论第二次世界大战以来西方史学发展的趋向①。其中,他撰写的第一篇介绍文章《法国年鉴学派简介》发表于《法国史通讯》1978年第1期,后收入《从高卢到戴高乐》一书;译作玛丽安·巴斯蒂的《法国历史研究和当代主要思潮》连载在《世界史研究动态》1979年第2、3期上,比较系统地介绍了年鉴学派。在《我的学术道路》中,张芝联写道:"我是最早介绍法国年鉴派史学到中国来的;我在1986年发表的长篇论文《费尔南·布罗代尔的史学方法》(后来印在顾良译的布罗代尔名著《15—18世纪物质生活、经济和资本主义》第一卷前作为序言),引起了中国学者的注意和兴趣。"②之后,"年鉴学派"在史学界家喻户晓。

众所周知,张芝联同国外学界的交流非常广泛,"中国的、外国的、政治家、史学家,三教九流,都有"③,他们互相交流思想、获取信息、学习知识。在向中国输入年鉴学派的学者中,张芝联拥有的便利条件恐怕无人能及,原因在于他亲自拜访过"年鉴学派"的一些代表人物,并同他们交

---

① 张芝联:《我的学术道路》,代序第14、19页。
② 同上书,代序第19页。有关中国学界对"年鉴学派"的了解,参见姜芃:《十年来我国对年鉴学派-新史学的研究述评》,《世界史研究动态》1989年第11期,第17页;张广智:《二十世纪后期西方史学输入中国的行程》,《史学理论研究》1996年第2期,第49—62,72—159页;陈启能:《法国年鉴派与中国史学》,载鲍绍霖编:《西方史学的东方回响》,社会科学文献出版社2001年版,第175—246页;李勇:《年鉴学派在中国的传播和影响》,载张广智主编:《20世纪中外史学交流》,北京师范大学出版社2007年版,第336—352页。
③ 王娅妹:《一只眼睛看过去,一只眼睛看当代——访史学家张芝联教授》,《群言》2002年第8期,第21—25页。

好,"有私人之间的交谊"①。所以,相比而言,他对"年鉴学派"的认知更直观,也更确切,更有助于我们全面理解"年鉴学派"的精髓。这里仅以"年鉴学派"的第二代代表人物厄内斯特·拉布鲁斯和布罗代尔为例进行说明。

厄内斯特·拉布鲁斯②(1895—1988年),法国计量史学派领袖和系列史研究的先驱,因其与年鉴学派的合作研究,姑且把他列入年鉴学派第二阶段的知名人物。拉布鲁斯长期担任巴黎大学经济史教授,在长达50多年的学术生涯中,影响和培养了几代法国历史学家,包括布罗代尔在内的一些法国著名史家的博士学位论文,都受到过他的指导与评审。法国马克思主义史学家克洛德·马佐里克(Claude Mazauric)这样评价道:"拉布鲁斯的思想影响是不可磨灭的,从来就没有从他指导的学生的记忆中消退。"③他的作品《18世纪法国物价和收入变动概述》(1933年)、《旧制度末期和大革命初期的法国经济危机》(1944年)等,开创性地应用"结构""局势"概念来探索社会经济现象的变化规律。这种研究路径为以后历史学家从社会经济角度运用计量方法,深入研究法国大革命史提供了全新的概念,极大地改变了法国经济史和社会史,乃至整个法国史学的研究状况。法国史学家肖努(Pierre Chaunu)1974年曾说过:"今天,整个法国历史学派都属于拉布鲁斯派。"

1979年5月,张芝联应邀前往意大利威尼斯大学讲学,顺道访法,接受巴黎第一大学的邀请,进行了为期三周的科学考察。"这次是有计划、

---

① 王晴佳:《张芝联先生与中外史学交流》,《史学理论研究》2008年第4期,第131—139页。
② 关于国内对拉布鲁斯的介绍和研究,请参阅张芝联:《漫谈当代法国史学与历史学家》,《内蒙古社会科学(汉文版)》1981年第1期,第50—58页;吕一民:《拉布鲁斯在法国当代史学中的地位》,《世界史研究动态》1993年第5期,第32—40页;张广智主著:《西方史学史(第四版)》,复旦大学出版社2018年版,第277—278页等。
③ [法]克洛德·马佐里克、周立红:《一个马克思主义者的法国大革命史研究——法国著名史学家克洛德·马佐里克教授访谈录》,《学术研究》2011年第12期,第97—103页。

有准备的学术交流,成果丰硕。我有幸会见了法国历史学界第一流学者拉布鲁斯(Labrousse)、索布尔(Soboul)、布吕阿(Bruhat)、勒高夫(Le Goff)、贝热隆(Bergeron)、沙提埃(Chartier)以及其他年轻一代历史学家。他们向我介绍法国史学的新成就与问题,以及正在深入探索的课题。这样的接触持续了多年。"①5月31日,张芝联拜访拉布鲁斯教授,两位饱读诗书、热爱彼此国家文化的学者一见如故,兴致勃勃地交谈起双方国家的变化、世界局势的变迁等话题。临行前,拉布鲁斯教授还赠送给张芝联一篇为纪念1848年革命一百周年而作、早已绝版的论文:《1848—1830—1789:革命是怎样发生的?》②。这次造访不仅为张芝联亲身体验法国史学特别是法国最新历史科学成就提供了便利,进一步而言,也为以后张芝联研究法国大革命及其史学创造了条件,相关作品有《拿破仑与法国大革命》《略论丹东》《法国大革命对马克思革命理论形成的作用》《清末民初政论界对法国大革命的评议》。1989年,在法国大革命200周年之际,张芝联和法国史研究会同仁在复旦大学召开国际讨论会,编辑出版论文集《中国与法国大革命》(英文),促进了法国史和中法关系史的研究③。

  1982年,张芝联开始与法国人类科学院(La Maison des Sciences de l'homme,或称人文科学之家)合作。同年春,经巴黎第一大学校长阿维莱尔(Ahrweiler)夫人的介绍结识布罗代尔,从他那里获得五个赴法进修奖学金④名额,并和布罗代尔的副手埃莱尔(Heller)、埃马尔(Aymard)和让多(Gentot)夫人保持联系。1985年11月布罗代尔去世,为悼念他,

---

① 张芝联:《我与法兰西》,《世界历史》1996年第4期,第87—92页。
② 请参阅张芝联:《漫谈当代法国史学与历史学家》,《内蒙古社会科学(汉文版)》1981年第1期,第50—58页。
③ 请参阅高朋:《照水莫惊四鬓雪,春风又送好韶华——访业师张芝联教授》,《历史教学问题》2003年第2期,第13—15、28页。
④ 张芝联只留一个名额给他自己的研究生,把其余名额分别给了复旦大学金重远、杭州大学郑德第、中央编译局顾良等。请参阅高朋:《照水莫惊四鬓雪,春风又送好韶华——访业师张芝联教授》,《历史教学问题》2003年第2期,第13—15、28页。

张芝联写了《费尔南·布罗代尔的史学方法》一文。文中,张芝联指出:"就人与时间的关系来说,布罗代尔的'历史时间三分法'是一项独特的创造;从重视历史连续性的角度来看,布罗代尔强调'结构'的长期影响无疑是正确的……但在三个方面,我们不能不感到失望:第一,不论他的'三分法'如何机智,布罗代尔并未真正阐明他的三种时段所代表的结构、局势、事件三者的辩证关系;第二,不论他的历史如何'全面',政治、文化事件在布罗代尔的体系中几乎不占什么地位;第三,布罗代尔和许多年鉴派史学家一样,在处理人与环境、条件、传统的关系时,往往过分看重后者的'决定'一面,而忽视人的'创造'一面。"①显然,张芝联对布罗代尔的解读,已从单纯的介绍层面上升至历史思想研究这一高度了,并且秉承客观的治史态度,对布罗代尔的理论既有赞赏又有批评,主张中国史学界有针对性地吸收国外史学的理论和方法。这一点即使是现今的中国学界,也应该始终如一地贯彻执行。

(三)推进中国的法国史研究

由对年鉴学派的引介、研究开始,张芝联逐渐将重点转移到中国的法国史研究②建设方面。比较而言,中国的法国史研究基础薄弱,在资

---

① 张芝联:《费尔南·布罗代尔的史学方法》,载[法]费尔南·布罗代尔:《15至18世纪的物质文明、经济和资本主义》第一卷,顾良、施康强译,生活·读书·新知三联书店1997年版,第17、18页。

② 有关"中国法国史研究"的内容,请参阅《中国法国史研究会回顾(1979—2009)》,http://worldhistory.cass.cn/index/topwenzhang/zgfxsyjh30/20091101003.html;张芝联、端木美:《开创法国史研究的新局面——中国法国史研究会理事会纪要》,《世界历史》2001年第6期,第115—116页;楼均信:《中国法国史研究五十年的回顾与展望》,《浙江学刊》2000年第1期,第136—139页;陈崇武:《中国的法国史研究》,《历史研究》1998年第3期,第144—158页;楼均信:《我国法国史研究的老前辈沈炼之》,《世界历史》1993年第6期,第103—107页;王建辉、刘乐之:《中国法国史研究纪事(1978—1985)》,《法国研究》1986年第1期,第78—84、98页;石雷、祝菁:《近年来国内法国史研究概述》,《法国研究》1983年第3期,第63—68页等。这里侧重论述张芝联与中国的法国史研究。

料、文献和研究成果方面与国外差距很大。像张芝联这样的老一辈学者,具有浓厚的忧国忧民意识,当看到中国的研究状况落后时,便勇敢地承担起建设"中国法国史研究"这一重任。从张芝联的著作和论述中,我们知道他对法国史有种特殊的"情结",年轻时就为法国文学着迷,后来逐步延伸到对法国历史和现状的兴趣,以后对法国的多次访问又加深了他对法国民族文化的认识,最终"与法国史结下了不解之缘"。在以张芝联为首的众多学者的努力下,20世纪70年代后期,中国的法国史研究开始有所起色,并逐渐取得成绩,为世人瞩目。主要表现在以下几个方面。

第一,成立中国法国史研究会。在中国法国史研究的历史上,1978年是值得纪念的一年。这年10月,北京、上海、杭州等地18个单位的24名法国史工作者在上海聚会,倡议成立法国史研究会,推选筹备小组,讨论研究会宗旨和任务,决定出版会刊《法国史通讯》;11月,《法国史通讯》第一期创刊号出版[①];同时,一些大学和科研机构恢复并扩大研究生招收工作,开始招收法国史研究生。1979年8月25—30日,"中国法国史研究会"在哈尔滨举行成立大会暨第一届学术年会,全国20个单位的42名代表参加了成立大会。这是一个全国性专门研究法国史的学术团体,在推动与开展我国法国史的研究和教学、加强与国外同行的联系等方面起到了重要作用,使中国的法国史研究从此走上了有组织、有计划、有规模的研究道路。理事会一共15人,沈炼之任名誉会长,张芝联为会长,戚佑烈、王养冲、端木正几位任副会长。作为研究会的倡议者、创建人之一,张芝联担任研究会会长长达21年,2000年出任首席名誉会长直至去世,为我国法国史研究的学术发展以及培养人才、加强与国际学术界联系做出了卓越的贡献。在成立大会上,张芝联就法国史学与史学

[①] 张芝联撰写的第一篇介绍年鉴学派的文章《法国年鉴学派简介》就发表在《法国史通讯》1978年第1期上。

家以及法国高等院校的历史教学情况做了报告。这次大会正值法国大革命190周年纪念期间,与会者围绕法国大革命进行了讨论:王养冲提交关于法国大革命分期问题的论文;端木正论述了中国学者研究法国大革命史的过去与现状;陈叔平讨论了巴黎公社与中国的专题;顾良发表对19世纪法国社会主义流派,尤其是布朗基派的研究心得等。自此,中国的法国史研究开始了崭新的篇章。仅以之后的10年为例进行说明。从1979年到1988年的10年间,法国史研究成果丰硕,"出版著译166种,发表论文1 380篇,年均出书16种,超过前30年5倍以上,年均论文138篇,比前30年增长10倍"①。现今,中国法国史研究会已俨然成为一支中坚力量,活跃在国内外各大学术舞台上,为生机盎然的中法关系增彩添色!

第二,培养人才、薪火传承。任何学科领域要想保持长久的活力,必须具备专门从事科学研究的学术梯队。张芝联深谙此理,非常注重学生的培养。他一方面尽可能地把学生送出国门进修,使他们成为教学、研究的骨干人才;另一方面利用各种机会邀请外国专家来我国访学演讲,让中国学者有机会接触外国同行,相互交流切磋。

作为教育者,张芝联常引用他父亲张寿镛的话自勉:"得天下英才而教育之,一乐也。"课堂上,他始终情绪高昂,讲法国大革命时,高唱《马赛曲》,讲巴黎公社时,高唱《国际歌》。在一篇访谈录里,他谈道:"做教师还有一条非常重要,就是感情。一个教师,如果没有热情,对科学的热情,对教学的热情,对学生的热情,没有对事情本身的鲜明态度,没有感染力,即使学问再好,也不是一个好教师,教学也难成功。"②张芝联培养

---

① 楼均信:《中国法国史研究五十年的回顾与展望》,《浙江学刊》2000年第1期,第136—139页。
② 王娅妹:《一只眼睛看过去,一只眼睛看当代——访史学家张芝联教授》,《群言》2002年第8期,第21—25页。

研究生,重质不重量,学生只要交给他论文或学期报告,他无不仔细阅读批改,真正做到手把手教学。他培养的第一批法国史硕士研究生于1981年毕业,两名博士研究生分别于1987年和1989年毕业,他们都走上了教学和研究岗位,继续专攻法国史,成绩优异。上文提及的与布罗代尔结识,获得的五个赴法进修奖学金名额,分别给了复旦大学金重远、杭州大学郑德弟、中央编译局顾良等人,此外,经张芝联推荐,还有一些学者前往英国牛津大学、德国自由大学、美国约翰·霍普金斯大学、纽约新社会研究所、锡拉丘兹大学、瑞士日内瓦大学攻读学位或短期进修,他们日后都在不同的研究岗位上有所成就①。除了"送出去",还有"请进来"。张芝联在"Problems of Contemporary Chinese Historiography"(《当代中国史学的成就与困惑》)一文中列出了30多位他邀请访华讲学的西方史学家名单,有杜比(Georges Duby)、阿维莱尔(Helene Ahrweiler)夫人、勒高夫(Jacques Le Goff)、傅勒(François Furet)、索布尔(Albert Soboul)、伏维尔(Michel Vovelle)、埃马尔(Maurice Aymard)、贝达里达(François Bedarida)、维拉尔(Willard)等,其中还不包括汉学家,这些学者中有一部分还成为国内研究生导师或客座教授,继续与我国大学及研究所保持联系②。

第三,出版著作、发表论述。从20世纪80年代中后期起,中国的法国史研究进入了崭新的阶段,无论是研究的广度、深度,还是科研成果的数量,都开创了空前的新局面。中国法国史研究会承担了《中国大百科全书·外国历史》卷中全部法国史条目的撰写任务,张芝联负责法国史

---

① 请参阅高朋:《照水莫惊四鬓雪,春风又送好韶华——访业师张芝联教授》,《历史教学问题》2003年第2期,第13—15、28页。
② Zhang Zhilian, *Renewed Encounter: Selected Speeches and Essays*,1979 - 1999,第179—198页,外国学者访华名单见第197页注⑥。中文由高毅翻译,先发表于《史学理论研究》1994年第4期,后收入《历史教学问题》2003年第2期,访华名单见第139页注1。

概述。同时,他主编了我国第一部《法国通史》[①](北京大学出版社1988年版),以翔实的资料、独到的见解、新颖的体系赢得诸多专家的赞誉。也是在1988年,他出版了专集《从高卢到戴高乐》,收入有关法国历史、中法关系、法国大革命、法国史学与史学家等方面的16篇论文,"从不同的角度反映了最近十年来我国史学界特别是世界史史学的科研工作的成就与发展"[②]。1995年,第二本专集《从〈通鉴〉到人权研究》出版,汇集了张芝联半个世纪以来在中国史、中国史学、法国史、西方史学、中外关系、人权问题、教学改革方面的研究成果。2000年,商务印书馆出版他的英、法文讲演论文集《张芝联讲演精选(1979—1999)》。2007年,北京三联书店将其毕生治学的精华汇集成四册书:《二十年来演讲录》《中国面向世界》《法国史论集》和《我的学术道路》。这些著作一方面为我们了解张芝联的治学经历、研究成果提供了途径,另一方面也从多个侧面反映出我国法国史研究所取得的成绩。

张芝联是公认的法国史专家,致力于中法文化交流并且贡献卓越。1985年3月14日,法国驻华大使马乐代表法国总统授予张芝联荣誉军团骑士勋章,以表彰他在法国史研究和中法两国文化交流方面做出的突出贡献。张芝联的学术人生,正如高毅教授所总结的:"我们看到的不仅是一种对于历史学术的终生不渝的高雅嗜好,而且还有一种对于中华历史学术事业的高度责任感,甚至还有一种力图推动人类史学事业进步的世界公民情怀。这样的学术人生,理应成为所有青年学子的楷模。"

---

① 张芝联主编的《法国通史》和沈炼之任主编、楼均信任副主编的《法国通史简编》,是当时中国人撰写的仅有的两部最系统的法国通史著作。
② 冯征:《法国史研究的广角镜——喜读〈从高卢到戴高乐〉》,《北京大学学报(哲学社会科学版)》1990年第2期,第107—108页。

第二十章

中国史学之西渐：美国篇

众所周知,中国史学源远流长,具有非常丰富而深厚的积淀。美国著名汉学家卜德(Derk Bodde)曾言:"中国是拥有3 500年可信历史的国家,可自夸是今天这个世界最为悠久的文明,他的历史记载毫无疑问比其他同样具有持久性的文明更为丰富而详细。"[1]宏富而又自成体系的中国史学,吸引了美国人的关注。

一、美国中国史学研究的发展

早在1833年,传教士郭士立(Charles Gutzlaff)就在裨治文(E. C. Bridgman)创办并主编的综合性英文月刊《中国丛报》上刊载了《中国的历史和编年学》一文;1834年6月,郭士立再次在《中国丛报》上发表《中国史著的特点》一文[2]。自此之后,美国人对于中国史学的关注便从未中断过。

自19世纪30年代以来一直到今天,美国对于中国史学的了解和研究已有超过一个半世纪的时间。在这一个半世纪的时间里,美国人对于中国史学的了解和研究大致可分为四个阶段。

---

[1] Derk Bodde, "Reviewed work(s): The History of the Former Han Dynasty by Pan Ku", *The American Historical Review*, Vol. 44, No. 3, Apr., 1939, p. 641.

[2] Charles Gutzlaff, "Remarks on the History and Chronology of China", *The Chinese Repository*, Vol. 2, No. 2, Jun., 1833; Charles Gutzlaff, "Character of Chinese Historical Works", *The Chinese Repository*, Vol. 3, No. 2, Jun., 1834.

(一) 中国史学研究的业余时代

19世纪三四十年代美国传教士来华后,基于传教事业的目的,他们意识到如果对中国历史一无所知的话,就不可能对生活于此的民族有深刻了解,也就无法在他们中间进行传教。郭士立曾言:"如果我们不对他们的历史形成有透彻的了解,那么我们为解决他们长期的政治存在的问题、发现令他们不能与其他民族相融合的秘密的努力,都将是徒劳的。这个民族与世隔绝的原因不被发掘出来,则将他们与世界其他民族相分隔的万里长城就不能被连根铲除。"他进而呼吁道:"只要我们还欠缺一部好的中国历史书,我们就不可能对中国民族形成正确的认识。"如果传教士无法"认识他们的真实性格和状况,就难以与这个拥有无数人口的民族共享"基督教"真理"①。卫三畏(Samuel Wells Williams)亦如是言道:"如果我们对中国的丰富历史及其与亚洲其他国家的联系茫然无知,我们就不可能对这一人民形成正确的看法。"②

出于了解中国历史和文化的需要,来华传教士对中国传统史学关注有加,撰写了一批介绍中国传统史学的著述。仅以由美国来华传教士创办、发行于广州并销往美国等地的综合性英文月刊《中国丛报》为例,在从1832年创刊至1851年停刊的二十年间,先后刊载的有关中国史学的文章及译作有:郭士立的《中国的历史和编年学》(1833年6、7月号)、《中国史著的特点》(1834年6月号),以及关于《三国志》的长篇书评(1838年9月号);柯立芝夫人(Mrs. Coolidge)介绍法国汉学家雷慕沙(Abel-Rémusat)关于马端临与《文献通考》(1840年7月号)、司马迁父子与《史记》(1840年8月号)、司马光与《资治通鉴》(1840年9月号)的研究的文章;裨治文对《纲鉴易知录》的介绍性文章(1841年1月号)及其介绍中国

---

① Charles Gutzlaff, "Character of Chinese Historical Works", *The Chinese Repository*, Vol. 3, No. 2, Jun., 1834, p. 54.

② [美]卫三畏:《中国总论》,陈俱译,上海古籍出版社2005年版,第674页。

干支纪年方法的《中国人的年代学》(1841年3月号)等。除此之外,《中国丛报》还译载过《宋史》《明史》《大清一统志》《八旗通志》等历史典籍。由此可见来华传教士对中国史学的关注。

值得注意的是,美国传教士对当代中国史学动向颇为关注。其中,《中国丛报》刊有郭士立对《海国图志》的评论文章(1847年9月号)、裨治文关于魏源《大清圣武记》的介绍文章(1850年5月号)以及卫三畏关于《瀛寰志略》的长达26页的书评(1851年4月号),即是显例。郭士立认为《海国图志》这部著作"可以看作一部外国事务文摘,涉及政治、历史、统计数字、宗教等,是一部在中国文化史上罕有其匹的编纂物"。他从序言和第1卷看出,这部书的"伟大宗旨是讨论夷人的战略才能和优越之处,以及可供采纳以打败他们之武器"。显然,他注意到"师夷长技以制夷"是该书的中心思想所在,但他将这一思想理解为好战姿态,说"我们宁愿要一部关于维持和平的作品"①。郭士立对该书内容的评论有一个很明显的特点,即凡是书中引用中国史籍来说明中国周边诸国之历史状况以及中国与这些国家的关系,而为"我们所不知道"的,他都认为具有价值;凡是书中根据西方文献阐发,涉及西方国家以及非洲、美洲等在中国传统史籍中缺乏记载的内容,他都用蔑视和嘲讽的语气指责其内容颠倒、错漏不堪。这恰与中国学术界和思想界对该书的态度相反。例如,在谈到书中关于安南、暹罗、缅甸的内容时,他认为"非常有趣",其中的"各种论述我们从未在其他书中看到,而可以从本书收集";在他看来,第12卷关于日本的内容"是原创性的,资料丰富,很少为我们的作者所知"。然而,他认为关于印度的部分,"编排混乱,错误百出,大部分内容采自外国人的叙述";关于非洲的部分,作者所知"不比一个小学生多";关于欧洲和美洲的部分,按郭士立所言,则简直不堪卒读了。他对《海国

---

① Charles Gutzlaff, "Hai Kwoh Tu Chi", *The Chinese Repository*, Vol. 16, No. 9, 1847, p. 419.

图志》所绘地图尤为不屑,认为它"塞满了对我们的地图的可悲的模仿",其所载世界地图"还是一千多年前绘制的"①。实事求是地说,魏源引以为豪的"以西洋人谈西洋"的内容,的确存在很多错误,这在晚清时期已逐渐为中国学者所认识;但在中国知识界建立关于整个世界的知识体系的早期阶段,这部著作仍具有关键性的意义。

然而,对稍晚于《海国图志》问世的《瀛寰志略》,《中国丛报》的评价却迥然不同。卫三畏为该书所写的长达26页的书评,对其做出了肯定的评价,并对作者徐继畬给予很多赞扬之辞。卫三畏文章的第一句话就为他的评论定下基调:"这本书已经被恰当地称为'在正确的道路上迈出的第一步',而且我们希望它将是中国学者类似著作的序曲,这样的作品将告诉中央帝国的显贵和文人,地球上其他国家的位置、资源和产品。"②他接着介绍了"这位杰出作者"的个人情况,简述了徐继畬1843年后的经历以及美国传教士雅裨理(David Abeel)对徐继畬的评价:"他是我所见过的中国高级官员中最富有探索精神的人。"也许,这些人对徐继畬做出正面的赞扬,是因为徐对外国人明显的友善态度。雅裨理就说:"他对我的态度是尽可能地自由和友善。"尽管他有些遗憾地看到,"他对了解世界各国状况的心情远较了解关于天国的真理更为急迫",但认为"很明显,他学到了相当多的东西"③。卫三畏在文中翻译了徐继畬的自序,摘译了他认为值得注意的一些段落。他指出,要判断徐继畬的贡献,只要把《瀛寰志略》与中国人的其他类似作品做一对比就清楚了。他提到,在当时与西方人接触时间最长的广州,坊间所售的地图都充满了极为低劣可笑的错误,而与此相应的是人们对外国知识的缺乏与两百年前

---

① Charles Gutzlaff, "Hai Kwoh Tu Chi", *The Chinese Repository*, Vol. 16, No. 9, 1847, pp. 420-424.

② S. W. Williams, "The Ying Hwan Chi-lioh", *The Chinese Repository*, Vol. 20, No. 4, 1851, p. 169.

③ Ibid., pp. 169-170.

并无二致,甚至对于自己国家的地理情况,"其无知也是令人吃惊的"。按卫三畏的说法,中国是没有多少人将地理作为学问来研究的,所拥有的最好的地图还是 1705—1712 年间耶稣会士绘制的,而"后来的修订版本完全是出于政治考虑的"。1840 年钦差大臣琦善在大角炮台会见义律时,拿着这些地图向后者宣称,蕞尔岛夷妄想挑战中华大国是完全无用的①。故卫三畏认为:"我们必须认为,徐继畲阁下是在接受带有偏见的教育之背景下,从如此黑暗的愚昧状态脱颖而出,希望通过考察中外著作,尝试摸索出自己的道路,以对他的四海之外的国家形成清楚的了解。"②卫三畏还指出,徐继畲不像其他中国学者那样,在处理资料时以猎奇志异为目的,而是为了求得真知而谨慎选择。即使在今日,这样的评价仍然可以认为是中肯的。他还看到,徐继畲在提到外国君主时,虽然只用"王""主",而称中国君主为"皇",但"在提到每个外国的人民时,都使用尊敬的称呼,而不加以蔑视或贬低,这样就会提高和纠正他的国人关于远方各国的观念"③。卫三畏在对全书进行了评价后,对《瀛寰志略》的内容逐卷进行评介;对其中存在的一些问题,也实事求是地指出,如徐继畲将一些地名相混淆、只关心各国疆域的大小、地图没有经纬线以及一些事实性错误等。他在结论部分指出:

> 这部地理书有很多缺点和错误;它对很多国家提出不完整或错误的看法;世界各国的自然物产几乎没有被提及;这些地方的人们所使用的语言亦未得到分析;对他们政府的形式及艺术与科学成就,或是叙述错误,或是根本未提;对他们的疆域、地形和资源的叙述粗糙;其地图质量较低,城市地点被错置。但这样说,是将之与用

---

① S. W. Williams, "The Ying Hwan Chi-lioh", *The Chinese Repository*, Vol. 20, No. 4, 1851, pp. 172-173.
② Ibid., p. 173.
③ Ibid., p. 179.

我们自己的语言写成的地理书相较——这是很不公平的标准,就像是责备李特尔教授(Prof. Ritter)或约马得(Jomard)关于《大清一统志》的札记不正确一样。考虑到作者所受的教育和所处的地位,它是他的研究工作及其率直和学识的一座丰碑,可以将其看作是与英国的战争带来的刺激所产生的第一个果实。我们认为它将极大地摧毁傲慢心态,驱散中国统治者和学究们的愚昧无知,证明他们所属的并非地球上的唯一一个国家。我们听说广州本地人士表示了他们对其内容的惊讶,带着轻率的疑心质问他们所读到的是否真实。①

使卫三畏和其他西方人对《瀛寰志略》及其作者怀有好感的,还有书中对于基督教没有采取一概贬斥的态度而是加以"尊敬"。卫三畏在文章的最后表示,他希望徐继畬能够对该书加以修订,将新的版本和其他作品贡献给其国人:"他的年轻的君主将因这本书而推行善政,嘉惠天下。我们还希望作者有一天会被征召到能够影响皇帝决策的位置上去。"在技术层面,他还希望徐继畬在书中采用的各类译名能够被外国人所接受,以便结束此方面的混乱状态②。

由上可见,美国来华传教士对中国史学的研究尚停留在简单的了解和介绍层面,缺乏深入的学理性分析和探究。这一方面是由于来华传教士只是出于传教之目的而关注中国史学,所以他们更多地侧重于了解而不是分析;另一方面,这也与他们缺乏有关中国传统历史文化方面的知识有关。例如,在中国历史文化方面有一定造诣、本人也颇以此自豪的传教士郭士立就曾将正史之一的《三国志》与白话小说《三国演义》混为一谈③。

---

① S. W. Williams, "The Ying Hwan Chi-lioh", *The Chinese Repository*, Vol. 20, No. 4, 1851, p. 192.
② Ibid., p. 194.
③ Charles Gutzlaff, "Notice of the San Kwo Che", *The Chinese Repository*, Vol. 7, No. 5, Nov., 1838. 有关这些方面的详细情况参见下节内容。

总而言之,19世纪来华传教士对中国史学的研究,可以被称为美国中国史学研究的业余时代。

(二)中国史学研究的专业化时代

19世纪末20世纪初以后,伴随着劳费尔(Berthold Laufer)、夏德(Friedrich Hirth)、伯希和(Paul Pelliot)、戴闻达(Jan J. L. Duyvendak)等一批欧洲汉学家相继赴美,美国的中国研究开始注重应用实证方法研究传统中国的历史、语言、思想和文化,由此美国的中国研究亦由传教士的业余时代进入专业化的汉学研究时代。

进入汉学研究时代之后的美国汉学界,注重的是对中国经典史著的翻译和注释。潜心研究中外交通史和中国古代史的德国汉学家夏德,于1890年左右着手《诸蕃志》这部记录海外地理的中国古代名著的翻译和注释工作,但出于种种原因,在翻完几段后就停止了;1904年,当已在哥伦比亚大学担任汉学讲座教授的夏德听说美国外交官、汉学家柔克义(William Woodville Rockhill)想把《诸蕃志》翻译成英文的消息后,立刻与他取得联系,于是两位汉学家开始联手展开翻译。六年后,《诸蕃志》的英译工作宣告完成[1]。之所以耗时六年,一方面是因为夏德与柔克义各有其工作,致使翻译工作时断时续;另一方面,他们并不仅仅只是进行《诸蕃志》文本的英译,在解释《诸蕃志》中出现的国家和物品时,他们通常还将中文文献和德文、法文、英文文献进行对照,互相发明。扎实的文献素养和严谨的学术态度,使得夏德与柔克义合译的《诸蕃志》成为一部高水平的学术著作[2]。继夏德和柔克义翻译《诸蕃志》之后,德效骞

---

[1] 顾钧:《〈诸蕃志〉译注:一项跨国工程》,《书屋》2010年第2期,第27—29页。

[2] 20世纪30年代,著名中外关系史学者冯承钧在为《诸蕃志》进行校注时就大量吸收了这本书的成果,正如他在序言中所说:"民元德国学者Friedrich Hirth与美国学者W. W. Rockhill曾将是编移译,并为注释……博采西方撰述,注释颇为丰赡,然亦不乏讹误,今采其精华,正其讹误,补其阙佚,凡标明译注者,或是全录其文,或是节取其说,间有其说创自译注,而在本书中变更抑或补充者,则不标译注二字,非敢掠美,(转下页)

(Homer H. Dubs)于20世纪30年代开始了《汉书》的英译。1938年,英译本《汉书》本纪部分的第一册出版;1944年,第二册出版;1955年,第三册出版。德效骞在对《汉书》本纪部分进行英译时,不仅根据《汉书》其他部分所提供的大量间接史料对每一篇本纪所描述的事件做简要介绍,同时还特别注重考辨,故其译文后大都附有颇具学术性价值的附录和详细的注释。正因为如此,德效骞主持的《汉书》本纪部分的英译被誉为"美国汉学界至今所承担的最伟大任务的第一个成果"①。

在对中国经典史著进行译注之同时,美国汉学家亦开始对中国史学进行学理性的探究。1938年,贾德纳(Charles S. Gardner)出版了《中国传统史学》一书,这是美国第一本有关中国史学通史的著作,也是西方学者研究中国史学史相当早的著作②。它被评价为具有开拓性意义,是理解中国史学的指南,在未来若干年内还将是一本必读的著作③。1940年,萨金特(Clyde B. Sargent)在哥伦比亚大学完成博士论文《王莽:从〈汉书〉看官方对其篡权的记载》,序论中谈及班固著《王莽传》时可能存在的主观性④。1944年,萨金特在《远东季刊》上发表题为《资治史学:班固和前汉历史记录》的长文,分析了《汉书》的组织结构、编纂体例、记载

(接上页)恐有讹误,不愿他人负己责也,计所采译注之文十之五六,余则采近二十余年诸家考证之成绩,间亦自出新说者,然无多也。"参见[宋]赵汝适:《诸蕃志校注·序》,冯承钧校注,中华书局1956年版。

① J. K. Shryock, "Reviewed Work(s): *The History of the Former Han Dynasty: Translation*, Vol. I by Homer H. Dubs", *Journal of the American Oriental Society*, Vol. 58, No. 3, Sep., 1938, pp. 485-488.

② 朱政惠:《海外学者对中国史学的研究及其思考》,《史林》2006年第4期,第165—182、191页。

③ Charles S. Gardner, *Chinese Traditional Historiography*, Cambridge: Harvard University Press, 1961, Foreword.

④ Clyde B. Sargent, *Wang Mang: A Translation of the Official Account of His Rise to Power as Given in the History of the Former Han Dynasty*, doctoral dissertation, Columbia University, 1940.

范围、史料来源、撰史的指导思想等①。1946年,德效骞在《远东季刊》上发表了题为《中国史著的可靠性》一文,认为不能因中国传统史学没有达到西方现代史学的标准而批评指责他们,并指出"《汉书》及整个正史系列被攻击为不是历史是带有根本性的偏见……孔子对于历史准确性的理想使中国史家在可靠性方面达到了相当高的高度"②。

(三)中国史学研究的"二重奏"时代

第二次世界大战结束后,为了维护美国在世界范围内享有的政治、经济霸权,美国政府很快出台了以美国文化为主导的对外文化战略方案,一方面把自己的思想价值观念灌输给全世界,另一方面又"在文化领域里攫取第三世界的宝贵资源"③,同时以一种"君临天下"的姿态来对待外来文化。这种对待外来文化的态度在美国国内创造了一种单向的、只接受满足美国人期待的外来事物的文化氛围。外来文本被按照美国现代英语的诗学机制进行了改造,同时还渗透了一些美国当时流行的价值观念。以流畅、自然为主要特征的"归化"策略在当时占据了主导地位④。这种主流翻译策略在美国英译中国经典的过程中表现得尤为明显。当时中美关系处于一种敌对状态,美国一方面想掠取中国的传统经典及其思想为美国文化建构服务,另一方面又想利用美国的意识形态来阐释并改造中国传统文化。在这种情况下,20世纪五六十年代美国政府和各大基金会投入大量资金资助了对中国经典的大型翻译工程,其中包括对《史

---

① Clyde B. Sargent,"Subsidized History: Pan Ku and the Historical Records of the Former Han Dynasty", *The Far Eastern Quarterly*, Vol. 3, No. 2, Feb., 1944.

② Homer H. Dubs,"The Reliability of Chinese Histories", *The Far Eastern Quarterly*, Vol. 6, No. 1, Nov., 1946, p. 43.

③ 祝朝伟:《后殖民主义理论对翻译研究的启示》,《四川外语学院学报》2005年第2期,第89页。

④ Venuti Lawrence, *The Translator's Invisibility: A History of Translation*, Shanghai: Shanghai Foreign Language Education Press, 2004, pp. 310-312.

记》的英译。华兹生(Burton Watson)于1956年获得卡廷基金资助后,便全身心投入《史记》的翻译工作。到1961年,哥伦比亚大学出版社便出版了由华兹生英译的两卷本《史记》译本。华兹生在英译《史记》时,避免使用对当时的美国英语读者来说很难理解也很别扭的专业术语或称号,尽可能少用原文中的汉语度量衡单位,且当度量衡的准确数值对于叙事的意义似乎不太大时,就使用英语中的相关单位予以替换;在对人物姓名、头衔的翻译过程中,除了刘邦以外,其他人物都用一个名字表示。另外,华兹生翻译《史记》时,内容集中在汉代的人物本纪、列传等,译本打乱了原文的排列顺序,基本上按照西方小说叙事的方式排列译文:从陈涉起义开始,叙述了失败者项羽、胜利者刘邦的经历,并选译对刘邦崛起之反思,接着把各种人物按照他们在《史记》中的历史定位重新排列,这构成了比较典型的西方历史叙事小说的结构模式①。

在开展中国传统经典史籍翻译之同时,美国学界亦开展了对中国传统史著和史家的研究。例如,华兹生于1958年出版了《司马迁:中国伟大的史学家》;毕斯利(William G. Beasley)教授与蒲立本(Edwin G. Pulleyblank)教授主编的论文集《中国和日本的历史学家》于1961年出版,该书收录了崔瑞德(Denis C. Twitchett)的《中国的传记》、格雷(J. Gray)的《中国20世纪前的史学著作》、何四维(A. F. P. Hulsewé)的《汉代历史编纂学简论》②;1964年,斯普里克(Otto B. Van der Sprenkel)出版了专著《班彪、班固和汉代史学》;倪德卫(David S. Nivison)于1966年

---

① Watson Burton, *Records of the Grand Historian of China*, New York and London: Columbia University Press, 1961.

② D. C. Twitchett, "Chinese Biographical Writing"; J. Gray, "Historical Writing in Twentieth Century China: Notes on Its Background and Development"; A. F. P. Hulsewé, "Notes on the Historiography of the Han Period", in W. G. Beasley and E. G. Pulleyblank, eds., *Historians of China and Japan*, London: Oxford University Press, 1961.

出版了《章学诚的生平与思想,1738—1801》;其他还有罗杰斯(Michael C. Rogers)的《苻坚载记:正史的一个案例》(1968年)、毕德生(Willard J. Peterson)的《顾炎武的生活》(1968年)等。饶有意味的是,这一时期美国学者对中国传统史著和史家更多的是褒扬。例如,华兹生就认为司马迁是一个具有理性主义思想的人,他尊重其所掌握的史料,秉持客观公正的原则去评价中国历史及人物①。倪德卫对以章学诚为代表的18世纪中国史家这样评价道:"我们中有多少人曾经思考过为一个死去的亲友撰写一部传记?然而,章学诚及其18世纪的朋友们认为这种对一个人生命价值尊重的最后行动是士绅的责任或义务。"②何氏的《汉代历史编纂学简论》从探讨班固史学观的角度研究了《汉书》的编撰方法,对其继承《史记》体例、完善纪传体断代史的成就予以了肯定。斯普里克通过对纪传体通史《史记》与纪传体断代史《汉书》两种体例之间的比较,从个人学识素养到历史编纂方法等方面比较了司马迁与班固的异同,得出了"班固堪称中国最伟大的史学家之一"的结论③。

自1949年中华人民共和国成立后,中美因朝鲜战争、越南战争及其他问题而在意识形态、政治及军事上处于尖锐对峙的时期。基于冷战需要,在20世纪50年代至70年代末80年代初这一时期,美国学人对中国马克思主义史学极为关注,出现了研究中国马克思主义史学的热潮。这种研究热潮主要表现在以下几个方面。

一是及时跟踪了解中国马克思主义史学概况。20世纪50年代初,中国史学会组织出版了"中国近代史资料丛刊"。该资料丛刊出版后,费

---

① Burton Watson, *Ssu-Ma Ch'ien: Grand Historian of China*, New York: Columbia University Press, 1958, p. 152.
② David S. Nivison, "Aspects of Traditional Chinese Biography", *The Journal of Asian Studies*, Vol. 21, No. 4, Aug., 1962, p. 463.
③ Otto B. Van der Sprenkel, *Pan Piao, Pan Ku, and the Han History*, Canberra: Australian National University, 1964.

正清（John K. Fairbank）和芮玛丽（Mary C. Wright）即组织召开关于"中国近代史资料汇编"的研讨会，邀请在美国高校执教的华裔史学家和执教于华盛顿大学的德裔学者弗朗兹·梅谷（Franz Michael）对"中国近代史资料丛刊"进行评论①。1958年，费维恺（Albert Feuerwerker）就1957年中国史学界出版的三部有关资本主义萌芽的著作发表了《从封建主义到资本主义：中国大陆最近的历史著述》一文，对其进行了详细的介绍，并就资本主义萌芽问题做了批判性分析②。1976年，伴随着"文革"的结束，中国马克思主义史学出现新的变化。对于这一新变化，美国学者亦非常关注，进行了及时的跟踪了解。例如，魏斐德（Frederic Wakeman, Jr.）于1978年在《中国季刊》上发表了《粉碎"四人帮"之后的中国史学》一文，对中国史学的趋势进行了分析和展望③。当《中国历史学年鉴》和《史学简报》相继出版后，鲍德威（David D. Buck）即在《中国季刊》上发表题为《中国史学研究复兴的评价》的评论文章④。

二是积极组织召开有关中国马克思主义史学的研讨会。1961年，包华德（Howard L. Boorman）邀请倪德卫、理查德·霍华德（Richard C. Howard）、威廉·艾尔斯（William Ayers）、约翰·加拉第（John A. Garraty）等学者召开"中国历史传记方法"研讨会，探讨"当代政治对人

---

① 华裔史学家主要有哈佛大学的刘广京和张馨保、印第安纳大学的邓嗣禹、哥伦比亚大学的房兆楹和杜联喆夫妇、华盛顿大学的罗荣邦、耶鲁大学的朱文长。这些评论文章载于《亚洲研究》（*The Journal of Asian Studies*）第17卷第1期，1957年11月号。

② Albert Feuerwerker, "From 'Feudalism' to 'Capitalism' in Recent Historical Writing from Mainland China", *The Journal of Asian Studies*, Vol. 18, No. 1, Nov., 1958, pp.107-116.

③ Frederic Wakeman, Jr., "Report from China: Historiography in China after 'Smashing the "Gang of Four"'", *The China Quarterly*, No. 76, Dec., 1978, pp. 891-911.

④ David D. Buck, "Appraising the Revival of Historical Studies in China", *The China Quarterly*, No. 105, Mar., 1986, p. 131.

物传记写作的决定性影响"。1964年,在麦克法夸尔(Roderick MacFarquhar)的倡导下,《中国季刊》组织召开了"中华人民共和国①的历史学"学术研讨会,此次研讨会吸引了卫德明(Hellmut Wilhelm)、戴维·法夸尔(David M. Farquhar)、费子智(C. P. Fitzgerald)、何四维、约翰·伊斯雷尔(John Israel)、莫里斯·迈斯纳(Maurice Meisner)、包华德、郑德坤(Kenneth Ch'en)、詹姆斯·哈里森(James P. Harrison)、费维恺等学者参与,围绕中国史学家是如何应用马克思主义开展史学研究的这一问题进行了激烈的学术讨论②。

三是出版众多有关中国马克思主义史学的论著。詹姆斯·哈里森的《中国共产党和农民战争》(1971年)和阿里夫·德里克(Arif Dirlik)的《革命与历史:马克思主义历史学的起源》(1978年)即是其中具有代表性的著作;较有代表性的论文则有费维恺的《中国的马克思主义史学》、弗格尔(Joshua A. Fogel)的《中国史学中的种族与阶级:对于辛亥革命中的章炳麟及其反满主义的不同解释》、冯兆基(Edmund S. K. Fung)的《1949年以后中国大陆关于1911年辛亥革命的史学》、德里克的《中国历史学家与马克思主义关于资本主义的概念》等③。

值得关注的是,20世纪五六十年代的中国马克思主义史学在美国

---

① 原文为"Communist China"。
② 这些与会学者分别提交了《新儒家的再评价》《中国共产党对于外来王朝政权的评价》《共产党历史学中的中国中世纪》《中国共产党对于中国皇帝起源和建立的看法》《一二九运动:中国共产党历史学中的个案研究》《李大钊与中国共产党对于历史唯物主义观的看法》《作为历史学家的毛泽东》《中国的考古学》《中国共产党对于中国农民战争的解释》《中国共产党历史学中的中国近代经济史》等学术论文。这些论文刊载于《中国季刊》(*The China Quarterly*)第22、23、24、28、30期。
③ Albert Feuerwerker, "China's History in Marxian Dress", *American Historical Review*, Vol. 66, No. 2, Jan., 1961; Joshua A. Fogel, "Race and Class in Chinese Historiography: Divergent Interpretations of Zhang Bing-Lin and Anti-Manchuism in the 1911 Revolution", *Modern China*, Vol. 3, No. 3, Jul., 1977; Edmund (转下页)

学者看来一概是完全政治化的史学。费正清和芮玛丽在关于中国马克思主义史学的评论文章中这样写道:"不计其数的中国学者忠实地保存中央和地方记录,但几乎毫无例外地都应用其去支持儒家学说和王朝政权的正统性。任何人都不应奢望这种方式会在一夜之间得以改变,尤其是当它非常符合北京政府的政治目的时。儒家具有教训意味和说教性,共产主义学说也同样如此。"①实际上,费正清和芮玛丽的观点代表了这一时期美国学者对中国马克思主义史学的基本立场和基本看法。直到1972年尼克松访华,尤其是中美关系逐渐正常化后,美国学者才开始尽可能跳出意识形态话语,注重挖掘马克思主义史学的学术内涵。

(四)中国史学研究的"全球化"时代

2005年,美国加利福尼亚大学伯克利分校中国研究中心主任史嘉柏(David C. Schaberg)曾在华东师范大学历史系所做的一次演讲中谈道:"事实上,汉学早已成为世界现象了,而且在未来随着现代化全球化的趋向,中国文化必定会成为东西方所共有的文化遗产,汉学也将因而成为全世界人文学者家传之宝。"②确如其所言,进入20世纪90年代后,伴随着全球化的发展,中国史学史研究亦开始踏上国际化的道路。越来越多的华人学者在美从事中国史学史研究,即是中国史学史研究的全球化或曰国际化趋势的表征之一。在20世纪八九十年代之前,亦有华人

(接上页) S. K. Fung, "Post-1949 Chinese Historiography on the 1911 Revolution", *Modern China*, Vol. 4, No. 2, Apr., 1978; Arif Dirlik, "Chinese Historians and the Marxist Concept of Capitalism: A Critical Examination", *Modern China*, Vol. 8, No. 1, Jan., 1982.

① John K. Fairbank, Mary C. Wright, "Introduction", *The Journal of Asian Studies*, Vol. 17, No. 1, Nov., 1957, p. 55.

② [美]史嘉柏:《近十年西方汉学界关于中国历史的若干争论问题》,载朱政惠主编:《海外中国学评论》第2辑,上海古籍出版社2007年版,第47页。

学者在美从事中国史学史研究,如洪业、杨联陞等人,但其数量无法同20世纪90年代之后相提并论。自20世纪90年代以来,在美国从事中国史学史研究的学者有王晴佳①、邵东方②等;另外,自90年代以来,东西方学者合作从事研究亦渐成潮流,比如倪豪士(William H. Nienhauser, Jr.)在主持《史记》英译时,邀请了郑再发、陈照明、吕宗力等华人学者组成翻译团体,共同从事《史记》翻译;史嘉柏主持的《左传》英译亦是由其与华人学者合作共同完成的。

20世纪90年代以来中国史学史研究的全球化趋向,亦体现在美国学者开始以平等尊重的态度对待中国史学方面。伴随着全球化的发展,"全球范围内的价值观念、文化形态、生活方式相互影响、相互碰撞的程度加剧"③,这使得世界上不同文化和不同价值体系的多样化发展和平等交流成为可能,"多元文化主义成为一种时代精神"④。正是在这种时代精神的背景之下,倪豪士等人开始对《史记》进行全新的整体性英译。倪豪士等人在英译《史记》时,保留了《史记》原文本纪、世家、

---

① 现任美国新泽西州罗文大学历史系教授的王晴佳,其早年博士论文即题为《中国史学家与西方:现代中国史学的起源》,自此之后长期致力于比较史学史、比较文化史及史学理论的研究,其英文著述有:Q. Edward Wang, *Inventing China through History: The May Fourth Approach to Historiography*, Albany: SUNY, 2001; Q. Edward Wang and Georg Iggers, eds., *Turning Points in Historiography: A Cross-Cultural Perspective*, Rochester: University of Rochester Press, 2002; On-cho Ng and Q. Edward Wang, *Mirroring the Past: The Writing and Use of History in Imperial China*, Honolulu: University of Hawaii Press, 2005.

② 邵东方在北京师范大学获得历史学学士、硕士学位后,于1986年出国留学,先后获得美国夏威夷大学历史学博士、美国圣向塞州立大学图书馆学暨信息学硕士。现任美国斯坦福大学东亚图书馆馆长,为斯坦福大学图书馆系统的高级行政管理官员之一。其博士论文是《崔述:生平、学术与再发现》。

③ 艾建琪:《全球化背景下的国际关系调整与美国新霸权》,《国际论坛》2000年第5期,第31页。

④ 李剑鸣:《关于20世纪美国史学的思考》,《美国研究》1999年第1期,第20页。

列传等的排列顺序,译本结构为致谢、序言、使用说明、纪年说明、度量衡对照表、缩写表、译文;每章译文后面,附有译者在翻译过程中所遇问题的相关评注和说明、该卷是否已有西文和日文译本书目、有关该卷的中外研究成果等;每整卷译本的后面附有全书的参考文献目录,包括中外文的《史记》版本研究、参考文献、译本、历代注疏、有关《史记》及司马迁的研究、《史记》与《汉书》的比较、其他中日文和西文著作,以及包含汉语拼音、汉字及官职英文译文的索引等;在译文的页下附有详尽的歧义考证、地点考证、相关章节成书说明、互文考证说明、文化背景知识注释及资料依据、词汇对照表等①。据史嘉柏介绍,之前西方关于《左传》的翻译已不适应时代发展需要,他正致力于重译《左传》,希望能更好地向西方读者展现《左传》原貌。

美国学者不仅以平等尊重的态度来审视中国史学,更为重要的是他们对中国古代史学家和历史编纂学的研究兴趣日益增长,期待通过中西史学的比较从中国史学内部寻找有价值的、可与西方史学互补的思想、方法和理论。例如,蒂罗斯(Pantelis Ellis Tinios)于1988年出版了博士学位论文《班固、匈奴及〈汉书〉卷94〈匈奴传〉》,作者以《匈奴传》为例,研究了班固的撰史方法及宗旨,认为班固受到了中国古代以史为鉴、历史要经世致用思想的影响②。吴百益(Pei-yi Wu)于1993出版的《儒者的历程:中国古代的自传写作》,对中西个人传记做了比较,认为两者的研究旨趣和记载内容存在极大差异③。史嘉柏的《过去的模式:中国早期史学的形式和思想》通过对《左传》和《国语》两个古代文

---

① William H. Nienhauser Jr., Tsai-fa Cheng, *The Grand Scribe's Records*, Vol. I, Bloomington: Indiana University Press,1994.
② Pantelis Ellis Tinios, *Pan Ku, the Hsiung-nu and Han shu*, Ann Arbor: University of Michigan Press, 1988.
③ Pei-yi Wu, *The Confucian's Progress: Autobiographical Writings in Traditional China*, Princeton: Princeton University Press, 1990, pp. 4-8.

本的探讨,以及与西方史学尤其是古希腊史学的比较,寻找中国史学的独特起源①。史华慈(Benjamin I. Schwartz)的《中国文化之历史观:若干比较性思考》,着重探讨的是中国史学的独特性问题。他通过比较中国史学与西方史学中关于"史"(history)的不同解释,认为中国史学最关注的是人的历史与非人的历史之间的关系②。克拉克(Anthony E. Clark)的《兰台中的历史学家:班固〈汉书〉中的辩论术》受到亚里士多德"历史反映细节,而文学再现普遍规律"观点的启示,对班固的史学编撰方法进行了分析,认为亚里士多德对历史与文学的分类不适用于中国古代史学,因为中国早期史学著作中夹杂的散文、辞赋等带有一定的抒情性,从而赋予了这些史学著作一定的文学性③。2008年,克拉克在其博士论文的基础上出版了《班固的中国早期历史》一书,作者把对《汉书》的文本分析与班固的生平学术及其家族在两汉兴衰之际的活动结合起来,并将"逐鹿"、"斩蛇"、高祖与宣帝身上的"异兆"等印证汉王朝"天命所归"的神话与班固的历史编纂联系起来,进而得出结论:《汉书》不仅是一部客观、真实记载汉代历史的著作,更是一部贯穿着班固个人的理念、抱负和学术旨趣所"创造""想象"出来的历史④。葛朗特·哈代(Grant Hardy)的《一个中国古代的历史学家能对现代西方理论有所贡献吗?——论司马迁的多重叙事》长篇论文,将司马迁的观点和海登·怀特(Hayden White)等西方史学家的观点做了比较,认为司马迁自相矛盾的叙述在许多方面能更加准确地反映过去,为西方史家摆脱

---

① David Schaberg, *A Patterned Past: Form and Thought in Early Chinese Historiography*, Cambridge and London:Harvard University Press, 2001, pp. 12-17.

② Benjamin Schwartz, "History in Chinese Culture:Some Comparative Reflections", *History and Theory*, Vol. 35, No. 4, Dec., 1996, pp. 23-33.

③ Anthony E. Clark, *Historian of the Orchid Terrace: Partisan Polemics in Ban Gu's Han Shu*, doctoral dissertation, Ann Arbor:University of Michigan, 2006.

④ Anthony E. Clark, *Ban Gu's History of Early China*, Amherst:Cambria Press, 2008.

传统历史编纂模式提供了思路①。

概而言之,在多元文化共存成为时代潮流的背景之下,不仅有越来越多的华人学者或在美从事中国史学史研究,或参与美国学者所主持的有关中国史学方面的团队共同从事学术研究;而且,对中国史学尤其是对传统史学的兴趣趋于浓厚,开始以平等尊重的态度对待中国传统史学,注重中西史学之间的比较,致力于从中国史学内部找寻有价值的、可与西方史学互补的思想、方法和理论,这成了美国中国史学研究的主流。正因为如此,20世纪90年代以来的美国中国史学史研究进入了"全球化"的时代。

二、美国学者对中国传统史学的认识变迁

众所周知,受自身文化传统和思维模式的制约,人们在对异质文化进行解读时往往不免有所偏离、有所修正,见其所见,不见其所不见;而且,这种对异质文化的解读亦随时代的变迁、异质文化自身的变化以及环境的改变而不断变动。作为异质文化交流的一个方面,美国学者对于中国传统史学的解读概莫能外。在这一个半世纪里,美国学者对于中国传统史学的认知和解读处于不断变化之中。

(一)传教士时代:蔑视与批判

如前所述,早在19世纪三四十年代,美国来华传教士就已开始了解有关中国传统史学方面的知识。美国来华传教士在了解中国史学之后,大多认为中国史学源远流长,拥有其他民族所无法比拟的丰富史料记载。例如,郭士立在他的文章中写道:"没有哪个国家可以自诩像中国人那样长久而且持续地拥有历史学家。从出生于公元前550年第一个整

---

① Grant Hardy, "Can an Ancient Chinese Historian Contribute to Modern Western Theory? The Multiple Narratives of Ssu-ma Ch'ien", *History and Theory*, Vol. 33, No. 1, Feb., 1994, pp. 20–38.

理编撰古代记述并使之成为历史的孔子时代一直到今天,每个时代都有他们自己的历史学家……给我们提供了丰富而多样的资料,以供我们编纂关于这个最早存在的国家之一的历史,并追寻其自古至今的进程。"①卫三畏亦认为:"中国人的历史,拥有经过仔细而公正地检验的编年史,在某些方面可以说超过任何民族。"②

在肯定中国史学具有悠久历史之同时,来华传教士对中国传统史学更多的是蔑视。郭士立认为绝大多数的中国传统史学家都是好奉承之人③,尽管在他们中间能够找到因其思想的独创性和精妙用语而引人注目的几本著作,但是不能指望从他们的著作中获取详细而相互联系的史实,因为中国史学家从不进行这样的研究④。例如,中国史家编著的《东华录》在他看来只是"枯燥地叙述历史事件","可谓毫无推荐之处,仅仅是作为文稿而存在,其内容没有思想的深度,无疑是目前低劣文献作品的一个绝好范例"⑤。对中国传统史学的研究对象、研究内容及功能目的,郭士立则进行了更为尖锐的批判:"考察中国历代史家针对他们各自时代所写的著作,我们发现……由于他们缺乏想象,他们既不能很好地理解他们自己的奇特创造物是如何发生,也不能建立自己的理论。他们所有的目标只是寻找合适的风格,以标准的语言来表述他们的思想,并使读者在理解他们的思想时没有哪怕是一丁点的困难。他们所谈论的仅仅是握有统治权的君王,而不承认道德精神是世界事务的一部分。他

---

① Charles Gutzlaff,"Character of Chinese Historical Works",*The Chinese Repository*,Vol. 3,No. 2,Jun.,1834,pp. 53-54.
② [美]卫三畏:《中国总论》,第 674 页。
③ Charles Gutzlaff,"Remarks on the History and Chronology of China",*The Chinese Repository*,Vol. 2,No. 2,Jun.,1833,p. 76.
④ Charles Gutzlaff,"Character of Chinese Historical Works",*The Chinese Repository*,Vol. 3,No. 2,Jun.,1834,pp. 53-54.
⑤ Ibid.,p. 59.

们把它描绘成世界所有事情和秩序的源泉,而其他大洪水之前的人都只是跟随独裁者的乐趣而转动的傀儡,这就是真实的中国人。君王成为整个国家的象征,所有臣民都一心一意地归顺于他。如果我以这种观念来看待中国历史,并牢记这是遍及中国所有历史著作的首要原则的话,我们就能完全理解他们叙述的精神实质。"①卫三畏对中国传统史学的研究对象和研究内容亦批评道:"中国的史书一般都是这样写的:皇帝及其大臣塞满了整个历史的视野,极少记载人民的状况、习惯、工艺或行业,人民仅仅被当作帝王的随从。"②裨治文也对中国古代人物传记进行了类似的批判:"中国较为大型的历史著作,通常都有关于著名历史人物的介绍。但是,他们通常都只有一个梗概。像大多数中国史学著作一样,他们除了骨骼之外没有任何其他东西——没有血和皮肤组织去填充和美化身体。传记通常由姓名、出生年月、出生地、担任职务及去世时间构成,这些事实通常是由以每月几两白银雇用来的抄写员以一种僵硬、枯燥甚至是错误拼凑的方式来叙述的。"③

在丁韪良(W. A. P. Martin)看来,在西方是美的观念主导历史作品的创作;然而在中国,"历史的概念是一种简单的记录,而非一项艺术的工作"④,故而中国完备的历史记录体系虽成就了卷帙浩繁的历史文献,但历史材料并没能得以消化,"死的过去是被埋葬而不是被解释了"。若用以培根为代表的、将历史定义为"以例子来教的哲学"的西方眼光和价值标准来看,中国有年鉴,没有历史。他认为,中国的年鉴精雕细刻,富

---

① Charles Gutzlaff, "Character of Chinese Historical Works", *The Chinese Repository*, Vol. 3, No. 2, Jun., 1834, p. 57.
② [美]卫三畏:《中国总论》,第688页。
③ E. C. Bridgman, "Chinese Biography", *The Chinese Repository*, Vol. 1, No. 3, Jul., 1832, pp. 107-108.
④ W. A. P. Martin, *Hanlin Papers*, Second Series, Shanghai: Kelly & Walsh, 1894, p. 2.

于对人物和事件的尖刻的批评,但是他们的全部文学中没有任何可以称之为历史哲学的东西。没有重新架构宇宙并将其原理用于解释人类进步规律的黑格尔,没有追踪旧文明衰落踪迹的吉本或孟德斯鸠,没有描述新文明兴起的基佐。他们甚至没有能由果推因、描绘一个时代全景的修昔底德和塔西佗①。对于造成这种现象的原因,丁韪良认为并不是中国人本性上缺少哲学能力,而应该归咎于孔子所确立的《春秋》模式。孔子的《春秋》连编年史也算不上,只是将大大小小的事件像念珠一样以日历串起来的一部日记。这种方法虽令文体极其简洁,但却很难让人觉察到事件之间的联系。中国史家按照这种模式辛勤搜集资料,有"只见树木不见森林"的缺点,中国的年鉴编撰者们热衷于将所有发生的事件按时间顺序分类,不能觉察到席卷所有国家以及长期持续的许多大的运动的趋势。如果说对日常琐事的记录是历史,那么也可以说每日对星星的记录就是天文学,但成千上万的勤劳的观察者所记录下的观察显然是做无用功,而开普勒之眼,掠过众多的事实,就能归纳出行星的轨道。难道我们不希望能产生一些精神大师,来揭示这些未消化的事实中所蕴含的统治律吗?②

在 20 世纪的中国史学中,可以发现与美国来华传教士对中国传统史学批判相类似的观点。梁启超曾批评中国传统史学有"四弊""二病"和"三恶果":"知有朝廷而不知有国家""知有个人而不知有群体""知有陈迹而不知有今务""知有事实而不知有理想",故其"能铺叙而不能别裁""能因袭而不能创作",因此传统的史书"难读""难别择",令人"无感触"。梁启超在对封建旧史的"四蔽""二病""三恶果"一一澄清的同

---

① W. A. P. Martin, *Hanlin Papers*, Second Series, Shanghai: Kelly & Walsh, 1894, pp. 11—12.

② W. A. P. Martin, *Hanlin Papers*, Second Series, p. 13. 另,对丁韪良的中国历史研究的评述,参见王文兵、张网成:《重建与解释:丁韪良的中国历史研究述评》,《学术研究》2009 年第 4 期,第 102—109 页。

时,痛斥封建史学为"帝王将相家谱""相斫书""墓志铭""蜡人院"①。19世纪美国来华传教士对中国传统史学的批判,与20世纪初中国学者对中国传统史学的批判存有相类似之处,这也许是我们须重视19世纪美国来华传教士的中国传统史学观的理由,因为它不仅影响到美国人的中国史观,而且对20世纪初中国新史学的建立产生了一定影响。

美国来华传教士之所以对中国传统史学持有这样一种认识,缺乏对中国传统历史文化深刻的了解和认识是其中的重要原因之一。郭士立曾于1838年发表了一篇关于《三国志》的长篇书评。在这篇文章中,他似乎将正史之一的《三国志》与白话小说《三国演义》混为一谈。他在文中提到:"当我们考虑到,这部作品出版于将近14个世纪之前,我们就会毫不犹豫地承认,中国人的文学天才在很早的时期就已得到发展。"②这说明他所指的的确是《三国志》,但他的相关评论却又会使我们"毫不犹豫"地想到《三国演义》。他说:"在中国所有的文学作品中,很少有像《三国》这样流行的。老人和青年都读它,学者表示钦佩,连文盲也发出赞扬。所有的阶层都同意,它是古往今来最有趣的书;它的风格、语言和记述事件的方式,无论怎样称赞都不为过;它是一部杰作,在文学编年史上无与伦比。因此,它被置于一个叫作'十才子书'的系列之首:这些是标准的文学作品,是趣味阅读的文库。"③他还说:"只要能看得懂一部普通书籍的人都可以读《三国》。尽管该书不少于24卷,但只有很少人读过少于一遍。即使是文盲,也会以不能谈论与它相关的事实为耻。"④故可断定,郭士立介绍的"《三国志》"实际上是《三国演义》。这位在中国历史

---

① 梁启超:《新史学》,载《饮冰室合集》文集之九,中华书局1989年版,第3—4页。
② Charles Gutzlaff, "Notice of the San Kwo Che", The Chinese Repository, Vol. 7, No. 5, Nov., 1838, p. 233.
③ Ibid.
④ Ibid., p. 234.

文化方面有一定造诣、本人也颇以此自豪的传教士,竟犯下如此低级错误,不免令人诧异。

美国来华传教士蔑视中国传统史学,更重要的原因还在于这一时期美国来华传教士的中国观。从18世纪后期开始,伴随着工业革命的展开,西方不仅在物质文明方面得到前所未有的提高,而且在思想领域发生重要的变革,自由贸易、反对专制主义的潮流不断高涨;与之相对的是,中国却仍限制贸易、坚持君主专制,顽固地抵制任何变化。由此,一度为西方所称羡的中国开始被西方视为一个过时的社会,注定要在一潭死水般的野蛮状态中衰落下去,直到一个生机勃勃、其活动遍及世界各国而又把各国加以世界主义化的西方,给她注入新的活力,使她脱胎换骨①。处于此时代背景下的美国来华传教士,当然亦抱有相类似的中国观。正如有学者所说,"鸦片战争使中西方关系发生了急剧的逆转,也使西方对中国的看法从尊敬和服从转向蔑视和拒斥……蔑视中国的始作俑者和最主要的鼓吹者是来华的美国传教士。传教士以狭隘的基督教标准审视中国社会,把中国描绘成堕落、黑暗、濒于毁灭的异教国度"②。受这种中国观的影响,裨治文、郭士立等来华传教士在评述包括传统史学在内的中国历史文化时,采用的是以近代西方文明为唯一的判别标准、西方近代化模式为文明发展唯一模式的两极思维方式。这种以西方文明作为衡量其他非西方文明的标准的思维方式,难以对中国传统史学做出正确的评价,亦无法认识到中国传统史学的独特性及其价值所在。

(二)汉学专业化时代:理解与认同

如前所述,19世纪末、20世纪初以后,伴随着许多欧洲汉学大师和

---

① [美]柯文:《在中国发现历史——中国中心观在美国的兴起》,林同奇译,中华书局2002年版,第57页。
② 王立新:《试论美国人中国观的演变(18世纪—1950)》,《世界历史》1998年第1期,第14页。

华裔学者移居美国以及其他因素的影响,美国的中国研究开始由传教士的业余时代进入到汉学研究时代①,出现了诸如柔克义、贾德(Thomas F. Carter)、德效骞、恒慕义(Arthur W. Hummel)、贾德纳等一批对中国传统文化有着严谨而精细研究的学者。例如,柔克义与德国赴美学者夏德在翻译《诸蕃志》的同时,对原文进行了细致的勘误,考辨分析《诸蕃志》每一篇章的资料来源,对其史料价值进行鉴定②;贾德通过严密的考证,用详尽的史实阐明中国印刷术的发明过程及其西传轨迹③;德效骞通过精细的史料分析和推理,论证公元5世纪在中国郡县名册中所载的"骊靬"城,实为罗马人移民点④。基于这些学者严谨的研究,美国相继涌现出一批在中国传统史学方面颇具学术价值的著作。德效骞翻译注释的《汉书》,被称为是一本具有"永恒价值的著作"⑤;贾德纳的《中国传

---

① 自20世纪初以来,劳费尔(Berthold Laufer)、夏德(Friedrich Hirth)、伯希和(Paul Pelliot)、戴闻达(Jan J. L. Duyvendak)等一批欧洲汉学大师相继赴美,在欧洲汉学家的影响下,美国的中国研究注重应用实证方法研究传统中国的历史、语言、思想和文化,进入汉学专业化时代。第二次世界大战爆发后,无论美国政府还是普通民众都迫切需要了解远东历史文化和社会现状。基于现实社会所需,美国的中国研究出现由注重传统中国转向现当代中国的趋向。因此,这里所指的汉学专业化时代,是20世纪初至40年代这段时期,因为自太平洋战争结束以来,美国中国研究领域内的欧洲汉学模式,逐渐为注重应用社会科学方法研究近现代中国问题的模式所取代,并逐渐成为美国中国研究领域内的主流。汉学时代为费正清等人所主导的区域研究模式下的中国研究所取代。参见朱政惠:《美国中国学史研究》,上海古籍出版社2004年版;吴原元:《隔绝对峙时期的美国中国学》,上海辞书出版社2008年版。
② Friedrich Hirth, William Woodville Rockhill, eds. and trans., *Chu-fanchi*, St. Petersburg: Printing Office of Imperial Academy of Sciences, 1911.
③ [美]卡特:《中国印刷术的发明和它的西传》,吴泽炎译,商务印书馆1957年版。
④ [美]卜德:《中国物品西传考》,载《中外关系史译丛》第4辑,上海译文出版社1984年版,第364页。
⑤ Meribeth E. Cameron, "Outstanding Recent Books on the Far East", *The Far Eastern Quarterly*, Vol. 4, No. 4, Aug., 1945, p. 369.

统史学》被评价为具有开拓意义的作品,是理解中国史学的指南①;恒慕义主编的两卷本《清代名人传记》,被胡适称为"至少在目前来说,没有任何语言甚至包括中文在内的著作可与之相匹"②。

另一方面,随着中国社会的剧烈变化和第二次世界大战的爆发,中国相对于美国而言具有了重要的战略利益;美国人的中国观开始由此前的蔑视、拒斥转变为同情、赞扬③。尤为重要的是,法西斯主义的猖獗和第二次世界大战对美国人产生了深深的触动。他们意识到必须从种族优越感的陷阱中抽身,否则世界不可能享有和平。正如美国汉学家卜德所说,"我们今天的思想意识和生活方式,不是某一种族的某一单独文明或地球上某一特定地域的产物,而是来自许多地区和人民对人类文明所做的贡献","只有诚实地承认世界各国越来越互相依赖,我们才能为未来在更加美好的社会中过上和平生活做好准备。这常常需要我们改变对其他国家人民及其风俗的态度。这种态度是长期遗留下来的,往往是不合理的"④。由此,美国人对于其他民族历史文化的态度开始有所改变。汉学家贾德纳在第二次世界大战行将结束时曾直言道:"我们对于自己国家的无知、狭隘和地方主义有了一个新的认识,因此我们需要加深对中华文明的研究和了解,渴望从中得到启迪……这一点已经变得越来越清楚。"⑤

不可否认,这一时期依然有学者延续着来华传教士对中国传统史学

---

① Charles S. Gardner, *Chinese Traditional Historiography*, Cambridge: Harvard University Press, 1961, Foreword.
② [美]恒慕义编:《清代名人传记》,中国人民大学清史研究所译,青海人民出版社 1995 年版,序。
③ 王立新:《试论美国人中国观的演变(18 世纪—1950)》,《世界历史》1998 年第 1 期,第 13—20 页。
④ [美]卜德:《中国物品西传考》,载《中外关系史译丛》第 4 辑,第 233 页。
⑤ Charles S. Gardner, "The Future of Chinese Studies in America", *The University of Pennsylvania Library Chronicle*, No. 1, 1944, pp. 36-37.

的认识和评价。例如,萨金特就认为,后世中国史家所推崇的班固,"本质上不是一个历史学家,他只是一位认真仔细的编者;第二,他没有判断,仅有感想;第三,政治环境要求他对汉代历史的解读与他的资助人——东汉的刘氏皇帝所希望的相一致"[1]。对于后世"正史"之楷模的《汉书》,他首先肯定"班固的《汉书》是研究公元前209年至公元25年间的中国经济、政治、社会、机构制度及历史的最为主要的史料来源,它也是后世任何有关这一历史时期的研究著作的基础"。但他同时指出,班固的《汉书》存在明显局限性,"编年史的独特性和严格按照年代顺序排列史料的特点,使后世的史学家在对汉代任何一个特殊阶段进行研究时难以使用它;同时,编者亦排除了对史料进行分析和综合的可能性。更为严重的是,作者的主要目标是为统治者提供一种政治道德指南,其结果是只关注皇室的活动及与其有关的事件,普罗大众以及一般的社会经济状况通常被忽视,除非他们实质上影响到王权或皇室。因此,我们与其将它称之为汉代史,不如称之为汉朝时期刘氏皇族的政治史"[2]。在萨金特看来,中国其他史家也概莫能外,"中国史家的任务是维系政治道义的正统性,编撰史料主要旨在暗示目前政治事件与这种正统政治标准的关系。历史记录的目的在于将其作为一种对政治事件的道德解释,以指引后世统治者的政治道德。在他们的脑海中,最为突出的职责是有必要根据正统标准将历史描绘成它应该怎样而不是它是怎样的。对于他们而言,历史不是全面分析经济历史与政治事件之间的关系,而主要是为统治者的政治道义教育服务"[3]。

但是,伴随着对中国历史文化了解的加深、中国观的转变以及第二

---

[1] Clyde B. Sargent, "Subsidized History: Pan Ku and the Historical Records of the Former Han Dynasty", *The Far Eastern Quarterly*, Vol. 3, No. 2, Feb., 1944, p. 132.

[2] Ibid., p. 143.

[3] Ibid., p. 134.

次世界大战带给美国人的触动,已有不少美国学者对中国传统史学的认识不再像此前来华传教士那样,用西方史学标准来批判中国史学,无视其独特性及其所蕴含的思想文化价值,他们对中国传统史学有了更多的理解与认同。德效骞指出,中国传统史家的历史观明显不同于我们今天的历史观,"一直以来,中国古典的历史观就是对事件的记录。对事件的解释,只是在今天被认为是历史学家的主要作用,但这为正统的中国史家所拒绝,因为他们认为解释必定是主观的,然而历史被期望是完全客观的。中国史家也可能会以其研究是主观性评论而非客观性历史来指责现代欧美史家"①。基于此,德效骞以《汉书》为例,认为不能因中国传统史学没有达到西方现代史学的标准而批评指责他们,"《汉书》被批评为不是真正的历史而仅是文献编辑。它是历史还是文献编辑,取决于我们的历史概念。如果我们所说的历史仅仅是历史学家收集、分析资料,并从他所挑选的论题中发现一种情形或趋向,然后运用资料对其展开解读以探寻结果的话,《汉书》当然不是历史;但我们也将被迫宣告希罗多德——这位历史之父也不是历史学家,李维也不是。事实上,在现代以前,没有任何地方的任何历史学家实际上是如此著述的。希望其他时代或地区的史家著述与我们目前的理想相一致是不公平的。今天我们认识到,因罗马史家拥有不同的历史观,没有符合我们的理想而批评他们是错误的。我们不应该认为我们目前的历史观就是唯一正确的。班固在我们今天当然不是理想的史学家,《汉书》也当然不是现代的历史;我们只有当《汉书》没有达到他自己那个时代所认同的历史标准时,才能批评它"②。德效骞最后指出:"二十五部正史构成了世界上最大的仍未开发的历史资料库。《汉书》及整个正史系列被攻击为不是历史,是带有根

---

① Homer H. Dubs, "The Reliability of Chinese Histories", *The Far Eastern Quarterly*, Vol. 6, No. 1, Nov., 1946, p. 29.
② Ibid.

本性的偏见。……孔子对于历史准确性的理想使中国史家在可靠性方面达到了相当高的高度。"①

贾德纳也注意到了中国传统史学与西方史学所存在的差异,"在西方,我们要求史家对史实进行分析和分类以展现其逻辑顺序,这似乎是他个人大脑计算的展现,不仅仅是他们的时间顺序,而且是一系列相关联事物的因果关系。更重要的是,我们要求他创造出一种栩栩如生的、值得信赖的、由陌生地点和不熟悉的人物所构成的过去时代。与此相反,中国人认为过去是一系列具体事件和公开的行动。将它们记录为历史,应该准确不带偏见,无须经过记录者个人所做的任何推断。记录者必须尽可能克制这种因他自己对真实因果关系不完美的评定而显露出的歪曲"②。贾德纳以文本校勘为例,认为中国传统史学在某些方面其实并不亚于西方史学,"从一开始,中国人在文本校勘这一严谨的学术领域,便丝毫不落后于西方学术……只不过他们从来没有像受到赞赏的西方理论那样,对其进行系统的和逻辑性的阐述。相反,他们通过具体的范例发展、应用、传播这一学术"③。在贾德纳看来,中国传统史学具有不少值得西方肯定之处,如"学术的客观性","中国史家虽然采用非常原始的合成方法,但长期以来一直坚持着知识分子的正直性"④。总之,世界上"没有任何其他古代国家,拥有如此多具有连续性和准确性的关于其整个过去的记载"⑤。

总而言之,在汉学研究时代,仍然有不少人对中国传统史学持蔑视和批判的态度,认为中国传统史学受到儒家思想的深切影响,把重点放

---

① Homer H. Dubs, "The Reliability of Chinese Histories", *The Far Eastern Quarterly*, Vol. 6, No. 1, Nov., 1946, p. 43.
② Charles S. Gardner, *Chinese Traditional Historiography*, p. 70.
③ Ibid., pp. 18, 64.
④ Ibid., pp. 18, 105.
⑤ Ibid., p. 105.

在褒贬上,沦为道德工具;历代中国政权雇用史官,为其政治目的服务,又使之沦为政治工具,以至于没有独立的史学意识,在方法上亦因而停滞在编排与剪贴的层次。概而言之,中国是有史料而无史学,即便有所谓史学,也仅是关于皇族的政治史。然而,随着对中国传统历史文化了解的加深以及受其他因素的影响,已有为数不少的美国学者开始尝试不再仅以西方史学标准来评判中国传统史学,转而对中国传统史学与西方史学的不同之处表示理解与认同。

（三）冷战时代:赞赏与遗憾

进入20世纪50年代,美国学者对于中国传统史学的态度不仅仅局限于理解和认同,而更多的是赞赏与褒扬。华兹生曾于1958年出版《司马迁:中国伟大的史学家》一书,他从"司马迁的世界""司马迁自传""《史记》的框架结构""司马迁的思想"等几个方面,"向英语世界的读者介绍司马迁这个人物,描述他的著作的形式和内容,并简要说明它在中国文化中的某种重要性"[①]。华兹生认为,司马迁是一个具有理性主义思想之人,尊重其所掌握的史料,秉持客观公正的原则去评价中国历史及人物。同时,他亦是一个具有现实主义思想的人,如他敢于将项羽、陈涉等没有被承认,但实际上对他们那个时代具有巨大影响之人视为具有重要历史地位的人物,他称颂被儒家思想视为黄金时代的三皇时期,且认为这一时期有很多方面值得当今时代的人们学习。在华兹生看来,司马迁著作中最为重要的特征是人道主义思想,"他对于过去具有深深的爱和同情,并不是以冷漠态度记述那些生活在过去时代的人们,而是与他们一同分享胜利与悲伤……没有任何人总是居于他批评指责的一侧,也没有任何人总是居于他同情的一侧。其著述中所透露出的热情、亲切和人性化特征,使他的著作赢得世世代代读者的赞美,并使其在中国传统文

---

① Burton Watson, *Ssu-Ma Ch'ien: Grand Historian of China*, New York: Columbia University Press, 1958, p. ix.

化中具有永恒不朽的价值"①。斯普里克在专著《班彪、班固和汉代史学》一书中认为"班固堪称中国最伟大的史学家之一"②。倪德卫对以章学诚为代表的 18 世纪中国史家这样评价道:"一般认为,在古老中国,家族就意味着一切,个人是无足轻重的……总体上它显然是一种误导。毕竟,在章学诚的史学著述思想观念中,个人的生活和工作构成了其他一切事情的基础。我们中有多少人曾经思考过为一个死去的亲友撰写一部传记? 然而,章学诚及其 18 世纪的朋友们认为这种对一个人生命价值尊重的最后行动是士绅的责任或义务。"③

美国学者在对中国传统史学表示赞赏的同时,却对这一时期的中国主流史学——马克思主义史学均持否定态度。在他们看来,中国的马克思主义史学是一种"意识形态化的学术",其最终目的是"将历史研究作为一种宣传,以使现存的政权能够获得中国人民永久的支持;同时,中国今天的历史写作也代表一种真正尝试,即在中国的过去中为他最近所展现出来的国内和外部发展找寻合法性"④。在他们看来,这种完全服务于现实政治需要的史学研究,抛弃了中国传统史学所秉持的优良传统和原则。

显而易见,美国学者对中国传统史学的褒扬,或对中国史学传统及史学发展趋势被所谓破坏和中断的"遗憾",背后都不同程度地隐含着冷战的意识形态。其实,冷战时期的所有学术研究都或多或少存在这

---

① Burton Watson, *Ssu-Ma Ch'ien: Grand Historian of China*, pp. 152-154.
② Otto B. Van der Sprenkel, *Pan Piao, Pan Ku, and the Han History*, Canberra: Australian National University, 1964.
③ David S. Nivison, "Aspects of Traditional Chinese Biography", *The Journal of Asian Studies*, Vol. 21, No. 4, Aug., 1962, p. 463.
④ Harold Kahn and Albert Feuerwerker, "The Ideology of Scholarship: China's New Historiography", in Albert Feuerwerker, ed., *History in Communist China*, Cambridge and London: The M.I.T. Press, 1968, p. 13.

一问题。众所周知,在制约人文社会科学研究的各种因素中,最根本的是学者生活于其中的政治、思想与文化的环境;学者们所遵循的取向、所提出的基本问题,无一不是由学者的社会文化环境所决定的。正如萨义德(Edward W. Said)所说:"学术研究领域——即使最怪僻的艺术家的作品也同样如此——是受制于社会,受制于文化传统,受制于现实情境。"① 受限于冷战时代环境,美国学者在评判中国传统史学时,往往难以跳脱冷战意识形态的束缚与影响,进行客观分析;相反,常常超越学术界限而带有政治攻讦色彩。

(四) 全球化时代:尊重与借鉴

如前所述,20 世纪 80 年代后,"多元文化主义成为一种时代精神"②。在这种思潮的影响之下,一些美国学者提出了更为现实的文明观,"任何文明都是历史的产物,有其内在和特定的价值体系,没有一种文明可以宣称比其他文明更为优越,也没有理由以主流文明自居,并歧视、否定甚至取代其他文明",其理论核心是"承认文化的多元性,承认文化之间的平等和相互影响,打破西方文明在思维方式和话语方面的垄断地位",强调"对于不同民族文化的保护和尊重",认为"无论是在美国内部还是在世界范围内,都需要建立一种更为现实的相互认可和尊重的文化和政治关系"③。这种理念直接影响了美国学界对中国传统史学态度的转变。

前述华兹生与倪豪士在英译《史记》时,无论是在对原文文本的认知还是在语言和文化差异的具体处理上,都存在巨大差异,这种差异即是美国学者对中国传统史学态度转变的例证。华兹生在翻译《史记》时采

---

① [美]爱德华·W.萨义德:《东方学》,王宇根译,生活·读书·新知三联书店1999年版,第257页。
② 李剑鸣:《关于20世纪美国史学的思考》,《美国研究》1999年第1期,第20页。
③ 王希:《多元文化主义的起源、实践与局限性》,《美国研究》2000年第2期,第49—50页。

用的是"归化"策略,即"译者通过严格使用现代英语用法、保持连续的句法、确定某种精确的含义来保证译文轻松易懂"①。通过这种流畅、通顺、透明的"归化"翻译,华译《史记》行文流畅、自然优美,具有现代英语散文的特征,从而增加了对那些对中国文化非常陌生的美国普通读者的吸引力。倪豪士等人在翻译《史记》时采用的是以再现异域文化为特色的"异化"翻译策略,它不再以流畅、自然、透明作为衡量译文质量的标准,译者有意识地打破了英语语言规则,努力再现中国文化和语言的异域风采,甚至在译文中添加了人名、地名等汉字,使用很多古语措辞。同一个国家在不同时期采用不同的翻译策略来译介同一部外国作品,绝不是一个孤立的翻译行为,它要受当时文化氛围的影响,并反映美国人对包括中国传统史学在内的中国文化的认知及态度。华译《史记》所采用的"归化"策略反映了在美国掌控文化输出主导权的时代环境下,想掠取中国的传统经典及其思想为美国文化建构服务,以及利用美国意识形态来阐释并改造中国传统文化的意图;倪译《史记》所采用的"异化"翻译策略则反映了在全球化与多元共生语境中,对中国文化异域特色的尊重与保留②。

美国学者对中国传统史学态度的转变,还体现在他们致力于通过比较以探寻中国传统史学的独特性。1995年,哈佛大学教授史华慈在题为《中国文化之历史观:若干比较性思考》一文中,着重探讨了中国史学的独特性问题。他通过比较中国史学与西方史学中关于"史"(history)的不同解释,认为中国史学最关注的是人的历史与非人的历史之间的关系;换言之,中国古代史学主要研究人与道的关系。他认为:"天或道的

---

① Venuti Lawrence, " American Tradition ", in Mona Baker, ed., Routledge Encyclopedia of Translation Studies, London and New York: Routledge, 2004, p. 1.
② 李秀英:《20世纪中后期美国对外文化战略与〈史记〉的两次英译》,《大连海事大学学报(社会科学版)》2007年第1期,第128—129页。

看法显示出中国人还是相信历史中存在着一些非个人的形式或力量,而且我认为像中国的势、时、自然这类的词汇,会令人联想到我们文化中那种有关自然发生、非个人的过程的观念。"①2001年,史嘉柏出版了《过去的模式:中国早期史学的形式和思想》一书,作者运用文学批评、历史著作分析以及中西传统史学比较的方法,综合研究《左传》和《国语》的修辞、叙述模式、美学及思想内容,力图寻找中国史学的独特起源。史嘉柏认为,《左传》和《国语》这两本历史掌故集,实际上可视为公元前4世纪左右一种非常活跃的史学编撰活动的遗迹。同时,他指出公元前的这两本著作,其实质是以孔子的观点解释过去并为现实的人提供训诫,这显示出聪明的中国人知道如何撰述历史②。吴百益的《儒者的历程:中国古代的自传写作》从中西个人传记的比较研究出发,对自汉至清中国古代自传写作的形式、内容及旨趣进行研究。他指出,中国古代的自传写作与西方早期自传相比有许多独特之处:早期中国自传以"传达"有价值的历史事实为宗,并肩负"教化"重任;当中国传统文化在处理与"传"或"史传"有关的叙事文字时,他们关切的不是个人主观思想、情感、内心的呈现;一直到16世纪,中国的自传作者始终都以客观自许③。

  美国学者克拉克(Anthony E. Clark)于2005年完成其博士学位论文《兰台中的历史学家:班固〈汉书〉中的辩论术》,受到亚里士多德"历史反映细节,而文学再现普遍规律"观点的启示,对班固的史学编撰方法进行了分析,并指出在西方历史与文学有很大区别,但亚里士多德对历史与文学的分类不适用于中国古代史学,因为中国早期史学著作中夹杂的

---

① Benjamin Schwartz, "History in Chinese Culture: Some Comparative Reflections", *History and Theory*, Vol., 35, No. 4, Dec., 1996, pp. 23–33.
② David Schaberg, *A Patterned Past: Form and Thought in Early Chinese Historiography*, Cambridge and London: Harvard University Press, 2001, pp. 12–17.
③ Pei-yi Wu, *The Confucian's Progress: Autobiographical Writings in Traditional China*, Princeton: Princeton University Press, 1990, pp. 4–8.

散文、辞赋等带有一定的抒情性,赋予了这些史学著作一定的文学性。克拉克认为,班固的作品为当时的朝廷在政治上自我保护和思想上自我争辩发挥了一定作用①。在博士论文的基础上,克拉克于2008年出版了《班固的中国早期历史》一书,该书是迄今为止欧美学者研究班固与《汉书》较为深入、详尽的一部专著。作者在充分利用中西方学者相关研究成果的基础上,把对《汉书》的文本分析与班固的生平学术及其家族在两汉兴衰之际的活动结合起来,并将"逐鹿"、"斩蛇"、高祖与宣帝身上的"异兆"等印证汉王朝"天命所归"的神话与班固的历史编纂联系起来,进而得出结论:《汉书》不仅是一部客观、真实记载汉代历史的著作,更是一部贯穿着班固个人理念、抱负和学术旨趣所"创造""想象"出的历史。作者对于后世认为《汉书》的成就仅限于史家在史书结构、体例和历史记录方面的贡献这一看法提出了异议,指出班固以"宣汉"和"断汉为史"为理论指导撰著《汉书》,其目的在于歌颂东汉统治的正统性与合法性,相较于司马迁带有强烈感情色彩的史诗风格,班固简洁、文雅、冷静的叙事风格被后世多数史家所效仿,并对后世的史学、诗歌、叙事文学作品影响深远②。然而,作者认为《汉书》是一部建构在班固的"自我认同"之上、体现着作者的存在、类似于"自传"的著作,正如詹姆斯·乔伊斯将个人意志与荷马的尤利西斯贯穿到自己的作品《尤利西斯》之中一样,这一论断显然混淆了史学与文学的界限,显示出作者对于汉代历史文化背景、班固的撰史宗旨以及中国古代史学传统的误读。

与此同时,20世纪90年代以来的美国学者重视探寻中国传统史学对西方史学的借鉴意义。例如,葛朗特·哈代(Grant Hardy)在题为《一个中国古代的历史学家能对现代西方理论有所贡献吗?——论司马迁

---

① Anthony E. Clark, *Historian of the Orchid Terrace: Partisan Polemics in Ban Gu's Han Shu*, doctoral dissertation, Ann Arbor: University of Michigan, 2006.

② Anthony E. Clark, *Ban Gu's History of Early China*, Amherst: Cambria Press, 2008.

的多重叙事》的论文中指出,《史记》全书结构和布局所反映出来的历史编撰方法与西方传统的史学编纂方法相当不同,从不同的视角不止一次地叙述同一事件,而且对同一事件的叙述也并不完全一致。在西方史家看来,这似乎象征着历史真相有某种程度的失真;可是在司马迁的叙述中,又经常显示出对事实真相的关注。葛朗特·哈代的解释是:与西方史学一元化的叙述相比较,司马迁自相矛盾的叙述在许多方面能更加准确地反映过去。司马迁特有的历史观念是承认史家和证据的局限,从而为多重解释提供了可能性,并聚焦于道德的省察;对西方人来说,这似乎有些陌生而混乱,司马迁的叙事理论也许为那些寻求逃避传统史学著作模式的现代历史学家提供了一个值得关注的样本。同时他还提到,尽管司马迁的叙事方法看上去经得起路易斯·明克(Louis Mink)与海登·怀特(Hayden White)的结构主义理论的检验,但是用西方理论去解释一部植根于非西方历史编纂传统的著作终究并不恰当①。可以想见,随着文化多元主义理念为更多人认同以及东西方文化交流的日趋活跃,未来会有更多像葛朗特·哈代这样致力于探讨东西方史学差异及不同史学模式交汇的学者。

(五) 反思与启示

回望历史,美国学者对中国传统史学的认识几经变化。这种变化并非由于认识对象即中国传统史学自身内部的变化,而是受多种因素的制约,认识主体对中国传统史学的了解程度就是其中之一。在对中国传统史学一知半解的传教士眼中,中国旧有之史只是埋没在杂乱故纸中的史料而已;在对中国传统史学已有一定研究的汉学家眼中,中国传统史学就不仅仅只是保存史料的仓库,它还具有西方史学所不具有的独特魅

---

① Grant Hardy, "Can an Ancient Chinese Historian Contribute to Modern Western Theory? The Multiple Narratives of Ssu-ma Ch'ien", *History and Theory*, Vol. 33, No. 1, Feb., 1994, pp. 20-38.

力。美国学者对中国传统史学的认识还受到时代环境变化的强烈影响。在传教士时代，西方主导并引领社会发展趋势，故一切皆以西方模式为评价标准，与西方史学有着巨大差异的中国传统史学被蔑视和批判是必然的；在冷战时代，冷战阴霾笼罩一切，美国学者不同程度地带着冷战的有色眼镜来认识和评价中国传统史学；在全球化时代，伴随着政治、经济、文化的全球化发展，多元文化共存成为时代共识，美国学者对于中国传统史学有了更多尊重，并尝试吸收借鉴以为西方史学发展所用。当然，文化的差异及认识主体的价值观念、思维传统也在一定程度上影响着美国学人对中国传统史学的认知和评价。例如，冷战时代美国学者从其自身价值观念出发，特别强调司马迁、章学诚等中国传统史家具有尊重个体生命价值的人道主义特征即是典型的例证。显然，上述三个因素今后仍将继续影响美国学者对中国传统史学的认识。

美国学者对中国传统史学认知的变迁，亦带给我们有益的启示。如前所述，受母境文化及意识形态观念的影响，美国学者对于中国传统史学的认知不同于中国学人。不可否认，尽管这种不同的理解有时是误解，甚至是曲解，但这种不同的理解仍是加深我们对中国传统史学认识所需要的。因为长期浸淫于自身文化传统之中，我们在认识自身文化传统时，往往受限于惯性思维而难以提出新的识见。正所谓"不识庐山真面目，只缘身在此山中"。因此，我们必须重视并加强对海外学者关于中国传统史学研究的研究，因为他们能够给我们提供认识中国传统史学的新视角和新的启迪。

史学是文化的产物，不同的文化孕育不同的史学。对于中国传统史学不同于西方史学之处，美国学者经历了从蔑视、理解再到尊重的变化过程。到今天，美国学者已开始尝试通过借鉴中国传统史学以克服西方史学的局限性，希冀建构一种全新的具有世界意义的史学理论模式。美国学者对于东西方史学差异的认知，对当代中国学人而言无异于一剂清醒剂。在相当长的一段时期内，中国史学存在着非常严重的西化现象。

用学者汪荣祖的话说,即"跟着西方的风向转"①。实际上,中国学人应探寻如何从现代西方史学中吸取资源与启示,理性评估其理论,并从中国历史经验与史学传统中获致具有特色的理论和方法,以备世界史坛的参考。当然,这是摆在中国学者面前的一种挑战。在全球化进程日益推进的今天,无论是美国学者还是中国学者都需要用理性与客观的眼光看待不同文化的史学,并致力于经由跨文化的比较与史学自我辩证以形成全球性的史学史的观点,只有这样才符合21世纪的时代精神,这也是21世纪史学发展所应努力的方向。

三、"二十四史"在美国的译介及影响

美国汉学家魏鲁男(James R. Ware)曾就中国正史如是言道:"在巨大的中国文献知识宝库里,最广为人知也最具价值的是'二十四史'。它是中国研究所必不可少的史料来源,所有从事中国问题研究的学者都必须将其置于手边以备不时查阅。"②确如其所言,中国的"二十四史"展示了黄帝以来中国古代社会近五千年的发展历程和数十个王朝的兴衰轨迹,反映了各个时期的正统观念与时代精神,它是研究中国历史乃至中国古代文化最具权威性的资料宝库,堪称中华文明的百科全书,自然吸引了不少美国学者的关注③。美国相继有学者或选译中国

---

① 盛韵:《汪荣祖谈西方汉学得失》,《上海书评》2010 年 4 月 18 日,第 B02 版访谈。
② James R. Ware, "Notes on the History of the *Wei Shu*", *Journal of the American Oriental Society*, Vol. 52, No. 1, Mar., 1932, p. 35.
③ 例如魏鲁男的《关于〈魏书〉编撰史的说明》("Notes on the History of the *Wei Shu*", *Journal of the American Oriental Society*, Vol. 52, No. 1, Mar., 1932, pp. 35-45);德效骞(Homer H. Dubs)的《中国史家的可靠性》("The Reliability of Chinese Histories", *The Far Eastern Quarterly*, Vol. 6, No. 1, Nov., 1946);萨金特(Clyde B. Sargent)的《受资助的历史:班固及其〈汉书〉》("Subsidized History: Pan Ku and the Historical Records of the Former Han Dynasty", *The Far Eastern Quarterly*, Vol. 3, No. 2, Feb., 1944)等即从史学史的视角对"二十四史"进行探入研究。

正史中的某些篇章,或就某部正史进行整体性翻译,以探究中国传统史学之要义。

(一)美国学人对中国正史的节译

美国汉学家卜德于20世纪30年代先后出版了《中国的第一位统一者:从李斯的一生研究秦朝》(1938年)和《古代中国的政治家、爱国者及将军》(1940年),这两部著作是在分别对《史记》卷87《李斯传》以及卷83《鲁仲连邹阳列传》、卷85《吕不韦列传》、卷86《刺客列传》进行译注的基础上撰著而成的,由此开启了美国学界选译中国正史之先河[①]。

继此之后,魏特夫(K. A. Wittfogel)在洛克菲勒基金会的资助下,于1939年开始从事一项名为"中国历史研究计划"的庞大项目。该项目在冯家昇、王毓铨、房兆楹、瞿同祖、何兹全、陈学霖等中国学者的帮助下,致力于从《史记》《汉书》《后汉书》《三国志》等中国史籍中摘录有关秦、汉、辽、金、清等朝代的社会经济史料,再译成英文。至1949年,该研究计划最终只完成了有关辽代部分的社会经济史料英译,出版了《中国社会史:辽(907—1125)》一书[②]。德裔美籍汉学家艾伯华(Wolfram Eberhard)曾撰写《汉代中国人宇宙观思辨》一文,节译了《汉书》卷26《天文志》[③]。1946年,杨联陞完成《晋书食货志译释》,获得博士学位。他的博士论文主体内容如他自己所言,是将"第二、第三、第四世纪中国经济史最重要的文献《晋书》'食货志'作一便于阅读的英译,并以简明的方式

[①] Derk Bodde, *China's First Unifier: A Study of the Ch'in Dynasty as Seen in the Life of Li Ssu*, Leiden: E. J. Brill, 1938; Derk Bodde, *Statesman, Patriot, and General in Ancient China: Three Shih-chi Biographies of Ch'in Dynasty, 255 - 206 B. C.*, New Haven: American Oriental Society, 1940.

[②] Karl A. Wittfogel and Feng Chia-Sheng, eds., *History of Chinese Society: Liao*(907-1125), Philadelphia: The American Philosophical Association, 1949.

[③] 该文上篇收入柏林《巴塞勒档案》总第16卷1933年第1—2期,下篇于1933年收入柏林《普鲁士科学院会议文集》,亦见论文集《古代中国的星相学和宇宙论》(中国资料与研究辅助服务中心,1970年)。

加上一些必要的注解"①。1947年美国汉学家德范克(John de Francis)在《哈佛亚洲研究杂志》第10卷刊登了《淮阴侯列传》的译文,其中含有《史记》卷九十二《淮阴侯列传》、《汉书》卷三十四《韩彭英卢吴传》中关于淮阴侯韩信的相关文献英译②。1948年,布露(Rhea C. Blue)在《哈佛亚洲学报》上刊载了《汉、魏、隋史:〈食货志〉的争辩》一文。该文在讨论了关于《食货志》卷的性质之后,其主体部分是将《史记》卷三十的"太史公曰"、《史记》卷一百二十九的小序和结论、《汉书》卷二十四的小序和赞语、《汉书》卷九十一的小序、《魏书》卷一百一十的小序和《隋书》卷二十四的小序翻译成英文③;1950年,孙念礼(Nancy Lee Swann)出版了《中国古代的食物与货币》一书,其中含有《汉书》卷二十四《食货志》和卷九十一《货殖传》的译文,并附有大量注释④;1953年,基尔曼(Frank A. Kierman)出版了《司马迁的史学态度》一书,该书在对《史记》卷八十至八十三即《乐毅列传》《廉颇蔺相如列传》《田单列传》《鲁仲连邹阳列传》这四卷翻译的基础上,通过对与战国后期有关的四篇人物列传的分析,探究司马迁的史学态度⑤。何四维于1955年出版的《汉律拾零·〈汉书〉卷二十二、卷二十三注译与研究》一书,节译了《汉书》卷二十二《礼乐志》

---

① 杨联陞:《晋代经济史释论》(本文原是作者博士论文的引言,1946年发表于《哈佛亚洲学报》),载刘梦溪主编:《中国现代学术经典:洪业、杨联陞卷》,河北教育出版社1996年版,第704页。

② John de Francis, "Biography of the Marquis of Huaiyin", *Harvard Journal of Asiatic Studies*, Vol. 10, 1947.

③ Rhea C. Blue, "The Argumentation of the Shih-Huo Chih: Chapters of the Han, Wei, and Sui Dynastic Histories", *Harvard Journal of Asiatic Studies*, Vol. 11, No. 1/2, Jun., 1948, pp. 1—118.

④ Nancy Lee Swann, *Food and Money in Ancient China*, Princeton: Princeton University Press, 1950.

⑤ Frank Algerton Kierman, Jr., *Ssu-ma Ch'ien's Historiographical Attitude as Reflected in Four Late Warring States Biographies*, Wiesbaden: Otto Harrassowitz, 1953.

和卷二十三《刑法志》①。1973年,坎德尔(B. Kandel)发表《一次政治复辟的企图——淮南王刘安》一文,其中含有《汉书》卷六十四"刘安135年上书劝阻对闽越兴兵"的译文②;美国汉学家康达维(David R. Knechtges)于1982年撰写的《汉书·扬雄传》中即包括《汉书》卷八十七《扬雄传》的译文③。

尤为值得一提的是,自20世纪40年代末开始,方志彤(Achilles Fang)在长达十多年的时间里致力于译注《资治通鉴》卷六十九至七十八,以探究《资治通鉴》的史料来源、司马光在史料相互冲突矛盾时如何选择、如何通过删减篇幅很长的注释使之作为史料而出现以及他转换重点和风格的时机与方式④。方志彤在英译《资治通鉴》卷六十九至七十八时,表现出几大特点:一是力求"精确、清晰",故在所有提及的人名、地名、书名、官衔以及难以表述或重要的引言之后都插入相对应的中文;二是注重"原始资料研究",他的译本有大量注释,并编撰了索引,同时还附有与这十卷文本相关的来自陈寿的《三国志》或其他史著的原始史料及其英译。方志彤的英译亦有其不足,如官衔、地名等仅给出拼音而没有翻译;经常使用通用的术语来表述中文中具有精确和限定性的词语,比

---

① A. F. P. Hulsewé, *Remnants of Han Law*, Vol. I: *Introductory Studies and an Annotated Translation of Chapters 22 and 23 of the History of the Former Han Dynasty*, Leiden: E. J. Brill, 1955.
② 李秀英、温柔新:《〈汉书〉在西方:译介与研究》,《外语教学与研究》2007年第6期,第456—462页。
③ David R. Knechtges, *The Han Shu Biography of Yang Xiong* (53 B.C.-A.D. 18), Center for Asian Studies, Arizona State University, Occasional Paper No. 14.
④ *The Chronicle of the Three Kingdoms*, *Chapters 69-78 from the Tzu Chih T'ung Chien of Ssu-ma Kuang*, Vol. I, translated and annotated by Achilles Fang, edited by Glen W. Baxter, Cambridge: Harvard University Press, 1952; *The Chronicle of the Three Kingdoms* (220-265), *Chapters 69-78 from the Tzu Chih T'ung Chien of Ssu-ma Kuang*, Vol. II, translated and annotated by Achilles Fang, edited by Bernard S. Solomon, Cambridge: Harvard University Press, 1965.

如用 attack 来表述"讨""击""攻""攻破""伐"等,用 died 来表述"卒""薨""崩""殂"等。总体上,方志彤对于《资治通鉴》卷六十九至七十八的英译是成功的。正如薛光前(Paul K. T. Sih)在评论时所言:"这本著作对于中文历史著述,尤其是公元三世纪的政治发展的英译做出了无价的贡献。"①芮沃寿(Arthur F. Wright)亦认为:"对于他所定义的研究准确性而言,方无疑取得了显著成功,他的这本著作是非常重要的,因为它提供了在撰著中国史学名著时所涉及的技术和编撰过程。"②

概而言之,20世纪30年代以后,美国汉学界有为数不少的学者通过译注中国正史中的某些篇章来探讨中国史问题。正是这种方式使得中国"二十四史"进入美国学界的视阈,让西方学者得以窥视中国传统史学的某一横断面。但是,这种节译显然无法展现中国传统史著的全貌,更无法让西方学者领略到中国传统史学的精深和其价值。由此,大规模地整体性翻译中国传统史著就显得有其必要了。

(二)《汉书》在美国的两次英译

《汉书》完整记载了西汉一代的历史,对西汉时期的政治、经济制度,文化、学术思想、民族政策与对外关系、社会生活与风俗、地理环境及变迁等皆有广泛而深刻的反映,是中外学者研究汉代史的重要文献。西方学者对《汉书》的译介始于19世纪后半叶。1860—1862年,奥地利的皮菲麦尔博士先后将《汉书》的《匈奴传》和《董仲舒传》翻译成德语出版。

---

① Paul K. T. Sih, "Reviewed Work(s): The Chronicle of the Three Kingdoms(220-265): Chapters 69-78 from the *Tzu Chih T'ung Chien* of Ssu-ma Kuang", Achilles Fang, trans., Bernard S. Solomon, ed., *The Journal of Asian Studies*, Vol. 25, No. 3, May, 1966, pp. 518-519.

② Arthur F. Wright, "Reviewed Work(s): The Chronicle of the Three Kingdoms(220-265): Chapters 69-78 from the *Tzu Chih T'ung Chien* of Ssu-ma Kuang(1019-1086)", Achilles Fang, trans., Bernard S. Solomon, ed., *The American Historical Review*, Vol. 71, No. 2, Jan., 1966, pp. 640-641.

1882年7月8日,英国传教士艾约瑟(Joseph Edkins,1823—1905年)亦在上海出版的《万国公报》上发表《圣经所载诸国见于〈汉书〉考》一文。荷兰汉学家哥罗特(Johan Jacob Maria De Groot,1854—1921年)是欧洲较早研究中国少数民族史的学者,在他的德文版著作《中国文献中的亚洲史》中,第一卷《公元前的匈奴人》和第二卷《公元前的西域诸国》,即出自《汉书》卷九十四《匈奴传》和卷九十六《西域传》的译文,由柏林沃尔特格律特公司先后在1921年和1926年出版。《汉书》最早的英译本出自英国汉学家、伦敦会传教士卫礼(亦译为伟烈亚力,Alexander Wylie,1815—1887年)。出于对汉代民族政策和对外关系的关注,他的翻译主要集中在《汉书》的少数民族传,包括《匈奴传》《西南夷传》《朝鲜传》和《西域传》。第一篇译文《汉匈关系史:〈前汉书〉卷九十四英译》连载于1873年5月至9月的《上海晚邮》(1873年5月21日、6月10日、7月31日、8月12日、15日、25日、29日、9月4日、13日、14日)上和同年出版的《上海汇编》上,稍后又在《皇家人类学院院刊》1874年第3卷上发表。1874年,他编译的《〈汉书〉中的民族信息》一书由伦敦人类学会出版。1878年,在佛罗伦萨举行的第四届东方学家大会上,卫礼代表皇家亚洲文会理事会宣读了论文《朝鲜的征服:译自〈汉书〉卷九十五》,该论文后收录于《第四届国际东方学家大会集刊》1881年第2卷,并于次年被《中国研究录》第二部分"历史卷"转载。1880年,《皇家人类学院院刊》第9卷又发表了他的两篇译文:《西南夷与朝鲜的历史:译自〈汉书〉卷九十五》和《严助传:译自〈汉书〉卷六十四》。此后两年,该刊物又陆续刊登了卫氏的《汉书·西域传》第一、二部分的译文①。由于语言限制和文化差异,卫礼对《汉

---

① 关于《汉书》在欧美国家的译介和研究情况,捷克汉学家鲍格洛(Timoteus Pokora,1928—1985年)曾发表《班固及近期的〈汉书〉翻译》(*Pan Ku and Recent Translations from the Han shu*)(载《美国东方学会会刊》1978年第98卷第4期)一文专门介绍过。英国剑桥大学教授鲁惟一(Michael Loewe)主编的《古代中国典籍导读》(李学勤译,辽宁教育出版社1997年版)中,《汉书》导读部分由荷兰莱顿大学教何四维撰写,罗列了西方、日本和中国的主要研究成果。

书》的研究尚停留在初步译介的阶段,且范围也仅局限于西汉时期中央王朝与周边地区和少数民族的关系以及这些地区和民族自身的历史;但不可否认,他的研究引起了西方学界的关注,推进了欧美《汉书》研究的深入发展。

德效骞主持的《汉书》英译,则是美国学界第一次对中国正史进行有规划的整体性翻译。由著名德裔美国汉学家劳费尔担任主席的中国研究促进委员会(The Committee on the Promotion of Chinese Studies)成立于1929年,在1930年召开的第四次会议上接受了法国汉学家伯希和的提议:翻译具有丰富史料价值的《汉书》。在美国学术团体理事会(The American Council of Learned Societies)和美国卡内基基金会的资助下,中国研究促进委员会挑选了德效骞承担此项翻译①。德效骞与其助手任泰、潘硌基自1931年开始着手《汉书》的英译。按照计划,德效骞将首先进行《汉书》十二本纪的翻译,随后再翻译《汉书》的年表、志及列传。其中,本纪部分的英译本将由五册构成:第一册是《高帝本纪》《惠帝本纪》《高后本纪》《文帝本纪》《景帝本纪》的英译;第二册是《武帝本纪》《昭帝本纪》《宣帝本纪》《元帝本纪》《成帝本纪》的英译;第三册则包含了《哀帝本纪》《平帝本纪》和王莽传记的英译;第四册是对班固的生平、《汉书》文本及其注释等问题所做的批判性说明解释;第五册是专有名称词汇表。然而,《汉书》本纪英译本的第一册直到七年后才出版;1944年,第二册出版;1955年,完成出版第三册。进展之所以如此缓慢,一方面是在像《辞海》这类基本工具书都还没有的学术环境下,翻译被誉为中国正史典范的《汉书》本身即是一项非常具有难度和挑战性的工作;另一方面,也与德效骞在英译《汉书》时所追求的体例结构与风格有关。德氏的

---

① The Committee on the Promotion of Chinese Studies, *Progress of Chinese Studies in the United States of America*, Washington, D. C.: The American Council of Learned Societies, 1931, p. 67.

《汉书》注译采用王先谦的《汉书补注》为底本，大量参考中外学者的相关著作，并由两位中国学者任泰、潘硌基协助翻译，最后再请荷兰的两位汉学家戴闻达和范德隆（Piet van der Loon）予以校正。译本采用中国传统注疏的方式，以"纪年"为主干，加入其他相关史事史料，并辅以"书志"作背景资料。每卷各章的"本文"为《汉书》各"帝纪"的英译，并附有中文本文，再补充相关史事史料，下分数十节，每节中逐日、逐月、逐年纪事。译注者尤其注重对所译、所注史事的精研与综合讨论，并将心得作为"导论"列于每章之首，对西汉诸帝之朝政大事及其史料中应特别予以注意的地方加以分析；又于每章之末列"附论"，对该朝若干重要事项进行专题分析。其译风严谨，注释与考证力求精当，堪称学术研究型的典范译本。

正因为如此，德效骞主持的《汉书》本纪英译本甫一出版，便佳评如潮。孙念礼认为，"可以充满信心地断言这项工作是如此必要，以致美国学生将毫无疑问要从中挑选一部分来阅读；那些对《汉书》所涵盖时期感兴趣的历史学家会发现，它是一件非常必需的工具……等到五册都出版后，其他专业的学者将比直接关注远东的汉学家们更为全面地认识到德效骞对于美国学术界的贡献"①。施瑞奥克（J. K. Shryock）则如是评价道："这是美国汉学界至今所承担的最伟大任务的第一个成果……德效骞的著作严谨而具批评性。尽管翻译并不总是与中文语法相吻合，有时也不一致，但评论者没有找到会削弱不具中文知识的学者总体上依赖此翻译之信心的错误。"②卜德也如是评价道："关于翻译本

---

① Nancy Lee Swann, "Reviewed Work(s): The History of the Former Han Dynasty by Pan Ku, Homer H. Dubs", The Far Eastern Quarterly, Vol. 4, No. 1, Nov., 1944, pp. 67–70.

② J. K. Shryock, "Reviewed Work(s): The History of the Former Han Dynasty: Translation, Vol. I by Homer H. Dubs", Journal of the American Oriental Society, Vol. 58, No. 3, Sep., 1938, pp. 485–488.

身,它既准确又非常贴近原文文本……总体上,这本著作体现了译者对其经济资助者的极大负责……关于德效骞自己那部分,显示了他高超的学术性和矢志不移的品格,他应处于西方汉学界的一流地位。"[1]杨联陞在评论《汉书》本纪英译本第三册时,对其可谓赞赏有加:"这是高度可信赖的中文文献译本……注释也非常具有学术性。"[2]译本前两卷于1947年荣获法国法兰西学院金石文艺院颁发的"儒莲奖",由此可见其在西方汉学界的地位。

当然,德效骞主持的英译《汉书》亦有些遗憾。比如,因过分注重直译,使得整体文风显得不够流畅自然。杜百胜(W. A. C. H. Dobson)就此批评道:"对于阅读而言,德效骞不是一个流畅的翻译者。"[3]卜德亦如是指出:"事实上,如果允许对原文进行更自由的翻译,英译本有时可能流畅而悠闲,但许多学者将可能会认为这种无修饰性的翻译恰恰证明其准确可靠性。"[4]最大的遗憾则在于,德效骞并没有完成《汉书》的英译,甚至连本纪部分的英译计划都未能完成,这极大地影响了西方读者对于《汉书》及其所描述的传统中国社会的理解。正如施瑞奥克所说:"帝王本纪并不是我们这个世界的历史,而且它只是历史的一种框架。细节部分由《汉书》的其他部分来补充,尤其是传记。只有这些都被翻译出来,

---

[1] Derk Bodde, "Reviewed Work(s): *The History of the Former Han Dynasty* by Pan Ku", *The American Historical Review*, Vol. 44, No. 3, Apr., 1939, p. 642.

[2] L. S. Y., "Reviewed Work(s): *The History of the Former Han Dynasty* by Pan Ku, Homer H. Dubs", *Harvard Journal of Asiatic Studies*, Vol. 19, No. 3/4, Dec., 1956, pp. 435-442.

[3] W. A. C. H. Dobson, "Reviewed Work(s): *The History of the Former Han Dynasty* by Homer H. Dubs", *The Journal of Asian Studies*, Vol. 18, No. 1, Nov., 1958, p. 120.

[4] Derk Bodde, "Reviewed Work(s): *The History of the Former Han Dynasty* by Pan Ku", *The American Historical Review*, Vol. 44, No. 3, Apr., 1939, p. 642.

否则我们将无法拥有那个时代的全景画面。"①

1925年出生于纽约的著名翻译家华兹生(Burton Watson)于1974年出版了他的《汉书》选译本《古代中国的朝臣与庶民:班固〈汉书〉选译》。华氏译本包括《汉书》卷五十四、卷六十三、卷六十五、卷六十七、卷六十八、卷七十一、卷七十四、卷七十八、卷九十二和卷九十七。其底本亦采用王先谦的《汉书补注》,同时还参考了日本学者的译著,以及1962年中华书局出版的北京大学中文系中国文学史教研室编选的《两汉文学史参考资料》中有关《汉书》的注释。华氏译著得到了哥伦比亚大学东方研究院的资助,其所选译的《汉书》列传多为首译,选译章节主要涉及汉武帝统治前后的史实。除部分章节进行了删减外,多数章节较为完整,每章开头均以《汉书·叙传》中的相关论述为序言。与德效骞带有典型学术特征的译著风格不同,华氏译本旨在展示班固特有的史料采撰和编撰方式,突出其叙述风格及讽刺手法的多样性,并以此显示《汉书》对中国文化所产生的深远影响。由于译本主要面向希望了解《汉书》文学性及史家编撰史料基本方法的普通读者,而非研究汉史的专家,因此译者并未采用直译方式,而是注重文字的简洁、优美,且很少加注,具有很强的可读性②。

(三)《史记》在美国的两次英译

华兹生从20世纪50年代开始翻译《史记》,这是美国汉学界第一次对《史记》的整体性翻译。华兹生与《史记》的结缘,始于他的硕士论文选题。1950年秋,正在哥伦比亚大学学习的华兹生在美国汉学家富路特

---

① J. K. Shryock, "Reviewed Work(s): *The History of the Former Han Dynasty*: Translation, Vol. I by Homer H. Dubs", *Journal of the American Oriental Society*, Vol. 58, No. 3, Sep., 1938, pp. 487-488.

② Burton Watson, *Courtier and Commoner in Ancient China: Selections from the History of the Former Han by Pan Ku*, New York and London: Columbia University Press, 1974.

(L. G. Goodrich)教授的指导下学习中国目录学。学完《古今图书集成》后，他决定去查阅"游侠"这个令他感到好奇的术语。后来，他在一部百科全书中查到了《史记》和《汉书》中有关"游侠"的章节，因此他决定以"游侠及其在汉代社会的作用"为题撰写硕士论文。拿到硕士学位后，由于没有基金继续支持他攻读博士学位，华兹生接受了在同志社大学（Doshisha University）教授英语的工作，同时担任京都大学中国研究系主任吉川幸次郎（Kojiro Yoshikawa）教授的研究助手。在京都大学期间，华兹生为狄百瑞（William Theodore de Bary）主编的《中国传统资料选编》（*Sources of Chinese Tradition*）一书撰写了汉代思想一章。这使他得以更深入地钻研《史记》其他篇章。在与导师吉川幸次郎联合完成《文心雕龙》的翻译，并以翻译《颜氏家训》向福特基金会申请资助后，华兹生改变了他的想法。在获得福特基金会批准后，他开始将泷川龟太郎的《史记会注考证》作为他的底本，更为认真地阅读《史记》。1955年初，他完成了有关司马迁的论文初稿，并于那年暑期回到哥伦比亚大学继续完成博士论文的写作。华兹生于1956年获得博士学位，其博士论文以《司马迁：中国伟大的历史学家》为题由哥伦比亚大学出版社出版。获得博士学位后的华兹生回到日本京都，此时的他非常渴望从事《史记》的翻译。当时，狄百瑞教授有意将这一翻译纳入哥伦比亚大学东方经典翻译项目，于是建议华兹生向哥伦比亚大学申请卡廷研究基金。在获得卡廷基金资助后，华兹生便于1956年秋季离开京都，开始《史记》翻译工作①。

自1956年后近40年，华兹生全身心投入《史记》的翻译工作。到1961年，哥伦比亚大学出版社出版了由他英译的两卷本《史记》。这两卷《史记》译本主要包括《史记》共65卷的译文，其中56卷是全文翻译，9

---

① Burton Watson，"The *Shih Chi* and I"，*Chinese Literature*：Essays，Articles，Reviews（CLEAR），Vol. 17, Dec., 1995，pp. 199-206.

卷是节译,选材范围主要集中在汉朝①。1969年,哥伦比亚大学出版社出版了华兹生另一个版本的英译《史记》,该书是从1961年版本中选出的与汉朝相关的13卷译文和一段节选译文,然后又增加了5卷译文合成的,内容涉及周、先秦时期的人物列传,如《伯夷叔齐列传》《伍子胥列传》《田单列传》《吕不韦列传》《刺客列传》等②。1993年,纽约哥伦比亚大学出版社和香港中文大学出版社联合出版《史记·汉朝》(*Records of the Grand Historian: Han Dynasty I & II*),此为1961年出版的《史记》译本之修订本。修订的主要内容包括把1961年版中的韦式地名、人名注音换成了现代汉语拼音,并对部分误译给予了更正③。与此同时出版的还有华兹生新译的《史记:秦朝》(*Records of the Grand Historian: Qin Dynasty I & II*),包括《史记》卷五《秦本纪》、卷六《秦始皇本纪》、卷十五《六国年表》、卷六十八《商君列传》、卷七十一《樗里子甘茂列传》、卷七十三《白起王翦列传》、卷七十九《范雎蔡泽列传》、卷八十五《吕不韦列传》、卷八十八《蒙恬列传》和卷一百二十六《滑稽列传》④。到目前为止,华兹生已经翻译了《史记》130卷中的80卷,他的译本是已出版的《史记》英译本中最为完整的。

华兹生的《史记》英译本,主要以普通读者而非专家学者为对象,关注的是《史记》的文学性,故其选译的多是能体现《史记》文学风采的卷

---

① *Records of the Grand Historian of China: Translated from the Shih Chi of Ssu-ma Ch'ien by Burton Watson*, Vol. 1: Early Years of the Han Dynasty, 209 to 141 B.C.; Vol. 2: The Age of Emperor Wu, 140 to Circa 100B.C., New York: Columbia University Press, 1961.

② *Records of the Historian: Chapters from the Shih Chi of Ssu-ma Ch'ien by Burton Watson*, New York: Columbia University Press, 1969.

③ Burton Watson trans., *Records of the Grand Historian: Han Dynasty I & II*, Hong Kong and New York: Renditions-Columbia University Press, 1993.

④ Burton Watson trans., *Records of the Grand Historian: Qin Dynasty I & II*, Hong Kong and New York: Renditions-Columbia University Press, 1993.

章,在翻译时对原文采用的是自由性翻译,并尽可能少用注释以使译文流畅,具有可读性。正如华兹生在晚年回忆其从事《史记》研究与翻译的经历时所说,"我对《史记》的兴趣一直以来主要是在文学方面,我认为我已将《史记》中绝大部分富有文学价值和影响力的部分翻译出来";"我翻译《史记》的方法,是完全为德效骞教授在翻译三卷本《汉书》时所拒绝接受的方法。由于年轻时的偏狭,我被那种极为生硬、晦涩的翻译风格所激怒,这显然冒犯了班固作品中那种高贵的气质,也破坏了英语的精髓所在。……我决定将介绍性部分和注释压缩至最低限度,将尽可能多的空间用于翻译司马迁自己的话"①。

华兹生以这种方法英译《史记》,在当时的汉学界引起了不小的争议。正如杨联陞所说:"这是否是一种理想的实践当然值得公开讨论。"②相当一部分汉学家对以这种方法英译《史记》表示欢迎。何炳棣如是评价道:"作为一名翻译者,华兹生最打动我的品格是他对古老陈旧的汉代文学风格所抱有的理解和同情态度,也许正是这一点使他的翻译大体上具有可信赖性和可读性。"③杨联陞在《哈佛亚洲学报》上撰写书评认为,"这两卷具有高度可读性的翻译,为理解和欣赏古代中国的一部主要历史著作做出了值得欢迎的贡献"④。葛朗特·哈代这样评价华兹生英译的《史记》:"华兹生取得了令人羡慕的成功,他的《史记》译本既可靠又可读。"⑤在张

---

① Burton Watson, "The *Shih Chi* and I", *Chinese Literature: Essays, Articles, Reviews*(*CLEAR*), Vol. 17, Dec., 1995, p. 202.
② Lien-sheng Yang, "Reviewed Work(s): *Records of the Grand Historian of China* by Burton Watson", *Harvard Journal of Asiatic Studies*, Vol. 23, 1960-1961, p. 212.
③ Ping-Ti Ho, "Records of China's Grand Historian: Some Problems of Translation: A Review Article", *Pacific Affairs*, Vol. 36, No. 2, Summer, 1963, pp. 171-172.
④ Lien-sheng Yang, "Reviewed Work(s): *Records of the Grand Historian of China* by Burton Watson", *Harvard Journal of Asiatic Studies*, Vol. 23, 1960-1961, pp. 212-214.
⑤ Grant Hardy, "Review: His Honor the Grand Scribe Says...", *Chinese Literature: Essays, Articles, Reviews*(*CLEAR*), Vol. 18, Dec., 1996, p. 145.

磊夫(Rafe de Crespigny)看来,正是华兹生这种"最少注释的文学方法",使得"西方普通读者得以了解古代中国这一名著"①。

然而,顾传习(C. S. Goodrich)认为,华兹生在英译《史记》时"尽可能避免注释"的方法并不可取,因为"对于普通读者来说,在译介诸如《史记》这样的古代文献时,任何情况下都极其有必要向其提供解释说明"②。对于华兹生尝试用现代英语对《史记》做自由而流畅的翻译,顾传习提出了更为严厉的批评:"这种基于对原著的同情式理解,并不能使普通读者对公元前100年的中国文明有更透彻的理解。虚假的现代表达的每一次出现,都会令读者对原著更难以理解或是对原著真实表述更为陌生。"③顾传习认为:"如果我们在翻译中只是选择令译介的事件立即能被理解,从而使文章具有可读性的译法,那么我们将局限于自己所定义的语言环境中,只能从我们自己的标准字面意义上复制荷马,司马迁也同样如此。认为在翻译古代或异国著作时,当务之急是保证在本国现代语言内的可读性,这是有问题的。这样做将忽略即将到来的显而易见的任务,即被翻译的古代历史学家事实上对于他们自己的世界说了什么。如果我们愿意让最简单明了的本国现代语来限制我们对古代人理解,那么我们会毁伤我们所应翻译的地方,并且使我们自己因为它而成为更为贫乏的可怜者。"④概而言之,在顾传习看来,"华兹生的翻译……

---

① Rafe de Crespigny, "Reviewed Work (s): Ssu-ma Ch'ien, *The Grand Scribe's Records*, Vol. I: The Basic Annals of Pre-Han China by William H. Nienhauser, Jr., Tsai-fa Cheng, Zongli Lu, Robert Reynolds; Ssu-ma Ch'ien, *The Grand Scribe's Records*, Vol. VII: The Memoirs of Pre-Han China by William H. Nienhauser, Jr., Tsai-fa Cheng, Zongli Lu, Robert Reynolds", *Bulletin of the School of Oriental and African Studies*, University of London, Vol. 59, No. 3, 1996, pp. 596-598.

② C. S. Goodrich, "A New Translation of the *Shih Chi*", *Journal of the American Oriental Society*, Vol. 82, No. 2, Apr. - Jun., 1962, pp. 191-192.

③ Ibid., p. 198.

④ Ibid., p. 200.

没有严谨充分地利用汉学知识,也没有对其做出贡献;在风格和用语措辞方面,翻译似乎与原文背道而驰;偶尔有所注释,却极少传达真正有价值的东西。基于此,这项工作可被认为是一种倒退,而不是前进"①。德效骞对于华兹生英译的《史记》亦如是批评:"华兹生对原文做自由性翻译,这通常能呈现其意义,但并非总能准确表达中文的意思。……华兹生在这两卷翻译中所做的,无疑值得称赞。然而,读者需要警惕的是,华兹生的翻译太过于望文生义。"②

客观而言,华兹生以流畅而娴熟的英语译介《史记》中具有文学性的卷章,不仅有助于展现《史记》的文学风采,更为重要的是使《史记》得以走入西方普通读者的视野,并借此加深对传统中国的了解和认识。然而,在缺乏具有学术性注释的《史记》英译本的情况下,华兹生在英译《史记》时"尽可能避免注释"似有不妥。多年以后,华兹生在回顾其所从事的《史记》翻译时亦如是坦陈道:"在我自己对《史记》和《汉书》的翻译中,我尝试关注著作的文学吸引力,将注释降到最低限度,并以尽力翻译数量庞大的材料来代替。由于通过这样的翻译,著名的希腊和罗马历史学家可为普通英语读者所利用;因此对我而言,以同样的方式展现司马迁和班固似乎是合理的。我缺乏考虑的地方在于,用英语对希腊和罗马历史学家的著作进行'大众化'翻译是可接受的,因为有关此类著作的具有学术性的注释译本已经存在,英语读者可从中搜寻更为详细的资料以为参考,然而这并不适合绝大多数的中国历史著作。"③

---

① C. S. Goodrich, "A New Translation of the *Shih Chi*", *Journal of the American Oriental Society*, Vol. 82, No. 2, Apr.-Jun., 1962, p. 202.

② Homer H. Dubs, "Reviewed Work(s): Records of the Grand Historian of China, Translated from the *Shih Chi* of Ssu-ma Ch'ien by Burton Watson", *The Journal of Asian Studies*, Vol. 22, No. 2, Feb., 1963, pp. 205-207.

③ Burton Watson, "Some Remarks on Early Chinese Historical Works", in George Kao, ed., *The Translation of Things Past: Chinese History and Historiography*, Hong Kong: Chinese University Press; Seattle: Distributed by the University of Washington Press, 1982, p. 36.

继华兹生之后，倪豪士等人于20世纪80年代末开始着手《史记》的英译，则是美国汉学界对《史记》的第二次大规模整体性翻译。从20世纪70年代就开始从事《史记》研究的倪豪士，有感于到20世纪80年代末《史记》中仍有相当一部分没有令人满意的完整西文译本，故此他相继与郑再发、魏伯特(Robert Reynolds)、陈照明、吕宗力组成翻译团体，于1989年计划翻译《史记》中既没有为沙畹也没有为华兹生所翻译的30卷①。在获得台湾文化建设委员会和威斯康星大学提供的资金资助以及来自众多学者的鼓励后，他们开始了初稿的翻译工作。在翻译过程中，他们意识到《史记》应该是完整阅读，没有完整的翻译将误导西方读者，于是他们于1991年决定尝试完整地翻译《史记》②。按照计划，《史记》的英译本将达九卷。到目前为止，他们已出版了《史记·汉以前的本纪》(1995年)、《史记·汉以前的列传》(1995年)、《史记·汉代的本纪》(2002年)、《史记·汉以前的世家(上)》(2006年)、《史记·汉代的列传(上)》(2008年)五卷。

由倪豪士领衔的《史记》英译，其目标是译出一种忠实的、具有详细注解的并尽可能具有文学性和流畅性的《史记》全译本③。基于此，他们对译本的体例结构进行了精心设计：译本保留了《史记》本纪、世家、列传的排列顺序，译本结构为致谢、序言、使用说明、纪年说明、度量衡对照表、缩写表、译文；在译文的页下，附有详尽的歧义考证、地点考证、相关章节成书说明、互文考证说明、文化背景知识注释及资料依据、词汇对照表等；在每章译文后面，附有译者在翻译过程中所遇问题的相关

---

① 沙畹在1895年至1905年间精心翻译并加以注释了《史记》的47卷；华兹生从20世纪50年代至1993年将《史记》130卷中的80卷翻译成了英文，但《史记》中仍有近30卷既无沙畹的法文本，也没有华兹生的英译本。

② William H. Nienhauser, Jr., Cheng Tsai-fa, *The Grand Scribe's Records: Volume I*, Bloomington: Indiana University Press, 1995, Introduction.

③ Ibid., pp. xviii, iii-iv

评注和说明、该卷已有的西文和日文译本书目、关于该卷的中外研究成果等;每整卷译本的后面则附有全书的参考文献目录,包括中外文的《史记》版本研究、参考文献、译本、历代注疏、有关《史记》及司马迁的研究,《史记》与《汉书》的比较、其他中日文和西文著作等,还包括汉语拼音、汉字及官职英文译文的索引、春秋战国图、秦帝国图等。他们对其工作程序亦做了特别安排:先由参加的成员事先准备翻译草稿,然后由其他成员写出书面评论,最终提交团体反复讨论,其中有些篇章还邀请团队之外的专家学者做进一步的评论①。

缘于此,倪豪士领衔的《史记》英译本受到学界的好评与关注。卜德认为已出版的英译本第一卷《史记·汉以前的本纪》是"汉学的一项伟大成就"②;加里·阿巴克尔(Gary Arbuckle)亦认为,已出版的《史记·汉以前的本纪》和《史记·汉以前的列传》"是一项非常了不起的成就,并对各领域的读者都将有帮助"③;张磊夫对倪豪士领衔的《史记》英译本前两卷如是评价道:"翻译是可靠的,注释是清晰而有帮助的……译著将使英语世界的更多读者感知《史记》的学术性……通过这些著作,西方的学术界和文学界将对早期中国的辉煌和浪漫有更深入的了解,并对由伟大

---

① William H. Nienhauser, Jr., Cheng Tsai-fa, *The Grand Scribe's Records: Volume I*, Bloomington: Indiana University Press, 1995, Introduction.

② Derk Bodde, "Reviewed Work(s): *The Grand Scribe's Records, Vol. I: The Basic Annals of Pre-Han China* by Ssu-ma Ch'ien, William H. Nienhauser, Jr., Tsai-fa Cheng, Zongli Lu, Robert Reynolds", *Chinese Literature: Essays, Articles, Reviews* (*CLEAR*), Vol. 17, Dec., 1995, pp. 142.

③ Gary Arbuckle, "Reviewed Work(s): *The Grand Scribe's Records: Volume I: The Basic Annals of Pre-Han China*. by Ssu-ma Ch'ien, Tsai-fa Cheng, Zongli Lu, William H. Nienhauser, Jr., Robert Reynolds, *The Grand's Scribes Records: Volume VII: The Memoirs of Pre-Han China*. by Ssu-ma Ch'ien, Tsai-fa Cheng, Zongli Lu, William H. Nienhauser, Jr., Roberts Reynolds, Chiu-Ming Chan", *Pacific Affairs*, Vol. 69, No. 2, Summer, 1996, pp. 263-265.

史家所展现出来的人类教训有更好的理解。"①葛朗特·哈代在对比华兹生的《史记》译本后,如是评价倪豪士领衔的英译《史记·汉以前的本纪》:"从文学视角来看,华氏译本所具有的愉悦性和可读性至今仍无人超越。……众所周知,司马迁将他的史著划分为五个部分:本纪、年表、世家、列传,故事从不同的视角被反复多次讲述,有关特殊事件的细节被转移至不同部分。司马迁通过这种设计,为其基于审美和道德考虑而安排材料的做法提供了自由空间……当华兹生按照年代编排他的翻译时,他歪曲了司马迁的原始构想,由此读者将无法察觉司马迁结构的意义。与之相对照,倪保留了《史记》的形式,允许读者尽可能猜想司马迁编撰的决心。……毫无疑问,倪的翻译由于没有省略细节,有无数的注解、迷惑的短语,因此阅读此译本的速度要比阅读华氏译本更为缓慢;但是,华兹生给我们提供了一种本质上是一种小说形式的译文;我猜想司马迁的本意是他的历史应该缓慢而仔细地品读。……倪的译注尽可能使英语读者理解司马迁,实际上是期望读者能沿着批判解释的道路前行。我对华兹生的翻译抱有一种亲密感,我仍旧欣赏。但是,我认为倪的译著将更值得仔细反复阅读。如果他和他的团队能够一直坚持到终点,他的翻译将是一个世纪以来或更长时间里最终的英译本。"②

(四)余论

1946年,德效骞曾就中国正史的英译如是言道:"世界上最大的历史

---

① Rafe de Crespigny, "Reviewed Work(s): Ssu-ma Ch'ien, *The Grand Scribe's Records*, Vol. I: *The Basic Annals of Pre-Han China* by William H. Nienhauser, Jr., Tsai-fa Cheng, Zongli Lu, Robert Reynolds; Ssu-ma Ch'ien, *The Grand Scribe's Records*, Vol. VII: *The Memoirs of Pre-Han China* by William H. Nienhauser, Jr., Tsai-fa Cheng, Zongli Lu, Robert Reynolds", *Bulletin of the School of Oriental and African Studies*, University of London, Vol. 59, No. 3, 1996, p. 598.

② Grant Hardy, "His Honor the Grand Scribe Says...", *Chinese Literature: Essays, Articles, Reviews(CLEAR)*, Vol. 18, Dec., 1996, p. 151.

资料仓库可在被认可的二十五部正史中找到。这种收藏开始于传说时代,一直延续到清代时期。由于仅有很少的几部史著被翻译,除汉学专家外,这些收藏仍然几乎完全没有被加以利用。这些史著加起来超过2亿个汉字,相当于4.5亿个英文单词。如果所有正史及其相关的注释被翻译,并以前两部所采用的格式印刷,将有225 000页,以每册500页计约有450册。对于今天的汉学家来说,这项翻译是汉学界最为宏大而又最为令人期待的工作。"①自此之后,不少美国汉学家致力于对中国正史进行成规模体系或完整的翻译,如德效骞致力于英译《汉书》,方志彤用心于《资治通鉴》魏纪部分的翻译,宾板桥(Woodbridge Bingham)在20世纪40年代组建了一个致力于新旧《唐书》英译的翻译委员会②,华兹生在20世纪50年代后的近四十年时间里致力于《史记》的翻译,20世纪50年代后期芮沃寿夫妇曾在日本京都同其他几位从事中国研究的外国学者商讨将所有中国正史翻译成日文后再转译为英文③,倪豪士等人自20世纪80年代后期开始了《史记》全本的英译,史嘉柏与他的团队则致力于重译《左传》。

然而,直到今天,仅有《汉书》的十二本纪、《资治通鉴》的魏纪部分及《晋书》《隋书》《三国志》等史籍的某些篇章有英译本。即使被誉为可与西方经典相媲美的《史记》,其英文全译本仍处于期待之中。究其原因,英译中国正史本身是一项极为宏大也极为艰巨和富有挑战性的工作,它需要翻译人员具有娴熟的古典汉语知识,并对中国传统史著本身及中国传统文化有着精深的了解,这是影响中国正史英译的一大重要因素。除

---

① Homer H. Dubs,"The Reliability of Chinese Histories",*The Far Eastern Quarterly*,Vol. 6,No. 1,Nov. ,1946,p. 23.

② Otto Maenchen-Helfen,"Reviewed work(s):*The History of the Former Han Dynasty by Pan Ku*,Homer H. Dubs",*The American Historical Review*,Vol. 51,No. 1,Oct. ,1945,p. 121.

③ Burton Watson,"The *Shih Chi* and I",*Chinese Literature:Essays,Articles,Reviews*(*CLEAR*),Vol. 17,Dec. ,1995,p. 205.

此之外,英译的方法是不可忽视的因素。对于中国传统史著的英译,不外乎两种方法:一是"大众化"翻译,即在忠实于原意的前提下,尽可能避免注释以使译文流畅、具有可读性。这种"大众化"的翻译,由于减少了学术性注释、简化了中文人名、避开了讨论文本及专业术语等问题,英译的时间自然相对较短,故华兹生在短短五年左右的时间内,即翻译了《史记》的65卷;第二种是"学术化"翻译,即通过严谨的学术性注释,力求使读者更为全面地理解原著表述及其所存在的问题。对中国传统史著进行"学术化"的英译无疑需要大量时间,正如奥托·曼森-黑尔芬(Otto Maenchen-Helfen)在评价德效骞英译《汉书》时所言,"3行的原文就有42行的注释",这使德效骞和他的合作伙伴花费了7年时间,才翻译注解了12卷帝王本纪中的5卷。帝王本纪大约是整个汉书的1/16。假设翻译剩下的15/16仅要求花费第一卷时间的一半,最后一卷将在大约2115年出版;二十四史共2 713卷,则将在4 000年以后的某个时候完成。"①虽然所采用的英译方法对于翻译的速度有着重要影响,但就中国正史的英译而言,无论是对中国史著的"大众化"翻译还是"学术化"翻译,都具有不可替代的意义。正如华兹生所说:"具有宏大主题和多样性的中国伟大历史著作,对不同的读者意味着多种不同的东西:有关于伟大历史人物和历史瞬间的激动人心的记载、有对于专门研究而言无价的史料、有针对未来的警戒性教训集等。对于这些著作理想而完美的翻译应该是经过专门设计的,以使所有类型的读者都感到满意。"②

---

① Otto Maenchen-Helfen, "Reviewed Work(s): *The History of the Former Han Dynasty* by Pan Ku, Homer H. Dubs", *The American Historical Review*, Vol. 51, No. 1, Oct., 1945, pp. 120-121.

② Burton Watson, "Some Remarks on Early Chinese Historical Works", in George Kao, ed., *The Translation of Things Past: Chinese History and Historiography*, Hong Kong: Chinese University Press; Seattle: Distributed by the University of Washington Press, 1982, p. 36.

另外,翻译进程与美国社会对英译中国正史之重要性的认知亦有密切的关系。在相当长的一段时期里,美国人认为中国传统史学受到儒家思想的深刻影响,把重点放在褒贬上,使史学沦为道德工具;历代中国政权雇用史官,为其政治目的服务,又使其沦为政治工具,以至于没有独立的史学意识,在方法上亦因而停滞在编排与剪贴的层次①。在他们看来,中国正史仅是史料的收集和堆砌。故当芮沃寿夫妇为其所提议的中国正史翻译项目寻求资助时,没有任何一家美国基金会愿意资助②。吊诡的是,不打破美国人对于中国传统史学的偏见,中国正史的大规模英译如何能获得美国社会各界的支持和资助?然而如果没有中国正史的英译本,又如何能打破美国人对于中国传统史学的傲慢与偏见,让美国人领略到传统中国社会的精彩及中国传统史著的精髓?

由是观之,美国汉学界对中国"二十四史"的英译有着不可替代的意义。他们对于"二十四史"的英译有助于加深西方读者对中国历史的认识。"二十四史"是研究中国传统史学和中国历史发展最基础也最为重要的史料,如果不了解"二十四史",那么对中国传统史学甚至中国历史的发展就很难得到真正的认识。更为重要的意义在于,西方很多史学家、史学理论家没有读过或很少读过中国史书,如果对中国史学不了解,只就西方史学谈论史学,这样的史学理论研究无疑会有局限性。"二十四史"的英译在一定程度上有助于让西方史学家对什么是历史记载、什么是史书、什么是史学有更全面的认识,并有助于构建真正意义上的"全球史"。正基于此,中国史著的英译不应只是西方汉学界最为期待的工作,同样也应是中国学界为之努力的事情。正如有学者所说的,为了推

---

① 汪荣祖:《西方史家对中国传统史学的理解与误解》,载汪荣祖:《史学九章》,生活·读书·新知三联书店 2006 年版,第 106 页。
② Burton Watson, "The *Shih Chi* and I", *Chinese Literature: Essays, Articles, Reviews*(*CLEAR*), Vol. 17, Dec., 1995, p. 205.

动世界各国的史学家多了解中国史学,克服史学认识的片面性,应尽快将中国"二十四史"等史书英译,推向世界①。

四、百年来美国学者的《史记》研究

如前所述,作为中国传统史学和中国叙述学典范的《史记》,自19世纪开始就吸引了美国学者的关注。早在1840年,美国传教士裨治文就在其创办并主编的综合性英文月刊《中国丛报》上,刊载了柯立芝夫人英译的法国汉学家雷慕沙关于司马迁父子及其《史记》的研究文章②。20世纪30年代,卜德分别在对《史记》卷87《李斯传》和卷83《鲁仲连邹阳列传》、卷85《吕不韦列传》、卷86《刺客列传》进行译注的基础上撰著了《中国的第一位统一者:从李斯的一生研究秦朝》与《古代中国的政治家、爱国者及将军》这两部著作③。自此以后,关于《史记》的研究著述蔚为大观,已然发展成美国汉学界的经典研究领域。下面仅从文本、文学、史学、哲学四个方面梳理20世纪30年代以来至今美国的《史记》研究概况。

（一）《史记》的文本研究

《史记》的文本问题,尤其是《史记》与《汉书》间的关系,在西方汉学界一直以来是个争论不休的问题。高本汉(Bernhard Karlgren)曾发表了《司马迁语言拾零》一文,认为司马迁并没有严格按照"他从先秦文本

---

① 周一平:《中国二十四史:尽快英译,推向世界》,《探索与争鸣》2008年第12期。
② "Biographical Notices of Szema Tan, and His Son Szema Tseen, Chinese Historians. Translated for the Repository from the French of Remusat", *The Chinese Repository*, Vol.LX, No. 4, Aug., 1840, pp. 210-219.
③ Derk Bodde, *China's First Unifier: A Study of the Ch'in Dynasty as Seen in the Life of Li Ssu*, Leiden: E. J. Brill, 1938; Derk Bodde, *Statesman, Patriot, and General in Ancient China: Three Shih-chi Biographies of Ch'in Dynasty, 255–206 B. C.*, New Haven: American Oriental Society, 1940.

中所学到的文学语言形式"进行写作,他可能受到他所处的汉代地方口头语言的影响①。自高本汉的论文发表后,有关《史记》文本的研究成果相继产生。吴德明(Yves Hervouet)通过研究发现,《汉书》的《司马相如传》和《史记》的《司马相如列传》在文本上有近 800 处存在差异。在他看来,这些存在差异的文本中,有近一半无法找到合理解释。通过考察韵律、上下文之间的关系、不同字形变化及其他因素,他认为《汉书》的版本"似乎更为理想"。另一方面,他又发现《史记》中有近 29% 之处要优于《汉书》。因此,吴德明在结论中非常谨慎地承认,问题可能源自公元 1 世纪时《汉书》经常被反复抄写,同时这种差异也可能是抄写员试图根据《汉书》重建《史记》所遗失的篇章而造成的②。何四维(A. F. P. Hulsewé)在仔细比较了《史记》和《汉书》的词及短语后断定,目前的《史记》卷一百二十三是尝试通过利用《汉书》卷六十一的材料和《汉书》其他卷章资料重建遗失的《大宛传》的结果。如果更仔细地研究其他卷章,何四维预言:"也将显示《史记》这本著作中有关汉代的其他篇章的不可靠性。"③鲁惟一(Michael Loewe)在为何四维的《中国人在中亚》一书所写的导言中也讨论了这一问题。在经过大量资料考察、文本考辨及外部取证之后,他认为《史记》文本是衍生物。为支撑其观点,他提供了两个新的间接证据:一是在本卷及《史记》卷一百三十的简明提要部分,丝毫没有间接地提到张骞、李广或大宛战役、俘获汗血马等这一卷所描述的主要人物及其重大事件,从这段话中亦可明白,"一旦汉朝派遣使节去大宛,地处边远西部的蛮族人便伸长脖子朝内看,希望观看一下中原大地";二是《史

---

① Bernhard Karlgren, "Sidelights on Si-ma Ts'ien's Language", *Bulletin of the Museum of Far Eastern Antiquities*, Vol. 42, 1970, p. 306.
② William H. Nienhauser, Jr., "A Century(1895-1995) of *Shih Chi* 史記 Studies in the West", *Asian Culture Quarterly*, Vol. 24, No. 1.
③ A. F. P. Hulsewé, "The Problem of the Authenticity of *Shih-Chi* 123: the Memoir on Ta Yuan", *T'oung Pao*, Vol. 61, 1975, p. 89.

记》卷一百二十三文本的前半部分确有张骞传……但是《史记》卷一百一十一不仅有张骞的简短生平传记记载,而且还列举了他和《史记》其他卷中明确标明没有任何个人传记的将军们①。1989年,何四维发表了《被遗忘的立国元勋:〈史记〉〈汉书〉贵族年表再考察》一文,将《史记》卷十八与《汉书》卷十六进行了比较②。次年,他发表《〈史记〉与〈汉书〉间的惊人差异》一文,指出早在沙畹出版《史记》法文译注时,就注意到《史记》卷二十一《建元以来王子侯者年表》与《汉书》卷十五《王子侯表》有明显的矛盾之处,年限相差竟有六年之久,并认为《汉书》中的记载更为可信③。

然而,蒲立本(Edwin G. Pulleyblank)于1981年在《国际史评论》上发表《汉朝在中亚》一文,论述了《汉书》与《史记》的关系,就《史记》《汉书》记载西域问题孰先孰后对何四维和鲁惟一的观点提出了异议④。同年,美国西雅图华盛顿大学教授鲍则岳(William G. Bolb)也在《亚非学院院刊》总卷44第2期上发表书评,认为在两者孰先孰后的问题上,何四维只是提出了观点而非证据⑤。次年,达费纳(P. Daffina)又在《通报》上发表《〈汉书·西域传〉重译述评》一文,也就这一问题阐述了不同的见解⑥。榎一雄的《〈史记·大宛传〉与〈汉书·张骞李广传〉的关系》一文为反驳何四维的观点提供了间接证据。榎一雄认为,《史记》在卷一百二

---

① A. F. P. Hulsewé, "China in Central Asia: The Early Stage 125 B. C.-A. D. 23", Leiden: E. J. Brill, pp. 12–25.
② A. F. P. Hulsewé, "Founding Fathers and Yet Forgotten Men: A Closer Look at the Tables of the Nobility in the *Shih Chi* and the *Hanshu*", *T'oung Pao*, Vol. 75, 1989.
③ A. F. P. Hulsewé, "A Striking Discrepancy Between the *Shichi* and the *Hanshu*", *T'oung Pao*, Vol. 76, 1990, pp. 322–323.
④ Edwin G. Pulleyblank, "Review on Han China in Central Asia", *The International History Review*, No. 3, 1981, pp. 278–286.
⑤ William G. Bolb, "Review on Han China in Central Asia", *Bulletin of the School of Oriental and African Studies*, Vol. 44, No. 2, 1981, pp. 400–403.
⑥ P. Daffina, "The Han Shu Hsi Yü Chuan Re-Translated: A Review Article", *T'oung Pao*, Vol. 68, 1982, pp. 309–339.

十三中遵循了古老的名称使用方法,不能就此认为是从《汉书》中复制而来的;吕宗力的《重新思考〈史记〉卷一百二十三的真实性问题》也显示,尽管何四维和鲁惟一都认为《史记》所记载的公元 100 年至 400 年这部分不可利用,但他们在著作中大量引用并参考有关这 300 年的记载,使人无法相信他们的观点;再者,何四维所引证的作为《史记》源自《汉书》证据的语言学范例总体上完全不具有决定性的意义①。

20 世纪 90 年代以来,《史记》的文本问题仍是美国汉学界的焦点问题。戴维·哈尼(David B. Honey)于 1999 年在《中国文学》上发表《〈汉书〉、原稿证据及〈史记〉校勘:以〈匈奴列传〉为例》一文。他通过对《史记》与《汉书》中关于《匈奴列传》的文本分析,并借助信息传播理论中文本与版本间的差异区分,认为《汉书》中有关匈奴的叙述比《史记》保存得更为原始;除非语言学给出证明,否则一般说来,在所有相同叙述中《汉书》应摆在首位。《汉书》总体上优于《史记》的原因在于,虽然《史记》在最初遭受冷落,但在此后的几个世纪里受到极大关注,这导致在传播过程中,《史记》通过改换名称而在一定程度上遭到了"污染";《汉书》卷九十四则作为原始匈奴叙述传播的第二阶段,逃过了众多评论家的注意。由于司马迁的名声,他们所关注的是《史记》中的相关叙述,对《史记》叙述的关注使错误不可避免地出现了,并随着时间的推移不断增多②。1999 年,马丁·克恩(Martin Kern)在《美国东方学会学报》上发表了题为《关于〈史记〉卷二十四〈乐书〉的真实性及意识形态的注释》的评论文章。在评论中,他认为《史记·乐书》这一卷并非出自司马迁之手,而是

---

① Zongli Lu, "Problems Concerning the Authenticity of *Shih Chi* 123 Reconsidered", *Chinese Literature: Essays, Articles, Reviews* (*CLEAR*), Vol. 17, Dec., 1995, pp. 51-68.

② David B. Honey, "The *Han-shu*, Manuscript Evidence, and the Textual Criticism of the *Shih-chi*: The Case of the Hsiung-nu Lieh-chuan", *Chinese Literature: Essays, Articles, Reviews* (*CLEAR*), Vol. 21, Dec., 1999, pp. 67-97.

撰于西汉晚期或东汉初期；《乐书》作为晚近编撰之物，其编撰者的意图在于从祭祀的古典风格这一视角对汉武帝的郊礼歌、壮观典礼及汉武帝的行为进行批评，以此获得西汉最后几十年间的政治和文化统治权①。2003 年，克恩在《美国东方学会学报》上再次发表《司马迁〈史记〉中的〈司马相如传〉与赋的问题》一文，进一步阐述其对《史记》文本的怀疑。基于对《史记》《汉书》及《文选》中司马相如赋不同版本的语言学比较，如这篇传记是《史记》中仅有的几处出现"谈"字的地方之一；汉武帝发现司马相如才华的故事明显荒谬而显得稀奇古怪；《司马相如传》富有极端的想象性；如果司马迁明确将赋这种文学形式作为间接政治警告和讽刺批评的一种尝试，却为何只关注司马相如的著作而忽视其他同时代作者和著作等。对于上述这些《司马相如传》本身所存在的问题，克恩认为收入现在版本《史记》中的这一卷并不是出自汉武帝时期，一定是更晚时期或几个世纪以后，它很有可能是基于《汉书》中相类似的人或物。总的说来，相互独立的几组证据不能不让人怀疑，《司马相如传》无论形式还是内容都是一种异常文本②。倪豪士在其领衔的译著《史记·汉本纪》序言中，对"一小撮西方学者尝试证明《史记》有部分遗失，其遗失部分复制于《汉书》"的观点进行驳斥。通过对《史记》卷八《汉高祖本纪》与《汉书》中相同部分的文本比较分析，他得出的结论是《史记》中的《汉高祖本纪》是比《汉书》更早的文本③。

---

① Martin Kern, "A Note on the Authenticity and Ideology of *Shih-chi* 24, 'The Book on Music'", *Journal of the American Oriental Society*, Vol. 119, No. 4, Oct.-Dec., 1999, pp. 673-677.

② Martin Kern, "The 'Biography of Sima Xiangru' and the Question of the Fu in Sima Qian's *Shiji*", *Journal of the American Oriental Society*, Vol. 123, No. 2, Apr.-Jun., 2003, p. 307.

③ William H. Nienhauser, Jr., ed., *The Grand Scribe's Records*, *Vol. 2: The Basic Annals of Han China*, Bloomington: Indiana University Press, 2002, Introduction, pp. xiii-xlviii.

高本汉在20世纪发表的一篇短文，引发了西方就《史记》与《汉书》之间的关系进行了广泛的研究，目前这一领域的研究仍没有找到具有说服力的证据。无论是更仔细而广泛的语言学研究，还是从比喻、情节、叙述结构等方面搜寻辅助证据似乎都有必要，因为只有这样才更有可能找到解决这一问题的方法。

（二）《史记》的文学研究

美国汉学界乃至英语世界第一部详细研究司马迁的著作是华兹生的《司马迁：中国伟大的历史学家》。由于华兹生这本著作针对的是汉学家和受过教育的普通读者，故其著述"故意选择忽略有关《史记》编纂的某些方面，如司马迁所依据的史料、中国学者的校勘、《史记》的文本"等①。但是，华兹生通过他的分析和雄辩动人的英语成功地向西方介绍了《史记》的文学风貌。例如，华兹生如是描述司马迁在传记方面的创新：

> 在他的传记中，司马迁并没有简单地详述一系列的个人生平，他也通常不是像人们所希望的那样通过有密切关联的年代或地理来把握其主题。他深信那些来自他之前时代的经典和哲学著作是深刻的，人类历史事件的过程中潜藏着永恒不变的道德模式。他遵循着便利的年代顺序，但在他看来年代顺序应从属于他认识过去时代人们生活的那些模式。他根据他们的生活和激励他们的雄心将其研究对象划分为不同的群体……无论我们如何想象这些群体的生活，我们必须承认司马迁和他的同胞们所致力探寻的基本的哲学思维模式已被展现出来。在司马迁之前的时代，残暴昏君和有德之君、正直大臣和谄谀奸臣的典范在历史上已树立起来。思想观念的模式和模式本身在司马迁时代已过时。正是司马迁认识到它们不

---

① Burton Watson, *Ssu-ma Ch'ien: Grand Historian of China*, New York: Columbia University Press, 1958, p. x.

仅适用于远古时代的人们，也同样适用于他自己所处的时代。于是，他拿出过去那一成不变的陈旧纸板，在上面描绘出有血有肉的鲜活人物画像：他发现被以往忽视的黑白讽刺描述手法的精妙之处，但是他从来没有放弃人类在历史上所具有的真正价值是由人们生活的基本道德模式所决定的这种观念。当传记成为官僚成员而非个人的创造物时，后来的中国史学著作都漠视这种古老的、不管他们的生活经历是否真值得记录或具有价值却为所有最高阶层的官员立传的方式。但是，《史记》的惯例却是，不仅为他们各自所处时代的重要人物立传，同样也为那些能够作为具有高尚道德品质的榜样在中国文献著作中继续发挥影响力的人们立传。司马迁之后不久，出现了一大批像刘向的《列女传》、皇甫谧的《高士传》这类传记著述，这应归功于司马迁的榜样作用。这类传记的对象都是那些显示出相同道德模式的个人。这种新的传记风格，源自《史记》和《汉书》中的列传或传，它直到现在仍然在中国传记写作中占主流。①

上述这段话向西方介绍了有关《史记》的两大问题：一是在中国长期以来被公认，但却不为接受过古典训练的沙畹等人所重视的《史记》文本质量问题；二是《史记》对于传记发展的影响。华兹生曾在著作中设想应用《史记》所采用的体例描述美国史，"《史记》分为5个部分：本纪12卷、表10卷、书8卷、世家30卷、列传70卷。这种形式完全不同于西方所流行的关于历史形式的概念，因为西方要求对历史进行大量的解释。各种不同部分的重要性和作用取决于整本著作的结构和有效性。我认为对其解释的最佳方式是采用这种形式编纂一部美国史。如果读者能够容忍美国史与中国史两者之间存在这种充满幻想的思想观念和

---

① Burton Watson，*Ssu-ma Ch'ien: Grand Historian of China*，New York：Columbia University Press，1958，pp. 129-130.

明显的差异,我将尝试略述这样一部著作可能会是什么样"①。显而易见,华兹生的著述成功彰显了《史记》的文学性,使《史记》在西方读者中复活。

但是,美国汉学界真正从文学角度研究《史记》,始于约瑟夫·艾伦(Joseph Roe Allen)。他的《〈史记〉叙事结构初探》一文将罗伯特·司格勒斯(Robert Scholes)和罗伯特·凯洛格(Robert Kellogg)从西方古典文学叙事中发展出来的方法论运用于中国传统叙事学。在文中,艾伦考察了《史记》在不同部分运用的一些叙事技巧,并尝试对《史记》卷六十六《伍子胥传》和卷一百零九《李将军传》进行精细分析:

> 根据我们所看到的结构,这两则传记明显不同。我们应用托多罗夫(Todorov)关于传说规律和传说价值的观点来讨论这两个情节结构的形式应该是恰当的。根据这一点,在《伍子胥传》中我们着重强调的是其单线性和动词导向,在《李将军传》中强调的是插入和形容。一个在行动上是一致的,另一个则在主题上是一致的。这两则传记在主要情节结构的形式上相互之间并不排斥,应该可以用来分析《史记》中被单独或综合运用的其他叙事方法。司马迁所寻找的方案,就是超越那种单纯按照事件顺序的编年史写作方式,这在列传的叙述中尤其多。我们应该可以发现这两种结构形式的规律、价值及表现。……伍子胥和李广的性格特点是静止的、无发展变化的,在这个意义上他们是不变的、几乎是一维空间。伍所刻画的特色主要在于他的复仇,尤其是他复仇的决心;李广所刻画出来的特色则在于他的军事才能和勇敢,并掺杂着一定程度的非正统性和傲慢自大。司格勒斯和凯洛格在讨论所刻画的主人公性格特征时更侧重于其中的一面,但如果相对应地应用到这里将是危险的。在另

---

① Burton Watson, *Ssu-ma Ch'ien: Grand Historian of China*, pp. 104-107.

外一项研究中,司格勒斯为所刻画的主人公的性格提供了一个举止文雅的弗莱模型。这个模型是根据模拟主人公所生活之真实世界(包括人和环境)的质量而设计出来的。再者,尽管对西方评论流派进行归类可能不完全恰当,但这种归类的方法大体上还是有效的,特别是史诗中的人物如此之多。虚拟的人物模型按照从高到低的顺序排列。处于上端的男主人公在地位上优于众人,但不包括环境(在它上面是传奇与神话),处于下端的男主人公则低于上述两者(如喜剧)。当然,李和伍都处于这个模拟世界中的上层部分。然而,我们应该可以想象得到李广的位置非常之高,或许已事实上接近于传奇与神话;伍子胥靠近中间位置,与现实更为接近……这两个人无论是在艺术意义还是历史意义上都是真实存在的人,但李缺乏生动性,这是他性格特征和情节结构的结果。①

与他的分析相一致,艾伦认为《史记》对中国后世文学有着深远的影响力:《史记》是由众多独立的叙事所组成的,这些叙事在结构上存在相当程度的变化。此处所讨论的这两种要比《史记》中所发现的其他叙事手法更具象征性,但正如我们所说,它们并不具有典型性。我们怀疑在被传统所束缚的叙事手法中,绝大多数都比模拟更具有象征性。情节、性格、观念及意义混杂在一起,从而使我们看到的这两种叙事手法具有完全不同的形式……《史记》中表达意义的方式象征着对先前历史经验主义传统的偏离,转向更具传奇小说的意义。在这两篇传记中所发现的叙事手法不仅可以在《史记》的其他部分找到,而且也可以在更富虚构性的中国经典叙事著作中找到②。

---

① Joseph Roe Allen,"An Introductory Study of Narrative Structure in the *Shiji*",*Chinese Literature:Essays,Articles,Reviews*(*CLEAR*),Vol. 3,1981,pp. 52-53,60-61.

② Ibid.,p. 66.

李乃萃(Vivian-Lee Nyitray)的《美德的写照：司马迁〈史记〉中四位君子的生平》，是艾伦之后第一部研究《史记》文学性的著作。这篇博士论文主要是采用文学批评方法，分析《史记》中描述生活于公元前3世纪的战国时代并被同时代人视为封建贵族楷模的齐国孟尝君、赵国平原君、魏国信陵君、楚国春申君这四位贤士的列传。在文中，李乃萃运用源自法国结构主义的叙事理论、英美新叙事学、西摩·查特曼(Seymour Chatman)的电影叙事批评以及中国传统美学理论，分析了《史记》文本中具有重要意义的结构元素，并描述了读者通过了解人物行动来判断其中所蕴含之道德内容的过程。这篇博士论文的中心是考察信陵君与看门人侯嬴之间引人注目的关系、仁与德之间的区别。通过分析，作者认为那些真实的榜样未必不具有缺陷，但正是他们的不完美性增加了他们的吸引力，这也解释了文本所具有的持久的文学力量[1]。《史记》的叙事魅力及其空间而非时间法则是简小斌的《〈史记〉的空间化》的主题，他的博士论文分为五个部分：导论、作为理解模式的空间化、《史记》的撰著与史学的传统、《史记》的建构与特征、结论。总体上，简氏的观点是《史记》应被视为中国伟大传统史学的一部分，其中"空间"位置比任何特定的编年史著作都重要。在结论部分，他写道："从总体上看，《史记》中的所有部分组成了一座宝塔形体系，这个体系具有明确界定且相互关联的层级和区分法则。在所建立的这种体系中，任何空间中存在的裂缝都经过测查，所经历过的时代都被系统化。尽管个人传记中所出现的表和日期使人感受到历史真实性，同时作为年代顺序的一种参考，它也是必要的，但是这种不受任何时间影响的框架体系突出表明的是一种永恒……司马迁……更为在意的是人物的总体形象和他们在整个

---

[1] Vivian-Lee Nyitray, *Mirrors of Virtue Four "Shih Chi" Biographies*, doctoral dissertation, Stanford University, 1990.

体系中所处的正确位置。"①

为西方读者提供一种文学体系和理解《史记》的新方法,是杜润德(Stephen W. Durrant)撰述《模糊的镜子:司马迁著作中的紧张与冲突》一书的目标所在。杜润德首先确认《史记》在文学风格、道德判断甚至事实描述方面所出现的众多矛盾之处,并以此说明"文礼"之间所存在的紧张关系。在他看来,《史记》文本中存在自由与控制、综合性与一致性、冗长与简练、文本的世俗愉悦性与传播规范的意识形态之责任等广泛的矛盾。杜润德认为,所有这些都源于一个根本性的矛盾:被称为"第二个孔子"的司马迁却不愿意追随这个他自认为是典范的榜样。这并不是宣称司马迁本质上是反孔子的。在提出文与礼之间存在紧张关系这一基本前提后,杜润德认为司马迁的挫折在于误解了孝这种职责,并因此他放弃了自杀,而这又迫使他流露其苦恼,这种苦恼的流出物即变成了《史记》。仔细分析司马迁的《孔子列传》可以发现,司马迁将其个人等同于孔子,因而提出了一个不可能的挑战:以《春秋》中所采用的传统避讳和影射方式,将整个中国历史综合为统一标准并自成一体的著作。杜润德认为,不可能的原因不仅是司马迁对于材料十分笨拙的处理,更为重要的原因还在于司马迁个人的当务之急所具有的强大影响力,以及他对于讲述一个好故事的热情。随后的几章致力于小心翼翼地分析司马迁对早期史料的处理以及其著述中所存在的矛盾,以此说明他自己的经历对于他解释以及传播其所接受的史料的行动的影响②。识别并清晰叙述《史记》背后之文学模式的聪明才智,使杜润德的研究为一种新的研究流派奠定了重要基础。

---

① Xiaobin Jian, *Spatialization in the Shiji*, doctoral dissertation, Ohio State University, 1992, pp. 181-185.

② Stephen W. Durrant, *The Cloudy Mirror: Tension and Conflict in the Writings of Sima Qian*, Albany: State University of New York Press, 1995.

(三)《史记》的史学研究

《史记》不仅是一部文学名著,更是中国史学史上第一部贯通古今、网罗百代的通史名著。因此,在美国学界有不少学者从史学角度研究《史记》。基尔曼在译注《史记》卷八十至八十三即《乐毅列传》《廉颇蔺相如列传》《田单列传》《鲁仲连邹阳列传》的基础上,探究司马迁的史学态度。他认为,"司马迁写作通史的预设目标是涵盖所有重要的事情和人物,但司马迁不允许被其创设的体例所支配";司马迁在撰著列传时主要考虑的是"所挑选的人物代表什么、他是如何成功的、他的故事如何能恰到好处地融入《史记》的总体架构等因素","要重建司马迁的态度,研究列传是最为重要的"。至于司马迁自己的政治态度,基尔曼认为,"司马迁将描述和对历史的评价视为一项庄严而神圣的使命,因为它保存了指引子孙后代的大量传统;司马迁的这种使命感,亦反映了他对所遭受刑罚的愤恨及对中央政府所采用体制的厌恶"①。

大卫·詹森(David Johnson)的《早期中国的史诗与历史:伍子胥问题》,考察了由"事变"话语及与伍子胥有关联的人物等材料所组成的五种传统文献:(1)《左传》提供了这场阴谋的内核部分;(2)《吕氏春秋》将伍子胥置于《左传》所设置的相同空间场景,但提供了有关伍子胥生活的各种各样的情景;(3)《国语》可能是《吕氏春秋》的资料来源;(4)《史记》提供了有关伍子胥的完整生平记述,更重要的是提供了更多的细节;(5)《吴越春秋》中有关伍子胥的材料是之前版本的三倍,并把伍子胥视为一位占星师和了解风水之人。詹森认为,要质疑《吴越春秋》中增加部分的材料来源、两种以伍子胥为主题的民间传说的影响力及它与从汉代开始逐渐发展起来的祭祀,即伍子胥之礼仪有何关联,需要大量证据。然后,他将想象力转向司马迁:

---

① Frank A. Kierman, *Ssu-ma Ch'ien's Historiographical Attitude as Reflected in Four Late Warring States Biographies*, Wiesbaden: Otto Harrassowitz, 1962, p. 19.

在对《吴越春秋》进行延伸研究之后,当我重读《史记》卷六十六时,立即想到司马迁一定熟悉比他所用的能提供更多有关伍子胥故事细节的资料。这样才能解释传记对某些材料简化的质量。当然,如果司马迁搜集了大量有关伍子胥生平及冒险的奇闻逸事,也同样能创造相类似的效果。但是,在我看来,这似乎使司马迁更像是一位一点一点拼凑故事的现代历史学家。我认为最重要之处不在于他对已经存在的、具有统一形式的复杂叙述所做的高度概括,而在于他能够从犹如碎片且存在巨大差异的材料中构建一套完整的解释。①

詹森推测,类似于传统的统治者和统治规则,在秦汉统一之时,丰富的历史传奇故事必定已存在。但是,这种传统并不是单一的事情,它存于诸多版本中。这些叙述可能出现在说书人口中,由其口述给作为听众的贵族和平民;这类叙述的存在可解释部分问题,如在没有类似资料的情况下,司马迁为什么会提及"伍子胥病倒在去吴国的路途中,不得不沿路乞讨食物"。詹森认为,所叙述的这些历史传奇故事被汉代统治精英所查禁,这是因为:第一,在中央政府努力维系中国统一之时,它们培育的却是地方主义自豪感;第二,它们对于为统治精英所鼓吹的儒家教条而言具有抵制作用;第三,它们挑战了官僚们所把持的历史著述垄断权②。尽管詹森强调他的结论是假设性的,并拒绝宣称口头传说、地方性描述等确实存在,但他对司马迁资料来源的描述是明智而富有创造性的,为众多前辈们所坚守的立场提供了极好的衬托。

顾传习的《司马迁的〈吴起传〉》,以《吴起传》作为评价司马迁史学观的文本,其主要目标是确证司马迁所使用的文本中哪部分在历史上

---

① David Johnson, "Epic and History in Early China: The Matter of Wu Tzu-hsu", *The Journal of Asian Study*, Vol. 40, 1981, p. 263.

② Ibid., pp. 258-268.

是正确的,哪些是假想的历史传说故事,以及司马迁构撰这篇传记的资料来源有哪些。他的结论是尽管不可能像小说一样完全解构,但这篇传记是由松散有趣的轶事组成的,一连串有关吴起的不同叙述已按照一定年代顺序被有效组合在一起。他写道:"很明显,这篇传记中的几个部分包含令人生疑的情节及严重的时代错误,然而由呆板的文学修辞占支配地位的其他段落削弱了他们所声称的历史价值。一流的学者……已经注意到这些特征中的绝大多数。像吴起生活的时代接近于所显示的时代,他是魏国的一位将军,与所提及的一些甚或全部诸侯国的将军非常相像,这种有关吴起的简单描述至少还可以被接受。"①

葛兰特·哈代的博士论文《〈史记〉的客观性与阐释性问题》是英语世界第一部关于《史记》的英文专著。他的这篇博士论文分为两个截然不同的部分:第一部分(第1—4章)为重新理解《史记》构建了一套理论框架;第二部分(第5—7章)解释说明这种框架如何能够应用于独特的传记。哈代认为,司马迁经常通过排除史料、精确复制史料、编排史料次序、更改史料语言、在主要史料之外插入其他史料或想象性材料等方式塑造历史,以引导其读者主动成为历史书写的编者。同时,他相信《史记》在叙述中的变化也展示出司马迁的某种历史观——历史事实具有道德意义,但它不可能只具有一种准确无误的解释,相同的事件在不同的背景中具有不同的意义。总而言之,哈代认为司马迁的主要目标是通过历史确认道义原则,并借助历史校正过去不道义之处②。此后,哈代继续致力于探究司马迁在《史记》中是如何既秉持史学的客观性,又致力于

---

① Chauncey S. Goodrich, "Ssu-ma Ch'ien's Biography of Wu Ch'i", *Monumenta Serica*, Vol. 35, 1982-1983, pp. 203, 214-215.
② Grant Hardy, *Objectivity and Interpretation in the Shih Chi*, doctoral dissertation, Yale University, 1988, pp. 342-345.

向公众解释、传递伦理道德法则的,即如何调和客观性与阐释性。1992年,哈代在《司马迁〈史记〉的形式与叙事》一文中认为,司马迁在《史记》中采用的本纪、表、书、世家、列传这种断片式体例,通过浓缩精简、置换年代、在一定背景中突出强调某些事实、平行叙述重要事件、暗示因果关系、反复叙述单一事件等方式,将未加工的原始性历史资料制作成连贯的富有深远意义的叙述。本纪、表、书、世家、列传这种断片式历史体例是司马迁的解释工具。正是借助这一解释工具,司马迁将历史的准确性和道德性这两大目标完美地汇聚在一起,最大限度地发挥了《史记》作为道德解释性工具的作用[1]。在《〈史记〉卷十四〈十二诸侯年表〉的解释功用》一文中,哈代以《史记》卷十四《十二诸侯年表》为例,通过对这一卷及其史料来源进行分析,证明司马迁编制此表是表达他自己对于历史重要性的判断。通过他所挑选的事件,司马迁突出了《史记》叙述的要点、校正了《春秋》和《左传》,并提供了在一定程度上独立于《史记》其他部分的春秋时代之轮廓。在哈代看来,《史记》的十表通常被认为是正文的补充,尽管它们在为司马迁的历史叙述建立一种历史性框架方面非常有用,但它们本身也具有一种独立的解释功用[2]。在《古代中国史家对现代西方理论能有贡献吗?——司马迁的多重叙述理论》一文中,他通过对公元前205年魏豹反叛的五种说法这一多重叙事之典范的分析指出,从不同的视角不止一次地叙述同一事件,而且对同一事件的叙述时有冲突,似乎象征着历史真相有某种程度的失真,可是司马迁在他的叙述中又经常显示对事实真相的关注。在哈代看来,司马迁自相矛盾的叙述在某种程度上比我们期望的西方史学中的统一叙事更能准确地反映过往。

---

[1] Grant Hardy, "Form and Narrative in Ssu-ma Ch'ien's *Shih Chi*", *Chinese Literature: Essays, Articles, Reviews*(*CLEAR*), Vol. 14, 1992, pp. 1-23.

[2] Grant Hardy, "The Interpretive Function of *Shih Chi* 14: The Table by Years of the Twelve Feudal Lords", *Journal of the American Oriental Society*, Vol. 113, 1993, pp. 14-24.

司马迁特有的历史观念是承认史家和证据的局限性,从而为多重解释提供了可能性,同时聚焦于道德的省察。虽然这对西方人来说有点生疏混乱,但却展现了司马迁历史方法论的清晰画面,对于寻求逃避传统历史书写模式的现代历史学家来说可能是个有趣的例子[1]。

1999年,哈代出版了专著《青铜与竹子的世界:司马迁对历史的征服》。哈代撰写此著的目的是"希望在司马迁的《史记》及其所处思想环境方面提供一种新颖的、可能也是富有争议性的考察"。在引言中,哈代对此做了详细介绍:"我认为这另外一种视角或许更为自由,同时与我的前辈相比更少一些文学性。我对于司马迁的个人经历如何形塑他对历史的理解,以及他的这种识见如何体现在他的文本中也颇感兴趣,但这也许在一定程度上不同于西方史家,《史记》有一种强烈的表演成分。也许,《史记》不仅代表着司马迁关于历史的观念,也以一种醒目的、毫不夸张的方式代表着世界本身,并通过它的存在寻求改变世界。"[2]在哈代看来,司马迁实际上将《史记》视为一个微观世界,并运用这个"模型"来塑造现实世界。司马迁邀请我们进入他的这个模型,并让我们同他一道,通过使用这个模型从而使历史富有意义。他一步步引导、鼓励我们这样做,以保证尽管我们从中能挖掘出自己的意义,我们仍不会将他遗忘。凭借这种方式,司马迁征服了几乎不可避免地被破坏的历史,使他自己在历史上得以永恒,将被千秋万代的子孙所想起和记述;正是在这个意义上,"竹子(历史本身)超越了青铜(军事世界)"。

司马迁编撰《史记》时,文稿是写在什么上面的?如何储备所用文献?使用了多少草案?是否有助手帮助?编撰《史记》的具体过程如何?

---

[1] Grant Hardy, "Can an Ancient Chinese Historian Contribute to Modern Western Theory? The Multiple Narratives of Ssu-ma Ch'ien", *History and Theory*, Vol. 33, No. 1, Feb., 1994, pp. 20-38.

[2] Grant Hardy, *Worlds of Bronze and Bamboo: Sima Qian's Conquest of History*, New York: Columbia University Press, 1999, p. 26.

对于诸如此类问题,西方学术界偶尔提及,很少系统化地研究。近年来,此类问题开始受到学者关注。倪豪士围绕《史记》是如何编撰这一问题发表了多篇论文。1991年,他在《重新考察〈史记〉中的〈循吏传〉》一文中指出,为什么《酷吏传》中所具有的年代顺序、共同主题、重复的关键词、传记主题间的相互对照等所有统一的叙述策略在《循吏传》中都没有出现? 传统观点认为《循吏传》可能不是出自司马迁之手,基于《史记》文本本身及文化背景,更为合乎逻辑的解释是司马迁在汉代皇室档案文献中找到被分类为循吏的文本材料,然后对其进行整理。因此,《循吏传》在编撰中经历了从档案文献到成为书之一部分这样一个过程①。2003年,他在《〈史记〉文本问题的说明以及关于世家编撰的一些思考》一文中,具体阐述了《史记》中的部分文本是在司马迁指导下由助手帮助编撰的这一观点,认为其中标签在这项工作中扮演着十分重要的作用。他在考察《史记》文本时,发现了被高本汉称为"有依赖卷章"的文本,即《史记》关于前汉时期的卷章中,存在与其文本没有任何语法联系的句子片段,仅世家部分就找到14处。对此,倪豪士给出的解释是:司马迁编撰《史记》时有众多助手,他的助手为汉代以前的部分卷章准备了文本草稿,这项工作可能在司马迁任太史令的头几年间就开始了;为文献资料和抄写草稿贴上日期、个人姓名以及章节标题等标签,不仅是司马迁编撰技术的一部分,"更有可能是放在顶端的第一片竹简是已写好的标签,表示的是与记录中的标题、日期及人物相关的事件。这些文件被储存起来,直到被收入进整卷,作为最终组成部分。当成捆的竹条从文件夹中取出来,很可能由不同史官或司马迁自己负责最终抄写。这就使得作为标签的日期、人名或章节标题这些字符很容易被抄写进正文中。这就可

---

① William H. Nienhauser, Jr., "A Reexamination of 'The Biographies of the Reasonable Officials'", in *The Records of the Grand Historian: Early China*, Vol. 16, 1991, p. 230.

以为我们上面所提到的语法问题提供一种解释,也可解释为什么所有句子片段都出现在有依赖性的卷章中"①。2007 年,倪豪士在《缺乏掌声:关于〈晋世家〉与司马迁的春秋之说明》一文中,除了探究司马迁如何解读"春秋"一词以及如何为了其目的改编《春秋》中的史料之外,还着重从《史记·晋世家》中寻找例证,推测《史记》编撰过程中是如何使用《春秋》的,以说明《史记》的编撰方法。他认为:"尽管司马迁在尝试重建某些事件时主要依赖《左传》,但他经常参考其他三种传统注释;在重建事件时,有一部分涉及对两种甚或更多关于《春秋》的传统注释的异文合并;这种重建通常涉及缩写史料文本,有时候似乎并没有仔细地缩写,以致《史记》中有些段落的意思模糊晦涩,这显示出有助手或抄写员涉入这一过程。最后,根据以上推断,在一个仅有口头传统和各种各样的笨重书写记录的时代,很可能司马迁将春秋这个词理解为所有他了解的、记住的和阅读到的与经典文本有关系的整个资料库。"②

(四)《史记》的哲学研究

华兹生认为,"司马迁不是哲学家,而是历史学家……他只在最低限度内发表个人见解,他所表达的散乱观点很难归于任何被公认的思想流派"③,但在美国汉学界仍有一些关于他"零散观点"的研究。在《处于传统交叉点上的自我:司马迁的自传体著作》一文中,杜润德通过在司马迁自传中搜寻其"内心秩序",认为"危机时刻"来自作者对他全部过往人生

---

① William H. Nienhauser, Jr., "A Note on a Textual Problem in the *Shih Chi* and Some Speculations concerning the Compilation of the Hereditary Houses", *T'oung Pao*, second series, Vol. 89, Fasc. 1/3, 2003, pp. 53-58.

② William H. Nienhauser, Jr., "For Want of a Hand: A Note on the 'Hereditary House of Jin' and Sima Qian's 'Chunqiu'", *Journal of the American Oriental Society*, Vol. 127, No. 3, 2007, p. 246.

③ Burton Watson, *Records of the Grand Historian: Han Dynasty I & II*, Hong Kong and New York: Renditions-Columbia University Press, 1993, p. xv.

的看法。杜润德认为,这个坐标点"是以司马迁带着对未来的希望来解读其过去这样一种具有深远意义的方式联结起来。正如他自己的描述,他的过去以儒家的孝为中心,他的未来则期待能扬名于后世"。在杜润德看来,西方以"个人为中心"的传记传统与中国以"关系或惯例为中心"的传记传统之间可能存在对立;但他发现古代西方传记和古代中国传记在"个人生活普遍受到被视为典范的生活模式的影响之间"具有一致性,并推断"基督教是西欧真正占优势的宗教,它为自传作者提供仿效的范型,但通常重点不在于基督徒生活的具体行为,而是一种不受时间影响、神话式的基督徒生活典范……但没有任何一位西方自传者会像司马迁那样为自己的行为故意从历史中找寻特定同类人和先辈。事实上,司马迁的著作几乎将历史提升到宗教高度。在这种借助过去来强化阐释的思想观念中,历史变成了耶稣基督"①。

  杜润德在《混乱与缺漏:司马迁对前贤刻画的几个方面》一文中考察了司马谈和司马迁的两位老师即孔安国及董仲舒在塑造青年时代的司马迁的过程中所发挥的作用。他的结论是:"一方面,司马迁回忆他父亲的临终遗言……是非常儒家化的,并为司马迁拒绝自杀而继续活着以完成《史记》提供最大合理性;另一方面,司马迁对董仲舒和孔安国的描写,没有考虑之前事件的主要部分和儒家思想的合法化。当然,司马迁这数十年的生活和工作是复杂的;正如德效骞所论证的那样,儒家学说的提升是渐进的。尽管如此,我们不应该把司马迁以及其他历史学家看作是对过去事件的忠实客观记录者,认为他们自己的生活经历不会扰乱其历史著述的思路。上面我们所讨论的奇怪反驳和令人惊讶的缺陷,可能是司马迁自己故意模糊处理,或者在考虑自身在那些令人尊敬但却又完全

---

① Stephen Durrant, "Self as the Intersection of Traditions: The Autobiographical Writings of Ssu-ma Ch'ien", *Journal of the American Oriental Society*, Vol. 106, 1986, pp. 39-40.

不同的伟人中间所处位置时遇到诸多困难的结果。"①

李惠仪(Wai-yee Li)的《〈史记〉中的权威观》一文,考察了司马迁尝试在本质上反历史的时代赋予历史叙述多于理论叙述的优先权。司马迁所运用的方法之一就是用与儒家有关的术语来定义新权威。李氏尝试将这种权威与个人遭受苦难的观念联系在一起:确立自己成为赋予历史著述内在道德性这一传统的一部分——儒家和左丘明的传统,司马迁在主张历史真实性时,强调在前辈著作中个人经历和自我表达的作用,从而为其增添了一种情感的维度。依照司马迁的观点,历史学家的道德维度可根据他遭受的苦难加以鉴别,因为它们会影响其对历史上个人自由的局限性和可能性的感知和理解;与此同时,在历史学家的识见和著述中,痛苦及挫折经历又被赋予一定的意义②。这种努力导致司马迁对为数众多的早期时代的人物非常赏识,并证明这种赏识是一种鲜活的历史理解。李惠仪也认可司马迁在史料评判方面所做的创新,他着重强调司马迁排列古老史料时,如在吕不韦与李斯传记间插入刺客—家臣的集体性传记,确立了"一种声音……来自当时集体和个人"。在以回顾的方式对司马迁哲学倾向进行评述后,李文反思了作为范例的《伯夷叔齐列传》中存在的问题:司马迁应用伯夷和叔齐的抗议来证明即使具有公正性的理由中也有阴暗面,真相并不是单一的。即便是在武王和周朝所代表的理想政治秩序中,人类精神中的某些东西也无法适应。这种仅有极少细节的叙述是松散稀疏的。司马迁以卷的形式架构一系列关于历史中个人生活意义的反刍。因为伯夷和叔齐都躲避儒家和道家的归类,所以尽管归类能提出关于人类生活的基本问题,但是人们可以拒绝司马迁

---

① 杜润德:《混乱与缺漏:司马迁对前贤刻画的几个方面》,载陈志森主编:《陈奇禄先生七十寿辰纪念文集》,联经出版社1992年版,第449—450页。
② Wai-yee Li, "The Idea of Authority in the *Shih Chi*", *Harvard Journal of Asiatic Studies*, Vol. 54, No. 2, Dec., 1994, p. 363.

更倾向于儒家还是道家这类不切主题的问题①。李氏逐渐从司马迁的多种态度中建构起一种连续性:《史记》中统一的意见源自广泛的态度,从讽刺分裂到赞成统一,从确认到怀疑……史家意见的权威性不仅来自最后的评论,也来自当他在叙述与评论间游走时协调不同观点的技巧②。李氏发现,即使不确定性也能增加司马迁的权威性。怀疑论是如此帮助《史记》确立其可信性的:司马迁经常在句子末尾使用"云"字,以显示其对事件可能性及事件背后思想观念的信心是依据事件的详情程度而做出相应调整的。在讨论了反复无常的命运之后,李氏雄辩地总结了他的观点:在上天是无法理解或没有理性的观念指导下,通过划定上天的职权范围,以及为在其他地方已被忘记或遭受谴责的失败、挫折赋予不朽声名,司马迁在历史著述中曲解了历史的意涵;通过肯定历史著述的意义,他化解了历史注定论和个人努力这两种因果关系之间的矛盾,这个过程成为历史权威性的基础③。

贾德纳曾就司马迁父子撰著《史记》的动机如是分析道:司马谈编撰这部史著的主要动机在于"赢得恒久的名声";然而,在司马迁看来,"历史并不只是单纯的宗谱记录,不是简单的王朝档案编年史,不是关于政治道德的专论,也不只专注于任何值得称赞的个人或制度;相反,它在其所能接触到的档案文献范围内,综合描述了整个民族的过去。对于一位明智的史家来说,这是通过详细描述甚至是毫不畏缩地记录人们堕落的程度以提出有价值的正义并将其从被遗忘的危险中拯救出来的黄金机会。他没有直接反映他自己的道德水平,而是通过记录值得称赞和谴责的其他人实现了他的客观性目标,与此同时他自己也获得

---

① Wai-yee Li, "The Idea of Authority in the *Shih Chi*", *Harvard Journal of Asiatic Studies*, Vol. 54, No. 2, Dec., 1994, p. 381.
② Ibid., p. 388.
③ Ibid., p. 405.

了不朽的声名"①。戴梅可(Michael Nylan)在《司马迁:一个真正的历史学家吗?》的专论中,基于大众认为祭祀、孝、著述和占卜具有神秘力量的信念,以及为回应当前有关行为对命运的作用所进行的讨论,翔实阐述了司马迁完成《史记》编撰是为了最终实现宗教目的这一观点。他将这种宗教目的称为"《史记》的宗教推动力",认为其具有四个维度:第一,渴望通过旨在保证家族的名誉能被称颂千古的行动,来表达最高形式的孝心;第二,虔诚地希望在天人之间找到恰当的分界线,作为预言变化的范本;第三,不辞辛苦地重申神圣的起源、命中注定的伟大以及中国文化不朽的秩序状态;第四,通过让作为著者的司马氏父子虔诚地沉浸于不朽的中国文明之中,寻找到一种能够实现不朽的声名,这样或许可以将司马氏从普通之人"最终注定要死亡"的命运中拯救出来②。正是基于这种宗教的推动力,司马迁在《史记》中重建了一系列居住在中原并对中国非凡文化做出过重大贡献的杰出人物的生活,其目的是:只要《史记》能够被继续阅读到,他和父亲就能从所挑选人物之死亡所隐含的精神中获益。司马迁坚信其著作中所描绘的历史和人物会为将来之人所牢记,从而能够为他自己和他的家族赢得一种不朽的声名。在其以文学方式在王朝史范围内加入群体的生与死时,这个群体的成员对于让他们在记忆中永世不朽会心存感激,并把这种感激归功于他和他的家族。为了更好地强调神的起源和不朽,司马迁创造了一种新的文学模式——列传③。

1995年,倪豪士在总结西方一个世纪的《史记》研究概况后认为,西方的《史记》研究存在三个亟待解决的问题:一是彻底研究《史记》与《汉

---

① Charles S. Gardner, *Chinese Traditional Historiography*, Cambridge: Harvard University Press, 1938, p. 9.
② Michael Nylan, "Sima Qian: A True Historian?", *Early China*, Vol. 23, 1998, pp. 209-210.
③ Ibid., pp. 211-216.

书》之间的关系;二是更为广泛地考察《史记》文本和为数众多的版本的历史;三是完整的英译本①。自此之后的十多年里,美国汉学界关于《史记》的研究正是朝着这三个方面迈进的。正如我们所看到的,这些目标未能实现。随着全球化趋势日益凸显,全球范围内的政治价值观念、文化形态、生活方式相互影响、相互碰撞的程度加剧,我们有理由相信,作为中国传统史学典范和中国叙述学典范的《史记》将吸引更多美国学者的关注,并尝试开拓新的研究领域和研究方法。

五、美国的中国马克思主义史学研究

创立于20世纪20年代的中国马克思主义史学,已经走过了近百年的风雨历程,它是如何一步步地成长壮大的,其成就如何,其命运又将怎样,尤其是如何认识和评价中国马克思主义史学,这些不仅是中国学人所重视的问题,同样也为美国学人所关注。美国学人对于中国马克思主义史学的关注始于20世纪50年代,到今天已有半个多世纪。在这半个多世纪里,美国学人不仅致力于探究中国马克思主义史学发展的概况,还着力于探讨中国马克思主义意识形态及其影响,并关注包括马克思主义唯物史观理论、马克思亚细亚生产方式理论、农民战争问题理论在内的中国马克思主义史学理论和历史观。对于正致力于进一步加强和推进中国马克思主义史学及其理论建设的我们而言,美国学者对中国马克思主义史学的批判、对其价值的正视与褒扬以及对中国学者运用马克思主义探究中国历史的评论,在某种程度上为我们提供了有益的参考与借鉴。

(一)对峙时期美国的中国马克思主义史学研究

1949年中华人民共和国的成立,并不仅仅是一种政权的更迭,而且是从经济基础、社会结构到上层建筑深刻而全面的巨变。一种全面的社

---

① William H. Nienhauser, Jr., "A Century(1895-1995) of *Shih Chi* 史记 Studies in the West", *Asian Culture Quarterly*, Vol. 24, No. 1, 1996, p. 44.

会变动,必然要求有一种全新的意识形态与之相应。因此,中华人民共和国成立后,在全国范围内掀起学习马克思主义的热潮。与之相应的是,广大史学工作者也都自觉地开始学习马克思主义,中国史学界掀起学习唯物史观的热潮,马克思主义史学成为中国历史学的主流。在中美因朝鲜战争、越南战争及其他问题而在意识形态、政治及军事上处于尖锐对峙的时期,基于冷战需要,美国学人对于中国马克思主义史学极为关注,以至于在美国出现了研究中国马克思主义史学的热潮。

20世纪50年代初,中国史学会曾组织翦伯赞、范文澜、罗尔纲、王重民、白寿彝、邵循正等一批学者主编"中国近代史资料丛刊"。到1957年,中国史学会先后出版《鸦片战争》《太平天国》《第二次鸦片战争》《回民起义》等专题资料11部,共68册,2 758万字①。"中国近代史资料丛刊"出版后,费正清和芮玛丽即组织召开关于"中国近代史资料汇编"的研讨会,邀请哈佛大学的刘广京和张馨保、印第安纳大学的邓嗣禹、哥伦比亚大学的房兆楹和杜联喆夫妇、华盛顿大学的罗荣邦、耶鲁大学的朱文长和执教于华盛顿大学的德裔学者弗朗兹·梅谷对"中国近代史资料丛刊"进行评论②。20世纪五六十年代,中国马克思主义史学主要关注的是中国古史分期问题、中国封建土地所有制形式问题、中国封建社会农民战争问题、中国资本主义萌芽问题和汉民族形成问题。对于中国史学界的"五朵金花",美国学者进行了跟踪介绍。1958年,费维恺就1957年中国史学界出版的三部讨论资本主义萌芽问题的著作,发表了《从封建主义到资本主义:中国大陆最近的历史著述》一文,对其进行了详细的介绍,并就资本主义萌芽问题做了批判性分析③。1961年,费

---

① 庄建平:《50年来的中国近代史资料出版概述》,《近代史研究》1999年第5期,第291—303页。
② 这些评论文章载于《亚洲研究》(*The Journal of Asian Studies*)第17卷第1期,1957年11月。
③ Albert Feuerwerker, "From 'Feudalism' to 'Capitalism' in Recent Historical Writing from Mainland China", *The Journal of Asian Studies*, Vol. 18, No. 1, Nov., 1958.

维恺又在《美国历史评论》上发表了题为《中国的马克思主义史学》一文，专门介绍中国史学界关于"五朵金花"问题的争论情况[①]。

值得注意的是，1971年美国学界还出版了专门研究中国马克思主义史学的理论著作——詹姆斯·哈里森的《中国共产党和农民战争》，该著作详细阐释了中国马克思主义史学家是如何分析中国历史上农民战争爆发的原因和农民战争的领导、组织结构、口号、意识形态、宗教态度、作用、进展、特点及失败原因的[②]。此外，美国学者还着手收集整理新中国成立以来的史学研究成果。1959年至1960年期间，费维恺和哈佛大学东亚研究中心研究员S. Cheng合作编撰《中国共产党的中国近代史研究著作》。该书收集了500部由中国学者撰写的中国历史著作。这500部著作是两位编者从1949年至1959年中华人民共和国出版的2 032部著作中精心挑选出来的，编者对这些挑选出的著作进行了介绍和简要评述[③]。与此同时，这些中国学家积极组织召开有关中国马克思主义史学的研讨会。1961年，包华德组织学者召开"中国历史传记方法"研讨会，探讨"当代政治对人物传记写作的决定性影响"；1964年，在麦克法夸尔的倡导下，《中国季刊》组织召开了"中国共产党的历史学"学术研讨会，与会学者围绕新中国的史学家是如何应用马克思主义开展史学研究的进行了热烈讨论。

在对20世纪五六十年代中国马克思主义史学进行跟踪研究后，美国学者对这期间的中国马克思主义史学提出了他们自己的认识和评价。詹姆斯·哈里森在考察中国马克思主义史家对农民战争问题的研究后

---

① Albert Feuerwerker, "China's History in Marxian Dress", *The American Historical Review*, Vol. 66, No. 2, Jan., 1961.
② James P. Harrison, *The Communists and Chinese Peasant Rebellions*, London: Lowe & Brydone, Ltd., 1971.
③ Albert Feuerwerker and S. Cheng, *Chinese Communist Studies of Modern Chinese History*, Cambridge: Harvard University Press, 1961.

认为,通过历史学习以达到历史教育和党的政策普及,从这个意义上来说中国共产党的农民战争史学取得了巨大成功,"中国大陆关于农民战争的史学并不是学术的胜利——无论是在史料的深度还是驾驭方面,很少有研究能够同解放前的并驾齐驱——但是它在大众教育方面却是一项了不起的胜利"①。在许多美国学者看来,中国马克思主义史学是一种"完全政治化"的史学,即"意识形态化的学术"②。

美国学者之所以将这一时期的中国马克思主义史学一概斥为完全政治化的史学,一方面是由于这一时期中国马克思主义史学受"左倾"思想的严重影响,存在片面夸大生产关系变革的决定性意义以及过于强调史学的社会功用等问题;但更为重要的原因在于当时的冷战环境及美国学者的冷战思维。美国学者莫里斯·迈斯纳(Maurice Meisner)曾这样批评这一时期的中国学术研究:"政治与学术之间的联姻在当代中国日渐成为最明显的联姻。不仅学术应直接服务于政治利益,而且它必须在无孔不入的意识形态框架内。"③实际上,这一时期的美国学者及其学术研究也不同程度存在着相类似的问题。费正清之所以积极从事并倡导近现代中国研究,用他自己的话来说,是由于"北京出现了许多卷宝贵的历史文件和未必可信的历史论文,主要都是根据马列主义意识形态的显著题目——农民起义、资本主义萌芽、历史分期问题、帝国主义的侵略。同时,历史已在有力的教条主义的基础上,为了宣传目的而重新作了解

---

① James P. Harrison, "Chinese Communist Interpretations of the Chinese Peasant Wars", in Albert Feuerwerker, ed., *History in Communist China*, Cambridge and London: The M.I.T. Press, 1968, p. 215.

② Harold Kahn and Albert Feuerwerker, "The Ideology of Scholarship: China's New Historiography", in Albert Feuerwerker, ed., *History in Communist China*, Cambridge and London: The M.I.T. Press, 1968, p. 13.

③ Maurice Meisner, "Li Ta-Chao and the Chinese Communist Treatment of the Materialist Conception of History", in Albert Feuerwerker, ed., *History in Communist China*, pp. 277-278.

释。其中大部分是以毁谤美国的历史为目的"。在费正清看来,"在六亿人民心目中系统地灌输引起人民仇恨的半真半假的历史,是使人难安的,特别是我们已经被贴上长期敌人的标签。……还有令人同样不安的事实是,美国公众在现阶段关于中国历史的知识中,不能分清真实和半真半假"①。因此,"设法让这些记载得到实事求是的、客观的研究从而为我们自己辩护,将迟早成为对国家利益起到举足轻重作用的事情"②。1964年《中国季刊》组织召开"中华人民共和国的历史学"学术研讨会,是为了深入了解"在这样的环境之下我们所知道的历史记载将会发生怎样的变化""我们应如何评价它们""当前的历史过程事实上新颖到什么程度""它是怎样建立其理论和框架结构的"等问题③。

基于为美国国家利益服务的研究动机,许多从事中国研究的学者难以逃脱意识形态话语,难以克服政治偏见,进行客观分析;相反,他们常常超越学术的界限而带有浓厚的政治攻评色彩。诚然,20世纪五六十年代中国马克思主义史学受"左倾"思想的严重影响,存有诸多缺陷,但这一时期的中国马克思主义史学绝不是如美国学者所说的一种纯粹的"意识形态的学术",毫无学术价值可言。正如阿里夫·德里克在评述20世纪五六十年代中国马克思主义史家关于资本主义萌芽问题的研究时所言,"在冷战史学的幸福时代,中国史家为发现中国历史上的资本主义所做的努力,被西方从事中国研究的史家草率地批评为毫无意义和价值可言,给他们留下最为深刻的印象只是中国史学受意识形态的指引。不可否认,这种努力是以意识形态为前提的,但必须指出的是,努力本身既不是无意义的,也不是没有价值的。中国的资本主义问题是一个长期

---

① [美]费正清:《美国与中国》,孙瑞芹、陈泽宪译,商务印书馆1973年版,第306—307页。
② [加]保罗·埃文斯:《费正清看中国》,陈同等译,上海人民出版社1995年版,第199页。
③ Harold Kahn and Albert Feuerwerker, "The Ideology of Scholarship: China's New Historiography", The China Quarterly, No. 22, Apr. -Jun., 1965, p. 4.

以来令社会史家困惑的问题,最为著名的就是马克斯·韦伯。中国为什么从来没有发展出一个资本主义社会的问题,不仅对于理解中国社会的发展动力,而且对于理解欧洲的起源以及世界资本主义的发展都是极为重要的问题。更为重要的是,中国史家在探寻中国史上的资本主义过程中所发现的具有重要意义的史料,改变了曾经一度流行的中国深陷于经济停滞的观点"①。

又如,对这一时期中国学人所从事的资料收集与整理,尤其是"中国近代史资料丛刊"的价值,旅美中国史家邓嗣禹如是评价道:"中国大陆学者在大规模收集整理有关19世纪后半期中国近代史上几个重大事件的史料方面所付出的努力,无疑应该值得我们赞赏。……世界各地的中国史研究者将会发现,像这些资料汇编的编撰者一样,当代中国学者最有价值的贡献是在这几年中为学术界提供了大量史料。"②对于《太平天国》这一专题的资料丛刊,他更是赞誉有加,认为对学术界而言这是一项了不起的成就,其学术价值自是不言而喻,"关于太平天国的史料散落于世界:部分在英国,部分在法国,但绝大多数在中文图书馆或私人收藏者手中。事实上,对任何研究者来说,只有广泛旅行才能收集到这几卷著作所提供的史料,这的确是有困难的。这些著作的价值不在于由共产主义学者所提出的新解释,而在于忠实地毫无偏见地提供了众多有关太平天国、清帝国政府以及学者个人的文献史籍,这几部著述的出版使得所有对太平天国感兴趣之人都可利用这些史料文

---

① Arif Dirlik, "Chinese Historians and the Marxist Concept of Capitalism", *Modern China*, Vol. 8, No. 1, Jan., 1982, p. 107.

② S. Y. Teng, "Review: *The Nien Army. The Moslems' Revolutions. The Reform Movement of 1898.* by Chinese Hisorical Society; Shen-Chou Kuo-Kuangshe", *The Far Eastern Quarterly*, Vol. 14, No. 1, Nov., 1954, pp. 106-108.

献"①。不仅如此,邓嗣禹认为,"它是关于太平天国史史料的一个巨大水池。它的出版,将使得许多此前的著作被替代,能够处理这些史料的西方学者将会发现它是史料和思想的一个源泉"②。

(二) 邦交正常化后美国的中国马克思主义史学研究

20世纪70年代中后期,无论是中美关系还是史学自身都出现了新的变化。自1972年尼克松访华后,中美之间的坚冰开始被打破,中美关系逐渐走向缓和,并于1979年建立正式的外交关系。与此同时,持续近十年的"文革"也于1976年结束。伴随着"文革"的结束,中国大陆学者逐渐打破"左倾"思潮影响下盛行的种种精神枷锁,开始认真地反思和总结过去的经验教训,并从各个方面为史学的新发展做出种种努力。由此,中国史学呈现出一派新的景象。

对于中国马克思主义史学所出现的新变化和新气象,美国学者表现出极大的兴趣,他们通过各种方式了解中国马克思主义史学的新变化及其发展趋势。1977年6月,魏斐德(Frederic Wakeman, Jr.)参加了由菲利浦·汉德(Philip Handle)率领的美国科学院访问团。在访华期间,他和费维恺等专门研究中国问题的学者参观了史学研究机构和高校,并同史学研究工作者进行了访谈交流。回国后,魏斐德撰写了题为《粉碎"四人帮"之后的中国史学》的调查报告。在这篇报告中,他详述了所拜访过的史学研究机构以及中国人民大学、复旦大学、南京大学等高校和上海

---

① Ssu-yu Teng, "Review: *A History of the Revolutionary War of the T'ai-p'ing T'ien-kuo* by Hua Kang" "Review: *A Collection of Essays Denouncing Certain Taiping Stories or Books as Unreliable* by Lo Erh-kang" "Review: *A Draft History of the Taiping Rebellion* by Lo Erh-Kang" "Review: *A Historical Novel about the Taiping Occupation of Chiang-nan* by P'eng Hsieh-ch'en" "Review: *Historical Sources about the T'ai-p'ing T'ien-kuo* by T'ien Yu-ch'ing" "Review: *T'ai-p'ing t'ien-kuo tzu-liao tsung-k'an* by Hsiang Ta", *The Far Eastern Quarterly*, Vol. 12, No. 3, May, 1953, p. 319.

② Ibid., p. 322.

博物馆、太平天国历史博物馆的史学家及其研究概况,认为"史学正逐渐回归学术本位","中华人民共和国的研究机构、高校和博物馆的研究人员正在宣告,对于学术讨论更加容忍的时代正在来临;毫无疑问,真正的事实是同中国史家交流比四年前容易得多,这是最为温暖人心的。令人惊讶和高兴的是,李泽厚在关于严复思想的研究中引用了美国学者史华慈的著作"。在报告的最后部分,他借用列文森(Joseph R. Levenson)在中国"文革"发生之初所说的,"'文革'的孤独性,将他们自己同过去和他们周围的当代世界隔绝开来。可以预见,某一天这种孤立将终止,中国将重新加入世界性潮流中"。他认为,对"中国史家而言,这种转变的潮流已经来临"①。1979年5月25日至6月2日,中国社会科学院太平天国史学会和南京历史学会联合组织召开关于太平天国运动研究的学术研讨会。魏安国(Edgar Wickberg)受邀参加了此次研讨会。回国后,他撰写了《中国史学的新方向:重评太平天国运动,说明与评论》一文,介绍了他所参加的此次研讨会概况,并通过对研讨会讨论话题及参会论文的分析,认为应该可以相信"史学比过去更少政治性,与当前需要之间的联系也比过去要少"。对于当时的中国史学发展,他们最后如是评价道:"在某些方面,人们将感受到一种新鲜和新颖之处。……新的思想和新主题正在被逐渐引入。如果邀请西方学者参与讨论的趋势能够继续并扩大,很明显外国学者将有更好的机会理解当前的中国马克思主义史学,这也有助于丰富他们的讨论。"②1979年6月,由加利福尼亚大学伯克利分校魏斐德教授率领,由罗友枝(Evelyn S. Rawski)、贺凯(Charles O.Hucker)、孔飞力(Philip A.Kuhn)、蓝德彰(John D.Langlois)、韩书瑞

---

① Frederic Wakeman, Jr., "Historiography in China after 'Smashing the "Gang of Four"'", *The China Quarterly*, No. 76, Dec., 1978, pp. 891-911.
② Alex Volkoff and Edgar Wickberg, "New Directions in Chinese Historiography: Reappraising the Taiping: Notes and Comment", *Pacific Affairs*, Vol. 52, No. 3, Autumn, 1979, pp. 479-490.

(Susan Naquin)、彼得森(Willard Peterson)、司徒琳(Lynn Struve)、王业健(Wang Yeh-chien)、卫思韩(John E.Wills,Jr.)等明清史专家组成的访问团来华访问。在华的四个星期内,代表团先后访问了北京、承德、济南、曲阜、泰山、南京、无锡、苏州、上海、杭州等地,参观了诸如南京大学、复旦大学、中国人民大学、北京师范大学等高校的历史系以及有关科研机构和史料档案馆,并同各高校和研究机构的史学家进行了交流。回国后,由魏斐德率领的美国明清访问团撰写了题为《中华人民共和国的明清史研究》的访问报告。这篇报告记录了该代表团四周时间内在中国旅行的见闻,介绍了相关图书馆与档案馆,尤其是馆藏的明清史资料及即将出版的明清史著作,并通过综合所举行的学术讨论会,认为中国史家对于明代史、制度史和明清易代史的兴趣较低,所关注的主要是中国资本主义萌芽和农民战争,但与此同时在明清史学界也出现了关注中西关系史、法制史和思想史等一些新的研究取向①。这份报告记录了当时中国史学界的研究队伍、资料以及现状,毫无疑问有助于美国学界了解中国史学界的明清史研究概况。

当《中国历史学年鉴》和《史学简报》于20世纪70年代末80年代初相继出版后,鲍德威(David D. Buck)即在《中国季刊》上发表了题为《中国史学研究复兴的评价》的评论文章。该篇文章详尽介绍了这两份刊物及其内容,认为"它们的出现是自1979年以来中国史学复兴的证据,它们的内容和组织结构反映了中国史学研究的专业化和学术化,并显示史家回到一个学术环境中开展研究工作"②。通过对其所刊载学术论文的分析,鲍德威认为"中国历史研究已开始鲜活起来,有关现今时代所有问题的各种不同观点都受到欢迎。……最新的学术兴趣在于西化运动非

---

① [美]魏斐德等:《中华人民共和国的明清史研究》,孙卫国译,上海辞书出版社2008年版。
② David D. Buck, "Appraising the Revival of Historical Studies in China", *The China Quarterly*, No. 105, Mar., 1986, p. 131.

常适合当前中国支持引进西方技术以及向西方投资者开放的政策。中国史家中普遍关注的三个问题分别是:重新评价历史人物、历史事件的起源以及历史分期。第一个问题所涉及的是以马克思主义历史方法评价个人及其行动;第二,源头问题导致学者聚焦于各种运动的最初阶段;第三,中国近代历史分期问题对于史家确立马克思主义框架具有更为重要的意义"①。总而言之,在他看来,"《中国历史学年鉴》和《史学简报》的对象主要是中国史家他们自己,但是它们将被证明对于海外专家来说更为有价值,因为他们将以一种系统而定期的方式了解中国学者的活动和观点"②。

如前所述,由于1949年以后马克思主义史学的官方化和国际上冷战思维的存在,美国学界对中国的马克思主义史学持有很大的偏见。他们通常将中国马克思主义史学视为一种极权政治的附属物,认为在政治影响和主导下的史学研究"毫无意义和价值"③。由于这种偏见主要来源于意识形态的差异,其批评往往越出学术的界限而变质为政治攻伐。然而,伴随着中美关系由对峙逐渐走向正常化,美国学者在探究中国马克思主义史学所出现的新变化及其发展趋势之同时,亦开始注重在问题意识的引导下把握中国马克思主义史学,从对中国马克思主义史学的描述转向分析。哥伦比亚大学傅佛果(Joshua A. Fogel)教授于1977年发表了《中国史学中的种族与阶级:对于辛亥革命中的章炳麟及其反满主义的不同解释》一文。在该文中,他主要通过考察中国马克思主义史家是如何分析和评价章炳麟的地位及反满主义在其思想中的作用,以此解答中国马克思主义史学的基础性问题:作为革命动机与源头的种族

---

① David D. Buck, "Appraising the Revival of Historical Studies in China", *The China Quarterly*, No. 105, Mar., 1986, p. 141.
② Ibid., p. 132.
③ Albert Feuerwerker, "China's History in Marxian Dress", *The American Historical Review*, Vol. 66, No. 2, Jan., 1961, p. 323.

与阶级之关系;换而言之,即运用阶级分析法作为主要分析工具的马克思主义史学是如何处理辛亥革命中的反满主义的?反满意识形态的阶级基础是什么?① 阿里夫·德里克于 1978 年出版《革命与历史:中国马克思主义历史学的起源,1919—1937》一书,作者在绪论中指出:"本研究的主要任务是:分析 30 年代中国马克思主义历史解释的起源及其性质,阐明马克思主义史学家在运用马克思主义理论分析中国历史时所面对的问题,并考察他们对当时中国的革命性变革的专注是如何塑造了他们处理理论和历史问题的方式。"作者同时提出,有三个前提引导着他的研究,这些前提涉及马克思主义史学思想的性质、马克思主义史学中政治与历史的关系,以及唯物史观在现代中国思想史中的地位②。作者对这三个问题的思考和解答贯穿全书,分析论断随处可见。1982 年,德里克在《近代中国》上发表了《中国历史学家与马克思主义关于资本主义的概念》一文,着力分析中国马克思主义史家在探讨中国历史上的资本主义萌芽问题时所陷入的困境及其陷入困境的原因③。

更为值得关注的是,美国学者对于中国马克思主义史学的认识和评价不再像此前那样带有浓厚的政治攻讦色彩,而是开始尽可能跳脱意识形态话语,注重挖掘马克思主义史学的学术内涵,并将评论控制在学术层面上。例如,冯兆基(Edmund S. K. Fung)教授于 1978 年发表《1949 年以后中国大陆关于 1911 年辛亥革命的史学》一文,他在该文中如是评述道:"马克思主义史家对于诸如年谱和先烈传的文本并不太关注;相

---

① Joshua A. Fogel,"Race and Class in Chinese Historiography: Divergent Interpretations of Zhang Bing-Lin and Anti-Manchuism in the 1911 Revolution",*Modern China*,Vol. 3,No. 3,Jul.,1977,pp. 346-375.

② [美]阿里夫·德里克:《革命与历史:中国马克思主义历史学的起源,1919—1937》,翁贺凯译,江苏人民出版社 2005 年版,第 2—4 页。

③ Arif Dirlik,"Chinese Historians and the Marxist Concept of Capitalism: A Critical Examination",*Modern China*,Vol. 8,No. 1,Jan.,1982,pp. 105-132.

反,对于革命的社会基础及其影响的关注远甚于台湾或西方学界,其强调的重点是阶级分析和形塑革命领导人思想观念的社会背景"[1],而"阶级分析和马克思主义的方法为探究革命者及其思想的社会经济背景、成就的局限性以及对革命的影响提供了一种洞见。与此同时,这对于遵循传统史学叙述方法的学者也非常有价值"[2]。德里克在《革命与历史》一书中对中国马克思主义史学的学术史意义亦做了公允的评价。他指出,首先在历史观上,马克思主义对社会经济结构的重视"改变了历史研究的范围,展现出一种对于历史解释的复杂性的全新的认识";其次,在方法论上,马克思主义应用于中国历史,"导致了史学问题的根本性重建,并刺激了发明新方法和新概念以解决在先前的史学思想中至多只是受到边缘性关注的一系列基本问题的努力"。他还认为,马克思主义促使中国史学超越确定历史事实而进入解释历史的层面;而且,马克思主义蕴涵的一套解释系统,为新的通史编撰提供了概念工具[3]。马克思主义的历史分期理论同样如此,"马克思主义不仅视历史分期为一种组织历史资料的方便之道,而且是一种对基本的社会经济作用的表达,所以它要求史学家深入地挖掘社会最根本的层面";另外,马克思主义史学家也"阐明了那些被早前的史学家所忽视或低估的中国历史的重要方面的意义"[4]。至于诸如历史解释的武断性、排他性、简单化等马克思主义史学的一些缺陷,德里克虽认为有些马克思主义史学家"武断地忽略了那些与他们的先入之见不相合的资料,他们是如此地沉迷于自己的新解释,以致根本不考虑运用不同类的资料和概念去解决不同类的历史问题的需要"。

---

[1] Edmund S. K. Fung, "Post-1949 Chinese Historiography on the 1911 Revolution", *Modern China*, Vol. 4, No. 2, Apr., 1978, p. 181.
[2] Ibid., p. 211.
[3] [美]阿里夫·德里克:《革命与历史:中国马克思主义历史学的起源,1919—1937》,翁贺凯译,江苏人民出版社2005年版,第6—8页。
[4] 同上书,第200页。

但是,德里克同时认为"他们处理历史问题的这些缺陷,部分是由于马克思主义理论自身的含糊性,部分是由于超乎史学之外的考虑的干扰。这些缺陷仅仅是马克思主义史学理论及其应用尚需如何加以限制的问题,它们并不能取消这些著作对于历史问题的创新性洞见,以及进行与其基本假定相配合的批判性研究的潜力。而且即便有这些缺陷,马克思主义史学家对于历史解释的复杂性的意识无疑仍要比其同时代的天真的学院派史学家要精密得多"①。

这种对中国马克思主义史学价值的正视、褒扬和对其缺陷的公允评论,绝非抱持意识形态歧见者所能为。从德里克在《中国历史学家与马克思主义关于资本主义的概念》一文中对于20世纪五六十年代中国马克思主义史家关于中国资本主义萌芽问题研究的评述中,亦可见其舍政治而从学术的态度及其对中国马克思主义史学的睿智洞见。他认为20世纪五六十年代中国马克思主义史家关于资本主义萌芽问题的研究,其"问题不在于中国历史,而在于中国史家使用马克思主义概念的方式。这些史家自愿成为一种概念陷阱的囚徒,不断探索可供选择的关于中国经济变化的解释。在中国历史上寻找资本主义并不是无意义的;相反,问题在于在概念与历史之间缺乏任何具有真正意义的辩证。尽管将概念运用于中国史已揭示出可挑战关于中国社会的诸多重要现象,中国史家没有能力解释这些现象,却也并没有激发他们去精确定义或重新思考这个问题。除非从可资利用的史料中找到内在统一的解释方式,尤其是解释存在没有资本主义结果的资本主义趋势,否则额外累积的史料将仅能制造一种令人乏味的累赘——更多没有开花的萌芽"②。德里克认

---

① [美]阿里夫·德里克:《革命与历史:中国马克思主义历史学的起源,1919—1937》,翁贺凯译,江苏人民出版社2005年版,第8页。

② Arif Dirlik, "Chinese Historians and the Marxist Concept of Capitalism: A Critical Examination", *Modern China*, Vol. 8, No. 1, Jan., 1982, p. 108.

为,要解释中国历史上所出现的经济变化问题,关键是"再概念化"问题,"当然一个选择就是放弃理论;对于那些认为理论对于历史解释具有重要意义的人来说,可供选择的就是对中国社会发展问题的再概念化。首先是必须解释这些发展对于人民生活的影响。其次,与其喋喋不休地纠缠于16世纪的资本主义萌芽,不如努力尝试将晚期帝国的发展置于某种历史视野里。又次,像这样的再概念化应该认识到经济的区域性基础并寻求阐释中国商品的流通的问题。再次,这种研究所带来的主要困惑之一就是商业活动与人口增长之间的矛盾。我们该如何解释在面对这些压力时,中国社会如何持续商业化?最后,这样一种再概念化必须认识到中国的发展并不是在真空中产生的,必须是在一个涵盖有东亚和东南亚在内的世界体系(Chinese world system)之背景内。关于中国经济的这种视角为我们厘清近代历史过程提供了独特的优势。中国史家所考察的资本主义萌芽可能是世界经济流动以及中国与外部世界联系的结果。这些问题的解释应该极大地有助于我们理解近代中国社会和政治,它们也有助于我们理解历史上的资本主义发展"①。总而言之,伴随着中美关系的正常化,美国学人亦开始尽可能地克服政治偏见,挣脱意识形态话语的束缚,从学术层面而非政治层面客观分析和评价中国的马克思主义史学。

(三)冷战结束后美国的中国马克思主义史学研究

进入20世纪90年代后,随着改革开放不断深入,中国与世界日益融合,国外各种史学理论与方法的引进、自然科学研究新认识论与方法论的启示以及跨学科研究的开展等,使中国史学进入了一个与以往判然有别的新时代:一方面,马克思主义史学不再一统天下,其本身在经历挫折之后进入反思阶段;另一方面,在西方史学的冲击和影响之下,中国史

---

① Arif Dirlik, "Chinese Historians and the Marxist Concept of Capitalism: A Critical Examination", *Modern China*, Vol. 8, No. 1, Jan., 1982, p. 132.

学与西方史学的联系亦日趋密切。汪荣祖曾如是评述道:"在风尚上,西方人搞外交史,我们也搞外交史;西方人搞思想史,我们也搞思想史;西方人搞社会经济史,我们也搞社会经济史;西方人搞后现代,我们也搞后现代,就像我们的时装跟着西方流行的款式变换一样。"①

与此同时,20世纪80年代末的苏东剧变,宣告了持续近半个世纪的冷战就此结束,同时也意味着曾经轰轰烈烈的国际共产主义运动遭遇重大挫折。而在中国国内,随着改革开放的不断深入和现代化建设的加速推进,价值多元化、价值分化乃至价值冲突已成为不争的事实,借用马克斯·韦伯的隐喻来说,我们正处于一个祛魅之后诸神不和的时代。

对于冷战结束以后的中国马克思主义史学,美国史家各自从不同的视角对相关问题予以探讨。例如,傅佛果的《苏联、中国和日本关于亚细亚生产方式的争论》和劳伦斯·沙利文(Lawrence R. Sullivan)的《关于"封建主义"的争论:中国的史学与政治》主要关注的是中国史学界关于"亚细亚生产方式"的争论;多尔特希·马丁(Dorthea A. L. Martin)的著作《中国马克思主义者世界观的形成:中华人民共和国世界史的透视与解释》探讨的是中国马克思主义史家对于世界史解释的变化的看法;李怀印的《从革命到现代化:改革开放时代中国史学的范式转变》和《传统与革命之间:范文澜与马克思主义近代中国史的起源》则分别以史学范式转型和中国近代史研究的革命史范式起源为考察对象。

美国史家在探讨各自问题时有着共同的问题意识,即中国马克思主义史学遭遇的所谓"困境"。美国史家认为,随着中国乃至全球在政治经济方面产生巨大而深刻的变革,中国的"革命史学工业"虽还不至于破产,但其作为一种主要"股票"已被看空,处于"低迷的熊市",不仅马克思主义史学常用的阶级、帝国主义等概念被抛弃,而且问题意识及研究方法也不再局限于马克思主义。在美国史家看来,中国马克思主义史学遭

---

① 盛韵:《汪荣祖谈西方汉学得失》,《上海书评》2010年4月18日,第B02版访谈。

遇危机已是不争的事实:革命史学范式被抛弃,中国史学界流行的是现代化范式、反现代化范式或反范式史学;关于亚细亚生产方式讨论的复活,暗示着中国史家已将马克思主义的批判性视为史学理论加以应用,这虽不会导致中国的过去被重新书写,但中国史家已因此将马克思主义视为一种更为复杂的解释策略。

美国史家认为,马克思主义史学在中国遭遇"困境",是因为伴随着全球化时代思想文化和价值观念的多元碰撞,革命意识形态的吸引力日渐消失;但是,更为根本的原因在于中国的马克思主义史学将生产方式的普遍性视为研究信念。马克思主义著作中的生产方式,充当的是阐释欧洲资本主义的叙事代码,亚细亚生产方式代表的是未竟的叙述,被用来衬托欧洲资本主义制度的活力和普遍性。生产方式普遍化导致的是欧洲历史或者说资本主义历史成为中心情节,其他地区的历史必须围绕它来讲述。中国史家运用生产方式普遍化这一概念来解读其历史时,不可避免地会陷入矛盾困境之中。中国马克思主义史家曾试图以各种方法对待马克思主义的生产方式,欲使之与中国历史相一致,但他们所做的只是对生产方式普遍化的有效性提出质疑,并没有找到其他可替代的选择。在美国史家看来,生产方式仍是分析全球化时代历史的一个重要概念,它既为历史普遍化提供了钥匙,同时也谨防地区历史主义的出现;但是,在运用生产方式这一概念进行历史书写时,必须将其历史化或者说将资本主义历史中的生产方式特殊化,这将不仅给其他生产方式,同时也给其他叙事方式留出空间①。

不可否认,美国史家对冷战结束以来中国马克思主义史学的解读与分析的确有值得我们思考之处,但他们的解读因对中国马克思主义史学缺乏全面深入的了解,或囿于意识形态成见而存在明显的偏颇乃至歪

---

① [美]阿里夫·德里克:《马克思主义与中国历史》,载阿里夫·德里克:《后革命氛围》,王宁等译,中国社会科学出版社 1999 年版,第 305—322 页。

曲。冷战结束以来，中国史学界虽出现多元化的史学思潮，唯物史观的理论影响也有所下降，但马克思主义史学在中国并没有如美国史家所说陷入困境。事实上，唯物史观作为科学的历史观，具有无可替代的理论价值和跨时代的解释力，因此它依然是中国多数史学研究者的思想武器和剖析历史之利器。尤为值得一提的是，面对中国之崛起及中国道路、中国特色社会主义等重大现实问题，在马克思主义史学理论的指导下，中国史学工作者正致力于对其做出富有历史底蕴和时代特色的探索与回答，并借此努力构建富有中国特色的马克思主义史学。经历过深刻反思的中国马克思主义史学，在新的历史时代条件下又一次焕发出新的活力。

总之，随着中国马克思主义史学更趋活跃，尤其是中国特色、中国风格、中国气派的马克思主义史学体系构建的不断推进，美国史家对中国马克思主义史学的研究仍将继续，甚至可能形成"热潮"。对此，我们需要加强同美国史家的交流与对话，因为美国史家基于自身学术传统和问题旨趣所做的研究不只是一个可供比较的参照对象；更为重要的是，了解相异的观点与方法，对其进行深刻的分析、批判和借鉴，将刺激我们的学术自省意识，为我们自身的马克思主义史学建设提供重要思想资源及新的研究思路。

六、在美华裔学者的中国史学史研究及其影响

1928年，美国哈佛大学文理研究生院院长蔡斯（George Henry Chase）曾致函燕京大学洪业，称由于"柯立芝（A. C. Coolidge）教授的逝世和明年将去华盛顿国务院的亨培克（Stanley K. Hornbeck）博士的退出，使我们实际上没有一个人能真正地胜任指导远东历史研究的工作"①。作为美国中国研究重镇的哈佛大学尚且如此，其他美国高校亦

---

① 程焕文编：《裘开明年谱》，广西师范大学出版社2008年版，第24页。

可想而知。富路特1930年在天津妇女同乡会上所做的题为《美国的中国研究》的演讲中,诙谐地指出,"合格教师(指从事中国研究和教学)的数量我们用两只手就可以计算过来"①。费正清于1936年调查后发现,以远东研究为专业的专职者大概不到50人②。由此可见,真正从事中国史学史,尤其是中国传统史学研究的美国本土学者为数不多。

然而,自20世纪二三十年代以来,不断有在国内接受过系统学术训练的从事中国史学研究的华裔汉学者出于各种原因相继赴美留学任教,如洪业、杨联陞、钱存训、邓嗣禹、房兆楹、何炳棣、刘广京、瞿同祖、萧公权、刘子健、袁同礼、余英时、汪荣祖、王晴佳等。在这些赴美的华裔学者中,不少人到美后致力于向美国介绍中国史学。正是得益于这些学者,美国对于中国史学有了更多的了解和更为深刻的认识。

(一)华裔学者在美国的中国史学史研究概况

在赴美的华裔学者中,最早在美国开展中国史学研究,并对美国学界了解中国史学起着不可或缺作用的当属洪业。1928年秋,在美国哈佛大学讲学的洪业深感查检中国古籍十分困难,萌发了编纂古籍索引的设想。1930年,他向哈佛—燕京学社年会提交计划并获得通过,在学社资助下成立引得编纂处。索引编纂工作采用洪业提出的"简而备,疏而不漏"的编纂原则,选题广及群经诸子、佛道子目、前四史、宋辽金元明清传记、类书、诗文和现代期刊,兼及专书、引书、刊误、书目、专题及期刊论文。标引深度达到逐词、逐条,兼及作者、人名。索引对各种不同类型的引得的著录都详加规定,参见(参照)方法也较为完备。为了方便读者检索,被索引的文献都采用了当时通行的版本,并编印了一批附有被索引文献全文的"引得特刊"。同时,为方便对比通行本的页数,该

---

① L. C. Goodrich,"Chinese Studies in the United States",*The Chinese Social and Political Science Review*,No. 1,1931,p. 75.
② [加]保罗·埃文斯:《费正清看中国》,陈同等译,上海人民出版社1995年版,第68页。

编纂处还发明了一种通行本页数的换算法。每种索引的正文都用"中国字庋撷法"排列,书后附笔画和拼音检字表。从1930年成立至1950年停办(1941年12月至1945年秋曾一度中断工作),该处在十几年间共编索引64种81册(其中正刊41种,附有原文的特刊23种)。洪业所主持编纂的这些引得,被誉为"20世纪上半叶研究中国文化最重要的参考书之一"①。1946年春,洪业应聘到美国哈佛大学讲学。当初他只打算在美国住一两年,借以补足战争期间接触不到国外汉学研究的缺陷,但是后来中国的政治局势变化得太快,他终于年复一年地在美国定居下来。从1946年到1980年,洪业发表了许多极有价值的中国史学史方面的学术论著,如《公元719年唐朝廷的关于著书目录的辩论》(1957年)、《公元708年前的唐代史学编纂署》(1960—1961年)、《唐代史官的辞职信》等②。洪业晚年最用心的著作则是刘知幾《史通》的英文译注。他对《史通》很早便产生了兴趣,认为这部书是世界上第一部对史学体例进行系统讨论之作。因此他发愤要把它译出来,让西方人知道中国史学造诣之深和发展之早③。

继洪业之后,对美国学界了解中国史学发挥着重要作用的是对中国史学有着精深造诣的杨联陞。他于1940年赴美就读哈佛大学,跟随贾德纳博士从事研究,1942年获哈佛大学硕士学位,1946年完成《〈晋书·食货志〉译注》,获博士学位。自此之后的近半个世纪,杨联陞一直

---

① 陈毓贤:《洪业传》,北京大学出版社1996年版,第119页。
② William Hung, "A Bibliographical Controversy at the T'ang Court A. D. 719", *Harvard Journal of Asiatic Studies*, Vol. 20, No. 1-2, 1957, pp. 74-134; William Hung, "The T'ang Bureau of Historiography before 708", *Harvard Journal of Asiatic Studies*, Vol. 23, 1960 – 1961, pp. 93 – 107; William Hung, "A T'ang Historiographer's Letter of Resignation", *Harvard Journal of Asiatic Studies*, Vol. 29, 1969, pp. 5-52.
③ 余英时:《顾颉刚、洪业与中国现代史学》,载彭国翔编:《师友记往——余英时怀旧集》,北京大学出版社2013年版,第9页。

在美国从事有关中国语言、官制、边疆史、史学史、经济思想史、科技史、书画史、佛教史等方面的研究,正因为如此,他曾自喻"敢比仰山杂货铺,何堪舜水再来人"①。他在中国史学方面撰有多篇学术论文,如《二十四史名称试解》(1947年)、《官修史学的结构——唐朝至明朝间正史撰修的原则与方法》等②;此外,在20世纪50年代,杨联陞为《汉书》《史记》《三国志》等中国史籍的英译本撰写了大量书评③,在书评中他对翻译的内容及其正确性提出了独到而深刻的见解和商榷意见,并纠正了翻译中的史实错误或澄清了专家所困惑已久的关键问题。

从事中国史学研究并对美国中国史学研究发挥着重要影响的华裔学者还有邓嗣禹、余英时、汪荣祖、王晴佳等。邓嗣禹于1932年从燕京大学毕业后,留学哈佛大学,师从著名汉学家费正清,于1942年获博士学位,后长期任教于美国印第安纳大学,并被哈佛等名校聘为客座教授,从事中国历史、中国史学史及目录学的教学与研究。在美期间,邓嗣禹先后撰述的中国史学方面的论著有《中国文献选编题解》(1936年)、《近五十年的中国史学》(1949年)、《关于太平天国起义的历史学》(1962

---

① 杨联陞:《哈佛遗墨》,蒋力编,商务印书馆2004年版,第303页。
② Lien-sheng Yang, "A Theory about the Titles of the Twenty-four Dynastic Histories", Harvard Journal of Asiatic Studies, Vol. 10, No. 1, Jun., 1947, pp. 41-47; Lien-sheng Yang, "The Organization of Chinese Official Historiography: Principles and Methods of the Standard Histories from T'ang through the Ming Dynasty", in Lien-sheng Yang, Excursions in Sinology, Cambridge: Harvard University Press, 1969.
③ Lien-sheng Yang, "Review: The History of the Former Han Dynasty by Pan Ku, Homer H. Dubs", Harvard Journal of Asiatic Studies, Vol. 19, No. 3/4, Dec., 1956, pp. 435-442; Lien-sheng Yang, "Review: Records of The Grand Historian of China by Burton Watson", Harvard Journal of Asiatic Studies, Vol. 23, 1960-1961, pp. 212-214; Lien-sheng Yang, "Review: History of Chinese Society, Liao (907-1125) by Karl A. Wittfogel, Feng Chia-sheng", Harvard Journal of Asiatic Studies, Vol. 13, No. 1/2, Jun., 1950, pp. 216-237.

年)、《王夫之的历史观及其历史著述》(1968年)等①;在哈佛、耶鲁、普林斯顿三所名牌大学任教数十年的余英时,在中国史学和史学理论方面有着精湛的研究,先后著有《十字路口的中国史学》(1981年)、《历史与思想》(1976年)、《史学与传统》(1982年)、《论戴震与章学诚:清代中期学术思想史研究》(1976年)等。曾在美国弗吉尼亚大学执教30年的汪荣祖,先后撰著过《史家陈寅恪传》《史传通说》等史学专著;现任美国新泽西州罗文大学历史系教授的王晴佳,其早年博士论文即是《中国史学家与西方:现代中国史学的起源》,自此之后长期致力于中西比较史学、比较文化史及史学理论的研究,其英文著述有《通过史学创造中国:五四以来的史学方法》(2001年)、《史学的转折点:跨文化视角》(2002年)、《世鉴:中国传统史学》(2005年)等②。除此之外,房兆楹、何炳棣、刘广京等其他华裔学者或就美国本土学者的中国史学研究著述撰写过书评,或在中国史学方面做过一些研究。例如,何炳棣曾就美国学者华兹生的《史记》英译本撰写过书评,评述其翻译中所存在的问题③;刘广京曾于1981年在《亚洲研究杂志》上发表了一篇题为《世界观与农民起义:后毛泽东时

---

① S. Y. Teng and Knight Biggerstaff, eds., *An Annotated Bibliography of Selected Chinese Reference Works*, Harvard University Press, 1936; S. Y. Teng, "Chinese Historiography in the Last Fifty Years", *The Far Eastern Quarterly*, Vol. 8, No. 2, Feb., 1949, pp. 131-156; S. Y. Teng, *Historiography of the Taiping Rebellion*, Cambridge: Harvard University Press, 1962; S. Y. Teng, "Wang Fu-chih's Views on History and Historical Writing", *The Journal of Asian Studies*, Vol. 28, No. 1, Nov., 1968, pp. 111-123.

② Q. Edward Wang, *Inventing China through History: The May Fourth Approach to Historiography*, Albany: SUNY, 2001; Q. Edward Wang and Georg Iggers, eds., *Turning Points in Historiography: A Cross-Cultural Perspective*, Rochester: University of Rochester Press, 2002; On-cho Ng and Q. Edward Wang, *Mirroring the Past: The Writing and Use of History in Imperial China*, Honolulu: University of Hawaii Press, 2005.

③ Ping-Ti Ho, "Records of China's Grand Historian: Some Problems of Translation: A Review Article", *Pacific Affairs*, Vol. 36, No. 2, Summer, 1963, pp. 171-182.

代历史学的反思》的文章,介绍毛泽东逝世后中国史学界关于农民战争研究的概况①。

(二)华裔学者对美国中国史学史研究的影响

由上述可见,自20世纪30年代以来,华裔学者成为美国中国史学研究的一支重要力量。费正清曾感慨道:"我们在美国所从事的对中国的研究主要有两个依靠——其中之一是来自中国的富有才干的学者。"②华人学者在美国的中国史学研究进程中发挥着重要作用,朱政惠先生如是指出:"来自中国的历史学家或者华人历史学家,在美国对中国史学的研究过程中,始终有重要的影响和作用。"③具体而言,华人学者对美国中国史学研究的影响主要表现在以下几个方面。

第一,传递中国史学信息。由于华裔学者所具有的语言优势及社会支援系统,他们在向美国汉学界介绍中国国内史学研究趋势及状况方面具有得天独厚的有利条件,发挥着不可替代的作用。例如,邓嗣禹于1949年2月在《远东季刊》上发表了一篇介绍20世纪初以来中国史学发展概况的长文《近50年的中国史学》。在该文中,他介绍了19世纪中国史学的发展趋势以及中国史学在20世纪所出现的变化,重点是概述了自20世纪初至1949年中国的史学流派及中国学者在史前史、古代史、中国通史、社会史、经济史、文化史、专门史、中外关系史、艺术史等领域的研究情况。尤为令人印象深刻的是,邓嗣禹对近50年来中国史学各领域具有代表性的学者及其著述进行了精炼的评述。例如,他在介绍社会史和经济史方面的研究时这样评述道:"杰出的作者是郭沫若、李玄伯、陶希圣。前者受马克思影响,后两者受摩尔根影响。郭沫若的《中国

---

① Kwang-Ching Liu, "World View and Peasant Rebellion: Reflections on Post-Mao Historiography", *The Journal of Asian Studies*, Vol. 40, No. 2, Feb., 1981, pp. 295-326.
② [美]费正清:《费正清对华回忆录》,第399—400页。
③ 朱政惠:《海外学者对中国史学的研究及其思考》,《史林》2006年第4期,第169页。

古代社会研究》带有很多革命思想和很有价值的观点,只是有些明显的错误……当郭先生的贡献总是倾向于打破古史体系时,陶先生的成就是揭示古代社会整体的真实情况,他重要的著作有《中国社会的分析》和《南北朝经济史》;吕振羽的《殷周时代的中国社会》和《史前期中国社会》同样价值连城,前者引用了很多新概念,后者是考古资料的简要归纳。"再如,在清朝学术史研究方面,邓嗣禹指出:"尽管掌握材料的范围和方法如此不同,梁启超和钱穆的著作都必不可少;但应该先读梁启超的书,因为钱穆的书简要整理了别人讨论过的问题。"① 很显然,邓嗣禹通过此文将20世纪初至1949年这近五十年间中国学者的中国史学研究概况,向美国学界做了准确而简洁的介绍,美国学者借助此文便可对20世纪初以来中国史学研究概况有大致的了解。

1979年,中美关系逐渐走向正常化之时,美籍华裔学者相继回国探访,并与国内史学界进行学术交流。他们返美后,即撰写文章向美国汉学界介绍中国国内的史学研究状况。例如,刘广京、黄宗智曾先后于1979年底至1980年初回国,并同国内史学界进行了广泛的交流。返美后,他们分别撰写了《世界观与农民起义:后毛泽东时代历史学的反思》和《当前中国的明清史及近代史研究》,向美国学术界介绍"文化大革命"结束后中国史学界在农民起义、明清史及近代史领域的研究概况及其所出现的新变化②。在中美因朝鲜战争、越南战争及其他问题在意识形态、政治及军事上处于尖锐隔绝对峙状态,导致基本学术信息交流中断达20多年之际,刘广京、黄宗智等华裔学者所撰述的有关中国大陆史学

---

① S. Y. Teng, "Chinese Historiography in the Last Fifty Years", *The Far Eastern Quarterly*, Vol. 8, No. 2, Feb., 1949, pp. 148-149.
② Kwang-Ching Liu, "World View and Peasant Rebellion: Reflections on Post-Mao Historiography", *The Journal of Asian Studies*, Vol. 40, No. 2, Feb., 1981, pp. 295-326; Philip C. C. Huang, "Current Research on Ming-Qing and Modern History in China", *Modern China*, Vol. 5, No. 4, Oct., 1979, pp. 503-523.

研究概况的文章,无疑有助于美国汉学界了解封闭了20多年的中国大陆史学。改革开放后,越来越多的中国学者赴美求学,并有为数不少的人在美国高校执教,他们在中美学界间架起了史学研究信息沟通的桥梁。王晴佳于1987年赴美留学,1992年获博士学位后便一直执教于美国罗文大学。近年来,他常往返于中美学界,在将西方史学信息引入中国学界之同时[1],亦将有关中国史学的信息带入美国学界。概而言之,华裔学者利用美国本土学者所无法具备的语言和学术方面的独特优势,将中国史学信息准确而及时地传递给美国学界,使得美国本土学者得以了解和掌握中国国内学者在中国史学研究方面的理论方法及成果。

第二,矫正美国学界对中国史学的误解。要理解中国史学,尤其是传统史学,不仅需要具备阅读中国史籍的语言能力,还必须对中国史籍所蕴涵的史学思想有深刻的理解,才可掌握中国史学传统的精髓和要义。然而,许多美国本土汉学研究者且不说其对中国史籍的了解程度,即便是从事中国史学研究所需的基本素养——语言能力都十分薄弱。1973年,以599位中国学家为样本的调查发现,只有25%的人完全具备汉语能力,40%能够阅读,34%具备较流利的口语能力,9%的人能够用汉语写作[2]。林德贝克曾对美国中国学家的汉语水平如是评价:"没有一个非华裔的美国学者真正精通双语;全美仅有两到三人能够用汉语写出适于刊载在中文期刊上的文章。"[3]由于没有充足的阅读能力看中文书籍,美国汉学研究者时常犯下"郢书燕说"的错误。例如,罗伯特·哈特韦尔

---

[1] 王晴佳在美执教后出版的中文著作有:《西方的历史观念:从古希腊到现代》,允晨文化公司1998年版(华东师范大学出版社2002年版);《后现代与历史学:中西比较》,与古伟瀛合著,巨流出版公司2000年版(山东大学出版社2003年版)等。

[2] Elizabeth Massey and Joseph Massey, "Language Competence of Specialists on China", *Asian Studies Professional Review*, May, 1974-1975, p. 112.

[3] John. M. H Lindbeck, *Understanding China: An Assessment of American Scholarly Resources*, New York: Praeger, 1971, p. 97.

(Robert Hartwell)在《美国历史评论》上发表的讨论 11—12 世纪宋代社会的专文中,把《欧阳文忠公集》的"文忠"合读,"公集"合读;把署名为"明琼山海瑞汝贤"编的《元祐党人碑考》误认为是"琼山海"与"瑞汝贤"编①。

专事汉学研究的学者尚且如此,其他学者自不待言。由是可想见,这些不具备充分语言能力的美国学者在认识和理解中国史学,尤其是传统史学时不可避免地存有误解。美国学界为数不少的学者认为,中国传统史学实为儒家史学,而儒家史学旨在为道德服务,故是有史而无学;没有史学观念的中国史学,只能收集与编排史料,缺少辨别真伪的能力;只知编年,而缺乏综合与解释的技艺,以至于史学意识停留在相当低的层次;对于中国的史官制度,则认为官修代表官方立场,史官为政府所雇用,必然具有官方的意识形态与偏见,而且往往有违史实,不具有个人独立的观点与立场。简而言之,中国传统史学受到儒家思想的深刻影响,把重点放在褒贬上,使其沦为道德工具,而历代中国政权雇用史官,为其政治目的服务,又使其沦为政治工具,以至于没有独立的史学意识,在方法上亦因而停滞在编排与剪贴的层次②。例如,萨金特认为,"中国史家的任务是维系政治道义的正统性,编撰史料主要旨在暗示目前政治事件与正统政治标准的关系。历史记录的目的在于将其作为一种对政治事件的道德解释,以指引后世统治者的政治道德。在他们的脑海中,最为突出的职责是有必要根据正统标准将历史描绘成它应该怎样,而不是它是怎样的。对于他们而言,历史不是综合全面地分析经济历史与政治事件之间的关系,而主要是为统治者的政治道义教育服务"③。葛朗

---

① Robert M. Hartwell, "Historical Analogism, Public Policy, and Social Science in Eleventh and Twelfth Century China", *American Historical Review*, Vol. 76, No. 3, Jun., 1971, pp. 697,701,715.
② 汪荣祖:《西方史家对中国传统史学的理解与误解》,载《史学九章》,第 91—99、106 页。
③ Clyde B. Sargent, "Subsidized History: Pan Ku and the Historical records of the Former Han Dynasty", *The Far Eastern Quarterly*, Vol. 3, No. 2, Feb., 1944, p. 134.

特·哈代在其文章中提到,包括美国人在内的西方人批评司马迁的《史记》"像一部没完成,未经整理,有点失控的史书;司马迁似乎像一个没有头脑的抄写者,他不加区别地乱抄乱写,自相矛盾,缺少编修所要求的一致性和控制力的感觉"①。

  对于美国学界在中国史学方面的误解,华裔学者认为,身在美国就应尽一份力量矫正。例如,洪业在《公元708年前的唐代史学编纂署》一文中即对中国的史官制度进行辩护。通过对公元618年至708年这90年间唐代官修史学状况的研究,他认为"一些旧有的观念必定要受到挑战……唐代的国史馆从来都不是王公大臣或秘书处的附属机构,它实际上是一个固定不变的、独立于宫廷或政府任何主要部门的机构"。另外,洪业在文中还指出:"这90年应该被视为一个整体。在最初10年,没有取得任何史学编纂成就,这主要是因为缺乏组织或监督;紧随其后的是取得辉煌成就的20年黄金时期——24部正史中有6部完成于此时期,成功的原因之一在于这20年是一位英明而强有力的君王统治时代,另外一个原因则是恰好有一位杰出的监修者。"② 又如,杨联陞在《官修史学的结构——唐朝至明朝间正史撰修的原则与方法》一文中指出,在正史中得到具体呈现的原则中,最重要的是围绕"为何"与"如何"等问题的解答。在回答"为何"这个问题时,记录的连续性与传达有用的参考资料为两个主要的原则;在"如何"的问题上,最重要者为两套相互矛盾的原则:忠实记录的原则之于伦理的偏见或专事掩饰,以及称颂与谴责(褒贬)的原则之于共同的评价。就此而言,中国传统史家编撰史书时所通常采用的春秋笔法,也可以说是在保存历史真相的前提下,维护儒家伦理的折中办法,或如杨联陞所言,史家鼓励道德而对实录之原则不失尊

---

① [美]葛朗特·哈代:《文本中的世界,司马迁的〈史记〉》,载[奥地利]魏格林、[德]施耐德主编:《中国史学史研讨会:从比较观点出发论文集》,稻乡出版社1999年版,第99页。
② William Hung, "The T'ang Bureau of Historiography before 708", *Harvard Journal of Asiatic Studies*, Vol. 23, 1960-1961, p. 100.

重。与此同时,杨联陞认为官修史学所常采用的集体修史及纪传体的方法可弥补因官修史学原则导致的对中国官修史书的信心与兴趣的降低①。洪业、杨联陞等华裔学者的存在,在一定程度上有助于减少美国学界对中国史学的误解。

第三,协力提升美国研究中国史学的水准。如前所述,在20世纪40年代之前真正从事中国文史研究的学者屈指可数;20世纪40年代后,在区域研究的浪潮下,美国研究中国的主流转向了以社会科学方法研究近现代中国问题。因此,美国对于中国史学研究的基础相对而言非常薄弱。一直到20世纪末,美国本土学者撰著的中国史学史专著仅有贾德纳的《中国传统史学》一部即是显证②。

为提升美国研究中国史学的水准,在美华裔学者或通过编撰工具书为美国中国史学研究创建基础,或通过课堂讲授、著述等方式加深美国学者对中国史学的理解,或通过书评纠正美国学者在研究中国史学中的谬误。洪业自1930年起在哈佛燕京学社引得编纂处主持编纂的64种索引中,既有关于《史记》《汉书》《后汉书》《三国志》的引得,还出版了"二十四史"综合艺文志及综合食货志的引得,这些引得为美国的中国史学史研究奠定了重要的史料学基础和方法论基础。又如,何炳棣曾以书评方式,对美国本土学者的中国史学译著中所存在的谬误予以指正。他在评论美国学者华兹生的《史记》英译本时就曾指出,华兹生在翻译汉代独特表述时仅译出字面意义,而没有用心考察汉代的机构制度和社会背景,故必定会使读者因其翻译而对《史记》产生误解,"游侠"这个词的翻译就是一个

---

① Lien-sheng Yang, "The Organization of Chinese Official Historiography: Principles and Methods of the Standard Histories from T'ang through the Ming Dynasty", in Lien-sheng Yang, *Excursions in Sinology*, Cambridge: Harvard University Press, 1969, pp. 101-108.

② 参见朱政惠:《海外学者对中国史学的研究及其思考》,《史林》2006年第4期,第165—182、191页。

最为明显的例子。为此,他专门抽取了其中的四卷详细核查其翻译的准确性,并根据汉代制度和社会背景对其错误的翻译进行查明及纠正①。

再以杨联陞为例,他在哈佛大学主讲中国史专题时,不仅系统地讲述了从商周一直到 1800 年的中国政治、社会及经济制度,而且对"二十四史"以及关于正史和其他史籍的各种各样的注释做了重点介绍②,从而使美国学生对中国传统史籍及学者的相关研究有一个大致的了解。另外,杨联陞通过其著述,解答了中国史学中令美国本土学者不解的问题。例如,在《二十四史名称试解》一文中,他就尝试解答"在二十四史中,除《史记》与《三国志》外,有十三部称书,九部称史,这些名称纯为随意选择还是受到传统的影响"这一问题,他给出的解释是:每一部取法《史记》的史书,其名称都以"史"字收尾,而以《汉书》为典范的史书则以"书"字结尾;最后五部正史之所以有所不同,具有意味深长的原因(涉及正统问题)③。更为重要的是,杨联陞通过书评的方式对德效骞翻译的《汉书》、华兹生翻译的《史记》、魏特夫主持翻译的《中国社会史:辽代》、贾德纳的《中国传统史学》等美国本土学者关于中国史学的著述所存失误之处予以纠正。杨联陞在评论华兹生《史记》英译本时认为,"大体上,华兹生证明了其精湛地把握了《史记》风格所代表的中国古典;根据可读性和可靠性的标准,他的翻译总体上的质量是上乘的";与此同时,在核查了卷一的三章和卷二的两章的中文原文后,他发现了诸如将"旦暮"翻译成"日夜"等二十几个错误④。在为德效骞翻译的《汉书》所撰写的书

---

① Ping-Ti Ho, "Records of China's Grand Historian: Some Problems of Translation: A Review Article", *Pacific Affairs*, Vol. 36, No. 2, Summer, 1963, pp. 172-173.
② Lien-sheng Yang, *Topics in Chinese History*, Cambridge: Harvard University Press, 1950, pp. 32-40.
③ 杨联陞:《二十四史名称试解》,载杨联陞:《国史探微》,新星出版社 2005 年版,第 239 页。
④ Lien-sheng Yang, "Review: Records of the Grand Historian of China by Burton Watson", *Harvard Journal of Asiatic Studies*, Vol. 23, 1960-1961, pp. 212-214.

评中,他亦指出:"这是高度可信赖的中文文献的译本。正如上面所指出的,注释也具学术性。我注意到几个地方似乎需要修正或进一步解释。……如王莽国号的翻译、四种官方职位、牲口等的翻译。"①由于他的评论每每指向海外第一流汉学家的作品,并且篇篇都有深度,或纠正原作中的重大失误,或澄清专家困惑已久的关键问题,其结果便是把专门领域内的知识朝前推进了一步。

当洪业70大寿时,哈佛同仁把1963年《哈佛亚洲学报》的献辞献给他,表扬他"对中国文学历史的贡献以及对几代学者严慈并加的辅导"②;杨联陞去世时,哈佛大学所发的讣告称:"杨联陞教授在国际上以学术辨析能力与才思敏捷著称,是几代学生所亲切怀念的好老师,是协力培育与造就美国汉学的先驱学者之一。"③对于洪业、杨联陞的评价,可视之为华裔学者对美国中国史学研究贡献的整体写照。洪业、杨联陞、何炳棣、邓嗣禹、刘广京、余英时、汪荣祖、王晴佳等华裔学者,对美国的中国史学研究有着基础性贡献和推进作用。正是他们把中国史学知识和方法引入美国,为美国的中国史学研究创建基础,并使美国人更为深刻地领略到中国史学的博大精深。杨联陞被称为"中国文化的海外媒介"④,我们不妨借用这个说法,将这些在美国从事中国史学研究的华裔学者称为"中国史学的海外媒介",正是他们在中美学界之间架设了一座史学沟通的桥梁。

---

① Lien-sheng Yang, "Review: The History of the Former Han Dynasty by Pan Ku, Homer H. Dubs", Harvard Journal of Asiatic Studies, Vol. 19, No. 3/4, Dec., 1956, pp. 435-442.
② 陈毓贤:《洪业传》,北京大学出版社1996年版,第171页。
③ 周一良:《毕竟是书生》,十月文艺出版社1998年版,第173页。
④ 余英时:《钱穆与现代中国学术》,广西师范大学出版社2006年版,第160页。

第二十一章

中国史学：在与世界史学互动中前行（代结语）

时下,让中国史学走向世界的呼声不绝于耳,这是不言而喻的。因为中国的和平崛起,其在当代世界的地位越来越重要,正如时贤所呼吁的,"大幅提升中国文化软实力,建立中国文化战略和国家话语,迫在眉睫"①。是的,探讨中国文化的大繁荣与大发展,确实是当务之急。当今在规划文化大繁荣与大发展的过程中,我们不能遗忘历史,漠视人类共同的精神家园:史学。史学是文化中的文化,因此,在华夏文化走向世界的开放性格局的进程中,讨论中国史学之走向世界,是兼具学术的与现实的双重考量,具有非凡的意义。

倘若我们笃信,中国史学应当在与世界史学的互动中前行,那么被学界称为"历史学奥林匹克"的,即每五年召开一次的世界性的"国际历史科学大会",就是一个很理想的切入点,因为它是瞭望西方史学的一扇窗口,一座沟通中外史学交流的桥梁,一处中国史学再出发的起锚地。

2015年8月,在我国山东济南成功地举办了第22届国际历史科学大会。在此,我们很有必要以宽广的视野,去考察国际历史科学大会的

---

① 王岳川:《在文化创新中建立强国文化战略》,《探索与争鸣》2012年第6期,第10—16页。

"前世"与"今生",从而评估它的学术价值、理论意义和历史地位[①],并借此聊作结语。

一、与西方史学相向而行

国际历史科学大会诞生于欧洲,它的诞生与发展无不受到西方文化的浸润与熏陶,而这种文化语境又深深地制约与牵连着西方史学。从1898年开始的国际历史科学大会,不仅能折射出时代的风云,而且从中也可发现西方史学的流变(见下表)。

历届国际历史科学大会一览表

届次	召开时间	举办国	城市	备注
	1898年	荷兰	海牙	预备会议
第1届	1900年	法国	巴黎	
第2届	1903年	意大利	罗马	
第3届	1908年	德国	柏林	
第4届	1913年	英国	伦敦	
第5届	1923年	比利时	布鲁塞尔	
	1926年	瑞士	日内瓦	是年5月,国际历史科学委员会成立
第6届	1928年	挪威	奥斯陆	
第7届	1933年	波兰	华沙	
第8届	1938年	瑞士	苏黎世	是年8月,中国派胡适首次参加,并正式入会
第9届	1950年	法国	巴黎	

---

① 自1985年中国成为国际历史科学委员会成员国之后,每届都派历史学家参加。会后,有与会者的观感、访谈、介绍等文章发表。但从史学史的视角看,对国际历史科学大会发展史做出理论上与学术上的深入探讨,尚付阙如。

(续表)

届次	召开时间	举办国	城市	备注
第10届	1955年	意大利	罗马	
第11届	1960年	瑞典	斯德哥尔摩	
第12届	1965年	奥地利	维也纳	
第13届	1970年	苏联	莫斯科	
第14届	1975年	美国	旧金山	
第15届	1980年	罗马尼亚	布加勒斯特	中国派观察员与会
第16届	1985年	联邦德国	斯图加特	中国于1982年重新入会后第一次组团参加
第17届	1990年	西班牙	马德里	
第18届	1995年	加拿大	蒙特利尔	
第19届	2000年	挪威	奥斯陆	
第20届	2005年	澳大利亚	悉尼	
第21届	2010年	荷兰	阿姆斯特丹	
第22届	2015年	中国	济南	是年8月,我国作为东道主,成功地举办了这届国际历史科学大会

这里需要对国际历史科学大会的发展历史做一点介绍。总体来看,国际历史科学大会自19世纪末诞生,迄今它的百余年历史可以粗略地分为三个阶段,而这三个阶段又无不与百年来现当代的西方史学进程相互关照、相互回应。

(一)第一阶段:创立时期(1898—1950年)

第一阶段从1898年海牙预备会议,持续到1950年第9届巴黎会议前。

19世纪末,西方史学发生了一次新的转折,由此开启了从传统史学走向新史学的百年历程。国际历史科学大会就诞生在这个时期。1898年,在海牙召开的外交史大会上,与会代表同意两年后在巴黎举行首届国际历史科学大会。海牙会议是国际历史科学大会创立前的"序曲"①,没有它,就没有两年后的国际历史科学大会。

1900年7月,第1届国际历史科学大会在巴黎召开,根据注册名录,与会代表约有864人,其中东道主法国的历史学家竟有540人,提交会议报告的论文有44篇(总数为95篇)②,这简直成了展现法国历史学家才智的学术年会③。事实上,实际与会人数不过一两百人,而大会议程总体是包含在同时举办的"巴黎世界博览会"之内的。但这些并不重要,重要的是,首届巴黎大会召开于世纪之初,它倡导比较研究,为20世纪之初的新史学引入独具魅力的"方法论意义上的概念:比较史学(comparative history)"④,至1928年第6届奥斯陆国际历史科学大会时,马克·布洛赫更系统地提出了"比较史学"的识见。更为重要的是,在这世纪交替之际,它不只在史学新方法方面,而且在历史学的功能及其社会地位方面,都给历史学家增添了对未来的信心,这种自信萌生在新世纪发端之时,将会对后世产生深远的影响。万事开头难,就这一意义而言,巴黎首届大会有了一个良好的开端,虽则它离国际历史科学大

---

① K. D. Erdmann, *Toward a Global Community of Historians: The International Historical Congresses and the International Committee of Historical Scienece* (1898 – 2000), J. Kocka, J. Mommsen and A. Blansdorf, eds., A. Nothnagle, trans, New York and Oxford: Berghahn Books, 2005, pp. 6-10.

② Ibid., pp. 383-384,377.

③ 会场内外,到处都活跃着法国历史学家的身影,比如亨利·贝尔在1900年创办《历史综合评论》(*Revue de synthesehistorique*)杂志,倡导历史学需要与其他学科(尤其是社会学)合作,进行历史的比较综合研究,而是时正逢巴黎国际历史科学大会的召开,这就为贝尔展示其识见提供了一次难得的机会。贝尔的这些思想极大地影响了年鉴学派的创始人,可以这样认为,正是他的史学思想哺育了年鉴学派。

④ [德]于尔根·科卡:《国际历史学会:历史学家如何超越民族史、国别史》,载陈启能、王学典等主编:《消解历史的秩序》,山东大学出版社2006年版,第74页。

会的"国际性"目标还相距甚远。

自此至1950年第9届巴黎大会前,国际历史科学大会半个世纪的发展进程有如下三个特点。

一是其史学旨趣留有19世纪西方传统史学的深刻印记。本阶段历届国际历史科学大会的主题多以西欧地区的民族史/国别史为中心而展开,历史学家充当了本国历史的"代言人"的角色,与19世纪的民族国家或正在形成的民族国家的历史进程有着千丝万缕的联系,而这又与19世纪西方传统史学的指向,尤其与兰克史学中的民族史(地区史)写作相关,民族史因有"科学史学"的支撑而大行其道,即使在20世纪前期也未式微。进入20世纪,世界主义的滋长曾一度对民族主义进行过有力的冲击,但随着第一次世界大战的爆发而止步。在本阶段,正如曾任国际历史科学委员会主席的德国历史学家于尔根·科卡所言:"民族历史的框架成了至上的最具威力的叙述结构。"[1]总之,西欧中心论与西方史学的桎梏牢牢地主宰着与会者,并成为这一阶段历届大会的指导思想。

二是其性质还是区域性的,还谈不上是一个"国际历史科学"的世界性组织。此时,不仅从内容来看,研究还跳不出西方传统史学的藩篱,而且举办地也是在欧洲诸国"轮流坐庄",从第1届的巴黎大会至1938年(第二次世界大战前)的第8届苏黎世大会,其举办地依次是巴黎—罗马—柏林—伦敦—布鲁塞尔—奥斯陆—华沙—苏黎世。与会人数也不多,说它是欧洲人的"自娱自乐"并不为过。

三是其组织体制还不够规范,不够健全。虽然1926年成立了国际历史科学委员会,作为国际历史科学大会的常设机构运作并举办各项活动,为大会走上正轨创造了有利条件,但在20世纪前期,发生了两次震

---

[1] [德]于尔根·科卡:《国际历史学会:历史学家如何超越民族史、国别史》,载陈启能、王学典等主编:《消解历史的秩序》,第73页。

撼全球的世界性大战,剧烈变化的国际政治格局对其产生了重大影响。第一次世界大战的爆发,对这个未成年的"孩子"打击不小;至第二次世界大战爆发,未及不惑之年的它,其成长也充满了困惑与坎坷,这带来的消极影响是可想而知的。

总之,这个"创立时期"还只能算是个"草创时期"。

(二)第二阶段:发展时期(1950—1990年)

第二阶段从1950年第9届巴黎大会持续至1990年第17届马德里大会。

本阶段的40年的世界形势与国际格局大变,这种形势当然对国际史学也产生了重大的影响,国际史学界的这种变化也充分反映在这期间召开的历届国际历史科学大会上。略举一二,以为说明。

变化之一是西方史学的内在变革。第二次世界大战后,国际史学,至少就西方史学而言,发生了"路标转换",这就是巴勒克拉夫在1955年出版的《处于变动世界中的历史学》一书中所要揭示的主题——"重新定向"[①]。在这一"重新定向"的呼唤下,欧美史学呈现出了新格局与新面貌。总之,西方新史学终于在20世纪60年代获得了迅猛的发展,至70年代到达它的"巅峰时代"。可以这样说,20世纪前期还有实力与新史学抗衡的传统史学,此时已日渐衰微而落寞了。从这一时期的历届国际历史科学大会的主题来看,西方新史学极为强势,且一届更比一届强。

比如,在1955年第10届罗马大会上,出现了三个史学流派:西方传统史学派、西方新史学派和马克思主义史学派。这里的西方新史学派指法国的年鉴学派。年鉴学派史家的史观与史著,比如马克·布洛赫的《封建社会》、布罗代尔的《菲利普二世时代的地中海和地中海世界》等,在与会史家中传知。随着年鉴学派的进一步发展,它的国际影响也随之

---

① G. Barraclough, *History in a Changing World*, Basil Blackwell, 1955, p. 27.

扩大,这也反映在国际历史科学大会的主题上,如第 15 届布加勒斯特大会的"东欧——诸文明的会聚区"、第 16 届斯图加特大会的三大主题之一"印度洋"以及专题"山脉、河流、沙漠和森林是文化会聚线还是障碍物?"、第 19 届奥斯陆大会的三大主题的首题"历史上的人类与自然"等。这些论题无疑均与重视地理环境的研究传统及布罗代尔的长时段理论相关联,打上了年鉴学派的印记。

变化之二是东西方史学的交流与沟通。本阶段正值世界当代史上的"冷战时代",美苏争霸、资本主义和社会主义两大阵营的对立,都对国际史学产生了重大的影响。苏联以及东欧的社会主义国家的历史学家参加了 1955 年 9 月在罗马举行的第 10 届国际历史科学大会,他们受到了与会者极大的欢迎和关注,因为这是第二次世界大战后东西方历史学家的第一次公开会晤。出席的苏联历史学家代表团非常重视这次会议,只要稍稍看一下《苏联史学家在罗马第十届国际史学家代表大会报告集》就可明了。此次会议后,参会的苏联历史学家潘克拉托娃发表长篇评论文章,她在总结第 10 届国际历史科学大会时明确指出:"经验证明:为了巩固和平与发展科学,马克思主义的历史学家与各资本主义国家的资产阶级学者之间的合作是可能的,也是必要的。"①听其言,也要观其行,其后苏联历史学家确实为此而努力,1957 年在列宁格勒召开了国际历史科学委员会会议,1970 年在莫斯科召开了盛大的第 13 届国际历史科学大会。令人惊叹的是,这次大会竟吸引了 3 305 名东西方历史学家参加,这一纪录至今仍未被打破。又过去了 10 年,中国历史学家也组团与会,并于 1982 年正式成为国际历史科学委员会的成员国。可以这样说,在苏东剧变前,这 40 余年的国际历史科学大会不再是西方史家的一

---

① [苏]A. M. 潘克拉托娃:《第十届国际历史学家代表大会的总结》,陈敏、一知译,《史学译丛》1956 年第 5 期,第 18 页。这篇长文原发表在苏联《历史问题》杂志 1956 年第 5 期上。

言堂,也有来自东方历史学家的声音,这就是苏联马克思主义史学与具有中国特色的马克思主义史学的声音。

(三) 第三阶段:国际化时期(1995 年至今)

本阶段的起点,从政治编年史角度而论,应从 1991 年苏东剧变后,"冷战时代"结束时开始;从史学史视角来分,具体日期当从 1995 年第 18 届蒙特利尔国际历史科学大会开始。

我们之所以把本阶段称为"国际化时期",是基于以下几点理由:

从举办地而言,它已真正"跳出欧洲",从欧洲延及北美,伸向亚太,从发达国家到发展中国家,直至 2015 年"落户"中国,在地域上它已是"国际化"的大会。

从大会主旨而言,本阶段历届大会的主要论题,逐渐彰显史学国际化的趋势,这也与 20 世纪后期全球化的趋势紧紧相扣。比如 2000 年第 19 届奥斯陆大会,其三大主题之首就是"全球史的前景:概念和方法论"。在专题讨论中,与会者普遍认同,今后的历史研究从选题、方法到成果评估等,都要纳入全球化的趋势中进行全盘考虑[①]。2005 年第 20 届悉尼国际历史科学大会成了真正的"历史学奥林匹克",开幕式演讲围绕"历史学的全球化及其限制"展开,华裔美籍史学家王晴佳在会后撰文称,从全球化的视角进行文明之间和区域之间的比较研究,已经成为历史研究的一个重要潮流[②]。

从史学思想而言,笔者以为史学思想是史学之魂,是历史学家孜孜以求的目标、锲而不舍的追求。这就要说到每五年召开一次的国际历史科学大会的深层意义了。在国际历史科学委员会成立时的章程中,明确

---

① 张顺洪:《第 19 届国际历史科学大会学术见闻》,《史学理论研究》2001 年第 1 期,第 143—149 页。

② 王晴佳:《文明比较、区域研究和全球化——第 20 届国际历史科学大会所见之史学研究新潮》,《山东社会科学》2006 年第 1 期,第 27—37、54 页。

昭示该会成立的旨意是:"通过国际合作的途径,促进历史科学的发展。"①这一宗旨当然也是国际历史科学大会所要达到的目标,为此,大会与委员会都在竭力寻求一条通往国际历史学家合作与融通的途径。当代德国历史学家厄尔德曼的《走向史家之大同世界:国际历史科学大会和国际历史科学委员会,1898—2000》一书,正是通过对国际历史科学大会和国际历史科学委员会发展进程的解析,阐述其题旨,这与国际历史科学委员会成立时的宗旨是相吻合的。进言之,随着每五年举行一次的国际历史科学大会的国际影响力越来越大,其对世界史学的发展所具有的深远意义也在扩大。因此,各国、各地区的历史学家的合作与融通的途径也在不断增多。在全球化时代,走向史家之大同,也许并不是一个幻想,同世界文学、世界哲学一样,世界史学也不是一个乌托邦。对此,我们且拭目以待吧。

综上所述,国际历史科学大会正是我们瞭望西方史学的一个窗口,从中我们可以了解与认识现当代西方史学的发展与变化、传承与革新、趋势与前景。这当然不是唯一的窗口,但却是重要的与便捷的。

二、中国历史学家的"不了情"

前面说到,在 20 世纪前期,国际历史科学大会局限于欧洲范围内,是西方人的"自娱自乐",它似乎与现代中国史学没有什么关联。然而考察现当代中外史学交流史,中国历史学家与国际历史科学大会和国际历史科学委员会却有着密切的合作。早在 1928 年初,国际历史科学委员会就曾邀请中国参加是年 8 月在挪威奥斯陆召开的第 6 届国际历史科学大会,但当时我方的回答是"暂不派人出席"②,与它擦肩而过。中国

---

① 张芝联:《介绍国际历史科学委员会(简称国际史学会)》,《历史研究》1957 年第 6 期,第 83—84 页。
② 《外交公报》1928 年 3 月 14 日。

与国际历史科学大会实际接触是在 30 年代。从 20 世纪 30 年代直至 21 世纪的第二个十年,中国与国际历史科学大会的关系可以分为三个时段来加以考察与分析。

(一)战火纷飞年代里的初步接触

1938 年 8 月,胡适曾参加在瑞士苏黎世召开的第 8 届国际历史科学大会。

1938 年,时值中国进行全面抗日战争的第二个年头,虽然是年 3 月至 4 月的台儿庄战役重创日军,挫其嚣张气焰,但毕竟敌强我弱,是年秋,重镇武汉与广州又相继失守,中国抗战正处于困难与危机的时候。但难能可贵的是,在如此艰难困苦的情况下,中国对应邀参加国际历史科学大会仍给予了相当的重视。

1936 年 12 月 17 日,时任国际历史科学委员会(简称"国际史学会")主席哈罗德·泰姆普利(Harold Temperley,一译田波烈,或吞泼来)致函中央研究院,称:"据我从南京、北京、上海等地的所有权威人士及教育部长那里进行长期的调查而得出的结论:中国申请加入国际史学会的时机已经成熟。"①

泰姆普利主席对中国加入国际史学会颇为热心。1936 年底,他应邀由日本来华,在北京、南京、上海等地讲学,广泛接触中国学界人士②。11 月 16 日,他在北京做了题为《致中国史学家》的演讲,在这次演讲中,他这样赞美中国:

> 我既不是诗人,也不是政治家,我属于一个国际组织,不会很随意的去表达我对某个特殊国家的偏好,但是有一点我很确定,全世界没有一个国家能声称自己在思想和知识方面做出的贡献比中国

---

① 刘鼎铭、林周佳、徐志敏辑译:《中国申请加入国际史学会及派胡适参会相关史料一组》(以下简称《中国参会史料》)第 1 号,《民国档案》2007 年第 3 期。

② 关于泰姆普利来华行踪,当时报刊时有报道。

多。中国吸收西方的知识,丰富自己不朽的传统,她一直很伟大。①

泰姆普利鼓励中国融入国际社会,走向世界。他进而说道:

> 中国仅仅发展和吸收西方的文化是不够的,她应该带着复兴的民族文化面向世界。每一个国家都应该有一个包含其文化的国际形象,就像它应该拥有一个包含其文化的民族形象一样。每一个国家都会对世界其他国家有一些贡献,并从其他国家那里获得一些收获。国家就像蜜蜂,从四处都收获一点来酿造国际生活的蜜,创造放之四海皆可的通用科学。②

泰姆普利的这番话,既睿智又不失形象,他的话旨在诚挚邀请中国加入国际史学会。作为国际史学会主席,扩充阵营、发展新会员国是他的职责。为此,他热情地说:

> 如果中国敲了这扇门,我想她不用等太久就可以进来了。中国史学者兄弟们,这是一个多么美好的机遇啊!……如果能在我任上得以实现,那将是我一生中最伟大的时刻!③

对于泰姆普利的盛情邀请,中央研究院与教育部进行了认真的磋商,达成一致:由中央研究院代表中国申请加入。1937年7月,抗日战争全面爆发,时任国民政府教育部长王世杰在给泰姆普利的信函中重申:"这项工作不会因为战争的危急局势而受到任何影响。"④不仅如此,中方还将力求在国际历史科学委员会中争得重要的位置。中央研究院史

---

① 《中国参会史料》第1号附件,《民国档案》2007年第3期。这一番话是哈罗德·泰姆普利于1936年11月16日在北大、清华及国立北平图书馆公宴席上的讲演,题为《致中国史学家》。又,该讲演的中文译稿由康选宜、李东白合译,最初发表在1936年的《史地半月刊》上,与此处引用的刘鼎铭等译文比较,似乎是个摘译。
② 《中国参会史料》第1号附件,《民国档案》2007年第3期。
③ 同上。
④ 《中国参会史料》第14号,《民国档案》2007年第3期。

语所所长傅斯年致教育部函中明确指出:"中国在此会中必得最优待遇,即英、法、意、德之待遇是也。中国历史最长,不可在此会中沦为二等国,故必求其有此权利。"①又云:"中国不能居第二位。"这从一个侧面表明了中方对入会的高度重视和严正立场。

那么,中方派谁与会呢?经过多方考虑,初定为胡适和蒋廷黻(时任中国驻苏联大使),最后确定由胡适一人前往。在傅斯年看来,考虑到学术地位、国际声望和外语能力,担此重任者非胡适莫属。还有一个原因,那就是胡适身在欧洲,顺道赴会,百镑足用,可节约开支。傅斯年说:"此时国家困难,无此多钱,胡先生一人足矣。"②其时国家财力之拮据,由此可见一斑。

早在抗战全面爆发之后,1937年9月胡适就受蒋介石委派,以北京大学文学院院长的身份出访美欧,以寻求国际援助和支持中国抗战。首站为美国,他在那里待了十个月,后于1938年7月抵英。就在这样繁忙的外交活动期间,他奉命以普鲁士科学院通讯研究员的身份参会③,代表中国参加了在瑞士苏黎世召开的第8届国际历史科学大会④,使这次在欧战全面爆发前的苏黎世大会上首次听到了中国历史学家的声音⑤。

---

① 《中国参会史料》第16号,《民国档案》2007年第3期。
② 同上。
③ 参见胡颂平编著:《胡适之先生年谱长编初稿》,联经出版公司1990年版,第1645页。此处转引自桑兵:《二十世纪前半期的中国史学会》,《历史研究》2004年第5期,第116—139页。
④ 就笔者视野所见的胡适传记,比如,1992年江西百花洲文艺出版社出版的章清著《胡适评传》,2008年由中国社会出版社出版的桑逢康著《胡适评传》,两书对胡适参与国际历史科学大会一事都只字未提。毕竟此时中华民族已到了生死存亡的关头,极少有人还会关注此时胡适这短暂的"学术之旅"。其他研究胡适的著作中是否对此有所着墨,尚祈方家补正。
⑤ 关于胡适1938年代表中国参加在瑞士苏黎世召开的第八届国际历史科学大会之事,国内学界的关注甚少。在众多通贯性的胡适评传类书中都未曾体现。除前已列举的两书外,江勇振的《舍我其谁:胡适》(新星出版社2011年版)乃最新的胡适传(转下页)

胡适在其日记中为我们留下了中国历史学家初次参与国际历史科学大会的点点滴滴。翻看这一时期胡适所写的日记,从1938年8月24日至9月4日,约略可知他参与国际历史科学大会的行踪①:出席第八届国际历史科学大会的开幕式与闭幕式,报告他提交的论文《新发现的关于中国历史的材料》(Newly Discovered Materials for Chinese History),国际历史科学委员会开会接纳中国为新会员,出席国际历史科学委员会下属的远东委员会,旁听他人的学术报告,还有参观与游览……总之,胡适有始有终地参加了这届大会,可以说是完成了任务。

大会闭幕后还不到十天,是年9月13日,胡适即被国民政府委任为中国驻美大使,他在9月13日的日记中这样写道:"今天得外部电,说政府今天发表我任驻美大使。……二十一年的独立自由的生活,今日起,为国家牺牲了。"②于是胡适迅速离欧返美赴任,而国际历史科学大会之事当然被置之脑后,这段学术旅程也就此被纷飞的战火湮没了。

然而,这是一页不能被遗忘的历史。从1938年起整整过去了66年,2004年在上海,时任国际历史科学委员会主席的德国历史学家于尔

(接上页)记力作,第一部下限为1917年,不知在第二部有无此事的记载。至于论文,桑兵的《二十世纪前半期的中国史学会》(《历史研究》2004年第5期)、胡逢祥的《现代中国史学专业学会的兴起与运作》(《史林》2005年第3期)等文中有涉及,但语焉不详。桑兵在《晚清民国的学人与学术》(中华书局2008年版)一书中,对上文涉及的中国史学界参加国际历史科学大会一事做了增补,增补的主要内容是:国际历史科学大会的组织体制、国际历史科学委员会主席田波烈(泰姆普列)来华与运作中国入会诸事、中方为此而做的筹备工作等。至于胡适参与第八届国际历史科学大会一事,桑氏援引两函及胡适日记中的材料做了简述。在研究胡适的专著中,就笔者个人视野所及,迄今仍付阙如。可见前人对胡适此次参会的阐述与评估还留下了颇多的学术空间,尤其从中外史学交流史的视角而言,更有进一步探讨的必要。

① 《胡适日记全编》第七册,曾伯言整理,安徽教育出版社2001年版,第158—173页。
② 同上书,第173页。

根·科卡还与中国学者探讨过1938年中国入会的这段往事①。1938年中国参加国际历史科学大会并被正式接纳为国际历史科学委员会成员国,以及胡适与会的更多历史细节,不仅不应被忘却,而且要加以重新发掘、整理,这无论于中国现代史学史,还是中外史学交流史,都是不可缺少的一页,否则2015年"落户"我国的国际历史科学大会不就成了无源之水、无本之木了吗?

(二)在"闭关锁国"年代里的"藕断丝连"

1949年新中国成立,开始了中国历史的新进程,也开创了中国史学的新篇章。从中外史学交流史的角度而言,那时中国对西方史学采取了"闭关锁国"的态度,一概排斥,拒之门外。而此时的国际历史科学大会,在经历了因第二次世界大战中断12年后已恢复正常活动,1950年,在巴黎召开了第9届大会,而此时的中国已与它失去了联系。是为"藕断"。

值得注意的是,在20世纪五六十年代域外史学的引进过程中,发生了路标的转换,从引进西方资产阶级史学向引进苏联的马克思主义史学转变。随着中国的马克思主义史学在50年代初进入勃发时期,苏联史学更是以迅猛之势传入我国,据1949年10月至1956年6月的统计资料,由苏联引进、译自俄文的出版物,占此时出版总量的83%,占据着绝对的优势。这深深地影响着现代中国文化,也包括历史学。在这里暂不讨论苏联史学输入中国所带来的积极的或消极的影响②,但有一点可以肯定,借助苏联史学之输入,我们从门缝中看到了西方史学,当然是被扭曲了的西方史学。这也包括对国际历史科学大会和国际历史科学委员

---

① [德]于尔根·科卡:《国际历史学会:历史学家如何超越民族史、国别史》,第71—83页。

② 参见拙文:《珠晖散去归平淡——苏联史学输入中国及其现代回响》,载陈启能、王学典、姜芃主编:《消解历史的秩序》,第224—246页。

会的了解。

这就说到了"丝连"。虽然中国与国际历史科学大会、国际历史科学委员会失去了联系,但还是可以从引进的苏联历史读物中,略知前者的一鳞半爪。现略举一二,以此说明,虽"藕断",但仍"丝连"。

一种是译自苏联史学期刊的文章。比如,前已涉及的潘克拉托娃的长文《第十届国际历史学家代表大会的总结》,从中可以看出俄文与中译文刊发的时间是同步的,这就很及时地向中国学界传达了第10届国际历史科学大会的情况。此外,还有俞旦初译自苏联《历史问题》的《第十届国际历史学家代表大会上的现代史学的主要流派》①、薛煉柔译自同一刊物的《历史学家的国际组织》②、何兆武译自同一刊物的《第十届国际历史学家代表大会的科学报告》③等。在此,需要说明的是,《历史问题》杂志乃苏联史学界的权威刊物。

一种是译自苏联历史学家的论文集。比如中译《苏联史学家在罗马第十届国际史学家代表大会报告集》④,这本论文集收文七篇,系总结苏联历史科学成就和俄苏历史的若干个案研究,从史学观上凸显了苏版马克思主义史学的特征。

此外,还有一种是由中国学者撰写的介绍文章,比如张芝联写的《介绍国际历史科学委员会(简称国际史学会)》一文,篇幅虽短,但所披露的信息较为丰富,对诸如国际历史科学委员会的性质、宗旨、体例等多有介绍,因发表在《历史研究》上而引人注目,至今仍受到关注。

当然,上述这些文字,在当时的时代环境与文化氛围中显然并不起

---

① 载《史学译丛》1956年第6期。
② 载《史学译丛》1957年第3期。
③ 载《史学译丛》1957年第6期。又,这份由历史研究编辑委员会主办的双月刊杂志,刊发专题论文、学术信息和书评等译文,是当年中国学界从"门缝"中了解域外(西方)史学的一个重要途径。
④ 该书1957年由生活·读书·新知三联书店出版。

眼；但不容否认的是，中国历史学界与国际历史科学大会和国际历史科学委员会仍是藕断丝连的，这也就为我国新时期与它的对话打下了基础。

（三）在改革开放年代里的重新连接

从 1978 年开始，我国实行改革开放的政策，为中外史学交流营造了一种如沐春风的时代氛围和客观环境，多年来国门紧锁的封闭状态被打破了，中国的历史学家从这种封闭状态中"走出去"，迈步走向世界。比如，前已提及，在学界素有民间"学术交流大使"美誉的张芝联先生，以他敏锐的史识、卓越的史才和娴熟的外语（英法均通），穿梭于东西，往返于中外，1980 年参加了在罗马尼亚布加勒斯特召开的第 15 届国际历史科学大会，让国外同行再一次听到了中国历史学家的声音，尽管此时中国史学会是以观察员的身份派代表列席的。以什么身份参会固然重要，但更重要的是中国历史学家与国际历史科学大会的交流在中断了 40 余年之后，又重新连接起来了，这对于中国史学走向世界具有非凡的意义。

1982 年，国际历史科学委员会正式重新接纳中国为该会的会员国。1985 年 8 月，中国历史学家首次以会员国的身份参加在联邦德国斯图加特召开的第 16 届国际历史科学大会，在开幕式上，当国际历史科学委员会秘书长阿威勒夫人介绍中国代表团时，大厅里顿时爆发出热烈的掌声。她在会议总结报告中又特别强调，中国之参加大会和国际历史科学委员会，大大提高了国际历史科学大会和国际历史科学委员会的代表性[①]。中国学者在会上提交的学术论文，受到国外同行的重视和好评，已汇编为《第十六届国际历史科学大会中国学者论文集》[②]正式出版。

---

① 参见张广达：《当代史学研究的趋势——参加第十六届国际历史科学大会的观感》，《北京社会科学》1986 年第 2 期，第 153—156 页。

② 该书 1985 年由中华书局出版。

此后,从第 17 届至 21 届,中国历史学家均组团与会,参会人数不等,最多的一次是 2005 年在悉尼召开的第 20 届,约有 30 多位历史学家参加(还不包括自费前往的学者)。会后,与会者纷纷撰文,或介绍大会盛况,或畅谈各自感想,或纵论国际史学新趋势等,林林总总的文章不少,在此不赘述。

在世界史学史上,中国史学具有久远的传统,为后世留下了丰厚的史学遗产。在第 16 届会议期间,国际史学界人士都普遍盼望在不远的将来,能在中国这样一个"史学大国"举办一届国际历史科学大会。其实,这也是我们的愿望,申办工作一直在不断地进行,其间也经历了不少周折①。2010 年,我国终于在荷兰阿姆斯特丹第 21 届国际历史科学大会上申办成功,获得了 2015 年第 22 届国际历史科学大会的主办权。

以上对中国与国际历史科学大会关系之变化做了简单的梳理与回顾,远不足以展现这其中的艰难历程、丰富内容和历史细节,但这些也让我们领悟到中国与国际历史科学大会的"不了情"。这"情",出自中国历史学家的不懈追求,出自中国史学走向世界的时代诉求,进言之,出自中国从"史学大国"走向"史学强国"的历史使命。

三、开辟中国史学的新天地

在华夏民族规划文化大发展大繁荣的今天,高度重视中国的人文研究,乃是时代的诉求、历史的使命,更是在文化创新中建立文化强国的战略需要,这于当下中国历史学亦可作如是观。

笔者认为,中国史学之进步,既需要依靠内力,也需要借助外力。前者说的是中国传统史学,这当然不是原封不动地继承,而是需要改造,以发掘它潜在的和现代的价值;后者说的是引进域外史学,以汲取异域之

---

① 参见刘明翰:《创建有我国特色的世界史学科》,《历史教学》2001 年第 1 期,第 49—52 页。

精华，为我所用。倘此说不谬，笔者以为国际历史科学大会就是一种外力，一种不可多得的外力，这就道出了国际历史科学大会与中国史学之关联，尤其是与中国史学走向世界的紧密联系。由此，笔者想到的是以下几点：

彰显中国史学的个性与特色，此其一。

前面说到，中国史学具有源远流长的传统，拥有丰赡宏富的史学遗产。先贤梁启超曾云："中国于各种学问中，唯史学为最发达；史学在世界各国中，唯中国最为发达。"① 是的，在中国传统史学中，的确蕴含着丰富的智慧、卓越的思想，这些智慧不会因时而亡，而那些卓越的思想也不会因时而废，值得我们去认真发掘。但我们需要的是继承传统而又超越传统，在传承中超越，唯有如此，才能使它成为一种积极的力量，从而去推动现代史学的开拓与创新。我们正可以借用国际历史科学大会这个平台，通过这扇窗口，在与国际历史学家的对话与交流中，彰显中国史学的特色；与此同时，为国际史学界进一步了解中国史学乃至文化，创造便捷的条件。事实上，国际历史科学大会也许是域外历史学家最集中和最具权威性地了解中国史学的良机。这无论从年鉴学派参加国际历史科学大会并走向世界的经验来看，还是从苏联历史学家与会以及出版的《苏联史学家在罗马第十届国际史学家代表大会报告集》②一书来看，都应验了"越是民族的，就越是世界的"这一真理。

中国史学要立足于国际史坛，也应当借鉴外来的经验。从前述中国历史学家参与国际历史科学大会的历史进程中可以看出，我们也正在走这样的路。从1938年第8届国际历史科学大会胡适所提供的《新发现

---

① 梁启超：《中国历史研究法》，东方出版社1996年版，第11页。
② 这本论文集由王九鼎等译，收论文七篇，其首篇为西多罗夫的《苏联历史科学发展的基本问题及某些总结》，这篇长文发出了苏版马克思主义史学的声音，余六篇讲述从古代罗斯国家的形成到第二次世界大战的历史，都尽显苏联史学的个性特色。

的关于中国历史的材料》,到参加 1985 年第 16 届国际历史科学大会及会后出版的《第十六届国际历史科学大会中国学者论文集》[1],加之其后的情况[2],无不彰显出浓郁的中国史学的特色,同时也让国际历史学家听到了中国历史学家的真知灼见,倘如此下去,就足以消解西方有关中国是一个"没有历史的国家"或中国史学只有实录而"没有理论思维"的说法,向国际史学界传播一个真实的中国史学形象。

在对话与交流中发展中国史学,此其二。

当今"全球化"的趋势不可逆转,世界处在一个多元化与多变的时代。在这样的时代背景和文化语境下,跨文化的对话成为可能,于是史家之间这种国家与国家、民族与民族、地区与地区、东方与西方之间的互通、互介、互学、互访,就显得十分必要了。具有远见卓识的国际历史学家,应以对方为"他者"反观自己,重新审视自己的国家或民族的史学传统,并尽可能地吸收他国的经验与智慧,来克服自身的问题,以求开拓史学的新境界,这已为越来越多的事实所证明。这里用得上"比较史学"一法,正如海外历史学家杜维运所言:"把世界上出现过的史学,放在一起作比较,优越的世界史学,始能出现。"[3]此法被年鉴学派创始人

---

[1] 这本论文集收论文 13 篇,首篇为刘大年的《论历史研究的对象》,是一篇从史学理论方面考察与阐述史学的长文,引经据典,又辅之以中外史学的个案,以之作证,凸显中国马克思主义史学家的识见,恰似《苏联史学家在罗马第十届国际史学家代表大会报告集》中西多罗夫的长文。又,会议开幕恰逢第二次世界大战——世界反法西斯战争胜利 40 周年,故中国学者提交的三篇论文,详论中国的抗日战争在世界反法西斯战争中的历史地位,显示中国学者在这一重大问题上的观点,其余各篇多为中国历史的专题研究成果,也充分体现了中国历史学家的学术个性。

[2] 比如《中国近代的革命和改良》(第 17 届)、《18 世纪的中国与世界》(第 19 届)、《近现代时期的中国与世界》(第 20 届)等专题学术研讨会,均获成功。中国历史学家阐发了自己的论见,引起了与会学者的广泛重视,这就在很大程度上提升了中国史学的国际影响力。

[3] 杜维运:《变动世界中的史学》,北京大学出版社 2006 年版,第 51 页。

之一马克·布洛赫称为"有神力的魔杖",先贤汤因比撰《历史研究》12卷,已对人类世界出现过的26种文明做过这样的比较研究。全球化的浪潮,史学国际化的趋势,跨文化对话的必要性,"他者"与"自己"角色的转换,简言之,我们正可借助国际历史科学大会,在对话与交流中向域外输出和传播中国史学;与此同时,也在这互动中寻求中国史学的新突破,让国际史学界进一步了解与认识中国史学①。

谱写世界史学史上的中国史学的新篇章,此其三。

这是一个未来的目标,在可以预见的未来,中国将实现从"史学大国"走向"史学强国"的发展。然而,现实与未来的目标总是不尽如人意。从国际历史科学大会的历史与现状来看,正如王晴佳数次与会后所言,一方面,"欧洲中心论"(或"西方中心主义")在会上受到了质疑和挑战,西方学者对我国史家如何在引进西方史学的同时,进而寻求中国的"本土立场"以开拓创新多表现出浓厚的兴趣与赞赏;另一方面,在那里,"欧洲中心论"的影响远未消失,各届实际与会人数还是以欧美史家为主,大会使用的语言为英语和法语,在会上还是西方人拥有更多的"话语权",掌控着"学术霸权"②。李红岩也说,在中国史研究领域,从目前的情况来看,大体上还是外国学者"冲击",中国学者"回应"的状况,除了中国马克思主义史学外,似乎还没有一个中国学者提出的概念受到西方汉学界的普遍性重视③。因而,要实现如王学典所说的,中国"在给西方史学界继续输出材料、输出初级学术产品的同时,必须尽快同步输出'概念化'

---

① 历史事实表明,以中西而论,西方对中国的了解远不及中国对西方的了解,比如,在2005年,中国对美国版权贸易逆差为24∶4 000(见王岳川:《在文化创新中建立强国文化战略》,《探索与争鸣》2012年第6期,第10—16页),史学上的这种"逆差",也许更严重些。
② 参见王晴佳:《文明的比较、区域研究和全球化:第20届国际历史科学大会所见之史学研究新潮》,《山东社会科学》2006年第1期,第27—37、54页。
③ 李红岩:《边界淡化包含隐忧》,《社会科学报》2011年12月1日。

和'理论化'的高级学术产品",从而成为"国际学术界的思想和理论'大师'"①,看来尚需时日。在中国和平崛起的今天,我国历史学家当志存高远,肩负时代的重任、历史的使命,以十分的信心、百倍的努力,不畏艰难,敏思进取,不断以创新性的、彰显中国史学特色的学术成果②,在国际史坛上争得与其国际地位相应的位置,并在世界史学史上留下中国史学的新篇章。换言之,在重绘的世界史学地图中,占有自己应有的位置。

中国史学的再出发任重而道远,途径诸多,但殊途同归,目标一致:走向世界。

在这里,我们要再一次提及1936年国际历史科学委员会主席哈罗德·泰姆普利在《致中国史学家》演讲中那段中国文化(中国史学)应当"面向世界"和树立"国际形象"的话。在当今,中国的经济与政治力量已符合大国的"国际形象"。相对而言,中国文化的"国际形象"显得还很薄弱,为此我们应迅速规划和制订"文化强国"的目标和措施,立志让中国文化"走出去",成为像泰氏所期望的"放之四海"的文化。在这一历史进程中,具有宏富遗产的中国史学将会在不断开拓与创新中,做出自身的重大贡献。

综合上文所述,我们有理由说,在当今,借助国际历史科学大会,不失为提升中国史学的国际影响力的一条途径。从国际历史科学大会再出发,前景灿烂。且看全球的历史学家们几年前汇聚于千佛山下,相遇

---

① 王学典:《概念化:中国经验走向世界史坛的必由之路》,载王兆成主编:《历史学家茶座》2010年第4辑,山东人民出版社2010年版,卷首语。

② 比如瞿林东主编的《中国古代历史理论》(三卷本,安徽人民出版社2011年版),这部著作第一次对中国古代历史理论进行了系统而又深入的揭示与梳理,建立了中国古代历史理论的范畴体系,以有力的历史证据回答了西方学界那种认为中国古代没有历史理论,也没有能力"给思想创造一个范畴的王国"的谬说(参见李红岩、李振宏:《中国古代历史理论源远流长丰富厚重》,《中华读书报》2012年3月20日)。在笔者看来,这种厚重的、彰显中国史学特色的学术精品,应当及时向国际学术界推介,并以自己的"本土话语"来影响国际史学。

在大明湖畔,纵论古今,畅谈东西,百花齐放,各显芳菲。总之,这是一种多么值得纪念的史学景观啊。在这一次百年一遇的巨大的"请进来"的文化活动中,积极推动中外史学交流,让世界了解中国,进而了解中国文化和中国史学。东道主国的身份,为我们提供了难得的历史机遇,改革开放的环境,又为我们提供了适宜的实践基础,中国史学走向世界,正其时也。

总之,我们开展的中外史学交流史的研究,不仅是一种学术研究,还具有更宽广的社会和现实意义,因为它关乎中国史学话语体系的构建,更与我们的文化自信相关联。历史与现实的经验告诉我们,时代氛围弥足珍贵,历史机遇稍纵即逝,让我们牢牢地把握住这个机会,努力奋斗,在中外史学交流中出彩,在与国际史学的互动中前行,在重绘世界史学地图的过程中做出更多的贡献。

后记

本书是在教育部人文社会科学重点研究基地重大项目《近代以来中外史学交流研究》结项成果的基础上，经增补改写而成，并易名为《近代以来中外史学交流史》。

中外史学交流源远流长，内容宏富，"以管窥天，以蠡测海"，上天入海，穷尽大千世界的万事万物，这自然是一个理想的境界。但于中国的中外史学交流史的书写，我们的工作还处在起步阶段、草创时期，本书只不过在中外史学交流发展的历史进程中，撮取若干断面，重点铺陈，不敢奢望能展现它的全貌，更恐挂一漏万，多有遗珠之憾。全书除导论、代结语外，分上下两编。综观之，上卷详于下卷，这样的不平衡是与我们乃至当代中国学界在这一领域的研究现状相关联的。此外，由于众手撰史，在内容上也难免有交叉重复，写作旨趣与行文风格难以统一。作为主编，除要求技术规则大体统一外，并不强求每位撰稿人千篇一律，也许这尽量保持的个性特点亦是本书中各自出彩的地方。

本书是集体智慧的结晶。立项伊始，就组成了一个写作团队，并不断扩容，终成 11 人，除我之外，清一色的史学博士、当代中国学界从事这一领域研究的时彦才俊。作为项目的主持人，这是最令我满意的一件事。几年来，我们形成一股合力，各司其职，矢志不渝，终于为读者奉献出这一学术成果。在多年的坚守中，我个人切身的感受是，既感艰辛，更觉愉快。说它"艰辛"，是因为在中外史学交流史研究的初创阶段，一路前行，曲折坎坷，很是艰辛；说它"愉快"，是因为我们合力完成了一个重大项目，做了一项有意义的工作，有助于推进当代中国史学的研究。每想到此，就有一种责任感和使命感，这也是促使我们团队不断前行的动力。

在这里，我对我们写作团队的精诚合作与辛勤劳动深表谢意；同时，感谢北京师范大学史学理论与史学史研究中心的鼎力支持；感谢本书（项目）运作过程中各相关院校以及为撰稿老师担任助手的同学们；感谢学界同仁对我们的教益；感谢复旦大学出版社一以贯之的帮助。我们将以更出色的学术成果反馈学界、奉献社会，为推动中国史学的更大发展略尽绵薄之力。

当下，我国正处在不断为人类做出重大贡献的新时代，一个需要大家砥砺奋进的新时代，肩负时代重任与历史使命的历史学家们当大有作为，在中外史学交流的实践和历史研究中，拿出彰显中国史学特色的学术成果。

张广智
2019年冬日于复旦书馨公寓

图书在版编目(CIP)数据

近代以来中外史学交流史:全3册/张广智主编. —上海:复旦大学出版社,2020.10
ISBN 978-7-309-14745-2

Ⅰ.①近… Ⅱ.①张… Ⅲ.①史学-文化交流-中外关系 Ⅳ.①K0

中国版本图书馆 CIP 数据核字(2019)第 243215 号

近代以来中外史学交流史
张广智 主编
出 品 人/严 峰
责任编辑/史立丽 赵楚月
装帧设计/袁银昌
复旦大学出版社有限公司出版发行
上海市国权路 579 号 邮编:200433
网址: fupnet@fudanpress.com http://www.fudanpress.com
门市零售:86-21-65102580 团体订购:86-21-65104505
外埠邮购:86-21-65642846 出版部电话:86-21-65642845
上海盛通时代印刷有限公司

开本 890×1240 1/32 印张 39.5 字数 1024 千
2020 年 10 月第 1 版第 1 次印刷

ISBN 978-7-309-14745-2/K·715
定价:250.00 元

如有印装质量问题,请向复旦大学出版社有限公司出版部调换。
版权所有 侵权必究